한국 근대 상업적 농업의 발달과 농업변동

한국 근대 상업적 농업의 발달과 농업변동

초판 1쇄 인쇄 2011. 6. 3.
초판 1쇄 발행 2011. 6. 10.

지은이   이윤갑
펴낸이   김경희
펴낸곳   (주)지식산업사
            본사 ● 경기도 파주시 교하읍 문발리 520-12
                 전화 (031)955-4226~7 팩스 (031)955-4228
            서울사무소 ● 서울시 종로구 통의동 35-18
                 전화 (02)734-1978   팩스 (02)720-7900
            한글문패   지식산업사
            영문문패   www.jisik.co.kr
            전자우편   jsp@jisik.co.kr
            등록번호   1-363
            등록날짜   1969. 5. 8.

책값은 뒤표지에 있습니다

ISBN 978-89-423-1144-6 (93910)

이 책을 읽고 지은이에게 문의하고자 하는 이는
지식산업사 전자우편으로 연락 바랍니다.

머리말

이 책은 18세기 후반부터 8·15 해방까지 한국의 농업변동을 추적한 연구서다. 이 시기에 한국 농업과 농촌사회는 중세적 자급적 자연경제에서 근대적 상품화폐경제로 이행하는 거대한 변동을 겪었다. 그러나 한국 농업의 근대화 과정은 결코 순탄하지 않았다. 이 시기에 한국은 외세의 침략을 받아 근대개혁에 실패하였고, 끝내는 일본 제국주의의 식민지로 전락하였다. 그로 말미암아 근대화 또한 일본 제국주의의 식민정책에 따라 타율적으로 이루어져 농업에서 상품생산이 늘어날수록 도리어 반봉건적인 지주제가 확대되는 등 모순적 성격을 띠고 기형적인 모습을 보였다. 한국의 근대 자본주의와 자본가의 역사적 원형은 이러한 과정 속에서 형성되었다.

따라서 한국의 자본주의와 근대사회를 이해하려면 이러한 농업 근대화 과정의 구조와 특성을 역사적으로 연구하는 것이 필수적이다. 이에 대한 연구는 1930년대부터 시작되어 최근에 이르기까지 활발히 이루어졌고, 남북한에서 탁월한 업적이 다수 발표되었다. 북한에서는 주로 1960·70년대에 연구가 이루어졌고, 남한에서도 1960년 대부터 연구가 시작되어 1980년대 후반 이후 다수의 괄목할 연구성 과가 나왔다. 북한에 견주어 남한에서 연구가 다소 늦어진 것은 국가권력이 반공이데올로기를 앞세워 근대사 연구를 제약했기 때문이다. 1987년 6월 민주화운동으로 이 규제가 무너지면서 한국 자본주의의 역사적 기원을 밝히려는 연구가 활발히 이루어졌다.

이 책은 앞서 이루어진 연구들을 바탕으로, 경상북도 지역에 초점을 맞추어 한국 근대의 농업변동을 해명하였다. 그동안의 연구는 전체 변동을 일반적, 체계적으로 해명하는 거시적 연구와 특수한 개별 사례를 구체적으로 추적하는 미시적 연구가 주류를 이루었다. 그러나 거시적 연구는 구체성이 부족해 실상과 괴리되기 쉽고, 미시적 연구는 농업변동 전체를 체계적으로 보여줄 수 없는 약점이 있었다. 이에 필자는 구체성과 체계성을 동시에 확보할 수 있는 분석 단위로 도 단위의 농업변동에 주목하였다. 경상북도를 연구 대상으로 삼은 이유는 이 지역이 농업지대 구성이나 규모로 보아 그러한 연구를 하기에 적합하였기 때문이다.

　　필자가 이 연구를 하게 된 데는 또 다른 학문적 상황도 영향을 미쳤다. 1987년 이후 민주화와 더불어 일제 강점기와 해방공간에 대한 연구가 여러 방면에서 활성화 되었지만, 다른 한편 사회주의 체제가 붕괴하면서 이른바 식민지 근대화론이 조직적으로 제기되기도 하였다. 식민지 근대화론자들은 전후 미국에서 수립된 근대화론과 경제성장주의에 바탕을 두고, 일제의 식민지 지배를 긍정적으로 평가하는 일련의 연구를 발표하였다. 그리하여 일제의 식민지 지배와 근대화 노선을 둘러싸고 치열한 논쟁이 벌어졌다. 현재까지도 계속되고 있는 이 논쟁을 보면서, 필자는 식민지 근대화론이 역사발전의 지표로 내세우는 근대화, 자본주의화, 경제성장의 거시적 지표들을 구체적 실체로 파악할 필요를 느꼈다. 근대 자본주의 사회에서는 경제적 성장지표와 인문·사회적 진보가 서로 상응하기보다 괴리되는 경우가 허다하기 때문이다. 이에 필자는, 일제 강점 아래 한국 농업에서 일어난 경제적 변동과 그에 따른 인문·사회적 변동을, 달리 말해 식민지 근대화의 경제적 실상과 인문·사회적 의미를 구체적으로 파악하고자 했다.

6

필자는 김용섭 교수의 가르침과 인간적인 배려 덕분에 이 연구를 시작하고 지속할 수 있었다. 김용섭 교수는 탁월한 역사학자이자 인문학자로서 필자에게는 언제나 과분한 스승이셨다. 이 자리를 빌려 먼저 자상하면서도 엄격하고 한결같았던 스승님의 큰 가르침에 깊이 감사드린다.

이 책은 여러분의 도움으로 세상에 나올 수 있었다. 박사학위논문 심사위원으로 필자의 학문을 이끌어주셨던 정창렬 교수는 이후에도 꾸준히 필자의 연구에 관심을 가져 주시고, 그 성과들을 모아 책으로 출판할 수 있도록 직접 주선해 주셨다. 영남대학교의 배영순 교수와 계명대학교의 김종철 교수는 연구에 필요한 일본자료들을 확보하는 데 도움을 주었다. 두 분은 시기를 달리해 일본 대학에서 연구년을 보냈는데, 필자가 국내에서 찾을 수 없는 소중한 자료들을 일본에서 구할 수 있게 도와주셨다. 복잡한 통계자료를 처리하는 작업은 계명대학교 컴퓨터공학과 김진상 교수가 도와주었다. 이 책이 읽기 쉽고 보기 좋게 나온 것은 정확하고 편한 우리말 되살리기를 실천하시는 지식산업사 김경희 사장님과 편집실무를 맡은 신유진,

장수영님의 노력 덕분이다. 또한 이 책은 필자가 연구에 전념할 수 있도록 속 깊게 배려해 준 가족들의 도움과 격려 없이는 나오기 어려웠을 것이다. 이 자리를 빌려 모두에게 깊이 감사드린다.

 개항 이후 우리 역사가 나아갈 목표는 근대화였다. 그것이 자본주의든 사회주의든 근대화는 곧 발전과 진보를 상징했다. 그러나 일제 강점기를 거쳐 남북이 분단된 상태로 오늘에 이르기까지 쉬지 않고 근대화를 추구해 왔지만 우리의 삶의 질은 남북 어디서든 기대했던 진보와는 여전히 거리가 멀다. 그것은 근대화가 부족하거나 미진해서가 아니라 근대화의 본질 자체가 애초 인간적 진보와는 괴리되어 있었기 때문이다. 변변찮은 책이지만, 근대화를 성찰하고 인간적 사회구성과 역사발전을 새롭게 고민하는 사람들에게 이 책을 바치고 싶다.

2011년 5월

이 윤 갑

차 례

표 차례

그림 차례

일러두기

이 책은 저자가 이미 발표한 여러 글들을 바탕으로 작성되었다. 집필 과정에서 그동안의 연구 성과를 반영하였다. 또한 내용을 수정하거나 보완하기도 하고, 논지가 분명하도록 문장도 다듬었다. 그러나 수정하고 보완한 부분에 대해서는 일일이 각주를 달지 않았다. 발표된 논문들을 참고한 순서대로 정리하면 아래와 같다.

〈일제하 사회성격론〉, 《한국사 인식과 역사이론》, 지식산업사, 1997.

〈18 · 19세기 경북지방의 농업변동〉, 《한국사연구》 53, 1986.

〈개항~1894년의 농민적 상품생산의 발전과 갑오농민전쟁-경북지방의 농업변동을 중심으로〉, 《계명사학》 2, 1991.

〈1894~1910년의 상업적 농업의 변동과 지주제 -경북지역의 농업변동 사례연구〉, 《한국사론》, 서울대 국사학과, 1991.

〈1920년대의 식민지 상업적 농업의 전개와 지주제의 확대-경상북도 지역의 통계분석을 중심으로〉, 《한국사연구》 90, 1995.

〈조선농촌진흥운동기(1932~1940) 경상북도 지역의 농업변동과 농민층 분해〉, 《대구사학》 95, 2009.

〈일제말 전시경제체제기(1937~1945) 경북지역의 농업변동과 지주제〉, 《대구사학》 99, 2010.

서 론

개항에서 1945년 8·15 해방에 이르는 시기에 우리 역사는 복잡
다단한 길을 걸으며 격심한 변동을 겪었다. 개항을 기점으로 일본을
비롯한 외세가 조선에 대한 침략을 급속히 확대해 갔고, 그러한 위
기를 맞아 조선사회의 적체된 모순을 개혁하고 국권을 수호하려는
변혁운동이 민중에서도, 지배층에서도 활발히 펼쳐졌다. 갑신정변,
갑오개혁, 갑오농민전쟁, 독립협회운동, 광무개혁 등이 그것이었다.
외세는 이러한 변혁운동에 군사적으로 개입해 좌절시켰고, 끝내 조
선은 식민지로 전락했다. 1910년 조선을 무력으로 강점한 일본은
1945년 태평양전쟁에서 패배할 때까지 정치, 경제, 사회, 문화 등 모
든 분야에 제국주의 식민정책을 강요했고, 이로 말미암아 조선사회
는 급격히 식민지 종속형의 근대화=자본주의화를 이루게 되었다.
그러나 동시에 이러한 사회변동은 민족적·계급적 모순을 확대·격화
시켰고, 그로 말미암아 한말의 변혁운동을 계승하는 격렬한 민족해
방 및 계급해방운동이 발전했다.

이러한 역사변동은 8·15 해방 후 현대사 전개와 관련해 중요한
의미를 지닌다. 그 변동과정에서 해방 이후 자본주의 체제를 지향하
는 남한과 사회주의 체제를 지향하는 북한으로 민족을 분단시킨 정
치·경제적 기반과 원인이 형성되었기 때문이다.[1] 따라서 이 시기
역사변동에 대한 연구는 근대사의 이해와 분단 체제의 극복이라는
현재적 과제와 맞물려 중요한 의의를 지닌다.

이 시기의 역사변동에 대한 연구에서, 농업변동과 농업·농민문제
에 대한 연구는 더욱 중요한 비중을 차지한다. 한말의 근대변혁운동
과 관련해서는 봉건적인 농업, 특히 봉건적인 토지소유의 개혁 방안
이 변혁운동의 성격과 방향을 결정짓는 관건이 되었고, 그 차이에
따라 변혁세력이 분화되었다.[2] 또한 일제 침략과 관련해서는 일제
의 식민정책이 종속적인 농공 국제분업관계를 창출하는 데서 시작
되었던 까닭에, 농업·농민문제는 민족문제에서 가장 핵심적인 문제
가 되지 않을 수 없었다. 그리하여 당시 민족해방운동 진영에서는
"당면의 조선 혁명의 역사적 내용은 농업혁명"이라 규정하고, "농업
문제의 철저한 민주주의적 해결과 모든 봉건적 유제의 소탕을 위한
투쟁"을 "제국주의 지배의 타도와 민족적 해방 획득을 위한 투쟁의
기초를 이루는 것"으로 위치짓기도 했다.[3] 따라서 한국 근대의 역사
변동을 해명하려면 이 시기의 농업변동과 농업·농민문제를 연구하
는 것이 관건 과제라 할 수 있다.

이 시기의 농업·농민문제가 지니는 이와 같은 비중으로 말미암

---

1) 金容燮, 〈日帝 强占期의 農業問題와 그 打開方案〉, 《東方學志》 73, 1991; 徐仲錫, 〈日帝
   時期 美軍政期의 左右對立과 土地問題〉, 《韓國史研究》 67, 1989.
2) 金容燮, 〈近代化過程에서의 農業改革의 두 方向〉, 《한국자본주의성격논쟁》, 1988; 金
   容燮, 〈朝鮮王朝 最末期의 農民運動과 그 指向〉, 《韓國近現代農業史研究》, 1991.
3) 고경흠, 〈朝鮮에 있어서의 農民問題〉, 《朝鮮問題》, 1930.

아 이 문제에 대한 연구는 민족해방운동에 참여한 당대의 사회운동가들과 실천적 지식인은 물론이고, 분단의 극복과 민족사의 발전을 고민하였던 남북한의 학자나 사회운동가들에 의해 최근에 이르기까지 논쟁이 줄기차게 계속되었다.

1. 일제강점기 조선사회의 성격을 둘러싼 논쟁의 성과

1) 1930년대 사회성격논쟁

농업·농민문제에 대한 연구사를 근대사, 그 가운데서도 특히 일제강점기의 역사적 성격규명을 둘러싼 논쟁을 중심으로 살펴보면, 최초의 논쟁은 1930년대 중반에 시작되었다.[4] 1930년대는 세계대공황의 소용돌이 속에서 민족혁명, 사회혁명이 초미의 현실적 과제로 떠올랐던 시기였다. 이러한 시대적 조건에서 박문규, 인정식, 박문병 등 사회주의 이론가들이 당대의 민족혁명, 사회혁명에 대한 과학적 전망을 확보하는 과제와 관련하여 농업문제를 중심으로 일대 논전을 벌였다.

1930년대의 논쟁은 반봉건적 지주제의 성격을 둘러싼 것이었다. 일제강점기에 경제의 모든 영역에서 최고의 지배권을 행사한 것은 일제의 금융독점자본이었다. 그러나 금융독점자본의 지배가 경제의 모든 영역에서 곧바로 자본주의적 생산 체제의 확립을 가져오지는 않았다. 일제하 조선 농업을 지배한 것은 봉건적 생산관계에 가까운

---

4) 오미일, 〈1930년대 사회주의자들의 사회성격논쟁〉, 《역사비평》 1990년 봄호.

반봉건적 지주제였다. 반봉건적 지주제는 일제강점 이후 급속히 확대되고 있었다. 이러한 변동과 반봉건적 지주제의 성격을 어떻게 규명할 것인지, 나아가 반봉건적 지주제가 지배하는 조선사회의 성격을 정치경제학적으로 어떻게 규정할 것인지가 당시의 논점이었다.[5]

이 문제에 대해 먼저 견해를 밝힌 연구자는 박문규였다. 그는 토지조사사업에 대한 연구에서, 이 사업을 통해 조선에서 봉건적 제한이나 속박이 철폐되고 근대적 토지소유제도가 수립되면서 조선의 농업생산은 과거의 고립성을 급속히 상실하고 현저히 자본에 의해 지배되었다고 주장하였다. 그러나 자본의 지배는 농업생산에서 자본가적 생산방법보다 오히려 반봉건적인 영세농과 소작관계를 발달시켰다고 보았다. 곧 "자본주의적 중압의 농촌침입과정은 반봉건적 영세경작기구를 강화하는 과정"이었고, 따라서 "토지영유의 근대적 성질과 상품적 화폐적 관계의 급속한 발전에도 불구하고 그 생산방법이 아직도 여전히 반봉건적인 방법에 종속되고 있다는 것이 조선에 있어서 농업생산 발달의 한 주요 특징"이라 하였다.[6] 이러한 인식에 바탕을 두고 박문규는 자본주의적 소유관계(=생산관계)와 봉건적 수공업적 생산력(=생산양식)의 대립을 조선 농촌의 본질적 모순으로 보았다.

박문규가 이러한 견해를 발표하자, 인정식이 이를 비판하면서 논쟁에 불이 붙었다. 인정식은 이론적으로 볼 때 자본이 농업생산을

---

5) 1930년의 조선사회 성격논쟁의 배경과 경과에 대해서는 다음 연구를 참조. 오미일, 〈일제시기 사회주의자들의 농업문제 인식〉, 《역사비평》 1989년 겨울호; 오미일, 〈1930년대 사회주의자들의 사회성격논쟁〉, 《역사비평》 1990년 봄호; 오미일, 《식민지 시대 사회성격과 농업문제》, 풀빛, 1991.

6) 林文圭, 〈朝鮮土地調査事業의 特質－半封建的 土地所有制의 創出過程에 관한 分析〉, 《李朝社會經濟史研究》(京城大 法文學部論文集), 1933.

지배한다는 것은 농업의 생산관계가 자본제적으로 변화하는 것을 뜻한다고 주장하고, 박문규의 견해는 본래의 정당한 이론적 과정으로부터 벗어난 반역사적 이론이라 비판하였다.[7] 인정식은 식민지화 과정에서 조선 농업은 봉건적 생산관계를 영구히 극복, 지양할 수 없게 되어 조선 농촌의 봉건적 성질이 더욱 강화되었다고 주장하고, 그렇게 된 원인을 조선 농업과 일제 독점자본의 결합에서 찾았다. 곧 일제하 조선 농업은 봉건적 생산양식을 유지할 수 있는 전통적 조건을 상실하였지만, 대신 일제 독점자본과 결합하면서 "독점자본과 봉건제가 상호 강화하는 관계"가 구조화되어 봉건성의 본질적 관계를 더욱 강고하게 유지 존속할 수 있게 되었다고 주장했다.[8] 인정식은 '반봉건성'이란 개념으로 일제하 조선 농업의 특징을 설명하였다. '반봉건성'이란 "유통과정에 있어서는 상품=가치=화폐 제 관계에 종속 포위됨에도 불구하고 다른 한편 가장 본질적인 생산과정에 있어서는 봉건적=농노적 농촌관계"[9]를 나타내며, "본질적으로 봉건적이나 결코 순수한 형상으로 존속되는 것이 아니라 해체경향을 가진, 즉 순수하지 않은 봉건성, 자기의 유지조건을 상실한 봉건성"으로 규정된다.[10] 인정식은 식민지하 조선사회를 자본제적 성격과 봉

7) 印貞植, 〈土地所有의 歷史性-朴文奎氏에 對한 批判을 主로 하여〉, 《朝鮮의 農業機構分析》, 白楊社, 1937, 239쪽. "資本-하나의 歷史的 範疇로서의 資本-보다 엄밀하게 말하면 剩餘價値를 生産하는 價値로서의 資本은 동시에 하나의 社會的 關係이며, 또 社會的 關係라고 하는 것은 畢竟 生産關係를 의미하는 것이다. 그럼에도 불구하고 今日 朝鮮의 農業生産이 직접적으로도 또 전체적으로도 이 資本에 의해 支配되고 있다고 주장한다면 이는 곧 農業生産에 있어서 生産手段의 所有者와 直接的 生産者가 遭遇하는 관계 즉 生産關係가 이미 資本制的이라고 하는 것이지 않으면 안 된다.""그 때문에 주어진 生産關係와 歷史性을 달리하는 所有關係를 이야기하는 것은 확실히 하나의 넌센스이다."
8) 印貞植, 〈朝鮮農村經濟의 研究(7회)〉, 《中央》 1936년 8월호.
9) 印貞植, 위의 책(1937) 234쪽.

건적 성격이 구조적으로 결합되어 상보적으로 온존하는 사회로 이해한 것이다.

인정식의 견해가 발표되자, 박문병이 이를 다시 비판하였다. 박문병은 《조선중앙일보》에 〈농업조선의 검토〉를 발표하고, 조선 농업의 생산양식을 봉건적인 영세농적 형태로, 그 봉건성을 '잔재'가 아니라 '지배적인 것'으로 보아야 한다고 주장하였다. 그는 소작료 분석으로써 조선 농업의 경제적 본질은 "자본가적 경제의 합법칙성에 의존하지 않고 봉건적인 경제외적 강제(자본에 의해 변색·변질되었지만)에 의존하는 반봉건적인 형태이며 따라서 지주−소작인 관계도 반봉건적인 관계"라 규정하였다.[11] 그러나 그는 조선 농업이 "봉건적 중세적 생활양식"에 머물러 있다는 사실과 "농촌에 있어서의 자본의 지배"와 "자본적 변질 굴곡"이 일어나는 것을 모순되게 보지 않았다. 그는 농업에 대한 자본의 지배를 농업에서 자본−임금−이윤의 3분할제가 실현되는 자본주의적 생산관계의 확립으로 보아야 한다는 인정식의 견해에 대해, "사적 유물론의 기계적·공식적 파악의 전형을 대표하는 것"이라 공격하였다.[12]

박문병은 일제의 자본수출이 식민지 초과이윤의 수탈을 목적으로 하는 것이고, 따라서 '농업에 대한 자본의 지배'가 자본제적 생산관계를 통해서만 이루어져야 할 필연성은 없다고 주장하였다. 제국주의 자본은 식민지 초과이윤의 수탈을 위해 자본제적 요소와 봉건적 요소를 병존시킬 수 있다고 본 것인데, 그는 이를 제국주의 자본의 이중성으로 설명하였다.

---

10) 印貞植, 위의 글(1936. 8).
11) 朴文秉, 〈農業朝鮮의 檢討〉(32회), 《朝鮮中央日報》.
12) 朴文秉, 〈朝鮮農業의 構造的 特質〉, 《批判》 4-9, 1936년 10월호.

조선 농촌에 있어서는 자본이 자본 본래의 역사적 임무의 기능자로서 또 자본의 역사적 임무의 반대적 기능자로서의 이중성을 띤다. 즉 잉여가치 흡취, 자본의 축적과정에 질곡과 장애가 되면 봉건적 생산관계의 변혁자로 행위하고, 반대로 봉건적 생산관계가 자기 축적에 유리한 효과적 기능을 갖고 있는 한 그와 합작合作 또는 구생산관계의 이용자로서 행위함에 의해 조선 농촌에의 자본의 본질적 포착에 혼선을 주는 것이다.13)

박문병은 이러한 예의 전형을 동양척식주식회사에서 볼 수 있다고 하고, 이 회사의 농장경영에서 봉건적 잔재는 "자본의 '탈'로서 기능"한다고 하였다. 그는 조선 농업에서 봉건적 생산관계가 지배적인 것은 식민지 초과이윤의 수탈을 노리는 자본의 지배에서 비롯된 현상이며, 조선 농민은 한편으로 고율소작료에 의해, 다른 한편으로 토지·노동수단·생산물의 유통—상품화와 구매—과정에서 자본제적 가격운동에 의해 이중적으로 수탈을 당한다고 보았다. 이러한 인식을 바탕으로 그는 토지조사사업의 의의도 생산수단으로부터 생산자의 분리, 배타적인 일물일권 확립, 토지의 상품화 등이 실현되는 토지소유관계의 확립에, 달리 말해 자본의 원시적 축적이 강렬하게 진행될 수 있는 역사적 계기를 마련했다는 점에 있다고 보았다.14)

박문병은 제국주의 자본의 지배가 농업에서 봉건적 생산관계를 유지시킬 수 있다고 본 점에서 인정식과 견해를 달리 했다. 인정식은 독점자본과 결합이 봉건적 생산관계를 유지하는 조건이 되었다고 보았다. 나아가 그는 조선 농업의 봉건적 생산관계가 침입한 자본에 의해 "점차 자본적 제 속성으로 분해 전화의 길을 걷고" 있다

13) 朴文秉, 〈農業朝鮮의 檢討(33회)〉, 《朝鮮中央日報》 1936년 8월 4일자.
14) 朴文秉, 〈農業朝鮮의 檢討(29회)〉, 《朝鮮中央日報》 1936년 7월 25일자.

고 파악한 점에서도 조선 농업의 자본제적 발전 계기를 일체 배제하였던 인정식과 뚜렷한 대비를 이루었다.

> ······ 현실 조선의 농촌관계를 봉건주의의 네 가지 전제에 비추어 그는 이미 순봉건적 형태에서 해체되어서 있는 또는 해체되면서 있는 따라서 자본주의적 특징이 여기저기에서 싹트고 있는 현실을 보았다. 이는 금일 조선 농촌이 상당한 심각도로서 자본에 의해 지배되고 ······ 침입된 자본에 의하여 조선 농촌이 봉건적 제 속성에서 점차 자본적 제 속성에로 분해 전화의 길을 걷고 있음은 부인치 못할 사실이다.15)

그는 이러한 분해, 전화의 근거로 농촌경제에서 자연경제가 해체되고 화폐경제로 전화된 사실과, 근대적 소유권의 확립으로 생산자가 토지로부터 분리되면서 농민의 반프롤레타리아적 성격이 진전된 점에 주목하였다.16) 박문병도 농업문제의 본질을 "토지소유의 자본적 성질과 농업생산의 봉건적 양식의 모순"으로 보았지만, 이것을 자본제와 봉건제가 '혼성'된 것으로는 인식하지 않았으며, '자본적 변질의 도정'에 있다고 파악하였다. 요컨대 박문병의 논지는, 조선의 사회적·정치적·경제적 현실을 핵심적으로 표현하는 정의를 "조선은 식민지이다"17)라는 말로 천명했던 데서 명확히 드러나듯이, 조선사회를 제국주의 독점자본이 지배하는 식민지 자본주의 사회로, 따라서 농업의 봉건성도 제국주의 자본의 수탈성에 기인해 유지되고 있으나 점차 해체되어 간다고 파악하는 것이었다.

---

15) 朴文秉, 〈農業朝鮮의 檢討(36회)〉, 《朝鮮中央日報》 1936년 8월 11일자.
16) 朴文秉, 〈農業朝鮮의 檢討(38회)〉, 《朝鮮中央日報》 1936년 8월자.
17) 朴文秉,〈農業朝鮮의 檢討(1회)〉, 《朝鮮中央日報》 1936년 6월 8일자.

한편 이 무렵을 전후해 비록 이 논쟁에 참여하지는 않았지만, 농업문제에 관심을 가진 많은 연구자들이 이 문제와 관련해 나름대로의 견해를 발표하고 있었다. 당시에는 가혹한 소작조건과 그로 말미암은 농민 몰락이 심각한 사회문제로 떠오르고 있었다. 1930년대 초반의 대공황을 계기로 농촌은 극도로 피폐해지고 소작쟁의가 폭발적으로 증가하였으며, 이를 배경으로 혁명적 농민조합운동이 빠르게 확산되고 있었다. 이런 사정으로 말미암아 소작제도의 모순을 해결하려는 실태 조사나 이론적 연구가 활발히 이루어졌던 것이다.

이 연구들 가운데 사회성격논쟁과 관련해 주목되는 견해는 소작농의 사회적 지위에 관한 것이었다. 소작농의 사회적 지위에 관해 제기된 견해는 '봉건적 농노', '채무노예', '농업노동자' 등 다양하였다. 그러나 이론적 규정에 따라 그들의 현실적 존재형태를 파악하고자 하는 논자들 대부분은 소작농을 농업노동자 또는 이에 준하는 계급으로 규정하였다.[18] 곧 '소작농업자는 농업노동자'라거나 봉건적 농업이 자본주의로 발전하는 과정에서 '소농경영자가 임금노동자로 전환하는 행정'에 있는 것으로 파악하였고, 이러한 특징은 당시 지주경영 전반을 선도하였던 일본인 농장에서 더욱 선명하게 나타난다고 보았던 것이다.[19] 그러나 그들은 당시의 지주제가 농업노동자를 고용하는 자본제적 경영으로 전환했다고 인식하지는 않았다. 지주들이 소작농민으로 지주제를 경영하기를 고집하였는데, 이는 그렇

---

18) 金容燮, 〈日帝 强占期의 農業問題와 그 打開方案〉, 《韓國近現代農業史硏究》, 일조각, 1992, 394쪽.

19) 李晟煥, 〈飢餓線上에 가로노힌 朝鮮의 農業勞動者 問題〉, 《開闢》 1925년 8월; 朝倉昇, 〈朝鮮의 小作問題와 그 對策〉, 《農業經濟硏究》 7-2, 1931; 津曲藏之丞, 〈朝鮮에 있어서의 小作問題의 發展過程〉, 《朝鮮經濟의 硏究》, 1929; 久間健一, 《朝鮮農政의 課題》, 327~329쪽; 東畑精一, 《日本農業의 展開過程》(增訂版), 1936, 86쪽.

게 하는 것이 농장경영에 소요되는 노동력을 수탈하기에 유리하고, 또 자본투하의 책임과 위험부담의 대부분을 소작인에게 떠넘길 수 있기 때문이라는 것이었다.[20] 이들의 지주제에 대한 이러한 파악은 비록 지주제의 모순을 해결하려는 제한된 문제의식을 벗어나지 않았지만, 식민지 조선의 사회성격을 해명하는 데 중요한 단서들을 제공하는 것이었다.

인정식과 박문병의 사회성격논쟁은 이론방면에서나 실증방면에서 결말을 보지 못했다. 그것은 일제가 식민지 사회의 성격 해명을 둘러싼 논쟁을 제한적으로만 허용하였던 사정 때문이기도 하였고,[21] 또한 식민지 사회의 성격 해명에 필요한 이론적 준비나 제반 연구가 이전 시기에 대해서는 물론이고 당해 시기조차 충분히 이루어지지 못했던 탓도 있었다. 그럼에도 이 논쟁은 일제하에서 반봉건적인 지주제가 온존, 확대되는 현상을 어떻게 이론적으로 해명할 것인가가 조선사회의 역사적 성격을 해명하는 데 관건임을 부각시켰다는 점에서 이론사적으로 매우 의의가 컸다.

2) 남한 학계의 식민지 지주제 연구와 식민지반봉건사회론 논쟁

인정식과 박문병이 제기한 일제강점기 조선사회의 성격에 대한

---

20) 澤村康, 《小作法과 自作農創定法》, 528~531쪽; 姜鋌澤, 〈朝鮮農業에 있어서의 生産시스템의 分化〉, 《農業經濟研究》 15-3, 1939.

21) 朴文秉, 〈農業朝鮮의 檢討(39회)〉, 《朝鮮中央日報》 1936년 8월 26일자. "本稿의 원래의 형태는 發表上 難点이 있으니 要領있게 改修하라는 某報의 X의 注意, 즉 筆鋒의 銳利深刻을 緩和할 것, 一切의 批判論難은 避할 것, 引用文의 明示와 科學的 正確은 避할 것 등에 따라 부득이 본래 原稿의 약 3분의 1을 점한 제7절과 그밖의 批判文은 전부 削除하고……, 그리하여 결국 生産된 것은 當初의 意圖와는 상당한 거리에 있는 本稿이다."

논쟁은 8·15 해방 이후에도 재개되지 못했다. 해방공간에서 급격한 사회적·정치적 변동이 이를 재개할 여유를 허락하지 않았던 것이다. 다만 인정식이 일제하 농업에서 농촌 프롤레타리아 계급이 발생하고 있었음을 인정한 것은 사회성격 논쟁과 관련해 주목할 만한 점이다.[22) 그리하여 결국 식민지 사회의 성격을 학문적으로 해명하는 과제는 해방공간의 정치적 변동이 일단락되는 한국전쟁 이후로 넘어가지 않을 수 없었다.

그러나 전쟁 이후의 연구는 새로운 정치적·이데올로기적 제약을 받지 않을 수 없었다. 전쟁 이후 북한에서는 식민지 사회의 성격 규명과 관련해 사적 유물론, 나아가 1970년대 이후에는 주체사관에 입각한 연구만 허용되었다. 물론 그 연구의 메타이론이 되었던 유물론이나 주체사관에 대한 비판과 논쟁은 일절 허용되지 않았다. 남한의 사정도 매우 열악하였다. 반공이 강력한 지배 이데올로기로 자리 잡으면서 연구의 자유가 이데올로기에 의해 극도로 제약된 데다, 해방공간의 갈등에서 남한 학계를 장악하게 된 일제하 실증사학계열의 연구자들이 일제강점기에 대한 연구 자체를 기피하였기 때문이다. 남한 역사학계의 일제강점기에 대한 연구에서 이러한 보수적 분위기는 4월 혁명 이후에도 크게 바뀌지 않았다.

그러한 가운데 남한 학계의 김준보와 김용섭이 이 문제에 관심을 가지고 연구를 진척시켰다. 김준보는 일제하의 농업문제를 인식

---

22) 印貞植, 《朝鮮의 土地問題》, 靑樹社, 1946, 75쪽. "朝鮮農村에 있어서도 農民大衆의 急激한 社會的 分化의 缺課로서 農業 '프로레타리아'라는 새로운 階級이 나날이 成長하고 있다. 우리는 이러한 明明白白한 歷史的 事實을 拒否할 아무런 理由도 가지지 않는다. 農村의 現實을 發展的인 過程에서 파악하지 못하고 모든 것을 封建的인 一色으로 塗色하며 農村의 모든 사실을 封建性의 範疇에 잡아 너흐려는, 一部의 公式主義者들만이 이 嚴然한 사실을 否認하려는 것이다."

하면서 기본적으로 독점적 금융자본이 식민지를 전체적으로 지배하고 있다는 관점에서 출발하였다. 그는 지주제를 세력적 금융자본이 식량 수집을 위해 소농을 지배하는 기구로 파악하였다. 곧 금융자본은 지주로부터 소농의 잉여노동인 지대의 일부를 수탈하는 존재였고, 이에 대응해 지주는 지대 수탈을 고율화하여 이를 보전하려 하였는데, 그것은 개별 지주가 자본운동의 일반 법칙에 따라 일반 산업투자보다 높은 수익율을 얻으려 하였기 때문이다. 김준보는 이러한 사회·경제적 계기 속에서 지주가 단순한 지대수취자에서 자본가적 이윤추구자의 입장으로 바뀌었고, 그 과정에 수반해 영세소작농이 노동자화하는 변화가 일어난다고 이해하였다. 그는 이러한 전환을 일본인 대농장 경영에서 포착하려 하였다.[23]

　김준보의 연구는 일제의 금융자본이 식민지 조선의 농업을 포괄적으로 지배하였고, 일제하의 농업변동이 전부 거기에서 비롯된 것이었음을 체계적이고 일관된 논지로 폭넓게 해명하고자 하였다. 이 점이 그의 연구에서 주목할 만한 특징이었으며, 연구사적으로 보면 박문병의 문제의식을 발전시켰다고 할 수 있다. 그러나 그는 일제하 조선의 지주제가 금융자본의 지배를 계기로 자본제적 생산관계로 바뀌는 과정에 있다고 파악한 점에서는 박문병과 견해가 달랐다.

　한편 같은 시기에 김용섭은 개별 지주가의 경영문서를 분석한 일련의 연구를 진행하였다.[24] 이 연구는 일제하 지주제의 역사적 성

23) 金俊輔, 《農業經濟學序說》, 고려대출판부, 1967, 292~316쪽.
24) 金容燮, 〈韓末 日帝下의 地主制: 事例 1-江華金氏家의 秋收記를 通해 본 地主經營〉, 《東亞文化》 11, 서울대 東亞文化研究所, 1968; 金容燮, 〈韓末 日帝下의 地主制: 事例 2-載寧 東拓農場에 있어서 地主經營의 變動〉, 《韓國史研究》 8, 1972; 金容燮, 〈韓末 日帝下의 地主制: 事例 3-羅州李氏家의 地主로의 成長과 그 農場經營〉, 《震檀學報》 42, 1976; 金容燮, 〈韓末 日帝下의 地主制: 事例 4-古阜金氏家의 地主經營과 資本轉換〉,

격과 관련해 중요한 두 가지 성과를 냈다. 하나는 일제하 지주경영이 조선총독부의 식민지 농업정책과 그와 결합된 금융자본의 지배에 의해 직접 영향을 받으면서 변동하고 있고, 여기에 개별 지주들이 어떻게 대응하는가에 따라 지주경영의 성패가 좌우된다는 점을 해명한 것이다. 다른 하나는 비록 부분적인 현상이지만 일제하에서 소작농을 노동자로 부리는 자본제적 지주경영이 출현하고 있음을 밝힌 것이다. 전라도 나주 이씨가의 지주경영이 그것으로, 김용섭은 이를 "자본가적인 기업농으로 전환 성장하고 있는 지주제"라고 성격을 규정했다. 이러한 성격의 지주층은 농촌사회에 적지 않았을 것이며, "여기에 한말 일제하의 지주제나 농업 체제는 일률적으로 봉건성으로 규정될 수 없는 소이가 있으며, 그것을 바탕으로 하면서도, 이 시기 농업 체제에는 근대로의 전환 과정을 전제로 하는 반봉건성·근대성이 지적될 수 있는 생산양식상의 한 근거가 있는 것"이라하였다.[25]

김준보와 김용섭의 연구는 논쟁성을 지니고 있었지만, 반공제일주의가 횡행하는 상황으로 말미암아 일제강점기의 사회성격에 대한 논쟁은 1970년대 말까지 재개되지 못했다. 남한 학계에서 일제강점기의 사회성격에 대한 논쟁이 본격적으로 재개된 것은 1980년대 중반 사회구성체 논쟁에 이르러서였다.[26] 그러나 이때의 논쟁은 1930년대 중반의 인정식―박문병 논쟁과는 전혀 다른 이론적 맥락에서 제기되었다.

《韓國史研究》19, 1979.

25) 金容燮, 앞의 글(1976).

26) 정태헌, 〈최근의 식민지시대 사회구성체론에 대한 연구사적 검토〉, 《역사비평》
1, 1987.

　　1980년대 중반 안병직, 장시원 등 일군의 경제사학자들은 식민지 반봉건사회론과 주변부자본주의론을 도입하여 한국 근현대사를 인식하는 새로운 이해 체계를 제시하였다.[27] 이들의 이해에 따르면, 일제강점하 조선사회의 성격은 식민지반봉건사회로 규정되었다. 식민지반봉건사회론은 고타니 히로유키小谷汪之와 가지무라 히데키梶村秀樹의 이론을 혼성하여 조립한 이론이었다. 이 이론에 따르면 식민지반봉건사회는 반봉건제를 경제적 토대로 하는 사회구성체이다.[28] 반봉건제의 '반半'은 세계 자본주의에 따른 규정성을 뜻하며, 자본주의에 가장 적합하게 순응할 수 있는 전자본제적 관계로 규정된다. 고타니에 따르면 반봉건제는 식민지의 전근대적 생산관계가 세계 자본주의에 따라 규정되어 근대법적·사적 소유권의 승인을 거치게 되면서 확립되는 것으로, 봉건제와는 아무런 관련이 없는, 달리 말해 세계 자본주의에 의해 '창출된' 식민지에 존재하는 고유한 독자적인 생산양식이었다. 이 이론은 일제하 지주적 토지소유를 일본 제국주의의 지배 아래에서 일정한 자본제적 관계를 전제로 법적·형식적으로는 근대적 관계 아래 성립되는 식민지 사회 고유의 전자본제적 토지소유, 즉 반봉건적 토지소유로 규정한다.

　　그렇지만 식민지반봉건사회에서도 자본제 생산양식의 발전은 당

27) 안병직, 〈조선에 있어서 (반)식민지·반봉건사회의 형성과 일본제국주의〉, 《한국 근대사회와 제국주의》, 삼지원, 1985; 장시원, 〈식민지반봉건사회론〉, 《한국자본주의론》, 까치, 1984; 이헌창, 〈8·15의 사회경제사적 인식〉, 《한국자본주의론》, 까치, 1984; 許粹烈, 〈韓國近代社會의 構造와 性格〉, 《第29回 全國歷史學大會 發表要旨》, 1986.
28) 고타니·가지무라의 식민지반봉건사회론에 관한 논문은 장시원 편역, 《식민지반봉건사회론》(한울, 1984)에 수록되어 있다. 이들의 이론에 대한 정리와 비판은 이병천, 〈식민지반봉건사회구성체론의 이론적 제문제〉, 《산업사회연구》 2, 1987에 따랐다.

연히 인정된다. 식민지반봉건사회는 세계 자본주의에 의해 규정되는
사회이고, 따라서 공업의 산업자본과 농업의 부농경영으로 구성되는
자본제 생산양식이 발전하는 것은 필수적이며, 빈농-반프롤레타리
아트 계층을 기반으로 운영되는 기생지주제가 이러한 자본주의의
발전을 뒷받침한다는 것이다.[29] 그러나 식민지반봉건사회에서는 자
본제 생산양식의 발전이 전반적으로 제한되어 부차적인 우클라드
Uklad 이상은 되지 못하며, 반봉건적-자본주의도 아니고 봉건제도
아닌-우클라드인 식민지 지주제가 지배적이다.[30]

　　이러한 인식은 장시원의 지주제 연구 방법에서 특징적으로 드러
났다. 그는 일제하의 지주제를 연구하면서 식민지 지주의 실체를 자
본주의 경제제도에 능동적으로 적응하는 주체로 부각시키고자 하였
다. 곧 일제하의 대지주를 비록 생산관계에서는 반봉건성을 고수하
지만, 근대 기업의 관리방식과 비슷한 소작농 관리제도를 도입하고
자본주의적 상품유통에 적합한 유통기구를 갖추며 주식 매입에 투
자하면서 근대적 기업가로 변신해 가는 존재로 파악하고자 한 것이
었다.[31] 그의 연구는 일제하 지주계급의 자본가적 측면을 해명한 점
에서 주목을 받았지만, 한편 일본 제국주의와 식민지 지주제 사이의
규정성을 거의 도외시했다는 비판도 받았다. 곧 일제의 식민정책과
금융자본의 지배가 지주제에 미친 지배력이나 규정성이 무시되고,
다만 지주들이 자본주의 경제제도에 어떻게 능동적으로 대응해 갔
는가만 단면적으로 부각시켰다는 것이다.

29) 小谷汪之, 〈반봉건적 토지소유 성립의 논리〉, 〈인도 근대에 있어서 농민층 분해와
　　지주적 토지소유〉, 《식민지반봉건사회론》, 한울, 1984.
30) 梶村秀樹, 〈구식민지사회구성체론〉, 《식민지반봉건사회론》, 한울, 1984.
31) 張矢遠, 〈日帝下 朝鮮人大地主의 資本轉換에 관한 硏究-全南의 50町步 이상 土地所有
　　者를 중심으로-〉, 《論文集》 7, 한국방송통신대학, 1987.

식민지반봉건사회론이 주장되자, 즉각 여기에 대한 이론적 비판이 제기되었다.[32] 식민지반봉건사회론에 대한 비판은 먼저 이러한 사회구성의 토대가 되는 '반봉건제'라는 독자적인 생산양식이 이론적으로 성립될 수 있는가 하는 점에 모아졌다. 그것이 성립 가능하려면 '반봉건제'에 고유한 "소유연관(잉여노동의 수탈과정)과 물질적 전유연관(노동과정) 및 그 결합을 이론적"으로 구성할 수 있어야 하며, 그것에 고유한 운동법칙이 존재해야 한다.[33] 그러나 식민지반봉건사회론에서는 이러한 이론구성이나 운동법칙의 정립이 불가능하다는 것이다. 다음으로 토대와 상부구조의 비조응성, 즉 식민지성과 반봉건제의 비조응성이 문제로 제기되었다. 식민지에서 식민지 권력과 토대가 조응하지 못하는 것은 일반적인 현상이라 할 수 있지만, 문제는 과연 식민지 사회를 하나의 독자적인 사회구성체로 파악할 수 있는가 하는 점이었다. 여기에 대해서 식민지 권력은 식민 모국으로부터 이식된 것이며, 민족국가와 같은 뜻의 '상대적 자율성'을 갖지 못하는 것이고, 따라서 그것은 모국 국가기구의 일부, 그 식민지적 외연부로 이해하는 것이 타당하다는 비판이 제기되었다.

이러한 비판으로 식민지반봉건사회론이 사회구성체론으로서 성립할 수 없게 되자, 장시원은 식민지반봉건사회론을 철회하였다.[34] 이로써 논쟁은 끝이 났지만, 연구사의 맥락에서 보면, 이 논쟁은 식

---

32) 박현채, 〈현대한국사회의 성격과 발전단계에 관한 연구(I)-한국자본주의의 성격을 둘러싼 종속이론 비판-〉, 《창작과 비평》 57, 1985; 박현채, 〈토론-식민지반봉건사회론의 쟁점〉, 《산업사회연구》 1, 1983; 이병천, 앞의 글(1987); 정태헌, 앞의 글(1987).

33) 이병천, 앞의 글(1987), 35쪽.

34) 張矢遠, 〈韓國近代史에 있어서 '植民地半封建社會論' 適用을 둘러싼 理論的 實證的 諸問題〉, 《趙璣俊教授華甲記念論文集》, 대왕사, 1987.

민지자본주의론을 더욱 세련화하는 계기가 되었고, 이후 식민농정 및 금융자본의 지배와 관련지어 일제하 지주제의 변동 및 성격을 해명하려는 연구를 촉진시키는 결과를 가져왔다.[35]

1930년대부터 1980년대 후반까지 이어진 일제강점기의 조선사회의 성격을 해명하기 위한 논의는 비록 학문외적 제약으로 말미암아 충분히 전개되지 못했지만, 몇 가지 중요한 성과를 냈다. 첫째, 일제강점기의 조선사회를 일제 금융독점자본이 지배하는 자본주의 사회로 인식해야 한다는 점을 이론적으로 명확히 한 것이다. 따라서 자본주의가 봉건제와 대립하면서 발전해 가는 고전적인 자본주의 이행기의 사회나, 아니면 같은 시기 중국과 같은 반식민지 상태의 사회를 해명하는 데 적합한 이론을 도입해 이 시기의 조선사회를 이해하는 것은 결코 합리적이지 않다는 점도 분명히 하였다.

둘째, 더 구체적으로는 이 시기의 사회성격 해명에 관건이 되었던 농업변동, 즉 반봉건적인 지주제의 확대·강화 현상을 인식하면서 그 변동을 일제 금융자본의 포괄적 지배에 규정되어 일어나는 것이라고 파악해야 한다는 문제의식이 분명해졌다. 이러한 인식의 발전에 따라 봉건적인 지주제를 금융자본의 지배에서 야기되는 모순의 운동 양상에 따라 확대되기도, 재편 또는 해체되기도 하는 것으로 파악할 수 있게 되었다. 또 농민층 분해에 대한 파악에서도 '자본의 농업지배=고전적인 자본제적 농민층의 양극분해'라는 기계적인 도식에서 벗어나, 금융독점자본의 식민지 농업지배가 봉건적인 농민층 분해의 확대로 나타날 수 있음을 이해할 수 있게 되었다.

셋째, 이와 같이 일제하 사회경제적 토대의 성격이 해명됨에 따

---

35) 정태헌, 앞의 글(1987).

라, 일제의 지배와 수탈에 맞서 여러 계열로 펼쳐졌던 민족운동이나 사회운동의 역사적 의의를 객관적으로 평가할 수 있게 되었다. 그 가운데 특히 일제하의 민족운동에서 가장 큰 비중을 차지했던 사회주의 운동에 대해 그것이 식민지 사회의 물적 토대에 바탕을 둔 합법칙적이고 진보적인 사회운동이었음을 해명할 수 있었으며, 나아가 해방공간의 자주국가 건설운동이나 남북 분단에 대한 연구를 심화하는 이론적 토대도 마련하였다. 1980년대 중반 이후 일제하 사회주의 운동에 대한 연구와 해방공간의 민족운동이나 사회운동에 대한 연구가 활성화될 수 있었던 데는 이러한 성과가 밑받침이 되었다.

그런데 위의 성과가 지니는 역사적 의미를 더 분명히 하려면 일제강점기의 사회성격 해명을 둘러싼 논쟁에 직접 또는 간접으로 관여하였던 연구들의 공통된 역사인식에 대해 주목할 필요가 있다. 물론 이러한 역사인식이 가치평가를 앞세운 선험적 전제로 내세워졌던 것은 아니었다. 그러한 인식은 제국주의와 근현대사의 발전과정에 대한 나름의 과학적 연구에 따라 수립된 것이었다.

우선 제국주의의 식민지 지배에 대한 부정적인 인식을 들 수 있다. 곧 일본 제국주의가 일차적으로 관심을 갖는 것은 식민지에 대한 수탈이며, 이른바 '식민지 개발'은 수탈에 부수하는 부차적인 것으로 보는 것이다. 이로 말미암아 식민지의 생산력은 자립적인 민족경제와 같이 정상적으로 발전하지 못하고 왜곡 지체되는 바, 이러한 모순은 제국주의 자체의 고유한 한계에서 비롯된다고 보는 것이다. 둘째로 이 연구들은 이러한 인식에 근거해 조선이 일본 제국주의 지배로부터 단절, 해방되는 데서 비로소 민족사의 발전이 가능하다고 인식하였다. 제국주의는 그 자체의 한계로 말미암아 식민지에서 생산력의 발전을 가로막는 장애물이 되기 때문에, 제국주의의 지배로부터 해방되어야만 민족사의 발전이 전면화할 수 있다고 본 것이다. 셋째, 제국주의 지배에서 해방되는 길은 자립적 자본주의 노선과 사회주의 노선 모두 가능하지만, 일제강점 아래에서나 해방 당시의 사회적 조건에서는 전자보다는 후자가 선진적인 방법이 될 수 있다고 인식하였다. 자립적 자본주의 노선을 지향하는 경우도 순수하게 자본주의 노선을 지향하기보다 사회주의적 요소를 도입한 혼합경제노선 또는 사회민주주의적 노선을 추구하거나, 사회주의적 노선으로 성장 전화하는 인민민주주의적 노선을 염두에 두는 경우가 주류를 차지했다.

요컨대 식민지 사회는 제국주의 금융자본이 지배, 수탈하는 사회이고, 자본주의적 생산력의 발전조차 전면화되지 못하고 파행적으로 왜곡, 지체되는 사회였다. 따라서 이 사회에서 요구되는 합법칙적인 사회혁명은 농업의 토지혁명을 포함해 제국주의 지배를 전면적으로 극복하는 반제국주의 민족혁명이어야 한다는 것이 논쟁에 관여하였던 연구자들의 공통된 문제의식이었던 것이다. 이러한 인식에 기반을 두었던 까닭에, 이 논쟁에 관여했던 연구들은 어느 쪽의 입장에 섰든 일본 제국주의에 의한 식민지 개발이나 일제강점 아래 생산력 발전 또는 근대화의 실상에 대해서는 크게 의미를 두지 않았다. 연구의 궁극적 관심은 식민지하의 민족해방운동에 있었으며, 식민지 근대화에 대한 연구는 제국주의 지배의 수탈성과 혁명운동의 대상과 동력을 해명하기 위해 필요한 것이었다.

3) '식민지개발론'의 대두와 문제점

1980년대 후반 식민지반봉건사회구성체 논쟁이 종결될 무렵 세계적으로 사회주의 체제가 몰락하는 중대한 변화가 일어났다. 사회주의 체제의 몰락은 일제강점기에 대한 연구 시각에 영향을 미치지 않을 수 없었다. 그동안의 연구에서 주류를 이룬 연구 시각은 제국주의의 식민지 지배가 민족사 발전에 걸림돌이 되고 있고, 따라서 민족해방의 길을 '내재적·자립적 근대화' 내지 '사회주의적 근대화' 노선에 있다고 보았기 때문이다.

1980년대 말 사회주의 체제의 몰락이라는 세계사적 변화를 바탕으로 한국 근현대사 연구에서는 반제국주의적인 기존의 연구 시각을 비판하고 이른바 식민지개발론을 도입해 일제 식민지 지배를 연구하는 한 무리의 학자가 등장하였다. 안병직, 이영훈, 나카무라 사토루中村哲, 미야지마 히로시宮嶋博史, 호리 가즈오堀和生 등 일단의 한일 양국 경제사학자들이었다. 이들은 교토대학京都大學 나카무라 사토루의 경제사 이론의 영향을 받으면서 그의 발의로 1987년 '한국근대경제사연구회'를 결성하고, 도요타豊田재단의 연구비를 지원받아 이후 수년 동안 공동연구를 진행하였다.

이들의 연구는 1980년대 중반부터 이른바 개발론의 관점에서 식민지의 경제변동을 연구하였던 미국과 일본의 연구자들에게 영향을 받았다. 개발론의 이론적 선두주자는 미국의 피티Mark R. Peattie였다. 피티는 일본의 식민지를 연구하면서 '개발과 수탈'이라는 새로운 개념을 제시하며 개발을 부각시켰다. 피티의 견해를 높이 평가하여 일본에 도입한 연구자는 마쓰모토 도시로松本俊郎였다.36) 마쓰모토는 피티의 '개발과 수탈' 관점을 일본의 식민지 경제 연구에 도입하여 이를 '침략과 개발'론으로 정립하였다. 마쓰모토의 '개발과 수탈'론을

---

36) 松本俊郎, 《侵略と開発-日本資本主義と中国植民地化》, お茶の水書房, 1988.

일제강점하의 조선 경제를 연구하는 데 원용한 연구자는 기무라 미쓰히코木村光彦였다.[37] 1990년대 중반 국내에서 제기된 식민지 개발론은 해외에서 일어난 이러한 연구 경향의 영향을 받으면서 형성되었다.[38]

물론 식민지개발론과 유사한 연구 시각은 이전에도 있었다. 일제강점기에 관학자들이 중심이 되어 식민지 지배는 근대화를 위한 개발과정이라고 주장한 바 있었고, 해방 후에도 남한의 일부 학자들이 로스토Rostow류의 근대화론을 받아들여 '식민지개발-성장'론의 시각에서 식민지 경제를 연구한 적이 있었다. 하버드대학에서 일제하 경제변동을 연구하였던 서상철이 이런 입장을 대표하였다. 그는 〈1910~1940년의 한국경제의 성장과 구조변동〉이란 학위논문에서 일제하 조선 경제가 구조면에서 근대경제로 전환했고, 경제성장 또한 매우 빨랐다고 주장하였다. 곧 일제하 조선에서는 상품생산이 실질적으로 성장하였고, 급속한 산업화가 이루어짐에 따라 도시화가 진척되었으며, 근대 자본주의 경제로 전환이 이루어지면서 대외무역이 괄목할 만하게 팽창하였다고 보았다. 식민지 지배는 조선에 식민정책 수행을 위해 도입한 근대적 시설과 새로운 제도라는 경제성장의 유산-운수시설, 정보시설, 근대적 은행제도와 화폐제도, 근대적 공장, 교육·행정시설, 한국 경제의 잠재성 개발과 관련한 다양한 조사자료-을 남겼고, 이 유산은 조선이 정치적 독립을 얻었을 때 경제성장을 위한 유익한 요소로 기능했다고 이해하였다.[39] 서상철은 식

---

37) 木村光彦, 〈成長の前史〉, 渡邊利夫 編, 《槪說韓国経済》, 有斐閣選書, 1990.
38) 허수열, 《개발 없는 개발-일제하 조선경제 개발의 현상과 본질-》, 은행나무, 2005, 20쪽.
39) Sang-chu Suh, "Growth and Structural Changes in the Korean Economy-1910~1945" (日帝下의 韓國經濟), Council on East Asian Studies Havard University, 1978.

민지 지배의 개발적 측면과 아울러 문제점을 지적하기도 하였지만, 전체로 보면 당시 미국학계의 분위기와도 관련해 일제 식민지 지배의 유산을 긍정적으로 평가하는 식민지미화론을 수용하고 있었다. 식민지'개발-성장'론에 바탕을 둔 서상철의 연구는 1990년대에 등장한 식민지개발론, 즉 식민지'수탈-개발'론에 입각한 연구와 많은 점에서 공통점을 보인다. 그리하여 이 양자를 같은 부류로 인식하는 연구자들도 적지 않다.[40]

식민지'수탈-개발'론자들은 1980년대 말부터 '내재적·자립적 근대화'와 '외래적 식민지화'의 대항이라는 기존의 한국 근대사 인식틀을 근본적으로 전환해야 한다고 주장하였다. 그러한 전환이 필요한 현실적 근거는 가까이 해방 이후 대립적으로 이질적인 체제를 발전시켜 왔던 남·북한의 현실에서, 멀리는 냉전에서 세계 자본주의 체제의 승리 및 NIEs의 정치·경제적 성공에서 찾을 수 있다는 것이었다.[41] 곧 한국은 1960년대 이후 지난 30여 년 동안의 급속한 경제

---

40) 정태헌, 〈한국의 식민지적 근대화 모순과 그 실체〉, 《한국의 '근대'와 '근대성' 비판》, 역사비평사, 1996. 이러한 비판에 대해 안병직은 양자 사이에는 일정한 차이가 있음을 주장한다. 식민지 '개발-성장'론이 사회주의권의 식민지 해방이론에 대한 대항 이데올로기로 제기된 근대화론의 한국적 적용임에 견주어 자신의 식민지 '수탈-개발'론은 사회주의권의 붕괴가 현실로 나타난 조건에서 새롭게 제기된 객관적인 연구 방법론이라는 것이다. 말하자면 서상철의 연구가 이데올로기적인 가치평가나 결론이 전제된 연구 방법, 객관적이라기보다는 전략적 도구적 분석 시각의 성격이 강했음에 견주어 자신들의 연구는 따라서 이데올로기적인 요구—자본주의 체제와 사회주의 체제 양자로부터의—에서 더 자유로운 객관적 연구라는 것이다. 안병직은 서상철의 연구를 포함해 종전의 식민지경제사에 대한 연구가 "식민지 지배정책에 대한 가치부정의식이 선행했기 때문에 그 사회변화의 성격을 전체로서 해명하려고 하는 관심은 희박"했다거나, 기본적으로 '대륙병참기지론'에 입각한 그들의 "파악방법은 실태분석의 결과로부터 유도된 것은 아니"라고 비판한다 [安秉直, 中村哲 共編, 앞의 책(1993), 1~3쪽].
41) 安秉直·李大根·中村哲·梶村秀樹 編, 《近代朝鮮의 經濟構造》, 비봉출판사, 1989.

발전을 거쳐 저개발국에서 중진국으로 진입하고, 나아가 선진국화를
전망하게 되었다. 또 NIEs 일반과 성장을 같이했던 한국의 이러한
발전은 '자본주의 제3파동'의 일환이라 불릴 만한 세계사적으로 매
우 새로운 현상이자 기존 사회주의 제국 몰락의 한 원인이 되었고,
또 그 발전의 모형이 되기도 하였다는 것이다.[42] 이러한 현실이 뜻
하는 것은 '외래적 식민지화' 내지 '종속적·근대화' 노선과 '내재적·
자립적 근대화' 내지 '사회주의적 근대화' 노선이 대립하였지만 후자
는 실패하고 전자만이 성공하였다는 것이다. 그러므로 현대사 인식
에서도 '내재적·자립적 근대화' 노선의 편향된 시각에서 벗어나 식
민지 근대화를 새롭게 평가하는 새로운 패러다임을 정립할 필요가
있다는 것이다. 이러한 인식을 잘 보여주는 것이 안병직의 다음과
같은 주장이다.

> 압축성장, 고도성장으로 지적되는 한국의 경제발전은 20세기 후반기의 세
> 계 자본주의 체제 속에서 이루어졌다. 한국의 경제발전은 자생적인 것이라
> 기보다 선진제국으로부터의 후발성의 이익을 흡수하는 과정에서 이루어졌
> 다. 그 경제발전은 제국주의와의 대결과정에서 달성된 것이 아니라 세계 자
> 본주의 제국과의 협력과정에서 이루어진 것이다. 이러한 현실은 세계관과
> 역사관을 바꾸도록 강요하는 것이다.[43]

이러한 인식에 입각해 이들은 일제강점기의 역사를 '수탈과 저
항'이 아닌 '수탈과 개발'의 역사로 인식할 것을 주장하였다. 이들은

---

42) 安秉直, 中村哲 共編,《近代朝鮮 工業化의 研究-1930~45-》, 일조각, 1993, 序文.
43) 安秉直,〈한국에 있어서의 경제발전과 근대사연구〉,《全國歷史學大會發表要旨》,
  1994.

경제지표나 생산력의 관점에서 일제하의 '식민지 개발'에 주목하고, 동시에 여기에 대응한 한국인의 자기개발 과정을 중시하면서, 일제하에서 이루어진 압축적인 생산력 발전과 자본가와 임노동계급의 형성이 해방 후 한국의 급속한 근대화를 가능케 한 물적 토대가 되었다고 주장하였다.[44] 더 구체적으로 말하면 일제강점 당시 한국 경제는 평균적으로 연 3.7퍼센트의 성장률을 기록하는 등 모든 경제지표면에서 높은 성장률을 보였는데, 이는 일제가 조선 후기의 여러 제도를 폐지하고 화폐개혁, 재정개혁, 토지조사사업을 실시해 새로운 제도를 수립하고, 항만·전신·철도·도로·창고·은행·전기 등의 인프라스트럭처infrastructure를 충실히 건설하고, 공업과 농업부문에서 식민지 개발을 추진하였기에 가능했다는 것이다.

이들의 연구에 따르면 일제의 '식민지 개발'은 농업부문에서 수리시설의 신축과 개축, 개간 등의 토지개량사업, 품종개량, 농사방법의 개선과 비료의 증투 등의 농사개량사업으로 전개되었고, 이는 농업생산력을 획기적으로 증대시키고 농민경영을 안정시켰다. 식민지 개발은 공업부문에서 더욱 두드러졌는데, 그 공업화는 통상 알려져 있는 바와는 달리 결코 대륙전진병참기지로서 군수공업화가 주된 것은 아니었다. 공업화의 역사적 배경은 1930년 전후 일본과 조선 사이의 농공분업 파정에서 오는 조선 공업화의 필연성에 있었고, 공업화의 주된 내용은 생산력 확충부문이었다. 그리하여 조선의 공업 구조는 식민지 시기에 이미 소비재 부문의 생산 및 소비가 크게 확장되어 있었으며 자급률이 아주 높았고, 생산재 생산도 조선 내 공급용은 국내 순환을 심화하고 있었다. 또 일본 이출용 또한 수출, 국

---

44) 安秉直, 앞의 글(1994).

내 소비 또는 용도전용 등과 같은 새로운 선택 가능성을 가지고 있었다.[45]

한편 식민지 개발에 대응한 조선인의 자기개발도 이 근대화 과정에서 활발히 일어났다. 상대적인 의미에서이기는 하지만, 식민지 개발과정에서 조선인도 자유로운 활동공간을 가질 수가 있었고, 그들은 농민·자본가·노동자의 여러 계급으로서 저마다 나름대로 발전해갔다. 조선 농민들은 식민지 농업개발 과정에서 일방적으로 몰락의 길을 걸었던 것은 아니고, 근대적인 농법을 체득함으로써 근대적인 농민으로 탈바꿈하고 있었다. 가령 일제하 관개면적은 50만 정보 이상이 증가했는데, 그 가운데 31만여 정보가 비수리조합에 의한 것으로 그 대부분이 조선 농민의 자발적인 노력에 의한 것이었다.[46] 조선인의 자기개발은 공업부문에서 더욱 두드러졌다. 조선인 공장수가 급증했으며, 그 가운데는 중·대공장으로 발전한 것도 있었다. 조선인 노동자의 근대적 노동자로의 성장도 괄목할 만했는데, 더욱이 1937년 중일전쟁 이후 일제가 기술공의 양성을 위한 직업교육과 직업훈련을 보급하면서 조선인 노동자 가운데서도 기술자와 기능공이 크게 증가하였다.

이러한 인식에 따르면, 일제하에서 "개발은, 그것이 식민지 개발이든 조선인의 자기개발이든, 종래의 근대사의 시각을 가지고는 도저히 상상할 수도 없을 만큼 뚜렷한 자세로 부각"되는 것이고, 따라서 한국 근대사는 "'침략과 저항'이나 '수탈과 저개발화'가 일방면으로 관철되는 장은 아니었으며, '수탈과 개발'이 서로 교차하는 장"으

---

45) 安秉直·中村哲 共編著, 앞의 책(1993), 46~47쪽.
46) 李榮薰·張矢遠·宮嶋博史·松本武祝 共著, 《近代朝鮮의 水利組合研究》, 일조각, 1992, 63~66쪽.

로 파악해야 한다는 것이다.[47]

　'식민지개발론'자들은 일제강점기의 역사를 새롭게 인식해야 할 뿐만 아니라 나아가 한국 근대사의 인식체계 전반을 새롭게 수립해야 한다고 주장하였다. 그 주장에 따르면, 개항 이전의 조선사회에서는 의미 있는 자본주의 맹아나 근대적인 주체 형성을 발견할 수 없었다. 1894년의 농민전쟁 등 아래로부터의 근대화운동은 "인민주의적·평균주의적" 요구를 내세움으로써 도리어 서유럽적인 근대 이행을 저지하거나 지체시켰다. 한국에서 근대화를 가능하게 한 계기는 개항 이후 한국에 서유럽적 근대가 이식된 것이며, 그것을 행한 외세는 일본이었다. 일본이 한국을 강점하고 실시한 토지조사사업 등 일련의 식민지 지배정책이 한국 사회를 근대화시킨 직접적 계기가 된 것이다. 곧 일제의 식민지 개발은 한국 경제 내부의 분업연관을 심화시켰으며, 한국민이 근대적인 농민·노동자·자본가로 성장하도록 자기개발을 촉발하였다. 그리하여 해방 시점에 이르면, 한국 독자의 국민경제를 형성할 분업 체계의 재편 조건이 일부 형성되었다. 말하자면 개항에서 1945년 해방에 이르는 시기의 역사는 제국주의 외세와의 대결 과정이 아니라, 선진 자본주의 제국과 협력관계를 형성하고 선진 제국으로부터 후발성 이익을 흡수하며 근대화하는 과정이었다. 따라서 한국 근대사에 대한 인식 체계도 제국주의 침략에 대한 저항이 아니라 외세와 협력하면서 그들로부터 후발성 이익을 흡수하는 근대화 과정을 중심축으로 정립해야 한다는 것이다.

　이들의 연구는 이러한 인식의 연장선 위에서 해방 후의 현대사 인식 체계를 제시하였다. 곧 제국주의로부터 단절을 추구했던 북한

---

47) 安秉直, 앞의 글(1994).

은 "집단경제와 수령체제의 비근대"로 귀결되었으며, 그와는 달리 새로운 중심국가로 다가온 미국과 "접합"하여 "제2의 개항"—서유럽적 근대의 제2의 이식—을 맞았던 남한은 이른바 "세계 자본주의 제국과의 협력과정" 속에서 제2단계의 근대 이행을 완료했다고 인식해야 한다는 것이다. 이들은 남한 현대사에 대해 해방 후 일제하의 식민지 근대화 노선을 계승해 미국에 "접합"함으로써 "강하고 효율적인 국가의 기획력에 주도되어……공산품을 열려진 세계시장에 수출하게 되었으며, 나아가 자립경제의 기반으로 중화학공업화를 달성"했고 "미국이 이식한 자유민주주의의 정치 체제는 전통과 쉽게 어울려 재편된 부르주아 주권의 독재와 부패를 적절히 견제"할 수 있어서 "제2단계에서 근대 이행"을 완료하고 현대를 성립시킬 수 있었다고 보았다.

식민지 '수탈—개발'론은 이와 같이 한국 근현대사의 발전 과정을 인식하고 있고, 그 관점에서 중심을 이루는 것이 제국주의 국가와 협력관계 속에서 이루어지는 개발이기 때문에, 이들의 문제의식을 더 정확히 드러내는 용어는 '식민지**수탈—개발**'론'보다는 '식민지**개발**론'이다.

'식민지개발론'도 그 내부를 들여다보면 논자에 따라 입론의 이론적 배경이 다양하다. 그럼에도 '식민지개발론' 연구 방법에는 몇 가지 공통점이 있다. 먼저 가장 두드러진 특징으로, 앞서 보았듯이 이 연구들은 제국주의의 식민지에 대한 침략이나 수탈의 측면보다는 개발의 측면에 더 많은 관심을 가진다. 물론 이들도 일제의 조선 침략이나 수탈을 비판하며, 그 점에서 일제강점기 관변학자들과는 분명한 차별성이 있다. 그러나 그들의 연구 초점은 수탈보다는 제국주의의 식민지 개발 측면에 맞추어져 있다. 곧 한국 근현대사 연구에서 더 의미 있는 것은 수탈보다는 제국주의 국가들과 협력관계 속에서 후발성의 이익을 흡수하며 이루어지는 개발이라 보기 때문이다. 이 연구들은 일제시대에 조선사회가 전근대사회에서 근대사회로 이행하는 데 필요한 초석이 만들어졌고, 그것이 해방 후 한국 경제의 고도성장을 가능케 한 역사적 기반이 되었다는 인식을 공유한다.

둘째, 이 연구들은 식민지 조선을 하나의 독립된 경제단위로 의제하여 거시경제적으로 분석하고 있다. 곧 민족문제나 계급문제를 거의 다루지 않고 국민소득, 무역, 산업구조, 금융, 경제성장 등 주로 조선 전체에 대해 거시경제적으로 분석하는 특징을 보인다.[48]

셋째, 역사의 발전이나 진보를 평가하는 핵심적인 준거를 자본주의적 생산력의 발전, 즉 자본주의적 경제성장에서 찾고 있다. 이들의 연구는 전전의 식민지 자본주의화나 전후의 이른바 "선진 제국으로부터 후발성의 이익을 흡수하는" NIEs형 자본주의화 모두에서 자본주의적 생산력의 발전이 경제적 자립기반을 확대하고 사회적으로 자유민주주의적인 정치 체제의 발전을 가져오는 등 근대적 합리성을 확립시킨다고 전제한다.[49] 곧 역사발전의 핵심적인 계기는 자본주의적 경제개발, 달리 말해 경제성장에 있으며, 역사의 진보를 담보하는 정치적 민주주의와 경제적 자립성, 문화적 합리성은 경제성장에 수반해 확립되는 것으로 인식한다.

'식민지개발론'에 대해서는 실증적, 이론적 문제를 중심으로 다양한 비판이 제기되었고, 이를 둘러싸고 논쟁도 벌어졌다.[50] 그동안

---

48) 허수열, 앞의 책, 20~24쪽.
49) 李榮薰, 〈韓國史에 있어서 近代로의 移行과 特質〉, 《제39회 全國歷史學大會發表要旨》, 1995.
50) 역사문제연구소 편, 《한국의 '근대'와 '근대성' 비판》, 역사비평사, 1996; 허수열, 앞의 책; 정태헌, 《한국의 식민지적 근대성찰》, 선인, 2007; 이승렬, 〈'식민지근대'

전개된 논의를 토대로 '식민지개발론'의 문제점을 검토하면, 먼저 그 연구들이 제시한 식민지 개발의 실체가 근현대사 발전 체계를 새롭게 수립하는 근거가 될 만큼 의미 있는 것이 되지 못했음을 지적할 수 있다. '식민지개발론'은 일제강점기에 조선에서 일본에 의한 제국주의적 식민지 개발과 그에 대응한 조선인의 근대적인 농민·노동자·자본가로의 자기개발이 이루어졌고, 해방 후 이러한 식민지 개발을 기반으로 남한은 식민지근대화 노선을 계승한 '종속적 근대화' 노선에 따라 자본주의 최선진국인 미국에 "접합"함으로써 경제성장과 근대화에 성공할 수 있었다고 주장하였다.

이러한 주장에 대해, 허수열은 '식민지개발론'자들이 주목한 식민지 개발의 실체를 분석하여 그 개발이 조선인에게는 개발으로서 의미를 지닐 수 없었고, 해방 후 경제개발과도 무관한 것이었다고 비판하였다. 허수열은 이를 '개발 없는 개발'로 명명하였는데, '개발 없는 개발'이란 조선인들이 자신의 힘으로 이룩할 수 있는 개발을 식민지적 개발로 대체한 것이며, 조선인에게는 신기루와 같이 사실상 의미 없는 것이고, 따라서 해방과 더불어 그 유산도 물거품처럼 사라져 버린 개발이란 뜻이다. 일제에 의해 조선에서 식민지 개발이 이루어진 것은 사실이다. 그러나 그것은 조선에서 결정적으로 중요한 시기였던 20세기 전반기 조선인 자신에 의한 개발을 저해한 것이었고, 해방 후 경제개발에도 긍정적 유산으로 기여하지 못했다. 실제 전후 한국의 경제개발을 가능하게 한 인프라나 주체는 주로 미국과 연관 속에서 형성된 것으로 밝혀졌다. 또한 전전戰前 군국주의적 파시즘 체제 아래의 자본주의 문화와 전후 미국의 자유주의적 자본

론과 민족주의〉,《역사비평》80, 2007.

주의 문화가 이질적이라는 점도 주목해야 한다. '식민지개발론'은 이러한 사실을 간과하고 자의적으로 역사발전론을 세웠다는 비판을 면하기 어렵다.

일제하 식민지 개발에 대한 이러한 비판은 나아가 '식민지개발론'이 새롭게 제시한 한국 근현대사의 발전 체계의 허구성에 대한 비판이기도 하다. '식민지개발론'이 제시한 근현대사 발전 체계는 식민지 개발에 대한 의미 있는 평가를 토대로 수립되었다. 식민지 개발의 실체가 한국인과 한국사 발전에 의미 있는 것이 될 수 없다면, 새로운 근현대사 발전 체계는 결국 허구를 토대로 수립된 것이 된다. 이런 모순이 발생하게 된 원인은 '식민지개발론'이 근대화의 성패를 가른 남한과 북한의 차이를 상이한 근대화 노선의 선택에서 말미암은 것으로 단정짓고, 서로 다른 노선의 기원이 일제강점기에 형성된다는 점에 착안해 그 논리를 무리하게 소급한 데서 찾을 수 있다. 물론 해방 후 남과 북에는 두 개의 국가가 수립되었고, 남한과 북한이 각각 '종속적 근대화' 노선과 '내재적·자립적·사회주의적 근대화' 노선을 선택한 것이 현재의 남북의 차이를 만들어 낸 원인이 된 것은 사실이다. 그러나 그 노선의 차이만으로 근대화의 성패 여부를 전부 설명하기에는 한계가 있다. 근대화 노선의 선택에 못지않게 국내적 조건과 주체들의 운용능력, 특히 국제적 조건이 근대화의 성공 여부에 지대한 영향을 미쳤기 때문이다. 실제 세계적으로 보면 '종속적 근대화' 노선을 택하고도 근대화가 지지부진한 국가도 허다하다. '식민지개발론'은 이런 요인들을 무시하고 근대화의 성패가 근대화 노선의 차이에서 비롯되는 것으로 단순화했고, 남한이 여타 신생독립국에 견주어 특히 근대화에 성공할 수 있었던 것은 일제하에서 괄목할 만한 '식민지 개발'이 있었기 때문일 것이라 추론한 것이다. 식민지 개발에 대한 연구는 애초 이러한 논리구성에 따라 연구의 방향이나 방법이 설정되었다고 할 수 있다. 말하자면 객관적인 사실관계가 규명되고, 그 토대 위에서 역사발전체계가 수립된 것이 아니고, 결과론에 따라 먼저 역사발전체계를 구상하고 그 구상으로부터 연역적으로 사실관계를 구성하는 방식으로 식민지 개발에 대한 연구가 진행된 것이다. 그런 만큼 '식민지개발론'의 개발 연구는 식민지 개발의 실상과는 거리가 있었다. 허수열의 비판은 그 괴리를 실증적으로 밝힌 것이다.

둘째, '식민지개발론'이 사용한 연구 방법은 개발론에 유리한 긍정적 효과를 실제 이상으로 과장하면서 식민지 개발의 실상을 왜곡하는 오류를 범하고 있다. '식민지개발론'은 일제강점기의 경제개발을 구명하고자 식민지 조선을 하나의 독립된 경제단위로 의제하고 민족문제나 계급문제를 거의 배제한 채 국민소득, 무역, 산업구조, 금융, 경제성장 등 주로 조선 전체에 대해 거시경제적으로 분석하는 방법을 사용하였다. 그러나 경제는 생산관계, 산업연관, 유통 및 무역관계, 금융관계 등이 복합적으로 상호 연관하면서 하나의 유기적 체계를 형성하고 있고, 각각의 관계와 상호 연관이 어떠한 원리와 방식에 따라 이루어지는가에 따라 경제의 내용과 질적 특성이 달라진다. 민족문제나 계급문제도 이러한 관계와의 연관에서 발생한다. 경제의 이러한 실상을 무시하고 식민지 조선을 마치 일본에서 분리된 독립된 경제단위처럼 의제하여 국민소득, 무역, 산업구조, 금융, 경제성장 등을 거시경제적으로 분석하면 객관적 실제와는 괴리가 있는 결과가 나올 수밖에 없다. 물론 일제강점기에 조선에서는 일본에 의한 제국주의적 식민지 개발과 그에 대응한 조선인의 근대적인 농민·노동자·자본가로의 자기개발이 이루어진 것은 사실이다. 그러나 그것은 일본 제국주의라는 특정한 경제 체제에 부합하는 개발이었을 뿐, 그와 상이한 경제 체제에서도 동일한 효과를 낼 수 있는 개발이라 하기는 어렵다. 가령 식민지 지주제와 같이 일본 제국주의 경제 체제에 부합하는 개발은 지주제를 개혁한 경제 체제에서라면 도리어 개발을 가로막는 역기능을 할 수 있었다. 이런 차이를 도외시하고 일본 제국주의 체제 아래에서, 그것도 식민지 파시즘 체제 아래에서의 개발이 전후 전혀 다른 경제 체제 속에서도 긍정적으로만 기여할 것이라 단정짓는 것은 결코 합리적이지 못하다. '식민지 개발론'이 이처럼 비합리적인 연구 방법을 도입한 것은 앞서 지적하였듯이 역사발전체계를 선험적으로 설정하고 그에 합치하는 사실관계를 연역적으로 구성하려 한 데 원인이 있다. 미리 결론을 내려놓고 그에 부합하도록 사실관계를 구성하려 하다 보니 연구 방법에서 이런 문제가 생긴 것이다.

셋째, '식민지개발론'은 경제의 양적 성장을 지상 유일 가치로 단순화하여 역사의 발전, 즉 근대성의 확충을 경제성장의 총량적 지표 증가로 환원시키는 문제를 안고 있다. '식민지개발론'자들도 정치, 경제, 사회, 문화 등 사회 전반에서 근대적 합리성과 민주주의, 자립성이 확충되는 것을 역사의 진보로 인식한다. 하지만 사회 전반에서 근대성의 확충은 자본주의적인 경제개발에 수반해 이루어진다고 생각한다. 다시 말해 자본주의적 생산력의 발전, 즉 경제성장이 결국 경제적 자립기반을 확대하고, 사회적으로 자유민주주의적인 정치 체제의 발전을 가져오는 등 근대적 합리성을 확립시킬 것이라 보는 것이다. 그런 까닭에 식민지 지배에서 경제개발의 측면에 주목하는 것이고, 또한 경제발전, 시장효율성, 국가경쟁력과 배치되거나 대립하는 것은 근대 이행을 저지하거나 지체시키는 반근대적인 것으로 평가하는 것이다. '식민지개발론'이 민족적 관점이나 계급적 관점과 거리를 두면서 거시경제적으로 식민지의 경제개발에 주안을 두고 연구한 것은 이러한 인식에서 비롯되었다.

물론 이러한 인식은 일면 수긍할 여지가 있다. 근대적인 사회적·문화적 합리성의 발전 수준은 대체로 각국 자본주의의 발전 정도와 밀접히 연관되어 있고, 근대사회에서 이성과 과학의 발달을 이끄는 가장 유력한 견인차가 자본주의이기 때문이다. 그러나 자본주의의 발전이 자동적으로 근대성의 확충을 수반하는 것은 아니다. 자본주의의 발전은 반드시 합리적인 방향으로만 이루어지지 않는다. 자본관계는 비합리적인 지배관계를 내포하고 있고, 따라서 자본의 축적은 이러한 비합리성을 더욱 증폭시키는 방향으로 진행되는 경향을 띠고 있다. 자본주의의 발전이 도리어 근대성의 확충을 저해한 사례는 역사적으로 무수히 발견된다.51) 세계 역사를 보면 자본주의 국가에서 역사의 진보를 담보하는 근대적 합리성은 자본의 야만성, 비합리성에 저항하는 반체제운동의 부단한 대립과 투쟁 속에서 발전하고 확충되어 왔다. '식민지개발론'은 이러한 역사발전 과정을 간과하고 경제성장이 근대성의 확충을 수반한다고 여겨, 근대성 확충에 필수적인 자본에 대한 저항운동에 대해 역사발전을 저지 내지 지체시키는 요인으로 간주하는 인식의 오류를 범하고 있다. 한국의 경우를 보더라도 자본주의의 발전이 국민들의 삶의 질을 개선하는 결과를 가져온 중요한 요인은 '내재적·자립적 근대화' 내지 '사회주의적 근

---

51) 박영도, 〈현대사회이론에서의 비판패러다임의 구조변동〉, 서울대 사회학과 박사 논문, 1994; 역사문제연구소 편, 《한국의 '근대'와 '근대성' 비판》, 역사비평사, 1996; 이윤갑, 〈일제시대 사회성격론〉, 《한국근현대의 민족문제와 신국가건설》, 지식산업사, 1997.

대화' 노선을 지향하며 민주화운동에 앞장섰던 민족운동·민중운동이었다. '식민지개발론'이 민족주의를 부정하고 자본주의 발전을 주도한 "강하고 효율적인 국가의 기획력"을 높이 평가하는 국가주의적 성향을 강하게 보이는 것도 이러한 인식의 오류에서 비롯된다.

'식민지개발론'의 이와 같은 오류는 오늘의 현실을 암묵적으로 또는 명시적으로 역사발전의 최종적 발전지점으로 상정하고, 이 지점에서 역사를 거꾸로 재해석하려 한 데서 비롯된 것이다. '식민지개발론'은 발전주의 내지는 성장 이데올로기를 옹호하고 경제발전, 시장효율성, 국가경쟁력이라는 공리주의적 가치를 중심에 두는 신자유주의적 세계화의 역사관을 대변하는 것이며, 이를 자의적으로 합리화하는 역사발전 이론이다. 그런 까닭에 역사발전이 다양한 가치가 충돌하고 병행하는 과정에서 이루어진다는 사실을 부정하고 자본주의와 경제성장에 대항하는 가치나 운동을 역사발전을 저지 또는 지체시키는 요인으로 단정하는 것이다.[52]

'식민지개발론'의 대두와 이를 둘러싼 논쟁은 일제강점기에 대한 연구를 재점검하게 만드는 계기가 되었다. 일제강점기 연구는 민족운동사를 중심으로 이루어져 왔고, 식민지 경제구조에 대한 연구는 그것을 총체적으로 해명하기보다는 민족혁명의 대상과 전술, 전략적 목표를 구명한다는 문제의식에서 민족적·계급적 수탈관계와 수탈의 실상을 부각시키는 데 주력해 왔다. 이러한 관점과 연구 방법은 일제강점기의 역사를 주체적 관점에서 해명하려고 노력하는 과정에서 정립된 것이기 때문에 역사학적으로 그 의의가 크다. 그러나 남한의

---

52) 최장집, 〈한국민족주의의 특성〉, 《민족주의, 평화, 중용》, 까치, 2007, 60쪽. 최장집은 1996년에 발표한 〈한국 민족주의의 특성〉에 이후 벌어진 민족주의 논쟁에 대한 논평을 후기 형태로 첨부해 이 책에 다시 실었다.

경우 일제가 패망했음에도 식민지 지배의 유산이 온전히 청산되지
못한 채 상당 부분이 각계각층에 잔존하여 현대사의 전개에 영향을
미쳤다. 그런 까닭에 일제강점기의 역사는 민족해방운동사의 관점에
더해 식민지 지배가 한국 현대사의 전개에 끼친 영향을 해명한다는
관점에서도 연구될 필요가 있다. '식민지개발론'을 둘러싼 논쟁은 후
자의 관점에서 일제강점기를 연구할 필요성을 새삼 일깨우는 계기
가 되었다. 식민지 지배가 한국 현대사에 끼친 영향을 해명하려면
식민지 지배 체제와 경제 체제의 전체적인 구조를 드러내야 한다.
그러면 제국주의 지배의 유산이 현대사에 끼친 부정적 또는 긍정적
영향을 객관적으로 파악할 수 있게 될 것이다. '식민지개발론'에 대
한 비판도 그러한 연구로써 보다 심화될 수 있을 것이다.

2. 연구의 방법과 대상

1) 연구의 관점과 방법

이 연구는 18세기 후반부터 일제강점기까지 조선에서 일어난 농
업변동을 대상으로 하였다. 이 시기에 조선사회는 격심한 변동을 겪
었다. 상품화폐경제의 발달을 계기로 중세 봉건사회가 해체의 길로
접어들면서 농민항쟁이 빈발하였고, 그러한 가운데 개항이 강제되어
외세의 침략이 확대되자 갑신정변, 갑오농민전쟁, 갑오개혁, 광무개
혁 등의 반침략·근대변혁운동이 펼쳐졌다. 또 의병전쟁과 국권회복
계몽운동이 진압되면서 일제에 의해 강제병합이 이루진 뒤에는 사
회 전체가 식민지로 강제재편되고 일제의 압제와 수탈에 저항하는

민족운동이 발전하였다. 이 시기의 농업과 농촌사회는 이러한 사회변동의 진원지가 되었고, 동시에 이러한 사회적 변동의 영향을 받으며 변동하고 있었다.

이 연구는 이 시기의 농업변동을 상품생산의 변동과정에 초점을 맞추어 해명하고자 하였다. 이 시기의 사회적 변동은 조선 봉건사회가 제국주의의 침략을 받아 자주적인 근대변혁에 실패하고 일제의 식민지로 편입되어 식민지 자본주의 사회로 이행한 것이었다. 말하자면 중세사회에서 자본주의 사회로 이행한 것이었는데, 경제적으로는 자급적 자연경제로부터 토지와 노동력에 이르기까지 모든 것이 상품화되는 교환경제로의 이행이었다. 따라서 그 이행은 농업에서 자급생산이 상품생산으로 전환되는, 달리 말하면 자급농업이 상업적 농업으로 재편되는 방향으로 나아갔다. 조선 농업에서 상품생산이 발전하는 추세를 살펴보면, 조선 후기에 발생한 상품생산은 개항 이후 외국과 무역이 시작되면서 더욱 확대되었고, 일제의 식민지로 편입됨을 계기로 경제 전반이 상품생산 체제로 전면 재편됨에 따라 빈궁한 영세소농조차 상품생산에 참여하지 않을 수 없을 정도로 비약적으로 증가하였으며, 그 증가세는 이후 다소 약화되기는 했지만 일제가 패망할 때까지 계속되었다.

근대 이행기에 농업에서 상품생산이 발전하고, 나아가 자급생산 체제에서 상품생산 체제로 이행하는 과정에서 상품생산의 주도권을 둘러싸고 계급·계층 간, 나아가 민족 간의 대립이 다양한 형태로 격렬하게 벌어졌다. 상품생산 체제로의 이행은 농업생산과정 자체가 자급을 목표로 한 단순상품생산을 넘어 자본 축적과정의 일부로, 달리 말해 자본주의 재생산과정의 일부로 재조직되는 것을 뜻하였다. 그러므로 상품생산의 주도권을 장악하려는 대립은 곧 농업에서 자본제적 지배에 적합한 계급관계를 형성하는 과정이었다. 그러했던 까닭에 그 대립에는 농업 내부에서 형성된 계급, 계층은 물론이고 외부의 상업자본이나 금융자본과 산업자본도 개입하였다. 그로 말미 암아 농업 내부의 지배계급은 농업 외부의 자본들과 결합하여 상품 생산의 주도층을 이루었다.

근대 이행기에 상품생산의 발전은 가족노동에 바탕을 둔 소상품 생산에서 고용노동력을 이용한 자본제적 상품생산으로 이행하는 것 이 일반적이다. 그러나 농업에서는 토지라는 특수한 생산수단에 제 약되어 상품생산의 이행이 복잡한 경로를 띠었고, 그 양상 또한 다 양하게 나타났다. 농업에서 상품생산의 발전 경로와 그 전개 양상을 결정짓는 요인은 상품생산의 주도권 대립에서 형성되는 계급·계층· 민족 사이의 세력관계였다. 그 대립에서 상품생산의 주도권을 장악 하는 다양한 자본 분파가 어떤 방식으로 결합하고 구성되는가에 따 라, 그리고 거기서 형성된 계급 사이의 세력관계가 어떠한가에 따라 상품생산의 형태와 재생산구조, 그리고 그 발전방식이 달라졌다. 농 업 생산력의 발전이나 농민층 분해의 전개 양상은 상품생산의 이러 한 변동에 따라 규정되었다.[53] 조선의 상업적 농업도 상품생산이 발 전하기 시작한 조선 후기부터 개항기를 거쳐 일제강점기에 이르는 시기에 그 형태나 전개방식에서 몇 차례의 변화를 겪었다. 그 변화 는 상품생산의 주도권을 장악한 집단이 교체되는 정치·경제적 변화 에 수반해 일어났고, 각각의 형태는 상품생산을 둘러싸고 형성된 계 급관계와 농업에 대한 자본의 지배구조 및 방식을 반영하고 있었다. 농업생산력의 발전과 농민층 분해는 상품생산에서 이러한 변동에

---

53) 井上晴丸,《農業問題入門》; 梅川勉 外,《農業問題의 基礎理論》.

규정되어 시기마다 그 전개 양상을 달리했다.

　이 연구는 근대 이행기 상업적 농업의 발전과정에서 나타나는 이러한 변화에 주목하여 식민지화 과정에서 일어난 농업변동을 해명하고자 하였다. 이 연구가 상업적 농업의 변동에 초점을 맞추어 근대 이행기의 농업변동을 해명하게 된 것은 앞서 진행한 일제강점기 경제변동에 대한 연구사 검토에서 비롯된다. 앞선 검토에 따르면, 이 시기의 농업변동에 대한 연구는 다음 두 가지 점에 유의해 진행할 필요가 있다. 하나는 일제강점기의 조선사회를 일제의 금융독점자본이 지배하는 자본주의 사회로 인식하고, 이 시기의 농업변동, 즉 반봉건적인 지주제의 확대와 영세소경영의 증가, 농산물 상품화의 증대 등의 변동을 일제의 금융자본의 지배와 연관해 해명하는 것이다. 다른 하나는 지주소작관계의 수탈적 측면과 농민경제의 몰락상을 부각시키는 기존의 연구에서 더 나아가 일제의 식민지 농정-생산·유통·금융·분배정책-을 매개로 구축된 조선 농업 및 농촌계급관계의 전체적인 재생산구조를 해명하는 것이다. 한국 근대의 농업변동을 상업적 농업의 발달과정에 초점을 맞추어 해명하는 방법은 이 두 가지 과제를 추구하기에 적합한 연구 방법이다. 상업적 농업의 재생산구조에 대한 연구로 자본의 농업지배 체제와 농업 및 농촌계급관계의 재생산구조를 해명할 수 있고, 또한 그로써 농업 근대화와 상반되어 보이는 일제강점기의 반봉건 지주제와 확대, 부농경영의 해체와 농민층의 전층적인 하강분해, 영세소농경영의 증가 등도 일제의 금융독점자본이 조선 농업을 지배하는 과정에서 현상한 것이라 합리적으로 해명할 수 있다.

　상업적 농업에 대한 연구가 지니는 이와 같은 장점에 주목해 그동안 여러 연구자들이 개항기부터 일제강점기에 이르는 시기의 조

선의 상업적 농업을 연구하였다. 그 연구 성과를 개관하면 먼저 미
곡의 상품생산 발전과정을 중심으로 근대 이행기의 농업변동을 추
적한 연구가 있었다. 이 연구들은 개항기와 한말을 대상으로 한 것
과 일제강점기를 대상으로 한 것으로 나누어지는데, 전자에 속하는
연구들은 일본으로의 미곡수출이 지주층의 상품생산을 발전시키는
계기가 되었고, 그로 말미암아 봉건적 수탈이 강화되면서 반봉건투
쟁이 격화되고 일본에 대한 저항의식이 확대하였음을 해명함으로써
갑오농민전쟁의 이해에 도움을 주었다.[54] 일제강점기에 대한 연구
로는 일제의 식민지 지배가 조선 농업에 미곡단작적인 식민지 상업
적 농업을 정책적으로 창출하는 것이었음을 해명한 연구가 있었
다.[55] 이 연구들은 상업적 농업에 대한 연구를 통해 일본 제국주의
의 농업지배(=식민정책)와 식민지 지주제의 상호 규정성을 해명하였
던 점에서 주목을 끌었다. 다음으로 면작·면업에서 상품생산을 연구
해 일제 침략과정에서 발생한 변동을 해명하고자 한 연구가 있었
다.[56] 이 연구들은 개항기의 면작·면업의 발전 실태를 추적하여 한

54) 姜德相, 〈李氏朝鮮 開港直後における朝日貿易の展開〉,《歷史學研究》266, 1962; 韓沽
劤, 〈米穀의 國外流出〉, 〈船運과 轉運司 문제〉,《韓國開港期의 商業研究》, 1970; 吉野
誠, 〈朝鮮開國後の穀物輸出について〉,《朝鮮史研究會論文集》12, 1975; 吉野誠, 〈李朝末
期における穀物輸出の展開と防穀令〉,《朝鮮史研究會論文集》15, 1978; 吉野誠, 〈李朝末
期における綿製品輸入の展開〉,《朝鮮歷史論集》下, 1979; 村上勝彦, 〈植民地〉,《日本産業
革命の研究-確立期日本資本主義の再生産構造》, 1975; 河元鎬, 〈開港後 防穀令 實施의 原
因에 관한 研究〉,《韓國史研究》49, 50·51합집호, 1985.
55) 林炳潤,《植民地における商業的農業의 展開》, 1971; 堀和生, 〈日本帝國主義の朝鮮にお
ける農業政策-1920年代植民地地主制の形成-〉,《日本史研究》171, 1976; 河合和男,《朝
鮮における産米增殖計劃》, 未來社, 1986.
56) 梶村秀樹, 〈李朝末期朝鮮の繊維製品の生産及び流通狀況-1876年開國直後の綿業のゲータ
を中心に〉,《東洋文化研究所紀要朝》46, 東京大, 1968; 權丙卓,《李朝末期의 農村織物手
工業研究》, 1969; 吉野誠, 〈李朝末期における綿製品輸入の展開〉,《朝鮮歷史論集》下,
1979; 村上勝彦, 〈日本資本主義による朝鮮棉業の再編成〉,《日本帝國主義と東アジア》, ア

말 근대변혁운동의 경제적 바탕을 밝혀냈고, 갑오농민전쟁 이후 일본의 침략이 확대되면서 토포土布산업이 급격히 몰락·해체되는 과정을 추적하였다. 일제강점기를 대상으로 한 연구는 일제의 식민정책에 따라 면화의 상품생산이 강제로 확대되는 과정을 치밀히 분석함으로써 제국주의 독점자본의 지배가 식민지 농업에 일으킨 변동을 구체적으로 이해할 수 있게 하였다.

위와 같은 연구가 쌀이나 면화 등 개별품목을 대상으로 한 상업적 농업연구였다면, 한말 농업 전반에서 상업적 농업의 실태를 추적해 식민지화 과정의 농업변동을 규명한 연구도 있었다. 갑오개혁 이후 삼남 지방의 상업적 농업의 실태와 변동을 추적하여 토지조사사업의 역사적 의의를 밝히고자 한 연구가 그것이었다.[57] 이 연구는 일본의 침략과정이 곧 한국의 상업적 농업을 일본의 경제구조에 폭력적으로 편입시켜 가는 것이었고, 그에 적합한 토지소유관계를 창출하고자 토지조사사업이 실시되었음을 밝혔다.

본 연구는 이러한 연구 성과를 바탕으로 조선 후기에서 1945년에 이르는 시기의 농업변동을 상업적 농업의 변동에 초점을 맞추어 연구하였고, 갑오농민전쟁을 계기로 크게 두 시기로 나누어 검토를 진행하였다. 조선 후기에서 갑오농민전쟁에 이르는 기간의 농업변동을 해명한 연구의 전반부에서는 사회적 분업의 성장과 반봉건투쟁의 발전을 계기로 농민적 상품생산이 발전하는 실태를 추적하고, 부

ジア經濟研究所, 1979; 馬淵貞利, 〈第一次大戰期 韓國農業の特質と3·1運動〉, 《朝鮮史研究會論文集》 12, 1975; 木村光彦, 〈植民地下朝鮮の棉作に就いて〉, 《アジア研究》, 1983; 澤村東平, 《近代朝鮮の棉作綿業》, 未來社, 1984; 權泰億, 《韓國近代棉業史研究》, 일조각, 1989.

57) 宮嶋博史, 〈朝鮮甲午改革以後の商業的農業〉, 《史林》 57-6, 1974; 宮嶋博史, 〈土地調査事業の歷史的前提條件の形成〉, 《朝鮮史研究會論文集》 12, 1975.

농경영의 성장으로 초래된 농업경영과 토지소유의 변화를 파악하며, 나아가 이러한 변동에 기반을 두고 발전하였던 근대변혁운동과 농업개혁사상을 검토하였다. 전반부에서는 일제 침략 이전에 우리 농업이 도달한 근대화의 수준과 방향을 파악하는 것을 목적으로 하였고, 그로써 일제 침략이 초래한 농업변동의 성격을 농민적 관점에서 규정할 수 있는 객관적 근거를 확보하고자 하였다.

갑오농민전쟁 이후 1945년에 이르는 시기의 농업변동을 해명한 연구의 후반부는 다시 4개의 소시기로 나누어 연구를 진행하였다. 첫째 시기는 갑오농민전쟁 이후 1910년에 이르는 기간으로, 일제가 정치·군사적 침략으로써 한국 농업을 일본 경제구조에 형식적으로 편입시키는 단계이다. 이 시기에 대한 연구에서는 일제 침략으로 면업 중심의 농민적 상품생산이 급속히 해체되는 대신 대일 종속적인 곡물 중심의 지주적 상품생산이 확대되는 과정을 추적하고, 그러한 재편에 대한 저항이 의병전쟁을 비롯한 농민들의 항쟁으로 나아갔음을 해명한다.

둘째 시기는 강점(1910) 이후부터 만주 침략에 이르는 기간으로, 일제가 토지조사사업과 쌀·고치·면화의 품종 교체 및 증산정책 등을 강요하여 종속적인 상업적 농업이 체제적으로 확립되고 상품생산이 전면적으로 확대된 단계이다. 이때에 이르러 한국 농업은 일본 경제구조에 실질적으로 편입되었고, 그리하여 일본 자본주의의 지배가 농업의 기본구조—농업생산·토지소유·농민층 분해—를 규정하게 된다. 이 시기에 대한 연구에서는 토지조사사업과 품종교체사업 및 '산미증식계획'·'육지면장려계획'·'고치증수계획' 등의 식민정책이 종속적인 상업적 농업 체제를 확립해 가는 과정과 종속적인 상업적 농업의 존재구조를 해명하고, 이 시기의 농민층 분해와 지주제의 확대를 그 구조와 관련해 파악한다. 나아가 상업적 농업의 확대 발전이 초래하는 농업·농민문제를 소농경영의 빈궁화로 농업생산력이 쇠퇴하고 반제·반봉건 농민투쟁이 폭발하는 농업모순=농업위기를 통해 해명한다.

셋째 시기는 만주사변에서 중일전쟁에 이르는 기간으로, 우가키 총독 주도 아래 농촌진흥운동이 실시된 단계이다. 농촌진흥운동은 대공황의 피해로 파탄에 직면해 있던 조선 농가경제의 갱생을 표방하고 1932년 10월 시작되었으나, 일본 제국주의가 만주 침략을 시발로 독자적인 블록경제권 구축으로 선회하자, 1935년부터 군국주의적 블록경제방침에 부합하게 조선을 재편하는 식민지 농정으로 전환되었다. 이에 따라 식민지 농정은 '블록경제' 구축에 부응해 '국책자원'의 증산과 자급, 그리고 황국신민화 강화를 최우선 목표로 설정하고 '농촌진흥운동'·'농가경제갱생계획' 등을 통해 상품생산을 강제로 확대시키는 한편, 지주제도 '조선농지령'·'조선소작관계조정령' 등을 제정해 이 목표에 부합하도록 통제하기 시작하였다. 이 단계에 대한 연구에서는 농촌진흥운동과 개별할당식 증산 및 공동판매 강요에 따라 추진된 상업적 농업의 변화상을 일제의 '블록경제권' 구축과 관련해 해명하고, 그러한 재편이 농가경제 및 농민층 분해에 미친 영향과 지주경영에 가져온 변동을 추적한다.

넷째 시기는 중일전쟁에서 태평양전쟁에 이르는 기간으로, 일본·조선·중국을 하나의 자족적 경제권으로 묶는 '블록경제' 체제로의 전환이 더욱 강화되고, 이와 나란히 조선에서도 국가총동원법과 전시통제경제정책이 실시되어 농업에 대한 규제가 강화되며, 식량을 비롯한 각종 군수물자와 군인, 노무자 등이 전쟁에 대대적으로 강제 동원된 전쟁총동원단계이다. 이 단계에 이르면 농산물에 대한 할당식 증산과 공출이 강제되어 농산물상품화가 극대화된다. 그러나 전시인플레 억제정책으로 강제저축(天引貯金)이 확대되고, 민수산업이 군수산업으로 전용되어 비료와 농구 등 농업생산재의 공급이 격감하고, 농업노동력마저 전쟁동원으로 부족해져 결국 농업생산이 파국에 이른다. 이 단계에서는 또한 '소작료통제령'과 '임시농지관리령'이 시행되고, '부재지주'의 농지가 위탁 관리되고 부락생산책임제를 실시하는 등 전시 생산력을 확충하기 위한 지주제 통제정책이 강화되었다. 이 단계에서 실시된 일제의 농업정책은 전시동원정책이라는 특수성을 가지면서도 만주 침략을 계기로 시작된 '블록경제' 체제에 적합한 식민지 농정으로의 전환을 완결짓는 것이기도 하였다. 따라서 이른바 '식민지 농업개발'의 최종 목표와 도달점을 여기서 확인할 수 있다. 이 단계에 대한 연구에서는 전시 체제 아래 상업적 농업의 변동과 파국을 식민지 농업정책과 연계해 밝혀낼 것이고, '식민지 농업개발'의 최종 도달점을 파악함으로써 해방 후의 농민해방과 농업 근대화를 위해 추구해야 할 토지개혁과 농업·농촌개혁의 과제에 대해 검토할 것이다.

2) 연구의 대상 지역과 자료

농업은 토양과 기후조건에 크게 영향을 받는다. 작물에 따라 재배에 적합한 기후나 토양조건이 다르기 때문이다. 또한 농업의 상품생산은 교통조건에 제약된다. 상품성이 있는 작물을 재배할 자연조건을 갖추고 있더라도 교통이 불편해 시장과 연결될 수 없다면 상품생산이 발달하지 못한다. 비록 시장으로 운송하는 것이 가능하더라도 운송비가 이윤을 초과할 정도로 고가이면 역시 상품생산이 발달하기 어렵다.

　이런 요인들이 작용함으로 말미암아 개항기에서 일제강점기에 이르는 시기의 조선의 농업변동은 지역마다 큰 차이를 보였다. 더욱이 조선은 산지가 많고 평야지대가 일부 지역에 편중해 있는 지형적 특성 때문에 상업적 농업이 발달하는 시기나 정도는 지역에 따라 크게 다를 수밖에 없었다. 수로나 육로가 발달한 교통요지에 위치한 지역은 상품생산이 일찍부터 확대되고 발달한 것과 달리, 교통이 불편한 지역은 늦게까지 자급적 자연경제 상태에 머물다가 일제강점 이후 철도와 도로가 개설되고 식민지 농정이 실시되면서 뒤늦게 상품생산에 편입되기도 하였다. 상업적 농업에 대한 연구는 이러한 지역 차이에 유의하면서 분석을 진행할 필요가 있다. 그렇지 않을 경우 상업적 농업이 선진적으로 발달한 지역의 자료만을 이용해 분석하거나, 여러 지역에서 상이하게 진행되는 변화를 무차별적으로 일반화하게 되어 실상과 거리가 먼 결과에 이를 수도 있기 때문이다.

　그러나 지역별 차이에 유의해 분석을 진행하려 할 경우 문제가 생기는데, 그러한 분석에 적합한 자료를 확보하기가 어려운 것이다. 상업적 농업변동을 추적하기에 적합한 자료는 경영지대별로 농업변동을 추적할 수 있는 통계자료이다. 지금까지의 연구에 따르면, 농업경영지대는 행정지역구분과 일치하지 않는다.58) 그러나 정작 상업적 농업을 분석하고자 이용할 수 있는 자료는 도나 군 등 행정단위별로 작성된 것뿐이다. 도道를 단위로 할 경우 다수의 농업경영지대가 혼재해 있고, 군郡을 단위로 하더라도 극소수의 예외 지역을 제외하면 대부분 둘 이상의 농업지대로 구성된다. 행정단위 구분법에 따르면, 상업적 농업의 분석에 비교적 적합한 단위는 면面이다.

---

58) 久間健一, 《朝鮮農業經營地帶의 研究》, 彰文閣, 1946.

그러나 면 단위의 통계는 상대적으로 많은 자료가 있다고 하는 일제 시기조차도 거의 남아 있지 않다. 현재 상업적 농업을 연구하는 데 이용할 수 있는 통계는 군 단위 통계가 대부분이다. 그 점에서 한계를 감내할 수밖에 없다.

이 연구는 군 단위 자료를 이용해 분석을 진행하였고, 경상북도에 소속된 24개 군 전부를 연구 대상으로 삼았다. 경상북도 전체를 분석 대상으로 선정한 이유는 첫째, 경상북도에는 조선 후기부터 한 말까지 삼남을 대표할 만큼 상업적 농업이 선진적으로 발달한 지역이 여럿 존재하였기 때문이다. 낙동강을 끼고 있어 수운을 쉽게 이용할 수 있었던 군현들이 그 지역이었다. 조선 후기부터 일제강점기까지 이들 지역에서 일어난 농업변동을 시간 순서대로 추적하면, 식민지화 과정에서 조선의 상업적 농업에서 일어난 변동의 기본 흐름을 파악할 수 있다.

둘째, 경상북도는 수전지대와 한전지대가 나뉘어져 한말까지 서로 다른 상업적 농업을 발전시켰기 때문이다. 히사마 겐이치久間健一의 분류에 따르면, 조선의 농업경영지대는 고원지대, 산악지대, 전작田作지대, 도작稻作지대, 도서지대로 구분되는데, 그 가운데 상업적 농업발달의 중심지가 되었던 전작지대와 도작지대가 경상북도에 분포하였다. 히사마에 따르면, 문경·예천·영주·봉화·안동·의성·군위·영양·영덕·청송 등지가 전작지대에 속했고, 상주·선산·김천·성주·고령·칠곡·달성·경산·청도·영천·경주·영일 등지가 도작지대에 속했다. 이들 지역 가운데 교통이 발달한 곳에서는 전자의 경우 면작과 면업, 후자의 경우 미곡과 콩의 상품생산이 발달하였다.[59] 이러한

---

59) 久間健一, 위의 책, 220·369·409쪽.

특징에 주목해 각 지대별로 상업적 농업의 변동을 추적하면, 식민지화 과정에서 발생하는 경영지대별 농업변동의 차이를 더욱 구체적으로 살필 수 있고, 그 분석 결과를 일반화하여 다른 지역에 대한 분석에 활용할 수도 있다.

셋째, 경상북도에서는 조선 후기부터 한말까지 상업적 농업이 발달한 지역과 자급적 자연경제에 머물렀던 지역이 병존하였고, 따라서 도내 24개 군 전체를 분석대상에 포함시키면, 상업적 농업이 발달한 지역뿐만 아니라 자급적 자연경제에 머물렀던 지역이 일제강점기에 겪게 되는 변동을 같이 살필 수 있다. 상업적 농업이 발달한 지역과 그렇지 않은 지역이 겪게 되는 변동을 함께 연구하게 되면, 그 결과에 근거해 조선 전체의 농업변동을 추론하는 것도 가능하다.

넷째, 개항기와 한말의 상업적 농업의 발달상황과 일제하 농업변동을 살피기에 적합한 자료나 군 단위의 통계가 경상북도에는 비교적 충실하게 남아 있기 때문이다. 이 연구가 군별 상업적 농업의 변동을 연구하고자 이용한 주요 통계자료를 들면 다음과 같다.

① 松田行藏,《朝鮮國慶尙忠淸江原旅行紀事並農商況調査》(1888)

② 慶尙北道,《勸業統計書》(1913)

③ 近藤徹君,《大邱地方經濟事情》(1913)

④ 慶尙北道,《慶尙北道 農務統計》(1920, 1922, 1924, 1925, 1926, 1927, 1928, 1929, 1930, 1931, 1937, 1938)

⑤ 慶尙北道 農務課,《慶北の農業》(1929, 1932, 1934, 1938)

⑥ 慶尙北道,《慶尙北道 道勢一般》(1929, 1930, 1932)

⑦《慶尙北道統計年報(1919~1928)》(1930)

⑧〈小作慣例에 관한 調査-慶尙北道〉(《朝鮮彙報》1918. 7.)

⑨ 慶尙北道農務科,《慶尙北道 小作慣行調查書》(1931)

자료 ①은 부산에 설치된 상법회의소의 서기였던 마쓰다 고조松田行藏가 1887년 부산을 출발해 안동·충주·여주를 거쳐 서울에 이르고, 다시 서울을 출발해 용인·안성·천안·회덕·보은·상주·현풍을 거쳐 부산으로 복귀하면서 경유한 군현의 기후, 호구수, 산업, 토지가격과 매매관행, 장시의 교역상황, 교통, 수출입액 등에 대해 상세하게 조사한 보고서이다. 경유지는 자인현·하양현·신령현·의성현·안동부·예안군·영주군·풍기군·함창현·상주목·현풍현 등 11개 군이다.

자료 ②는 1912년에 간행된 것으로, 농업, 잠업, 축산, 임업, 광업, 수산, 수리, 상업 및 공업, 물가 및 임금 등에 관한 각종 통계를 수록하고 있다. 일제가 작성한 경상북도의 농업 통계로는 최초의 것으로, 농업자수, 경지 면적, 자소작별 경지 면적, 지주수 및 소속 소작인수, 소작료 비율, 중요 농산물 경작면적 및 생산액, 일본인 농사경영 현황, 관개시설 및 면적 등이 실려 있고, 강점 이전인 한말의 농업 사정도 살필 수 있다. 다만 경지면적, 작물별 경작면적 및 수확고 등에 관한 통계는 구한국 자료를 기계적으로 환산한 것이 많아 이용하는 데 어려움이 있다.

자료 ③은 조선은행의 대구지점 서기였던 곤도近藤徹君가 1913년에 대구와 경상북도 및 도외 몇 개 지역의 상업, 산업, 금융의 추이와 현황 등에 관해 조사한 보고서이다. 1908년부터 1912년까지의 통계가 수록되어 있어 한말과 강점을 전후한 시기의 경제변동을 살필 수 있다.

자료 ④는 당해 연도의 농사 관련 통계를 그 이듬해 상반기에 정리하여 간행한 것들로 농업자수, 지주 및 자소작별 농가호수, 경지면적, 작물별 경작면적 및 수확고, 비료 생산 및 소비고, 농기구 보급 상황, 역축수, 양잠호수 및 고치 생산액, 상전 면적 등에 관한 통계를 수록하고 있다. 1924년까지는 격년에 한 번씩, 그 이후는 매년 간행되었고, 1920년대 초반에는 농사통계라는 명칭을 쓰기도 하였다.

자료 ⑤는 경상북도 산업부 농무과에서 매년 발간한 것으로, 경상북도에서 시행된 농정의 주요 시책과 그 업적에 관해 구체적으로 기술하고 있다. 농업 통계자료로만 파악하기 힘든 구체적 상황까지 자세히 소개하고 있어 농업변동을 파악하는 데 도움을 준다. 또한 소작제도와 농민운동에 관한 자료로도 활용가치가 높다.

자료 ⑥, ⑦은 산업 전반에 관한 통계를 수록하고 있고, 농업 부문에서는 자료 ④에서는 찾아볼 수 없는 자작·소작농별 경지면적 통계를 수록하고 있다.

자료 ⑧, ⑨는 1918년과 1930년에 조사된 경상북도의 군별 소작 관행에 관한 통계와 자료를 수록한 것으로, 자료 ②와 함께 소작관행의 변화를 살피는 데 유용하다. 그러나 세 자료가 저마다 다른 방식으로 조사되었기 때문에 이용할 때는 주의가 필요하다.

제1장

18 · 19세기 상업적 농업의 성장과 부농경영의 출현

1. 상업적 농업의 발전과 지대분포

18·19세기의 농업변동 가운데 가장 주목되는 것은 상업적 농업의 발전이다. 상업적 농업은 쌀, 보리, 조, 콩 등의 곡물에서 면화, 대마, 잠사 등의 의료衣料, 소채나 과실, 약재, 담배, 완초 등의 공예작물과 각종 염료에 이르기까지 실로 다양한 부분에 걸쳐 전개되었고, 그 발전지역도 농업의 선진지대였던 삼남 지방을 비롯, 서울 근교와 황해도, 위로는 평안도에 이르기까지 광범하게 분포되어 있었다.[1]

당시 상업적 농업의 발전은 장시와 밀접한 관련을 맺고 있었다. 상품은 주로 장시에서 유통되었고, 따라서 상업적 농업이 발전한 지역일수록 장시도 번성하기 마련이었다. 18세기 후반 장시의 발전이 두드러졌던 지역은 〈표 1-1〉에서 보듯이 충청·전라·경상·평안도였다. 그 가운데서도 경상도에 가장 많은 장시가 형성되어 있고, 그것도 경상북도에 더 밀집해 있다. 이러한 장시 분포는 18·19세기에 이 지역에서 상업적 농업의 발전이 현저했음을 반영하는 것이다.

경상북도에서 상업적 농업이 활발하게 일어날 수 있었던 배경으로는 우선 잉여생산물의 확보를 가능하게 한 농업생산력의 발전을 들 수 있다. 이 지방은 중세 전 기간에 걸쳐 선진적인 농업기술개발로 농업발전을 선도하고 있었다. 농업생산력 발전의 획기적 계기가 되었던 이앙법이 15세기에 이미 보급되기 시작하였고, 조선 후기에는 다른 지역보다 앞서 이앙법이 논농사의 지배적인 농법으로 확립되었다.[2]

---

1) 金容燮, 〈朝鮮後期의 經營型 富農과 商業的 農業〉, 《朝鮮後期農業史研究 Ⅱ -農村經濟·社會變動》, 일조각, 1971.

표 1-1. 도별 장시수의 변천

문헌 (편찬시기)	《東國文獻備考》 (1770년)	《萬機要覽》 (19세기 초)	《林園經濟誌》 (1830년대)	《慶尙道邑誌》 (1832년)
평안도	134	134	145	
함경도	28	28	42	
황해도	82	82	109	
강원도	68	68	51	
경기도	101	102	93	
충청도	157	157	158	
전라도	216	214	188	
경상도	278	276	268	북도: 159 남도: 113
전 국	1,064	1,061	1,052	272

또한 이 지방에서는 이앙법의 모든 장점이 충분히 발휘될 수 있도록 뒷받침하는 수리시설의 증축과 시비 및 번경법反耕法의 개발도 착실히 추진되고 있었다. 이앙법은 가뭄에 쉽게 치명적인 타격을 입는 약점이 있었기 때문에, 이앙법이 선진적인 농법으로 정착하려면 무엇보다도 수리문제의 해결이 요구되었다.

〈표 1-2〉에서 알 수 있듯이, 전라·충청도와는 달리 조선 후기 이 지방에서는 수리시설의 증축이 활발히 이루어지고 있었다. 이앙법이 급속히 보급된 16세기 후반부터 18세기까지 경상도에서는 무려 700여 개의 제언堤堰(둑)이 증축되었는데, 그 가운데 많은 수가 경상북도에 집중되었다. 한편, 이앙법 보급으로 수전 이모작이 가능하게 되면서 시비법이 충분히 발달하지 못하던 당시로서는 지력 회복이 주요한 과제로 부각되었다. 이 지방에서는 번경법의 개발로 이

---

2) 金容燮, 〈朝鮮後期의 水稻作 技術−移秧法의 普及에 대하여〉, 《東方學志》 42, 1964.

표 1-2. 삼남 지역의 제언堤堰수 변천3)

	15세기 후반	1518년	1782년	19세기 초
경상도	721	800	1,522	1,666(99)
전라도	—	900여	913	912(24)
충청도	—	500여	503	518(17)

* ( )의 수는 폐언廢堰수

과제를 해결해 가고 있었다. 이앙하는 논에서는 여러 번에 걸쳐 번경이 이루어졌는데, 번경이란 깊이 파 뒤집는 논갈이로, 객토客土를 넣는 것과 같은 효과를 내는 기술이었다. 수전번경법은 기존 쟁기에 새로 볏을 다는 개량이 이루어지면서 가능하게 된 기술로, 농업선진지대에서만 행해지고 있었다.4) 이로써 이 지방은 18세기 후반 이앙법 보급에 따른 생산력 발전의 성과를 가장 착실히 거둘 수 있는 지역의 하나가 되었다.

생산력의 발전은 면작에서도 현저했다. 이 지역에서는 전라도와 더불어 이미 조선 전기에 면화를 재배하고 있었고, 면작기술의 진보 또한 빨라 면작이 겨우 전국적으로 보급된 17세기가 되면 이미《농가집성農歌集成》에서 선진적인 개간법으로 권장하고 있는 습지개간법을 개발하는 정도에까지 도달한다.5) 이러한 기술진보를 바탕으로 18세기 후반이 되면 동일 면적에서 다른 지역에 견주어 두 배 이상의 소출을 올리는 집약경영을 발전시킬 수 있었다.6)

---

3) 宮鴻博史, 〈李朝後期의 農業水利-堤堰(溜池)灌漑를 中心으로-〉, 《東洋史研究》 41, 1983.

4) 閔成基, 〈李朝犁에 대한 一考察〉, 《歷史學報》 87·88, 1980.

5) 申洬, 《農家集成》 耕地.

6) 禹夏永, 《千一錄》 卷一 建都 附山川風土關扼 嶺南. "棉田卽自纔立苗 便卽治鋤 以至開花結窠之後 并鋤近十次故 所收培多."

상업적 농업이 발전할 수 있었던 또 다른 배경으로는 수공업의 발전과 비농업인구 증가에 따른 소비시장의 확대를 들 수 있다. 이 지역에서 더욱 발전했던 수공업은 면직업이었다. 면작은 토양조건이 까다로워 그 재배가 일부 지역에 한정될 수밖에 없었는데, 이 지역의 토양은 대체로 면작에 적합해 조선 후기 전국 시장을 대상으로 한 면화 및 면포생산지가 되었다.7) 대구·의성·예천·안동·상주·선산·개령·자인 등 주요 면직물 생산지에는 가내부업적인 생산자 말고도 연간 40필에서 100여 필까지 생산하는 전업적인 생산자가 다수 존재하였고, 더욱이 의성 지방은 '의성목' 생산으로 그 명성이 전국에 알려졌다.8) 면수공업 다음으로 크게 발전했던 것은 청도의 운문산 치술령·토함산 일대의 철수공업이었다. 이 지역에서는 용선업溶銑業과 용광업溶鑛業을 중심으로 한 철수공업이 발전했는데, 주요 생산품은 각종 농기구와 솥 등 일용 철제품이었다. 더욱이 솥 생산의 경우는 영남 일대의 솥 수요를 충족시킬 정도의 대규모 솥 생산 단지인 솥계가 청도군 운문면 방음동 일대에 형성되었다. 그 밖에도 한말까지 총 220여 개의 도요지를 형성했던 문경의 도자수공업, 경주의 유기업, 제지업 등이 활발하게 발전하고 있었다.9)

수공업이 발전하면서 수공업·상업에 종사하는 인구도 급속히 늘어났다. 이 지역의 주요 6개 군현의 인구 변동을 정리해 보면 〈표 1-3〉과 같다.

조선 시대까지 가장 발전했던 군현은 안동과 경주로, 이들 두 지

---

7) 禹夏永, 앞의 책. "我國木棉 惟北路外率皆耕種 而兩西號爲宜土 猶不如本道(=嶺南)之宜."; 澤村東平, 〈李朝末期 木棉の徵收地域と生産立地〉,《經濟史硏究》28-2·4, 1943; 方基中, 〈17·18세기 前半 金納地租의 成立과 展開〉,《東方學志》45, 1984.

8) 梶村秀樹, 〈李朝末期 朝鮮の纖維製品生産及流通狀況〉,《東洋文化硏究所紀要》46, 1968; 權炳卓,《李朝末期의 農村織物手工業硏究》, 1968.

9) 權炳卓,《韓國經濟史 特殊硏究》, 1972.

표 1-3. 경상북도 6개 군현 인구변동(단위: 명, %)

	《慶尙道地理誌》 (1425년)		《興地圖書》 (1759년)	《戶口叢書》 (1789년)	《慶尙道邑誌》 (1832년)	인구 증가율
대구부	8,629	(22,349)	59,614	61,477	59,629	2.7
경주부	17,146	(44,408)	70,819	71,956	73,051	1.6
안동부	15,441	(39,992)	66,929	50,603	45,263	1.3
성주목	18,557	(32,857)	56,828	53,365	52,082	1.7
상주목	13,254	(34,304)	70,021	70,497	65,035	2.1
의성현	4,102	(10,624)	29,303	31,326	30,917	2.9
경상도	353,322	(915,645)		1,590,973		1.7

* 1425년 ( ) 안의 수는 추정인구수.10)
* 인구증가율은 1832년의 인구를 1428년 추정인구로 나눈 것.

역은 당시까지 이 지방에서 정치·군사적 비중이 가장 컸던 지역들이었다.11) 그러나 후기로 내려올수록 이들 지역의 성장은 다소 둔화되고 대신 대구·상주·의성 등지가 급속히 발전한다. 이들 지역 또한 정치·군사적 비중이 큰 지방들이었으나, 이들 지역의 성장은 정치군사적 요인보다 오히려 상업 및 수공업의 발전이라는 경제적 요인에 따른 것이었다. 조선 후기 대구는 전주·평양과 더불어 상업이 크게 발달한 3대 향시의 하나로 이름을 날렸고, 상주는 수륙교통이 교차하는 영남 내륙지방의 요충에 위치해 서울 및 경상·강원 등의 내륙지방과 남해·서해의 해안지방을 연결하는 상업도시로 발전하고 있었다. 의성 또한 면수공업 중심지로 급속히 성장했던 지역이다.12)

10) 대구시사편찬위원, 《대구시사》 제1권, 158~159쪽에 의거하여 추정하였다.
11) 조선 전기에 영남 지방에서 정치군사적 비중이 가장 컸던 도시는 경주와 안동이었다. 안동에는 경상우도의 감영과 대도호부가 설치되어 있었고, 경주에는 경상좌도 감영이 설치되어 있었다.
12) 禹夏永, 《千一錄》 卷4 觀水漫錄. "大抵我東之大城名都 人物之繁華櫛比 最稱平壤安州義州 咸興全州大丘 而俱因財貨之所華 興販之所賴."

이와 달리 경주와 안동은 편리하게 수운을 이용할 수 없어 교역의
중심지가 되기 어려웠다. 경제적 요인에 따라 군현의 성장이 좌우되
는 새로운 변화에 더해 의성·상주·대구 등지에서 인구증가도 평균
인구증가율을 크게 앞지르고 있다는 사실 또한 주목된다. 평균 인구
증가율을 자연증가율이라 한다면, 이들 지역의 인구증가는 자연증가
를 훨씬 앞지르고 있고, 이는 주변의 농촌인구가 급속히 이 지역으
로 이동하고 있음을 나타내는 것이다.

상업 및 수공업 발전에 따른 소비시장의 확대는 도내에만 국한
되지 않았다. 이 지역의 159개 장시는 〈그림 1-1〉에서 보듯이 몇
개의 국지적 시장권을 이루고 있었고, 지역에서 생산된 상품은 멀리
봉산 은파장, 광주 송파장, 개성, 서울로, 동해 방면으로는 원산을 거
쳐 함경도 오지까지 유통되고 있었다.13) 그리하여 도외에서의 소비
시장 확대도 이 지역의 상업적 농업의 발전과 긴밀히 연결될 수 있
었다.

수공업의 발전은 공업원료의 상품생산을 촉진시키는 한편, 식료·
약재·기호품 등 비농업인구를 위한 소비재농산물의 상품화를 촉진
시켰다.

한편, 낙동강 수운도 이 지역에서 상업적 농업이 활발히 일어날
수 있었던 조건이 되었다. 유통경제의 발달은 교통운수의 편리 여부
에 좌우되었다. 당시 육로는 기껏해야 잔등에 짐을 실은 소나 말이
겨우 지나다닐 수 있는 산길이 대부분이었기 때문에 유통경제의 발
달은 수운의 편의성과 직결되어 있었다.14) 강의 수심이 최소한 1.4

李重煥, 《擇里志》慶尙道. "尙州名洛陽 嶺下一大都會也 山雄野闊而北近鳥嶺通忠淸京畿
東臨洛東通金海東萊 馬運船載而南北水陸走集 便於貿遷故也 地多富厚者."

13) 金錫亨 외, 〈朝鮮에서 資本主義的 關係의 發生〉, 《朝鮮學術通報》, 1972.

14) 李重煥, 《擇里志》生利. "然馬不如車 車不如船 我國山多野少車行不便 一國商賈皆以馬載
貨 道遠盤纏之費贏得少 是故莫如船運貨財而爲貿遷交易之利."

I 대구권
II 성주·김천권
III 상주·선산권
IV 안동·예천·봉화권
V 영천·자인·울산권
VI 경주·영일권

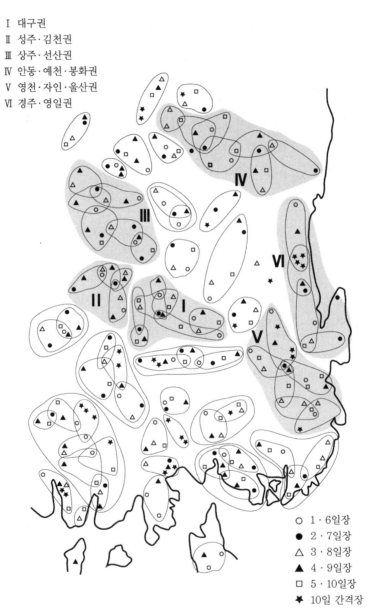

○ 1·6일장
● 2·7일장
△ 3·8일장
▲ 4·9일장
□ 5·10일장
✸ 10일 간격장

그림 1-1. 경상도 지방의 장시권역
(경상북도사 편찬위,《경상북도사》上, 1983, 1102쪽)

표 1-4. 주요 하천의 길이(수심 1.4m 이상)[15]

강이름	하천 길이
압록강	하구에서 280㎞
청천강	하구에서 70㎞ 이상, 영변까지
대동강	하구에서 120㎞, 평양까지
한 강	하구에서 130㎞, 서울에서 조금 위까지
백마강	하구에서 50㎞, 강경포 마을까지 (더 작은 배들은 회인까지 약 100㎞ 더 들어갈 수 있다)
영산강	하구에서 약 90㎞까지, 거의 나주까지
섬진강	약 30㎞
낙동강	약 230㎞, 상주까지
두만강	약 20㎞

미터 이상 되어야 화물선이 다닐 수 있었는데, 내륙 깊숙한 곳까지 이 정도의 수심을 유지하는 강은 그리 많지 않았다. 〈표 1-4〉에서 알 수 있듯이 내륙 깊숙이까지 배가 다닐 수 있는 강은 압록강과 낙동강, 한강, 대동강, 백마강 정도이며, 삼남 지방에서는 낙동강이 유일하다.

이 지방에서 상업적 농업은 쌀, 보리, 콩 등 곡물류와 면화, 대마, 모시, 고치 등의 섬유원료, 인삼, 지황 등의 약재, 도시 근교의 소채 과수, 닥나무, 완초 등의 공예작물, 기호품으로 수요가 급증했던 연초에 이르기까지 다방면에 걸쳐 발전하였다. 그러나 이들 상품작물들은 각각 재배에 적합한 자연조건이 조금씩 상이하고 때로는 상반되어서, 농민들은 저마다 그 지역의 자연조건에 가장 적합한 상품작

---

15) 김병린 역, 《국역 한국지》, 1984, 85쪽.

물의 생산을 전문화해 가고 있었다. 그리하여 도내에는 특정한 상품
작물의 생산을 전문으로 하는 몇 개의 사업적 농업지대가 형성되고
있었다. 작물에 따라 상업적 농업이 지역별로 분화된다는 사실은 농
민층 분화와 농민경제를 이해하는 데 중요한 실마리가 될 것이므로
이하 지역별 분화에 유의하면서 상업적 농업의 발전을 검토해 가기
로 한다.

〈표 1-5〉는 우리나라에서 재배되는 주요 작물의 토양 선호도를
나타낸 것이다. 한전작물은 대개 저습지를 제외하고는 토양적응성이
높으나 면화, 대마, 담배 등은 양토 또는 사질양토에서만 잘 자랄 수
있다. 〈표 1-6〉은 경상북도 각 군의 토양을 조사한 것이다. 1904년
에 조사된 것이라 토양분류기준과 다소 차이는 있는데, 치토는 〈표
1-5〉의 치질양토에 가깝고 양질사토는 〈표 1-5〉의 양질사토에 가
깝다. 〈표 1-7〉은 《임원경제지》 예규지에 기록된 장시별 거래물종
을 다시 정리한 것이다. 이 시기에 비록 상품경제가 발전하고 있었
다고 하나, 아직까지는 자급적인 자연경제적 성격이 지배적이었기

표 1-5. 작물별 토양 선호도[16]

	치토 埴土	양질치토 壤質埴土	치질양토 埴質壤土	양토 壤土	사질양토 沙質壤土	양질사토 壤質沙土
벼			◎	◎		
보 리			◎	○	◎	
조				◎	◎	
면 화				○	◎	○
대 마				◎		
담 배					◎	

* ◎: 재배적합토양 ○: 재배가능토양
  밀, 호밀, 콩, 팥, 녹두, 옥수수, 땅콩, 과수 등은 토양적응성이 높아 저습지가 아니면
  모든 토양에서 재배가 가능함.

16) 조재영 외, 《한국농업개론》, 1977, 100~130쪽.

표 1-6. 경상북도 각 군의 토양[17]

토양 (대분류)	토양 (세분류)	지역
사질양토 砂質壤土	중생층(사암점판암교층) 사질양토	현풍 산지山地
	중생층(혈암사암교층) 사질양토	대구, 경산, 자인, 하양, 영천의 저산구지(금호강유역 산지한전)
	중생층(응회질사암) 사질양토	팔공산북방, 비안, 의성, 군위, 방면의 저위산지
양토 壤土	제4기신층이천(성산천) 충적지양토	성주, 상주, 김산, 선산
양질사토 壤質砂土	화강암 양질사토	용궁, 안동, 예안, 예천(예안강 유역 이북 낙동강 상류)
치토 埴土	제3기층(응회층혈암 마루층을 협잡) 치토	청하, 흥덕, 연일, 장기
치질양토 (식질양토)	제4기층(금호강 충적지) 치토	대구, 영천, 하양, 경산, 자인평야(대구평야)
	제4기신층(경주천 충적지) 치질양토	경주평야
	제4기신층(형천 충적지) 치질양토	연일평야

때문에 대도시를 제외하고는 거래가 기록되어 있는 지역이 그 물종의 상품생산지일 가능성이 있다.

비생산지의 거래는 면포나 쌀 등을 예외로 한다면 그 양이 비교적 적었을 것이고, 따라서 거래물종으로 기록되지 않았을 가능성이 크다. 이러한 가정이 가능하다면 물종별 거래지역을 파악해 상품생산의 지역분포를 추정하는 것도 어느 정도 가능할 것이다. 그러나 이 자료는 상품거래가 있음만을 기록하고 있고 그것이 어떻게 생산되고 유통되는지를 전혀 밝혀 놓고 있지 않아 상품생산을 추적하기에는 다소 미흡한 한계를 가지고 있다.

---

17) 《韓國土地農産調査報告 慶尙道·全羅道》, 1904, 32~78쪽.

표 1-7. 19세기 초 물종별 거래장시 일람(경상북도)[18]

콩, 보리	안동 상주 성주 영해 청송 선산 인동 칠곡 청도 영천 홍해 충기 의성 경산 용궁 청하 진보 함창 지례 고령 현풍 군위 의흥 신령 예안 영일 장기 비안 자인 문경 영양 순흥 홍해 김산 대구
쌀	전 지역
면포	대구 경주 안동 상주 성주 영해 총송 선산 인동 칠곡 청도 영천 예천 영주 풍기 영덕 의성 경산 하양 청하 진보 함창 지례 고령 현풍 군위 의흥 신령 예안 영일 장기 비안 자인 문경 영양 순흥 고령 김산
면화	안동 상주 성주 청송 선산 인동 청도 영천 풍기 의성 경산 청하 함창 고령 의흥 신령 예안 영일 비안 자인 김산 대구
마포	경주 안동 상주 청송 선산 인동 청도 풍기 영덕 의성 진보 지례 고령 현풍 군위 예안 영일 장기 문경 영양 순흥 개령 김산 대구
연초	경주 안동 상주 영해 청송 인동 영천 청도 홍해 영덕 의성 경산 하양 용궁 청하 함창 지례 고령 의흥 신령 예안 자인 영양 순흥 홍해 개령 김산 대구
생마	경주 안동 상주 성주 순흥
약재	성주

쌀·보리·조

농산물 가운데 상품으로서 수요가 가장 컸던 것은 쌀·보리·조 등의 주식물이었다. 이 가운데서도 상품으로 가장 널리 유통되었던 것은 〈표 1-6〉에서 알 수 있듯이 쌀이었다. 쌀이 상품으로 단연 우위를 차지할 수 있었던 것은 '가난하고 빈궁한 무리들까지도 쌀을 먹는다'고 할 정도로 쌀을 주식으로 하는 식생활의 변화가 있었고, 그런 만큼 상품으로서 그 가치가 보리나 조보다 월등했기 때문이었다.[19] 더욱이 다른 곡물과는 달리 쌀 생산에서는 이앙법의 보급으로 비약적인 생산력의 발전이 있었다.

---

18) 《林園經濟志》 倪圭志 卷4 貨殖 八域場市.
19) 金容燮, 앞의 글(1971).

쌀은 이처럼 곡물 가운데서도 가장 상품성이 높은 것이었지만, 교통운수가 극히 불편했던 당시의 사정 때문에 상품생산은 일부 지역에 제한되지 않을 수 없었다. 곡물의 운송은 수로나 육로를 이용해 이루어졌는데, 육로를 이용할 경우 도로사정이 나빠 거의 이윤을 남길 수 없을 정도로 많은 운임이 들었다. 가령 1909년 조사에 따르면, 당시 대구시장에서 콩 1석의 가격은 4원을 밑돌았는데, 안동-대구 사이의 육로운임은 3원을 넘어 곡물판매는 운임을 제외하면 거의 남는 것이 없을 정도였다.[20] 이런 까닭에 쌀의 상품생산은 도회지 등 소비시장 주변과 운임이 상대적으로 저렴한 수운을 수월하게 이용할 수 있는 일부 지역에서만 경제성 있게 이루어질 수 있었다.

이 지역에서 벼농사의 상업적 농업은 낙동강 수운을 손쉽게 이용할 수 있는 상주·비안·선산·인동·고령·성주 등지의 논농사지대, 금호강 또는 육운으로도 낙동강에 이를 수 있는 칠곡·대구·하양·경산·자인·신령·영천 등지의 논농사지대, 영일만 해로를 이용할 수 있는 경주·연일평야의 논농사지대에서 주로 발전할 수 있었다.

이들 지역 가운데 18세기 후반 벼농사에서 상업적 농업의 발전이 가장 두드러졌던 지역은 대구, 성주를 중심으로 하는 낙동강 중류지방과 대구에서 영천으로 이어지는 금호강 유역이었다. 이 지역에서는 낙동강 수운을 아주 편리하게 이용할 수 있었다.[21] 금호강 유역 평야지대에서 사문진에 이르는 육로 또한 이 지방에서는 드물게 평야지대를 통과하는 것이어서 운송에 소요되는 경비가 상대적으로 저렴했다. 이에 더해 평야지대 가운데 위치한 대구 자체가 3대

---

20) 大邱府編, 《大邱民團史》, 1915, 121쪽.
21) 낙동강에서 중선中船 화물선은 대구 사문진沙門津까지 운행이 가능했고, 소선少船 화물선은 상주 낙동진洛東津까지 운행할 수 있었다. 韓沽劢, 《韓國開港期의 商業研究》, 1970, 271쪽 주48 참조.

상업도시의 하나로 성장하면서 큰 소비시장을 형성하고 있었다. 이러한 좋은 조건 아래 쌀 생산에서 상업적 농업이 급속히 발전해 갈 수 있었던 것으로 보이는데, 이와 관련해 조선 후기의 수리시설 중축이 이 지역에서 가장 활발히 이루어졌다는 사실이 주목된다. 이 지역의 제언 수의 변동 추이를 살펴보면, 전기에는 주로 경주, 선산, 상주, 성주 등지에서 축조되었으나, 후기가 될수록 이들 지역보다는 대구를 중심으로 하는 낙동강 중류 및 금호강 유역에서 더 활발히 축조된다.22) 이는 상업적 농업의 발전과 더불어 이 지역에서 논농사에 대한 관심이 급속히 고조되고 있음을 반영하는 것이었다.

같은 주식용 곡물이지만 보리나 조의 생산에서 상업적 농업은 쌀에 견주어 다소 그 발전이 늦었다. 곡물 가운데서는 상대적으로 상품가치가 높은 쌀의 상품화를 극대화하는 경향이 자연적으로 생겨나게 되고, 이에 따라 보리나 조는 우선 쌀의 상품화를 뒷받침하는 농가의 자급식량으로 소비되었기 때문이다.

보리나 조는 하층민의 주식으로, 농촌과 도시 모두에서 수요가 적지 않았다. 따라서 보리나 조의 상품 생산은 농가식량의 자급을 넘어설 수 있는 생산력의 발전 및 생산의 확대 여하에 따라 좌우되었다고 볼 수 있다. 수전에서 이모작의 발전은 이 점에서 상업적 농업 발전에 획기적 계기를 부여했다. 보리나 조 생산에서 상업적 농업이 발전했던 지역은 그 분포가 대개 쌀 생산에서 상품생산이 발전했던 지역과 같았을 것으로 추정된다.

콩

콩은 부식물이나, 우리 식생활에서는 필수불가결한 식료였다. 그

---

22) 宮嶋博史, 앞의 글(1983).

런데 〈표 1-5〉에서 알 수 있듯이, 토양조건이 까다롭지 않고 재배가 수월해 대부분 농촌지역에서는 자급이 가능했던 것으로 보인다. 따라서 소비시장은 도회지에 국한되었다고 볼 수 있는데, 그 수요가 주식인 쌀이나 보리에 견주면 훨씬 적어 상업적 농업의 발전 또한 제한적이었다. 더욱이 대항작물인 면화가 재배되었던 지역에서는 면화의 상품성이 훨씬 높았기 때문에, 콩 생산은 거의 자급생산을 넘어설 수 없었다.[23] 따라서 콩 생산에서 상업적 농업이 발전할 수 있었던 지역은 면작이 불가능하면서도 도회지 인근이나 수운이 비교적 편리한 곳에 위치한 지역, 즉 경주·연일평야의 밭농사지대와 금호강 유역의 일부 밭농사지대였을 것으로 추정된다.

면화·면포

〈표 1-5〉에서 알 수 있듯이 면화 재배에 적합한 토양조건은 다른 밭작물에 견주어 비교적 까다롭다. 뿐만 아니라 기상조건에도 예민하여 생육기간 동안 강우량이 적당해야 하고 무상기간無霜期間이 160일 이상이어야 한다.[24] 조선 중기 이래 조정에서 면작 확대를 위해 줄기차게 노력했음에도 그 재배가 일부 지역에 한정될 수밖에 없었던 것은 이처럼 까다로운 재배조건 때문이었다. 면작의 확대는 제한되었던 데 견주어, 면화 및 면포의 수요는 후기가 될수록 급속히 증가하였다. 의료衣料로 전기까지 지배적이었던 마포에 견주면 면포

---

23) 《承政院日記》第1802冊 正祖 22年 12月 20日 安東府使 朴宗來疏. "田農之中太農較少 各還之中太還獨多 以較少之農辦獨多之納 雖在常年每當秋捧之時 民間艱納專在於此."; 松田行藏, 《朝鮮國慶尙忠淸江原道旅行紀事竝農商況調査》, 1889. "本村(四巖村-필자)은 의성·안동의 경계선으로 의성에서 2리(=20리) 거리에 있는데, 그 사이의 載植物은 大豆가 가장 적고 棉·粟·黍 등이 많이 번식해 있다."(56쪽) "凡林村은 신령·의흥의 경계에 있는데 田地는 넓고 비옥하지만 大豆·麥·粟 등은 찾아볼 수 없고, 다만 충분한 것은 棉作뿐이다."(42쪽)
24) 李殷雄, 《韓國農業槪論》, 1977, 122쪽.

표 1-8. 곡물 및 직물거래 군현수[25]

	경 기	호 서	호 남	영 남	관 동	해 서	관 서	관 북	전 국
쌀	34	18	53	70	11	23	41	4	253
면 포	32	18	38	68	24	23	42	13	258
저마포	20	15	35	54	20	17	1	13	175

가 훨씬 우수했기 때문이다. 〈표 1-8〉은 장시에서 곡물 및 직물이 거래되는 군현수를 도별로 표시한 것이다.

이 표를 보면 면포는 당시 곡물 가운데 대표적 상품이었던 쌀보다 더 많은 258개 군현의 장시에서 거래되고 있으며, 그 거래지역도 쌀이 산지 중심이었던 데 견주어 면포는 면작, 비면작지 할 것 없이 거의 골고루 분포되어 있다. 이러한 현상은 전국 어디에서나 면포가 기본적인 의료로 사용되고 있음을 나타내는 것이다.

이러한 수요 증대에 더해 곡물보다 운송이 훨씬 수월하다는 장점도 면화 및 면포의 상품성을 한층 더 높일 수 있었다. 면화는 그 자체로 상품화되기도 했으나 대개는 직포과정을 거쳐 면포로 유통되었다. 면포로 운송할 경우, 곡물보다 훨씬 수월하고 화물량에 견주어 판매단가도 높아 육로를 이용해도 수익성이 보장되었다. 참고로 1909년 당시의 운임과 판매가격의 비율은 〈표 1-9〉와 같다.

1909년 당시 안동-대구 사이의 육로는 조선 후기의 상태와 별반 다를 바 없었다. 개항 이후 물가의 변동이 있었으므로 조선 후기의 상태를 그대로 나타낸다고 할 수는 없겠으나, 면포가 곡물보다 운송이 쉽고 육로를 이용해도 수익성이 보장될 수 있었음은 충분히 확인된다.

---

25) 《林園經濟志》倪圭志 卷4 貨殖 八域場市.

표 1-9. 1909년 대구에서 안동 사이의 운임(육운의 경우)

	중량	대구시장의 가격(1)[1]	운임(2)[2]	(2)/(1)
현　미	100근(1석)	7.60원	3.05원	46%[4]
면　포	200근(67.5필[3])	104.71원	3.05원	3.3%

1) 《朝鮮總督府 統計年報》, 1909.
2) 〈開港場과 附近市場과의 經濟 및 交通關係(釜山稅關報告)〉, 《財務彙報》 제24호, 附錄, 5쪽.
3) 35척尺 면화 1필의 무게는 1.6~2.0kg(평균 1.8kg로 계산), 《국역 한국지》, 494쪽.
4) 1908~1911년 동안의 평균 쌀가격으로 계산할 경우 35% 내외가 됨.

　이런 까닭으로 면화 재배는 오곡생산에 견주어 두 배 이상이나 수익성 높은 상업적 농업이 될 수 있었다.[26] 그리하여 면작이 가능한 지방에서는 상품생산이 비약적으로 발전하였는데, 이 지방의 경우 그 중심지역은 〈표 1-6〉에서 살필 수 있다. 이 지방의 토양조건을 보면, 면작에 가장 적합한 사질양토가 현풍산지·대구·하양·경산·자인·영천 지역의 낮은 산이나 언덕, 그리고 팔공산 북방의 군위·의성·비안으로 이어지는 산지의 저위부분 등지에 분포되어 있다. 곧 현풍·대구·하양·경산·자인·영천 등의 밭지대가 면작에 가장 적합한 토양조건을 갖추고 있고, 이 지역에서 상업적 농업이 발전했다고 볼 수 있는데, 이 가운데 특히 상품생산 중심지가 되었던 곳은 농업의 중심이 한전에 있던 비안·의성·군위 지방이었다.

　면화는 사질양토 말고도 양질사토와 양토에서도 재배가 가능하였다. 그리하여 성주·상주·김산·선산·안동·예안·용궁·예천 등지의 밭지대에서도 재배가 이루어졌는데, 특히 안동·예천·상주·성주·등지에서 상업적 농업이 크게 발전하였다. 그러나 대구에서 영천으로 이어지는 금호강 유역의 평야지대와 영천·연일평야, 그리고 청하·연

---

26) 金容燮, 앞의 글(1971).

일·흥해·장기 등 동해안 여러 지역에서는 토양이 치토 또는 치질양
토로서 면화 재배가 거의 불가능했던 것으로 추정된다.[27]

면화를 재배하는 농가에서는 부녀자들의 노동을 이용해 가내부
업으로 직포를 함께하는 경우가 많았으므로, 면화생산지와 면포생산
지는 거의 일치한다고 볼 수 있다. 면포는 직포여공을 고용하는 전
업적인 면포업자에 의해 생산·유통되기도 하였다. 전업적인 면포업
자는 면작중심지에 다수 존재했던 것으로 보이는데, 이들은 원료면
화의 상당 부분을 시장구입에 의존하고 있었다.

전국적으로 면작지가 그다지 넓지 못했던 까닭에, 앞서 열거한
면작지들은 도내에서는 말할 것도 없고 전국적으로 그 명성이 널리
알려져 있었다. 가령 《치군요결治郡要訣》이나 《선각先覺》 등의 민정
자료民政資料에서 공통적으로 영남 지방의 특산물로 면포를 기록하
고 있음이 그 예가 되겠다.[28]

대마·마포

대마·마포는 조선 전기에는 지배적인 의료였으나, 면화 생산이
확대되면서 그 비중이나 생산이 줄어들 수밖에 없었다. 그러나 면작
확대에 적지 않은 어려움이 있었기 때문에 후기에도 여전히 비중이
컸고, 여름 옷감으로 더욱 수요가 많았다. 대마는 대구에서 영천으
로 이어지는 금호강 유역의 평야지대를 제외하고는 거의 대부분 지
역에서 생산되었던 것으로 보이나, 면화 생산이 발전한 지역에서는
상업적 농업으로 충분히 성장하기 어려웠다. 다만 〈표 1-7〉에서 알

---

27) 《承政院日記》 第1995冊 純祖 11年 3月 19日 慶尙道陳弊冊子. ① 其一長鬐上納訓局禁
御營及他衙門軍布 竝許純錢永爲定式事也 雖非宜棉之土軍布體重 永定純錢 云云, ② 其一盈
德……訓局砲保 以純木收捧……沿海土性旣不宜棉 錢木參半之請 云云.
28) 金容燮, 앞의 글(1971).

수 있듯이, 안동·상주·순흥 등지에서 생마가 거래되어 이 지역에서는 상업적 농업으로 발전해 갔음을 확인할 수 있다. 그 가운데서도 안동은 안동포 생산으로 전국에 명성이 알려져 있었다. 또한 면화가 재배되지 않았던 경주·연일 지방에서는 대마 생산에 특히 비중을 두어 상업적 농업이 발전했는데, 경주는 안동, 상주와 더불어 3대 마포 생산지를 이루었다.[29]

연초

연초가 전래된 것은 17세기 초였으나, 18세기 후반이 되면 남녀 노소 빈부귀천을 막론하고 이를 피우지 않은 사람이 거의 없다고 할 정도로 그 수요가 확대되었다. 대도시에서는 아침에 산같이 쌓아 놓아도 저녁이면 다 팔릴 정도였고, 심지어 진곡賑穀을 받은 기민飢民들이 이를 팔아 연초를 사기도 하였다.[30]

이런 사정과 달리 연초 재배의 확대는 까다로운 재배조건 때문에 제한적으로만 이루어지고 있었다. 연초 재배에 적합한 기상조건은 그리 까다롭지 않으나, 토양조건은 사질양토 또는 비교적 자갈이 많은 땅이어야 하고, 특히 배수가 양호해야 했다. 그리하여 면화보다는 넓은 지역에서 재배가 가능했지만 제한적일 수밖에 없었다. 이런 사정으로 말미암아 연초농사는 벼농사에 견주어 10배나 수익성 높은 상업적 농업이 되었다.[31]

〈표 1-7〉에서 연초가 거래되었던 지역은 대구·영천·경산·자인·하양·청도 등 금호강 유역과 의성·안동·예안·순흥·용궁·영양 등 낙

---

29) 慶尙北道史編纂委,《慶尙北道史》상, 1983, 1082쪽.
30) 鄭志宬(1718~1801, 영주 거주),《文巖集》券2 漆室空談. "客曰何以謂嚴禁南草之種……此種之於狹郡沃土 價高則作一奇貨 或有受飢民之賑穀 而買是草而飮者 豈非惑人之甚者乎."; 이영학,〈18세기 煙草의 生産과 流通〉,《韓國史論》13, 1985.
31)《經世遺表》地官修制 田制 11. 井田議 3. "西路烟田……皆視水田上上等 其利十倍."

동강 동쪽 팔공산 이북의 한전지대, 신령·청송·의흥·상주·함창·김산·지례·개령·인동·고령 등 낙동강 유역과 경주·흥해·청하·영덕·영해 등 경주평야 및 동해안 연해지방이었다. 개항 후에도 연초 생산에는 큰 변화가 없었고, 일부 지역에서는 일본인에 의해 경작이 다소 확대되는 추세였으므로, 합방 당시의 연초생산지와 〈표 1-7〉의 거래지를 비교 검토하면 연초 생산에서 상업적 농업이 발전한 지역을 추정하는 것이 가능하다. 1909년 당시 이 지역에서 연초의 주요 산지로 알려졌던 지역은 김산·성주·안동·상주·의성·예천·청송·신령 등지였다.[32] 다시 1909년에서 1912년까지 4년 동안의 연평균 생산액을 이용하여 주요 산지를 찾아보면 대구·경주·영천·청도·의성·청송·예안·상주·문경·지례·성주 등지였다.[33]

위에 나온 사실들을 종합해 보면, 연초 생산의 중심지는 사질양토가 많은 대구·의성·청송·신령·안동·예안·예천·상주·지례·김산·성주 등지와 경주 지방으로 추정된다. 경주 등지에서도 연초가 생산될 수 있었던 것은 면화와 달리 자갈이 많은 산지에서도 재배가 가능하였기 때문이다. 그러나 대부분의 지역이 면작지대와 겹쳐 면화 재배에 더 중점을 둔 까닭에 상업적 농업으로 발전하는 데는 다소 제약이 있었다. 연초의 상품생산으로 주목되던 지역은 신령이었는데,《임하필기》에는 영남 지방을 대표하는 연초로 이 지역에서 생산되는 신령초新寧草가 소개되어 있다. 이 신령초는 "영남에 신령초라 부르는 것이 상관초上官草와 유사하나 독이 있다"[34]고 한 바와 같이, 광주의 금광초, 호남의 상관초, 성천의 성천초 등 당시 최고급품이었던 연초보다는 다소 질이 떨어진다.

---

32)《韓國中央農會報》3-9, 1909, 25쪽.
33)《朝鮮總督府 統計年報》(1909, 1910, 1911, 1912) 참조.
34)《林下筆記》권32 旬一編 2.

완 초

안동·예안 지방은 조선 후기 완초莞草(왕골) 생산으로 이름이 널리 알려져 있었다. 완초는 생활필수품이었던 돗자리의 원료로 사용되었다. 완초도 질에 따라 여러 종류가 있었는데, 이 지역에서 생산된 완초는 가장 질이 좋은 용수龍鬚라 불리는 것이었다. 질이 우수했던 만큼 수익성도 높아《택리지》에서는 용수를 이 지방 부자들이 매매를 독차지하여 이익을 얻는 물자(權利之資)라고 하였고, 서유구徐有榘도 완초 재배의 이익이 곡전穀田의 배나 된다고 하였다.35)

약재 · 인삼

약재 재배에서 상업적 농업이 행해졌다는 것은 대구에 약령시가 개설된 사실에서도 충분히 짐작할 수 있다. 《임원십육지》에는 약재가 거래되었던 지역으로 성주와 대구 두 곳이 기록되어 있다. 약재 가운데서도 인삼은 더욱 수익성이 높았는데, 18세기 후반에는 가삼家蔘 생산이 개시된다. 18세기 말 편찬된 《해동농서海東農書》에는 이 지방에서 청명에 가삼을 파종한다고 기록하고 있다.36) 가삼은 "근래 산에서 삼을 채취하는 것은 점차 드물어지고 농가에서 심은 것이 매우 많다"는 정조 22년의 상소에서 살필 수 있듯이 더욱 확대되어 갔다.37) 주요 생산지는 문경·영주·풍기·봉화·상주·예천·안동·의성·영덕 등지였지만, 이 가운데 상업적 농업으로 발전시켜 갈 수 있었던 지역은 영주·풍기 지방 정도였다.

---

35) 金容燮, 앞의 글(1971).
36) 《海東農書》 권3 草類. "嶺南湖南多用淸明 京圻湖西多用穀雨."
37) 金容燮, 앞의 글(1971).

소채 · 과일

도시 인구 증가와 더불어 도시 근교에서는 소채나 과일의 상품 생산이 활발했다. 도시 근교의 소채나 과일 재배는 곡물보다 훨씬 수익성이 높았다.[38] 대구·상주·안동·의성·경주 등이 18세기 후반에 이미 인구 5천 이상의 도시로 성장해 있었으므로, 이 도시들 근교에서는 상업적인 소채 생산도 상당 정도 발전했을 것이라 생각된다. 한말 이 지역을 조사한 일본인들은 대구와 안동 근교에서 소채농사가 행해지고 있음을 특별히 언급했고, 대구 근교에는 특히 미나리밭이 많다고 보고하였다.[39] 또 다른 보고에서는 대구시장에 수요가 많아 대구 근교에서는 무, 배추, 오이, 미나리 등이 많이 생산된다고 하였다.[40] 18세기 후반 이래 대구의 도시기능이나 규모가 크게 변동하지 않았다는 점을 감안한다면, 이러한 소채 생산은 18세기 후반에도 이미 행해지고 있었다고 볼 수 있다.

과일로는 감, 대추 등이 많이 생산되었다. 감은 곶감으로 가공되어 거래되었는데, 우하영은 전국에서 곶감이 가장 많이 난 곳이 이 지역이라 하였다.[41] 감과 대추는 상주·함창 지방에서 많이 생산되었다.

조선 후기 자료가 부족하므로 1889년 이 지역을 여행한 마쓰다松田行藏의 보고를 참고해보자. 이에 따르면 당시 상주·함창 등지에서 감과 대추가 많이 생산되었고, 여기서 생산된 과일은 대구나 경상도 주요 시장, 그리고 멀리는 경기도, 충청도 등지로 팔려 나가고 있었다. 감, 대추의 재배가 특히 흥성했던 부락으로는 율전촌과 대중촌

---

38) 禹夏永, 《觀水漫錄》 輕稅勸農之策.
39) 《韓國土地農産調査報告 慶尙道 全羅道》, 1904, 169쪽, 附錄 62쪽, 88쪽.
40) 〈韓國慶尙道大邱府의 商況(釜山帝國領事館報告)〉, 《通商彙纂》, 1903. 11.
41) 禹夏永, 《千一錄》 卷一 建都 附山川風土關扼 嶺南. "……國內乾柿 最多出於嶺南."

을 들 수 있는데, 대중촌에서는 대추를 호당 3석, 감을 800접(1접은 100개) 정도 수확하였고, 율전촌에서는 감농사가 풍년이 들면 감 판매만으로도 그 지방 논밭에 부과되는 공조를 충분히 감당할 수 있었다.[42]

위와 같이 다소 불완전한 형태로나마 조선 후기 상업적 농업의 발전상황과 작물별 지역분포를 살펴보았다. 이 지역을 전체로 보면 상품 가운데 가장 큰 비중을 차지하였던 쌀·면화를 양대 축으로 하여 보리·콩 등의 곡물, 대마, 완초 등의 공예작물, 기호품인 연초 그리고 소채 및 과일에 이르기까지 상업적 농업은 여러 방면에 걸쳐 활발히 전개되었다. 그러면서도 다시 개별 군현별로 고찰하면, 상업적 농업의 발전을 규정했던 자연조건 및 교통, 운송조건이 서로 달랐던 까닭으로 그 지역사정에 비추어 가장 경제성 있는 특정한 상품작물 생산에 치중하는 특성을 보인다. 이제 지금까지 살펴 온 작물별 상품생산의 지역분포를 바탕으로 상업적 농업지대를 보다 크게 분류하면 다음과 같다.

1. 미작중심지대米作中心地帶

　1-(가) 금호강 유역의 대구평야: 대구(1), 경산(1), 자인(1), 하양(1), 영천(1)

　1-(나) 상주평야: 상주(1), 비안(1)

　1-(다) 연일 경주평야: 연일(1), 경주(1)

2. 면작중심지대棉作中心地帶

　2-(가) 낙동강 중상류 한전지대: 의성, 비안(2), 군위, 안동, 예안, 예천, 함창, 김산, 문경, 용궁, 영천(榮川)

　2-(나) 금호강 유역 한전지대: 대구(2), 경산(2), 자인(2), 하양(2), 신령

---

42) 松田行藏, 앞의 책, 201~202쪽.

3. 면미혼합지대棉米混合地帶

선산, 안동, 성주, 고령, 현풍, 상주(2), 개령, 청도

※ 지역번호 (1)은 수전평야지대, (2)는 비평야지대

미작중심지대에서는 주로 미단작米單作형태의 상품생산이 발전하고 있었다. 미작중심지대에서 상업적 농업이 발전하는 형태를 잘 전하는 것은 다음의 기록이다.

① 대체로 부내府內(=華城府)는 거의가 야지野地인 까닭으로 명산名山이나 대천大川은 없다……② 농업 거의가 나농癩農하며 전田에는 모맥두태牟麥豆太를 심지만 주로 벼농사에 전념하고 광작廣作한다. 직파법은 적고 이앙법이 많다……③ 생리生利……부府를 통틀어 보면 면업이나 채과菜果의 이利는 없고, 더러 감[柿]를 심기도 하나 이를 업業으로 삼는 자는 또한 많지 않다. 재산이 있는 자는 오로지 쌀을 전판轉販하여 재물을 모은다……촌민村民이 돈을 마련하는 길은 농곡農穀에 있을 따름이고, 여타 자용資用할 곳은 없다.[43]

이 기록은 경기도 화성부의 농업환경(①)과 농업 일반(②), 상업적 농업의 발전형태(③) 등에 관한 것으로, 화성부는 화성이나 인근의 서울시장을 목표로 한 상업적 농업이 발전했던 곳이다. 화성부의 농업환경과 농업 일반의 상태는 경북 지방의 미작중심지대와 거의 일치한다. 이러한 지역에서의 상업적 농업의 발전은 ③에서와 같이 쌀 단작형태를 띠는 것이었다.

상품화된 쌀은 육로로 상주·안동·의성·대구·경주 등 도내 주요 상업 및 수공업도시로 운송되어 판매되었고, 일부는 낙동강 수로 및

---

43) 禹夏永,《千一錄》卷一 建都 附山川風土關扼 華城府.

동해안 해로로 원산, 함경도 등지까지 판매되었다. 18세기 후반 미작중심지대 가운데 쌀의 상품생산이 가장 급속히 발전할 지역은 1-(가) 지역이었다.

이에 견주어 면작중심지대에서의 상업적 농업의 양상은 다음의 자료를 통해 살필 수 있다.

> 영주지방에서 농가가 돈을 마련하는 길은 방적紡績에서 나온다.44)
>
> 생리生利: 농업(오곡 및 면화 재배)외에 마포, 면포, 잠농蠶農, 남초南草, 감, 닥나무 재배 등을 업으로 한다.45)

상업적 농업은 면작을 중심으로 하면서도 대마, 연초, 과수, 양잠 등의 생산을 겸영하는 등 다각적인 형태로 나타났다. 따라서 자연재해가 잦았던 당시로서는 미작중심지대보다 상품생산의 안정성이 더 높았다고 할 수 있다.

면작중심지대에서는 2-(가) 지역의 의성·군위·상주·안동·예천 등지가 특히 상업적 농업의 발전이 두드러졌던 지역들이었다. 이 지역에서는 도내에서 품질이 가장 우수한 면포가 생산되었다. 상품화된 면화는 ① 면작지대에서 면작호와 비면작호 사이, 또는 면작호와 면작호 사이에, ② 면작지대에서 도내 비면작지대(1. 미작중심지대)로, 그리고 도외로는 ③ 낙동강 및 동해안 수로를 이용해 원산을 거쳐 함경도로 또는 육로로 강원도·충청도·서울 등지로 판매되어 나갔다.46)

면미혼합지대에서는 대부분이 낙동강 수운을 손쉽게 이용할 수

---

44) 鄭志成, 앞의 책.
45) 禹夏永,《千一錄》卷一 建都 附山川風土關扼 嶺南.
46) 梶村秀樹, 앞의 글.

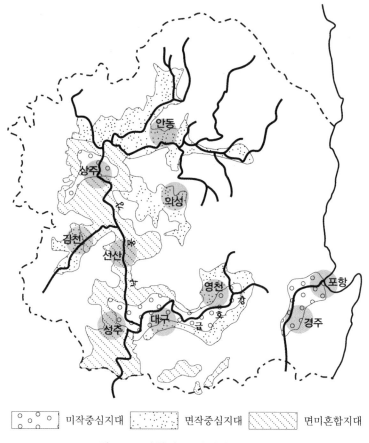

| ⟨○ ○ ○⟩ 미작중심지대 | ⟨⋮⋮⟩ 면작중심지대 | ⟨⟋⟋⟋⟩ 면미혼합지대 |

그림 1-2. 상업적 농업지대의 분포도

있는 장점이 있었으므로 가장 다각적으로 상업적 농업을 발전시킬
수 있었다. 대부분이 면작을 중심으로 하는 한전농업과 미작농업을
겸영하였으나, 이 가운데 한 부분에 더 상품생산을 치중했던 것이
일반적이었다.

2. 부농경영의 성장과 지대별 특징

상업적 농업이 발전하였던 지역에서는 자급적이던 농촌사회의 변화가 보다 급속히 진행되었다. 자연경제적인 농촌사회의 자급성은 해체되었고, 대신 상품유통경제가 점차 소농민경영의 재생산에 불가결한 매개 고리가 되었다. 이러한 변질은 사회적 분업이 발전할수록, 즉 농업과 제조업의 분리, 나아가 농업 내부에서의 분화＝전업화가 확대될수록 더욱 심화되었다.

한편 이 시기에는 국가가 부여한 또 다른 계기에 의해서도 소농민경영의 상품유통경제 참여가 불가피하게 되었다. 바로 조세금납제도의 확대였다. 18세기 중엽의 실정을 보면, 전결세田結稅의 경우 14개 읍만 작미상납作米上納(쌀로 상납)하였고, 나머지 27개 읍 가운데 15개 읍은 작목상납作木上納(면포로 상납), 12개 읍은 작전상납作錢上納(화폐로 상납)하였다. 대동세大同稅는 현풍만 미납米納이었고 나머지 40개 읍은 전목참반錢木參半(면포와 화폐 절반씩 상납)하게 되었다. 조세금납은 군포의 경우 더욱 발달하여 전부 포로 납부하게 한 훈국포보訓局包保를 제외하고는 전부 전목참반이었고, 외안군액外案軍額(감영, 병영, 수영 및 여러 진鎭에 납부하는 군포)－경상도에는 특히 외안군액이 많았다－은 80퍼센트가 금납이었다.[47] 이러한 조세금납 확대는 이 지역 농민들의 유통경제 참여를 불가피하게 했고, 비면작농가일수록 그 정도는 더욱 심하였다.

이로 말미암아 유통경제 참여가 불가피해지고 또 확대되면서 농민들은 더 경제성이 높은 상품작물을 재배하는 소상품생산자로 변

---

47) 方基中, 〈17·18세기 前半 金納租稅의 成立과 展開〉, 《東方學志》 45, 1984.

신해 갔고, 이 과정에서 유통경제의 발전만큼이나 소상품생산자 사이의 경쟁도 치열해져 갔다. 이 시기 개별 소농민경영의 생산조건은 다양하였다. 자작농민이 있었던 것과 달리 전혀 토지를 소유하지 못한 소작농민도 있었고, 자작과 소작을 겸하는 농민이라 하더라도 그 안에는 자급을 목적으로 하는 농민과 상품생산을 목적으로 하는 농민 등 다양한 계층이 포함되어 있었다. 토지의 비옥도나 형상, 위치가 서로 달랐으며, 가족 노동력이나 그 숙련도에 차이가 있었고, 경영지의 규모에도 많은 차이가 있었다. 생산조건에서 개별경영의 차이는 시장에서 경쟁의 귀추를 결정하는 데 직접적인 요인으로 작용하였다. 그리하여 상품유통경제의 발전은 시장에서의 경쟁을 매개로 농촌에서 농민층 분화를 가져왔다.

농민층 분화는 모든 지역에서 동일한 형태를 띠고 진행되지는 않았다. 상품생산의 특질에 따라, 즉 상업적 농업지대별로 분화의 구체적 양태는 다소 차이가 있었다.

미작중심지대

여기에서 농민층 분화는 광작廣作농민의 형성이라는 형태로 나타났다. 이앙법의 보급은 중경제초中耕除草에 소요되는 노동력을 감소시켜 경영규모의 확대를 가능하게 하였다. 이 장점을 이용해 상업적 농업을 목적으로 경영규모를 확대해 간 농민들이 나타났고, 이들을 광작廣作농민이라 불렀다. 이들의 성장은 다른 한편으로 광범위한 소빈농층의 몰락과 희생을 수반하였다. 다음의 자료는 미작중심지대에서 농민층 분화가 이러한 양태로 진행되고 있음을 잘 보여준다.

근래 인심이 옛날 같지 않아서 당해 면리 안에 부호富戶나 초실지류稍實之類가 또한 많이 있으나 끝이 없는 욕심으로 겸병광작兼併廣作하여 재물을 쌓아 들일 생각만 하고 빈민을 도와줄 의義가 전무해 그들이 생업을 잃어도 내버려두고 유산流散할까 걱정하지도 않는다.[48]

이것은 18세기 후반 상주 지방의 실태를 전하는 것인데, 이 지방은 앞서 살핀 대로 쌀 중심의 상업적 농업이 발전한 수전평야지대였다. 상품유통 경제발전에 적절하게 대응해 부를 축적해 간 이른바 광작농민은 18세기 후반 삼남 지방에서 황해도 지방에 이르기까지 이앙법이 보급된 지역에서는 광범위하게 형성되고 있었다.[49] 광작경영의 특징은 첫째, 농업경영의 목적이 상업적 농업을 통한 부의 축적, 즉 교환가치의 축적에 있었다. 상품생산을 통한 부의 축적에 목적이 있었던 만큼 곡물을 판매할 때도 시장조건에 유의하였는데, 이로 말미암아 곡가가 급등해 농촌에서 빈민의 동요가 야기되기도 하였다.

둘째, 이들은 농업경영을 확대하고자 노력하였으며 그 규모는 일반 소농민경영에 견주어 3, 4배 이상이 되었다. 당시 광작경영의 일반적인 규모는 60~80두락에서 클 경우는 120~140두락 정도까지 미쳤다. 앞서 상주 지방 부농들의 '겸병광작'을 비판한 이제화가 빈민의 구제책으로 부농들로 하여금 이들에게 토지와 종량을 분배해 주도록 제안한 것은 바로 이러한 사정이 전제되어 있었다.[50]

셋째, 따라서 가족노동력만으로 농업경영을 감당하는 것은 이미 불가능하였고, 고공雇工·일고日雇 형태로 타인의 노동력을 이용하는 것이 일상화되어 있었다. 농업고용이 일상화되면서 임금도 일정하게

---

48) 《承政院日記》 第1807冊, 正祖 23年 4月 9日 尙州幼學李齊華疏.
49) 金容燮, 앞의 글(1971); 宋贊植, 〈李朝後期 農業에 있어서 廣作運動〉, 《李海南華甲記念史學論叢》, 1970; 李潤甲, 〈18세기 말의 均竝作論−洪川儒生 李光漢의 貸田論을 중심으로〉, 《韓國史論》 9, 1983.
50) 《承政院日記》 第1807冊, 正祖 23年 4月 9日 尙州幼學李齊華疏.

형성되었는데, 성인 남자의 경우 1일 고역의 대가로 조 1두를 주었
다.51)

넷째, 생산조건 면에서 광작경영은 소빈농경영에 견주어 우월한
위치에 있었다. 이들은 비교적 양질의 소작지를 확보하고 있었고,
농업생산력을 높이는 데 결정적인 역할을 했던 농우農牛나 농기구를
소유하고 있었다. 부농들이 소유한 농우나 농기구는 기경起耕·비료
생산 등으로 농업생산력 향상에 크게 기여했을 뿐만 아니라, 이를
대여하고 그 대가로 임노동을 제공받을 수 있게 해서 농업경영에 이
중적으로 기여하고 있었다. 소빈농층을 몰락시키고 구축하면서 상업
적 농업을 통해 부농경영이 성장해 갈 수 있었던 것은 생산조건 면
에서의 이러한 우위를 바탕으로 가능한 것이었다.52)

면작중심지대

오곡 생산에 견주어 면화 재배에는 보다 많은 노동력이 집약적
으로 투입되어야 한다. 농작업 가운데 노동력을 가장 많이 투입해야
하는 것은 제초작업이다. 우하영의 《천일록》을 바탕으로 작물별로
행해지는 제초작업의 횟수를 비교하면, 직파법 벼농사 3~4차례, 이
앙법 벼농사 3차례, 일반 밭작물 3차례, 면화는 10차례 정도로53) 면
작에 가장 많은 노동력이 투입됨을 알 수 있다. 이를 다시 한말 조
선농회가 조사한 벼, 콩, 보리, 면화의 단보段步당 생산비를 이용해
살펴보면, 생산비가 가장 많이 드는 것은 벼이고, 그 다음이 면화이
며, 보리, 콩 순이다. 면작에서는 특히 제초작업에 노동력이 집약적

---

51) 李彙濬(1806~1897, 예안 거주), 《復齊集》 卷5 三政策. "且夫一夫一日雇役 得租一斗
   一婦一日傭織得布一尺."
52) 李潤甲, 앞의 글.
53) 禹夏永, 《千一錄》 卷一 建都 附山川風土關扼 嶺南.

으로 투입되고, 그 노임이 전체 생산비의 가장 큰 부분을 차지한다. 이 생산비 가운데서 현금지출이 필요한 액수는 벼가 2,900원, 면화는 3,700원, 콩은 1,200원, 보리는 700원 전후이다.[54] 면화 재배가 농사자금준비를 가장 많이 필요로 하는 농사임을 알 수 있다.

　면작의 이러한 특징에서 우리는 면작에 소농민이 쉽게 참여할 수 없다는 사실과 또 면작지대 부농의 존재형태가 미작지대의 '광작농민'과 다를 수밖에 없다는 사실을 알 수 있다. 곧 미작지대에서는 경영면적의 많고 적음이 농민층 분화의 지표로 될 수 있었던 데 견주어, 면작지대에서의 분화는 면작농가와 비면작농가로 나타났고, 따라서 면작 여부가 일차적인 분화의 기준이 된다. 물론 조선 후기에는 조세목납제도에 강제되어 궁박적으로 면작에 참여하게 된 영세소농도 적지 않았다. 그러나 궁박적인 면화 재배가 이들의 몰락을 더욱 촉진하였던 까닭에 조세금납의 확대와 더불어 이들은 비면작농가로 급속히 전환해 갔던 것이 당시의 일반적인 추세였다. 한말 주요 면작지를 조사했던 쓰키타月田藤三郎는 면작지대에서 농민층 분화가 이러한 형태로 진행되어 갔음을 다음과 같이 보고하고 있다.

　　면작이 성행한 지방에서도 반드시 모든 농가가 면작을 하고 있었던 것은 아니다. 전라남도에서도 농가 가운데 면작을 하는 집이 그다지 분명치 않다. 경상남·북도, 황해도와 같이 면작이 보급된 지방에서는 면작농가수가 비면작자에 견주어 적은 것으로 나타난다. 면작에 비교적 노임이 많이 들고 토성이나 연작관계로 면작지를 구하기 쉽지 않은 까닭에 토지를 많이 소유하고

---

54)　朝鮮農會, 〈調査資料, 農作物 1反步 收支計算(1)〉, 《朝鮮農會報》 6-8, 1911. 8., 14~18쪽; 朝鮮農會, 〈調査資料, 農作物 1反步 收支計算(1)〉, 《朝鮮農會報》 6-9, 1911. 9, 16~19쪽; 朝鮮農會, 〈調査資料, 農作物 1反步 收支計算(1)〉, 《朝鮮農會報》 6-10, 1911. 10., 20~23쪽.

자산이 있는 자가 아니면 면작을 하기 어렵다.[55]

면작지대의 부농들은 면작의 확대와 나란히 가내직포업을 발전시켜가고 있었다. 상품으로 판매할 경우 면포가 더 상품성이 높고, 운송 면에서도 훨씬 유리했기 때문이다.

면작이나 면직 모두 집약적으로 많은 노동력을 투입해야 했던 만큼 부농경영에선 임노동의 고용이 일반화되어 있었다. 이는 수령들의 지침서였던 《정요초政要抄》의 기민대책에서 기민들을 다른 이에게 고용시켜 베를 짜게 하고 임금을 받아 살아가도록 하는 방도를 제시하고 있는 데서도 살필 수 있다.[56] 임노동 사용이 일반화되면서 임금도 일정하게 형성된 것으로 보이는데, 19세기 예안 지방의 경우 여자가 하루 고용되어 베를 짤 경우 베 1척을 임금으로 주었다.[57]

면작지대의 부농의 또 다른 특징은 이들이 상품생산자였을 뿐만 아니라 상당수가 상인을 겸하고 있었다는 점이다. 이 시기의 상인자본은 생산자 수중의 맹아적 이윤을 잠식하고 이들을 자신의 지배 아래 두고자 노력하고 있어서, 부농경영의 성장을 위해서는 상인자본의 지배와 수탈에서 벗어날 것이 요구되었다. 상인자본의 수탈에서 벗어나려면 부농 자신이 직접 상인을 겸해야 했는데, 곡물과는 달리 면포는 어디를 가든 수요가 크고 운송이 용이해 그것이 가능하였다. 면작지대에서는 적지 않은 농민들이 면포행상을 겸했던 것으로 알려지고 있다.[58]

위의 검토에서 우리는 상품생산지대별로 농민층 분화가 다소 상

---

55) 月田藤三郎, 《韓國에 있어서 棉作調査》, 1905, 64~65쪽.
56) 梶村秀樹, 앞의 글.
57) 李彙濬(1806~1897, 예안 거주), 《復齊集》 卷5 三政策.
58) 申榮祐, 〈1894년 嶺南禮泉의 農民軍과 保守執綱所〉, 《東方學志》 44, 1984; 李宅進, 〈應旨進農務冊子五條〉, 《農書》 卷7, 아세아문화사, 269쪽. "種棉者多 全以行商殖貨爲事."

이한 형태를 띠면서 진행되고 있음을 알 수 있었다. 부농의 존재형태에서 이와 같은 상이함은 그 성장을 직접·간접으로 왜곡 저해하였던 봉건적 생산관계와의 관련에 특히 주목하게 만든다.

부농들의 경영 확대는 면작지대에서 면작과 면업 확대라는 두 방향으로 추진되었던 데 견주어, 미작중심지대에서는 주로 경작면적 확대, 즉 광작이라는 한 방향으로 추진되었다. 그리하여 같은 경영규모일 경우 경작면적은 미작지대가 더 넓기 마련이었다. 경작면적이 넓을수록 보다 더 많은 전세 수탈을 당해야 했다. 더욱이 이 시기에는 도결제都結制가 행해지면서 전세가 급속히 증가되고 있었다.59) 또한 당시 부농들의 경작면적 확대는 주로 차지借地 확대에 의존하고 있었다. 경작면적이 넓을수록 차지율도 높아지게 되고, 따라서 지대 수탈도 늘어나는 것이었다.

또한 조세목납제도의 확대와 관련해서도 미작중심지대의 부농들은 불리하였다. 이 지방의 경우 군포는 말할 것도 없고 대동세도 대부분 지역이 목납木納지대에 편성되어 있었다. 그러나 상주, 대구 등 일부 지역을 제외하면 미작중심지대의 대부분은 비면작지대였다. 그리하여 조세납부를 위해 생산물의 상당 부분을 궁박처분하지 않을 수 없었고, 그에 따른 부담은 면작지대에 견주어 거의 두 배 이상이나 되었다.60) 상인자본과의 관계에서도 미작중심지대의 부농은 불리하였는데, 면포와 달리 곡물은 부농 스스로가 원거리를 운송해 판

---

59) 19세기 초반 법정전세는 1결당 7냥 안팎이었다. 그러나 농민들로부터 징수하는 전세는 13냥을 웃돌았다. 李家淳(1768~1844, 예안 거주),《霞溪集》卷5 辭司諫院附陳民瘼五條疏. "一自官都結之後 結價更添 一年二年至爲十三兩之多."

60)《承政院日記》第1802册, 正祖 22年 12月 17日 寧海府使閔師宣疏. "上納軍布……民布之出自機杼者幾何 太牛以粟易之 今年棉農稍登而其直尙爲三兩零 合計情費駄價則殆近四兩 雖云一疋 便是二疋役矣.";《承政院日記》第1995册, 純祖 11年 3月 19日 慶尙道陳弊册子. "其一上納大同之木 遠地換貿其價倍蓰 以米換劃於下納."

매하는 것이 불가능했기 때문이다. 판매와 유통은 상인에 의존해야 했고, 이들에 의한 생산자의 이윤 잠식을 감수하지 않을 수 없었다.

지금까지 살펴보았듯이 우리는 경영규모가 동일할 경우 면작지대의 부농이 경영을 확대해 가는 데 보다 유리한 위치에 있었음을 알 수 있다.

3. 항조 · 항세투쟁의 발전과 봉건적 생산관계의 동요

1) 항조투쟁의 발전과 지주전호관계의 동요

18·19세기 이 지방 농민들의 토지소유상태는 '토지 1결을 가진 자가 천 명 가운데 한두 명도 안 될' 정도로 대부분이 영세소유이 거나, 아니면 토지를 소유하지 못했다.[61] 지주전호관계는 농촌사회 의 기본적인 대항관계였고, 따라서 이 관계와 상업적 농업의 발전은 밀접한 상호규정성을 지니지 않을 수 없었다. 이 관계는 상업적 농 업의 발전을 규정하였지만, 동시에 거꾸로 상업적 농업의 발전에 영 향을 받고 일정하게 변화했다. 그러면 상업적 농업의 발전은 이 관 계에 어떠한 변화를 가져왔을까?

상업적 농업의 발전으로 일어난 변화 가운데 우선 주목되는 것 은 항조투쟁抗租鬪爭이 양적, 질적으로 확대 발전하였다는 사실이다. 농민들은 상품생산을 발전시켜 가는 과정에서 지주계급의 가혹한 지대수탈과 이작移作행위가 농민경제 성장에 미치는 악영향을 뚜렷 이 인식하게 되었고, 당연한 결과로 항조투쟁이 발전하였다.

이 시기에 들어 항조투쟁은 우선 양적으로 급속히 확대되었다. 부분적·간헐적·우연적으로 행해졌던 종전과는 달리 항조투쟁은 일 반화되고 항상적인 것으로 발전하고 있었다. 항조는 다양한 방법으 로 진행되었는데, 그 가운데 가장 널리 이용되었던 것은 추수나 타 조 시 수확의 일부를 지주 몰래 빼돌리는 방법이었다.[62] 남부 지방

---

61) 鄭祜昆(19세기, 영천 거주), 《晚悟集》 卷12 擬軍還結三政應旨對. "今以臣所居之郡觀之 有田一結之民 千不能爲一."; 金容燮, 〈朝鮮後期에 있어서의 身分制動搖와 農地所有〉, 《史學研究》 15, 1963; 金容燮, 〈量案의 研究〉, 《史學研究》 16·17, 1963·1964.

에서는 수전에서 이모작을 했기 때문에 수확한 벼를 탈곡하지 않은 채 작인 농가에 보관했다가 겨울에 탈곡을 하였는데, 작인들은 그 틈을 이용해 자신의 소득을 최대한 늘려갔다. 이러한 항조는 물론 이전부터 있어온 것이지만, 지주계급이 이를 본격적으로 문제 삼기 시작한 것은 18세기 후반의 일이었다. 지주계급은 이를 구실로 전세를 작인에게 부담시키려 했고, 19세기에는 마침내 전세를 작인이 부담하는 관행이 일반화되었다. 그만큼 이 방법에 의한 항조가 확대되어 갔음을 반영하는 변화였다.[63]

한편 이 시기의 항조투쟁은 질적으로도 심화되고 있었다. 종전의 항조투쟁이 주로 지대 인하를 목표로 하고 있었던 데 견주어, 이 시기에는 더 나아가 소작조건의 변화, 즉 상업적 농업 발전에 유리하도록 소작조건을 변화시키려는 투쟁으로 발전하고 있었다. 이러한 변화는 정액지대제인 도조법과 영소작제도의 확대로 나타났다.

도조법을 확대시키려는 노력은 18세기 이래 특히 한전농업지대를 중심으로 활발히 이루어졌다. 도조법은 지대액 자체만을 놓고 보면 타조법에 견주어 크게 유리한 것이 아니었다. 전세를 작인이 부담해야 했으므로 총 수탈량은 타조법과 같은 수준이었으며, 흉년이 들 경우 지대 인하가 어려워 오히려 부담이 더 클 수 있었다. 그리하여 흉년에는 지대 인하 투쟁이 벌어지기도 하였다. 그러나 도조법에는 농업경영 측면에서 지주의 지배로부터 훨씬 더 자유롭고, 풍년이나 생산력 발전 또는 상업적 농업으로 작인의 수입이 증가해도 지

---

62) 金容燮, 〈司宮庄土의 佃戶經濟와 그 成長〉, 《亞細亞研究》 19, 1965; 金容燮, 〈18·19세기의 農業實情과 새로운 農業經營論〉, 《大同文化研究》 9, 1972; 都鎭淳, 〈19세기 宮庄土에서의 中畓主와 抗租−載寧餘勿坪庄土를 中心으로〉, 《韓國史論》 13, 1985.
63) 《牧民心書》 卷5 稅法下. "南方刈稻了 布之田間 風曬二日 納禾于佃家積爲高廩 及至深冬 佃家取男婦 竹管鐵駃夾而軋之 乃分其稼故 田主無以察奸……其種子稅米 北方皆田主出之 南方皆佃夫出之 所以然者 打稻之法旣殊 又其禾稈 北方主客均分 南方佃客全呑故 種稅如是也."

주가 지대를 인상할 수 없다는 장점이 있었다.[64] 말하자면 지주 간섭에서 벗어나 보다 자유롭게 농업을 경영하고 지대를 종전 수준에 고정시켜 둠으로써, 생산력 발전 및 상업적 농업의 성과를 지주에게 더 이상 수탈당하지 않고 농민이 확보하려고 한 노력이 도조법의 확대로 나타난 것이다.

한편 영소작제도를 확립하려는 노력은 18세기 후반부터 나타나기 시작하여 19세기에 들어서면서 본격화한다. 당시 농촌에는 이앙법 등 새로운 농업기술의 보급 및 상품생산의 발전으로 경영을 확대하려는 노력이 활발히 벌어졌고, 당연한 결과로 차지경쟁이 치열했다. 지주들은 이러한 변화를 이용해 지대를 인상해 가려 했고, 그것은 빈번한 이작移作행위로 나타났다. 지주들의 이작은 지대를 인상시켜 농민 수중의 맹아적 이윤을 잠식하는 동시에 다른 한편으로는 토지에 대한 투자를 불가능하게 해 생산력의 발전을 저해하였다. 따라서 상업적 농업을 발전시키려면 이작에 대한 대처가 절실하였던 바, 그 대처 가운데 가장 발전한 형태가 영소작제도, 즉 도지권賭地權의 확보였다. 도지권의 가장 두드러진 특징은 토지사용권을 작인이 사유화할 수 있다는 점이다. 곧 도지권은 특별한 경우를 제외하고는 작인이 무기한으로 영대 소작할 수 있는 권리였으며, 지주의 승낙 없이 제3자에게 매매·양도·전당·상속할 수 있었다. 따라서 도지권이 확립된 토지에 대해서는 지주가 이작권을 행사할 수 없었다.

영소작제도를 확립하려는 투쟁은 종전까지 무상으로 강제되었던 지주계급의 작인 사역에 저항해 그 대가를 요구하는 방식으로 진행되었다. 무상사역 가운데 가장 노동력 지출이 많았던 것이 개간사업이었고, 영소작권은 주로 이 개간에 대한 보상으로 요구되었다.[65]

---

64) 宋贊植, 앞의 글; 李榮昊, 〈18·19세기 地代形態의 변화와 農業經營의 變動-宮庄土·屯土를 중심으로-〉,《韓國史論》11, 1984.

지방 하천이나 강 연변의 농지는 적은 강우에도 쉽게 수해를 입었던 까닭에 홍수 때마다 대규모로 개간사업을 해야만 했다. 가령 병진년 (1856) 홍수 때 낙동강에 인접해 있던 용궁현에서는 경지의 약 절반 정도가 황폐화될 정도였다.66) 이런 사정으로 말미암아 영소작제도 를 확립하려는 노력은 강이나 하천 연변의 수전지대에서 더 활발히 벌어졌다.

상업적 농업의 발전이 계기가 되어 일어난 항조투쟁에서 이와 같은 변화는 그것이 농업경영에서 지주 지배로부터 독립, 토지소유 권에서 사용권의 분리, 지대액 고정 및 인하를 추구한 것이었기 때 문에 지주계급의 봉건적 토지소유에 심각한 위협과 타격을 가하는 것이었다. 이러한 위협과 타격은 당시 진행되고 있던 신분제의 동요 로 한층 강화되어 갔다. 중세사회에서 신분제는 봉건적 토지소유의 실현을 매개하는 강력한 경제외적 강제였다. 그러나 이 시기에는 구 래의 양반이 몰락해 사회적·경제적으로 평민과 다를 바 없게 되고, 평·천민 가운데서 재력을 이용해 양반이 되는 등 신분제 동요가 광 범히 진행되었으며, 이러한 변화는 항조에 대한 대응에 적지 않은 어려움을 발생시켰다.67)

한편 항조투쟁에 대한 지주계급의 대응도 다양하게 전개되었다. 지주들은 작인 선정에 신중을 기했고, 중간관리인을 두는 등 관리를 강화했으며, 지대 인상을 위해 집요하게 노력했고, 심지에 지대나 지세의 선납을 요구하기까지 하였다.68) 한편 농민층 분화 및 조세편

---

65) 허종호, 《조선봉건말기의 소작제연구》, 1965; 申鏞厦, 〈李朝末期의 賭地權과 日帝下 의 永小作의 관계—小作農賭地權의 所有權으로의 성장과 몰락에 대하여—〉, 《經濟論 集》 6-1, 1967.

66) 李喬榮, 《龍宮縣三政策》.

67) 金容燮, 〈朝鮮後期에 있어서의 身分制動搖와 農地所有〉, 《史學研究》 15, 1963; 四方 博, 〈李朝人口에 관한 身分階級別的觀察〉, 《朝鮮經濟의 研究 3》, 1938.

중으로 유망하게 된 농민들을 '협호夾戶'로 받아들여 피역하게 하는
대신에 이들을 전호로 부려 열악한 소작조건을 강요하고 수취를 강
화하기도 했고, 일부에서는 이들을 노복과 같이 부려 직영지경영을
확대하기도 하였다.[69] 이러한 협호는 18세기 말 19세기 초 성주, 봉
화 등지에서 상당수 존재했던 것으로 보고되고 있다.[70] 항조투쟁에
맞서 지주경영을 유지 발전시켜 가려는 지주계급의 노력은 유통경
제의 발달에 자극을 받아 더욱 강화되어 갔다.

그러나 이러한 대처가 상업적 농업의 발전으로 한층 발전하고
완강해진 항조투쟁을 감당하기에 역부족이었음은 19세기에 진행된
소작조건의 변화를 통해 살필 수 있다. 19세기 소작조건에 일어난
변화로 우선 주목되는 것은 도조법 실시의 확대였다. 임술농민항쟁
당시 선무사로 파견되어 주로 경상도 지방을 시찰하였던 이참현은
삼남 지방 결세의 태반을 작인이 납부한다고 보고하였다.[71] 한말에
조사된 소작관행을 참고했을 때, 작인이 전세를 부담하면 거의 예외
없이 도조법이었으므로, 이참현의 보고는 이 지역에서 도조법이 급
속히 확대되었음을 짐작케 한다.

도조법의 실시가 상업적 농업의 성과를 전호농민 수중에 확보할
수 있도록 하였음은 한말에 조사된 안동, 개령 등지의 소작관행에서
확인된다. 당시 경상북도와 대구 재무감독국이 조사한 소작관행에는
도조법에 도조액이 아니라 지대율이 기록되어 있다. 이 지대율을 비
교 검토하면, 콩, 보리 등이 재배되는 한전 일반의 경우 지대는 수확

---

68) 《牧民心書》 卷5 稅法下.
69) 李世永, 〈18·19세기 兩班土豪의 地主經營〉, 《韓國文化》 6, 1985.
70) 李震相, 《寒州集》 卷4 應旨對三政策. "托亦於豪右之家 日墓直日廊屬 受庇護免於閑丁."
　　《承政院日記》 第1800冊, 正祖 22年 11月 8日 奉化縣監蔡弘直疏. "大邑而言之 則土豪遊
　　民容隱城藪 百家之村簽丁者不過十人 十戶之里收布只是一二名."
71) 《壬戌錄》, 〈鐘山集抄〉, 267쪽.

의 10분의 4에서 10분의 5 정도였으며, 대마(안동)나 면화(개령) 등이 재배될 경우는 각각 수확의 3분의 1, 4분의 1이었다.[72] 면화 재배의 경우 곡물보다 수입이 두 배 정도 컸다는 사실을 감안하면, 도조법에서는 재배하는 작물의 종류에 상관없이 지대의 절대액이 정해져 있었다고 할 수 있다. 따라서 도조법에서는 수익성이 큰 작물을 재배할수록 작인의 수입이 늘어났다. 말하자면 도조법은 작인이 아무리 수익성이 높은 상품작물을 재배하더라도 일반 곡물 재배를 기준으로 결정된 도조액 이상을 수취하지 못하도록 제한하여 상업적 농업의 성과를 작인 수중에 확보할 수 있게 한 지대수취법이었다. 도조법은 상업적 농업을 할 경우 높은 수익을 올릴 수 있었던 한전지대에서 특히 발달하였다. 경상북도에서 군별 소작조건이 최초로 조사된 것은 1912년이었다. 식민지화 과정에서 일어난 지대법의 변동 방향이 도조법에서 타조법으로의 환원이었다는 점을 고려하면, 1912년 당시 도조법이 존재하였던 지역은 그 이전에 도조법의 발전이 더욱 두드러졌던 지역이라 할 수 있다. 이 조사에 따르면 수전지대보다는 한전지대에서, 한전지대에서도 면작중심의 상업적 농업이 발전한 지역[상업적 농업지대 2-(가)]일수록 수전, 한전 모두에서 도조법의 발달이 두드러졌다.[73]

---

72) ① 慶尙北道, 《勸業統計書》, 小作料割合調査表, 1913, 9~11쪽.

지역	징수 방법	소작료 비율	비고
개령	면화도棉花賭	수확의 25/100	이 군은 면화산지로, 면작지에서만 시행함
	도조賭租	수확의 63/100	일부분에서 행함

② 度支部 司稅局調査, 〈小作慣例調査(5)〉, 《韓國中央農會報》 3-12, 1909, 26쪽. "대구 재무감독국 관내에서는 타조법에 의한 소작료는 수확을 반분하는 것을 원칙으로 하지만, 경상북도 안동 지방의 마전麻田은 수확의 3분의 1을 지주에게 납부하는 것이 관례이다. 이는 마麻의 경작에 노동이 많이 투입되기 때문이며, 여타 이와 같이 노역을 다대多大히 필요로 하는 경우는 본례本例와 같이 함."

73) 慶尙北道, 《勸業統計書》, 小作料割合調査表, 1912, 9~11쪽.

19세기 소작조건상의 변화 가운데서 주목되는 또 다른 하나는 도지권이 성립되고 확대되어 간 것이다. 1918년에 조사된 바에 따르면, 달성·경산·의성·상주·문경·성주·선산·고령 등지에서 지주의 승낙 없이 소작권을 매매, 교환, 양도할 수 있는 특수소작관행이 존재하였으며,[74] 1920년대 말까지도 영천·김천·경주 등지에 영소작관행이 남아있었다는 보고도 있다.[75] 이들 지역에서 영소작권이 성립된 시기는 19세기 초 중엽이었고, 성립 원인은 개간이나 관개수리 공사에 대한 노동력 제공이나 자금투하, 지주와 인척관계, 친교 등이었다. 영소작권이 존재했던 지역을 개관해 보면, 달성·경산·영천·경주 등 대구평야·경주평야지대, 고령·성주·선산·김천·상주 등 낙동강 연변의 농업지대, 그리고 의성·문경 등의 한전지대로 나누어진다. 미작중심(상업적 농업지대 1) 및 면미혼합형의 상업적 농업지대(상업적 농업지대 3)가 대부분을 차지하고 있고, 한전보다 수전에서 더 발달하고 있다. 이러한 특징은 영소작권이 생산력을 높일 수 있도록 토지에 투자하는 것을 가능하게 하였고, 토지에 대한 투자는 연작이 어려운 면작에서보다 미작에서 더 효율적이었다는 사실을 반영하는 것이었다.

요컨대 상업적 농업의 발전은 봉건지주계급에 대한 항조투쟁을 일반화하고 한층 심화시킨 계기가 되었으며, 항조투쟁의 발전으로 봉건적 토지소유가 해체되어 가는 과정은 도조법의 발전과 영소작제의 확립이라는 소작조건상의 변화로 나타나고 있었다. 이러한 변화를 주도해 갔던 농민층은 농민적 상품생산의 담당층들이었고, 그 가운데서 특히 선도적인 역할을 담당했던 층이 부농층이었다.

---

74) 朝鮮總督府中樞院, 《特種小作 其他에 關한 件》, 1919.
75) 朝鮮總督府, 《朝鮮의 小作慣行》上, 1932, 803~804쪽.

2) 항세투쟁의 발전과 수취 체제의 동요

상업적 농업의 발달과 농민층 분화, 그리고 유통경제의 발달은 국가의 농민 지배에도 중대한 변화를 초래하였다. 농민이 국가에 납부하는 부세는 19세기가 되면 이른바 '삼정문란'으로 말미암아 '1년 동안 힘들여 농사를 짓지만 가을이 되면 소출의 대부분을 관부에 갖다 바치지 않을' 수 없을 정도로 농가경제에 큰 부담이 되고 있었고,[76] 이에 따라 부세제도의 개혁이 당시 가장 심각한 농업·농촌문제로 부상하였다.[77] 상업적 농업의 발달과 그에 따른 농민층 분화는 '삼정문란'을 심화시키는 원인으로 작용하였다.

상업적 농업의 발전에 수반해 일어난 가장 두드러진 변화는 부세를 모면하려는 농민들의 개별적인 피역행위가 급속히 증가하였다는 사실이다. 상품생산을 발전시켜가는 과정에서 농업경영의 수지타산에 대한 인식이 형성되기 시작하였고, 이에 따라 부담이 컸던 부세를 모면하려는 노력이 활발히 일어났다. 개별 항세투쟁은 부세의 특성에 따라 그 방법을 달리하였다.[78]

---

76) 李大奎,《農圃問答》卷2.
77) 金容燮,〈哲宗 壬戌改革에서의 應旨三政疏와 그 農業論〉,《韓國史研究》10, 1974; 金容燮,〈朝鮮後期의 賦稅制度釐整政策〉,《韓國近代農業史研究-農業改革·農業政策-》증보판 상, 1984.
78) 경상북도의 삼정문제에 대해서는 다음 자료들이 이용되었다. 앞으로 인용할 때는 다음의 일련번호로 자료를 표기한다(예: 三政 7).
  1.《承政院日記》第1789册, 正祖 22年 10月 9日 靑松府使俞漢謨疏.
  2.《承政院日記》第1789册, 正祖 22年 10月 11日 慶州府尹吳鼎源疏.
  3.《承政院日記》第1789册, 正祖 22年 10月 13日 延日縣監鄭晩錫疏.
  4.《承政院日記》第1789册, 正祖 22年 10月 15日 順興府使姜忱疏.
  5.《承政院日記》第1800册, 正祖 22年 11月 4日 玄風縣監張錫胤疏.
  6.《承政院日記》第1800册, 正祖 22年 11月 8日 奉化縣監蔡弘直疏.
  7.《承政院日記》第1802册, 正祖 22年 12月 17日 寧海府使閔師宣疏.
  8.《承政院日記》第1802册, 正祖 22年 12月 17日 軍威縣監具得魯疏.

우선 군역의 경우 ① '모칭유학冒稱幼學', 즉 양반으로 신분을 상
승시키는 방법(대부분의 군현, 그 가운데서도 두드러졌던 지방은 성주, 영천,
영주, 김산),[79] ② 향교나 서원의 교원생이 되는 방법(청도·예안·영해·
영주·봉화·성주·상주 등지, 특히 상주 지방이 현저),[80] ③ 군관 사령 향리
가 되는 방법(현풍·순흥·대구),[81] ④ 이노吏奴, 역노驛奴, 상영아병上營
牙兵, 교원시노校院寺奴, 장포악보匠布樂保 등 각급 관청의 사모속이
되는 방법(대부분의 군현, 특히 현저했던 지방은 안동·예안·하양·함창·장기)

----

9. 《承政院日記》第1802册, 正祖 22年 12月 20日 安東府使朴宗來疏.
10. 《承政院日記》第1802册, 正祖 22年 12月 29日 清道郡守金履喬疏.
11. 《承政院日記》第1802册, 正祖 22年 12月 16日 大邱幼學柳東範疏.
12. 《承政院日記》第1518册, 正祖 6年 10月 7日 豊基郡守李漢一疏.
13. 《承政院日記》第1739册, 正祖 18年 12月 26日 高靈縣監林濟遠疏.
14. 《備邊司謄錄》第186册, 正祖 21年 11月 5日 仁同府使崔獻重上疏.
15. 《正祖實錄》卷34, 正祖 16年 4月 壬子 榮川郡守李勉兢上疏.
16. 《備邊司謄錄》第181册, 正祖 17年 6月 14日 慶尙道暗行御史李相璜別單.
17. 《備邊司謄錄》第193册, 純祖 2年 6月 23日 慶尙右道暗行御史鄭晩錫別單.
18. 《備邊司謄錄》第210册, 純祖 22年 11月 4日 慶尙左道暗行御史金鼎均別單.
19. 李家淳(1768~1844, 예안 거주), 《霞溪集》卷5, 辭司諫院附陳民瘼五條疏 戊戌.
20. 李彙濬(1806~1867, 예안 거주), 《復齋集》卷5 三政策 壬戌.
21. 李種祥(1799~1870), 《定軒先生文集》卷2 對三政策, 卷14 曉諭開寧民人文 曉諭開寧
    獄因等文.
22. 孫永老(1820~1891, 청하군수), 《木西集》卷3 三政策 宰淸河時.
23. 鄭祜昆(19세기, 영천 거주), 《晩悟集》卷12 擬軍還結三政應旨對.
24. 權周郁(1825~1901, 영천 거주), 《逋庵集》卷4 對三政策.
25. 鄭喬(1739~1819, 성주 거주), 《進菴文集》卷2 對三政策.
26. 李源祚(1792~1871, 성주 거주), 《凝窩集》卷5 三政詢瘼後陳所懷疏, 應旨疏.
27. 李震相(1818~1886, 성주 거주), 《寒州先生文集》卷4 應旨三政策.
28. 《承政院日記》第1995册, 純祖 11年 3月 19日 慶尙道陳弊册子.
29. 鄭志儉(1718~1801, 영천 거주), 《文巖集》卷2 漆室空談.
30. 李喬榮, 《龍宮縣三政策》.
31. 李敦榮, 《慶尙道三政啓》.
79) 三政 15, 23, 25, 27, 28.
80) 三政 7, 6, 10, 15, 16, 19, 25, 27.
81) 三政 4, 5, 11.

과 계방촌이 되는 방법(예천·인동·예안),[82] ⑤ 권세가의 묘직墓直이나 낭속廊屬 등 사천私賤이 되는 방법(현풍·성주·영주·봉화·순흥·대구)[83] 등 매우 다양하게 이루어지고 있었다. 그러나 이 방법들 가운데 가장 널리 이용되었던 것은 피역이 보다 확실하고 그 효과가 후손에게도 이어질 수 있는 ①의 방법이었다. 당시의 사정을 성주 진사 이진상은 다음과 같이 전하고 있다.

> (10년 전 군안에 올라 있던 자 가운데) 뇌물을 바치고 유학幼學을 모칭해 피역한 자가 10에 7, 8이고, 모청이나 모원에 이름을 올려 피역한 것이 그 다음으로 많으며, 권세가權勢家의 묘지기(墓直)나 낭속廊屬 등으로 피역한 것이 그 다음이다.[84]

전세의 경우는 ① 표재시 서리와 결탁해 잡탈전雜頉田, 즉 진전에 편입되는 방법(용궁·성주),[85] ② 아전들의 수입원이었던 잉결剩結 또는 여결餘結에 편입되는 방법(예안),[86] ③ 계방촌이나 개별 아전의 양호養戶가 되는 방법(인동·예천),[87] ④ 궁장토나 둔토에 투탁하는 방법(고령) 등이 이용되고 있었다.[88]

18세기 후반 부세 가운데 가장 부담이 컸던 것은 환곡이었다. 환곡은 군문과 여타 각 아문의 주요 재정원이었다. 경상도의 환총은 130여만 석에 달했고, 분급률도 19세기에 들면서 90퍼센트 이상으로 높아져 농가 1호당 분급액이 30석을 상회하는 군현이 많았다.[89] 이

---

82) 三政 9, 18, 19, 28.
83) 三政 4, 5, 6, 11, 15, 27.
84) 三政 27.
85) 三政 27, 30.
86) 三政 13, 19.
87) 三政 11.
88) 三政 13.

로 말미암아 환곡은 농가를 파산시키고 유망하게 만드는 주된 원인으로 지탄받고 있었다. 환곡을 모면하는 방법으로는 ① 뇌물을 바쳐 서리와 결탁하거나,[90] ② 결환結還이 행해질 경우 학위전學位田, 역위전驛位田, 아록공수전衙祿公需田의 인리복호人吏復戶 등 각종 면세결에 편입되거나,[91] ③ 여결餘結에 편입 또는 양호養戶가 되거나,[92] ④ 군민軍民이나 역속驛屬이 되는 방법(청송)[93] 등 여러 가지가 있었다.

개별 항세투쟁은 이처럼 부세별로 그 방법이 다양했으나, 공통되는 점은 거의가 상당한 경제력을 필요로 한다는 것이었다. 앞서 열거한 피역 방법은 대부분 상당한 뇌물을 필요로 하였다. 이 뇌물을 마련할 수 있었던 계층은 삼정문란과 관련된 기록에서 공통적으로 등장하는 '요족饒足', '초유산업稍有産業', '요민饒民', '호부豪富' 등으로 지칭된 상층농민, 즉 요호부농饒戶富農들이었다. 대표적인 예를 들면 다음과 같다.

경상우도 암행어사 이서구가 보고하기를……무릇 군역을 부담할 양인 장정이 줄어드는 것은 요족饒足한 향민이 관속들과 결탁해 향교나 서원의 교·원생이 되기 때문입니다.[94]

연일현감 정만석이 상소하기를……살림살이가 나은 자(稍有産業)들은 백방으로 길을 찾아 뇌물을 바치고 유학幼學을 모칭하며 면제되고……품팔이나 거지, 쇠약한 홀아비들만이 힘든 역을 지고 있습니다.[95]

89) 오일주, 〈朝鮮後期國家財政과 還穀의 賦稅的 機能의 强化〉, 연세대 석사논문, 1984.
90) 三政 20.
91) 三政 13.
92) 三政 11, 13.
93) 三政 1.
94) 《備邊司謄錄》第170册, 正祖 11年 5月 8日. "慶南右道 暗行御史李書久別單……大抵良丁之耗縮 盖由於鄕民之饒足濫點者 輒皆締結官屬 投入校院廷云云."

경자년 양전 이후로 오랜 세월이 흘러……토지의 비척이 명확하게 파악되지 않는 까닭에 수해를 입어 마땅히 면제를 받아야 하는 빈민들의 포락지炮烙地에서는 원성을 사가며 세금을 거두고, 농사가 잘 되어 전세를 거두는 것이 마땅한 부자(饒民)들의 비옥한 땅은 도리어 면세가 되고 있다.96)

환곡을 받는 것 또한 뇌물을 바치고 군포를 면제받는 것과 다르지 않아 부호富戶는 면제되고 빈호貧戶만 편중되게 부담을 진다.97)

대구유학 유동범이 상소하기를……환곡이 운용되는 실태를 보면……지금 토호나 부자들(豪富之黨)은 한 톨의 환곡도 받지 않는 반면 가난한 사람들만 그 부담을 전부 짊어지는 형세다.98)

요호부농층의 피역은 결국 농민층 분화과정에서 몰락해 가고 있던 소농민층에게 부세 부담을 가중시키는 모순을 가져왔다. 당시 부세 수취는 군현, 면리 단위로 정해진 세액을 담세자가 공동으로 연대책임을 지는 총액제摠額制로 운영되었고, 따라서 피역으로 결손액이 발생하면 이는 나머지 담세자의 공동부담이 되었다. 물론 요호부농층이 피역할 경우 소빈농층은 자신들이 떠맡게 될 그들의 몫에 대해 경제적 보상을 요구하여 어느 정도 피해를 줄일 수는 있었다. 그렇더라도 요호부농층에게 피역의 대가를 전부 보상케 하는 것은 불가능하였고, 따라서 요호부농층의 피역이 늘어날수록 이들의 성장으

---

95) 三政 3. "廷日縣監費晩錫疏日……稍有産業 百計行路 或稱幼學……所疤惟是庸亏殘獨者流"
96) 三政 30. "一自庚子改量以後 年久月深……而虛實不分 浦落之宜蒙頉者 反有貧民之寃徵 泥生而宜收稅者 反有饒民之幸免."
97) 三政 20. "民之受遷者 亦如軍布之賂免無異 富戶則得漏 貧戶則偏苦."
98) 三政 11. "大邱幼學 柳東範疏日……糶糴之法……而今則豪富之黨 無一受糴 則竂人之偏受其糴勢也."

로 말미암아 몰락해 가던 소빈농층의 부세 부담은 더욱 커졌다.

이러한 모순은 소빈농층의 몰락을 촉진하여 늘어나는 부세를 감당할 수 없었던 최하층이 유망하는 사태를 불러왔다. 소빈농층의 유망은 요호부농층의 피역보다 더욱 심각하게 나머지 소빈농층의 부세 부담을 가중시켰다. 이들은 대부분 야반도주하는 방식으로 유망하기 때문에 그들이 지고 있던 부세액은 고스란히 나머지 농민들의 몫으로 가중되었다. 이런 악순환은 규모의 차이는 있으나 거의 모든 군현에서 일어나고 있었다. 가령 풍기군수는 "5년 이래로 백성들이 생업을 이어가지 못하고 사방으로 유리하는 자가 10에 4, 5나 되는데, 이는 침징侵徵, 인징隣徵을 감당하지 못하기 때문"[99]이라 했고, 현풍현감도 "군안의 허액虛額 300명 가운데 유망자가 70여 명"[100]이라 했으며, 예안에서는 "유망으로 용고傭雇조차 구하기 어려울 지경"이 되었다.[101]

사태가 이렇게 악화되자 부세 수취에 대한 불만과 저항이 소농민층 가운데 만연하였다. 이들은 환곡을 자신들을 위한 '사세지량嗣歲之糧'이 아니라 관가의 '식리지자殖利之資'나 이예吏隷의 '투롱지용偸弄之冗'으로 인식하였고,[102] 조세수탈에 저항하는 난리가 일어나기를 바라고 이와 관련한 유언비어를 급속히 확산시키기도 하였다.[103] 풍년이 들어도 갖은 핑계를 만들어 조세를 거납拒納했고, 상태가 좋지

---

99) 三政 12.
100) 三政 5.
101) 三政 19.
102) 三政 7.
103) 李源祚(1792~1871, 성주 거주), 《凝窩集》 卷5 請減本州下納米疏 癸亥. "今之民異於古之民 因於積瘼傷其本心 只知有利害 不知公稅之重王法之嚴 惟渠所欲取必於上 風習一變 騷讒四起 朝家措處若或少失其公平均一之政 則捂捂不服聒聒無忌."
   《牧民心書》 卷8 兵典 應變. "近年以來 賦役煩重官吏肆虐 民不緣生擧皆思亂 妖言妄舌東唱西和 照法誅之民無一生."

않은 부실한 곡물로 납부하거나[104] 흉년이 들면 아예 납부를 거부
하였으며, 수납을 강행할 경우 집단항쟁으로 이를 저지하기도 하였
다. 가령 정조 22년에 현풍현감은 흉년으로 환곡을 강제수납하면 난
리가 일어날 것이기 때문에 수납이 불가능함을 상소하였고,[105] 정조
18년 고령에서는 수천 군민이 창고를 파괴하고 환곡문부를 불태우
는 집단항쟁이 발생하였다.[106] 당시 고령에서는 부농의 피역이 심각
한 사회문제였다. 이러한 대립은 광작형태로 부농이 성장하였던 미
곡중심지대에서 더욱 첨예하였다.

이러한 사태는 국가적으로는 심각한 재정위기를 초래하였다. 국
가의 재정위기는 잡탈전雜頃田의 증가, 실군역호의 감소와 누역漏役
의 증가, 환곡에서 허곡虛穀의 증가 등으로 나타났다. 군현별로 차이
는 있으나 실군역호는 급속히 감소하고 있으며, 환곡의 허유곡이
1776년 7.7퍼센트에 불과했으나 1862년에는 무려 58.2퍼센트까지 증
가하였다.[107] 이러한 재정위기와 관련해 특히 주목되는 것은 당시
재정이 신분제적 지배 체제를 유지하는 치안력과 직결된다는 사실
이었다. 재정위기는 특히 소농민층의 저항을 직접 상대해야 하는 지
방군현의 치안력을 현저히 약화시켰다. 실제 19세기 중엽 지방군현
의 치안력은 가히 오합지졸과 다를 바 없는 농민군의 공격도 감당하
지 못했고, 심지어 수개월 동안 관아를 점령당할 정도로 형해화되어
갔다.[108] 1862년의 임술농민항쟁은 이런 상황에서 발생하였다.

경상북도에서 임술농민항쟁이 발생하였던 군현은 상주·비안·선
산·개령·인동·성주·현풍 등이었다. 이들 군현은 모두 교통이 편리한

---

104) 三政 7.
105) 三政 5.
106) 三政 13.
107) 오일주, 앞의 글.
108) 三政 9, 23.

낙동강 연변에 위치해 있어 유통경제가 발전할 수 있었고, 따라서 상업적 농업의 발달이 현저했던 지역들이었다. 상업적 농업이 발달이 현저할수록 농민층 분화도 확대되었고, 따라서 요호부농층의 피역도 증가해 부세 수취를 둘러싼 모순과 갈등이 다른 지역에 견주어 훨씬 심각하였다. 또한 이런 지역일수록 유통경제 발달에 자극을 받아 지배층의 불법 수탈도 확대되었다. 그렇게 응축된 모순들이 한꺼번에 폭발한 것이 임술농민항쟁이었다.

농민항쟁은 대체로 소빈농층이 주축이 되어 지방관아와 향리층, 그리고 향권을 장악하고 있던 양반 토호가를 공격하면서 자신들의 요구를 관철하는 방식으로 전개되었다. 항쟁에서 제시된 농민들의 요구는 크게 두 가지로 요약될 수 있었다. 한 가지는 누역疊役, 인징隣徵, 족징族徵 등을 개선하라는 것으로 전정田政에서는 결가結價 인하를, 군정軍政에서는 도망호의 군액 감면을, 환곡에서는 허유곡虛留穀이나 이포곡吏逋穀 탕감을 요구하였다. 이는 곧 세총稅摠의 감하를 요구한 것이었다. 다른 한 가지는 신분제적인 부세수탈을 개혁할 것, 달리 말해 동포제洞布制의 실시를 요구하였다.[109]

임술농민항쟁은 경상·충청·전라도를 중심으로 경기·황해도, 멀리는 함경도까지 파급되면서 무려 72개 군현에서 발생하였고, 1년여 동안 계속되었다. 개별 항세투쟁, 삼정문란, 농민항쟁으로 발전하면서 고조되어 온 체제 위기는 여기에 이르러 국가의 존립을 위협하는 단계에 이르렀던 것이고, 그리하여 항쟁에서 제시되었던 농민들의 요구는 어떠한 형태로든 수용하지 않을 수 없었다. 중앙정부는 서둘러 삼정이정청三政釐整廳을 설치하고 삼정문란을 개혁하기 위한 다양한 제안들을 검토하였다. 이러한 과정을 거쳐 비록 미봉적 해결책이

---

109) 金容燮, 앞의 글(1974); 金容燮, 앞의 글(1984).

지만 결가結價인하 요구를 수용하였고,110) 환곡의 허유곡을 탕감하는 조치를 내리기도 하였다. 가령 영남의 환곡총액은 임술항쟁 당시 1,175,969석이었는데, 이 가운데 허유곡 296,377석을 탕감하고 환총을 722,283석으로 낮추는 조치가 취해졌다.111)

철종의 뒤를 이어 등장한 대원군 정권의 가장 큰 과제는 부세제도를 전면적으로 개혁하여 체제위기를 수습하는 것이었다. 대원군 정권의 개혁 가운데서 단연 주목되는 것은 호포법戶布法의 실시였다. 호포법은 항쟁 당시 농민들이 요구하였던 동포법을 한층 발전시킨 것이었다. 그런 만큼 양반층이나 말단지배층에게도 군역을 부과함으로써 군정의 폐단을 해소하려 했던 농민들의 요구는 호포법에 상당 정도 반영될 수 있었다. 실제 영주, 상주, 문경 지방에서 시행된 호포법을 살피면, 신분에 따라 부과액에 다소 차이는 있으나 양반에게도 호포가 부과되었다. 호포법의 실시는 국가의 농민지배방식의 명백한 전환을 나타내는 것이고, 그 전환의 방향은 완고하게 지켜왔던 신분제적 지배의 후퇴였다. 이러한 흐름은 이후 계속될 수밖에 없었고, 이러한 사정은 전정田政이나 환곡에서도 마찬가지였다.112)

요컨대 임술농민항쟁을 획기로 이후 부세수취에서 국가의 농민지배는 신분제적 지배질서에서 벗어나는 방향으로 나아가게 된다. 이러한 변화는 기본적으로 상업적 농업의 발전과 그것이 계기가 되어 일어난 농민층 분화와 항세투쟁에서 비롯되는 것이었다. 이러한 변화는 농민들의 경제적 부담을 경감시켰을 뿐만 아니라 이들의 사회의식과 정치의식을 발전시키는 계기로 작용하였다.

---

110) 결가 인하의 실태를 보면, 성주는 30냥에서 8냥으로, 선산은 15냥에서 8냥으로, 상주는 15냥에서 8냥으로 인하되었다(三政 27, 20,《壬戌錄》참조).
111) 오일주, 앞의 글.
112) 金容燮, 앞의 글(1984).

제2장

개항 후 상업적 농업의 발전과
지주·부농경영의 성장

1. 개항 후 상업적 농업의 발전양상

임술항쟁 이후 중세적인 지배 체제가 본격적인 해체과정에 접어 드는 가운데, 개항이 이루어짐으로써 상업적 농업은 더욱 발전하게 되었다. 개항 이후 상업적 농업을 발전시킨 주요 계기는 크게 네 가 지로 나누어 볼 수 있다.

첫째, 임술항쟁을 계기로 이후 급속히 발전해간 반봉건투쟁이 봉 건지배계급의 수탈을 일정하게 제한할 수 있었던 점이다. 광범한 신 분상승으로 동요하고 있던 신분제는 임술항쟁과 그 수습과정에서 단행된 서원 철폐 및 무단토호의 징치, 그리고 호포법 실시를 비롯 한 부세제도의 개혁 등을 계기로 해체되어 갔다. 항쟁 이후 농민들 은 '조정의 조처가 조금이라도 공평 균일성을 잃으면 주저 없이 소 란을 피우고 공공연히 불복'하였고,[1] 동학 또한 봉건국가와 재지사 족들의 거듭된 수색과 탄압에도 그 교세를 급속히 확대하고 있었다.

신분제의 동요는 봉건적 부세 체제의 개혁을 불가피하게 하였다. 항쟁 이후 신분제의 붕괴가 더욱 가속화되어 가는 조건에서 신분제 적 부세수취 체제를 고수한다는 것은 소빈농층의 폭동과 농촌사회 의 해체를, 나아가 몰락해 가는 봉건국가의 잔명을 재촉할 뿐이었다. 부세제도는 대원군 정권에 의해 봉건국가 존립의 근거가 되는 부세 의 총액을 최대한 유지하면서, 신분제적 부세수탈제도의 모순을 개 선 내지 개혁하는 방향으로 정비되고 있었다. 보다 구체적으로 말하 면, 전정에서는 균세를 달성하기 위한 양전量田사업이, 군정에서는

---

1) 李源祚(1792~1871, 성주 거주),《凝窩集》卷5 請減本州下納米疏 癸亥. "今之民異於古 之民 困於積瘼傷其本心 只知有利害 不知公稅之重王法之嚴 惟渠所欲取必於上 風習一變騷 讀四起 朝家措處若或少失其公平均一之政 則捂捂不服聒聒無忌."

양반과 노비층까지 군역세를 부과해 상민의 군역 편중을 시정하려
는 호포법戶布法으로의 전환이, 환정에서는 취모보용取耗補用하는 환
곡량의 감소와 진대 위주의 사창제社倉制 신설 등이 추진되었다. 이
러한 개혁의 기본 방향은 신분제적 부세수취원칙을 약화시키고, 균
부균세를 실현하고자 부세를 전세화田稅化하는 것이었다. 이후의 부
세제도 개혁은 이를 더욱 확대 발전시키는 방향으로 추진되었고, 갑
오개혁과 광무개혁의 부세 근대화 방안도 기본적으로는 이러한 부
세 개혁의 연장상에 놓여 있었다.[2]

임술항쟁 이후 이와 같은 부세제도의 개혁은 소빈농층에게 부세
수탈을 과도하게 편중시켰던 부세수취제도의 구조적 모순을 일정하
게 완화하였고, 또한 부농경영이 안정적으로 성장할 수 있는 사회경
제적 조건을 조성하였다. 앞서 언급하였듯이 임술항쟁기의 상황은
소빈농층의 부세 편중과 그로 말미암은 유망 및 항세투쟁의 격화가
마침내 봉건권력으로 하여금 그 결손세액을 부농에 대한 수탈로 보
충하지 않을 수 없게끔 몰아가고 있었다. 요호부농층의 성장은 그로
말미암아 적지 않은 곤란을 겪었는데, 이제 이와 같은 부세 개혁으
로 다소 전세부담이 증가되긴 했으나 그와 같은 곤경에서는 벗어날
수 있게 되었다.

실제 부세수탈이 농민경제에 미친 영향은 어느 정도였을까? 도
결화都結化로 그 부담이 가장 무거워졌던 전세의 경우를 보자. 마쓰
다松田行藏가 조사한 바에 따르면, 1887년 경상도 지역의 논밭별 공
조부담은 〈표 2-1〉과 같았다. 수도작을 기준으로 계산하면 단보당
수확은 3~4석이었고, 이것을 수출가로 계산하면 5~7관(5천 문文~7천
문) 정도였다. 단보당 부담하는 부세액은 지역에 따라 다소 편차가

---

2) 金容燮, 〈朝鮮後期의 賦稅制度釐整政策〉, 《韓國近代農業史研究─農業改革·農業政策》 증보
   판 상, 1984.

표 2-1. 단보당 총생산액에 대한 공조貢租의 비율[3]

郡	논			밭		
	생산가액(文)	공조(文)	공조/생산가(%)	생산가액(文)	공조(文)	공조/생산가(%)
자 인	5,400	330	6.1	3,300	330	10.0
하 양	7,020	450	6.4	3,200		
신 녕	10,620	550	5.2	3,400		
의 성	4,950	260	4.6	2,560		
안 동	4,224	825	19.5	5,090	500	9.8
예 안	6,000	230	3.8	2,860		
풍 기	4,620	300	6.5	2,520		
영 주	8,820			2,880	200	13.9
함 창	10,800	210	1.9	4,900	160	3.3
상 주	6,750	190	2.8	2,580	190	7.4
현 풍	11,200	330	2.9	2,550	120	4.7

있으나 대개 350문 정도가 되고, 이 세액이 총생산에서 차지하는 비중은 5~7퍼센트 정도였다. 따라서 전세는 도결제의 확대에 따른 계속된 인상에도 농민경제의 성장을 치명적으로 위협할 수준은 되지 못한 것이다.

　다른 한편 신분제적 지배의 약화는 항조투쟁을 확대시키고 지주들의 소작료 수탈을 약화시켜 갔다. 세력이 약화된 허약지주나 경영부실지주에 대한 작료거납이 확대되었고, 서원전에서도 이러한 현상은 만연되어 갔다.[4] 농민들의 요구는 지대 인하에만 그치지 않았다.

---

3) 松田行藏, 《朝鮮國慶尙忠淸江原旅行紀事並農商況調査》(商法會議所, 1987)에 수록된 경상도 각 군현의 조사기록에 따라 작성하였다. 논 생산가액=중등 논 수확고(반당)×수출가(쌀). 밭 생산가액=[중등 밭 보리 수확고(반당)×보리 수출가]+[중등 밭 콩 수확고(반당)×콩 수출가].

농민들은 상품생산의 발전에 유리한 도조법賭租法을 한전에서뿐만 아니라 수전에서도 쟁취하고자 하였다. 물론 도조법이 지주들에게 일방적으로 불리한 것만은 아니었다. 적정한 지대수입만 보장된다면 도조법은 도결제의 확대로 그 부담이 가중되고 있던 결가를 소작인에게 전가할 수 있어 지주경영을 안정시킬 수 있는 제도였다. 이 시기 도조법으로의 전환에는 일부 지주들의 이러한 의도도 반영되었다. 그러나 당시 시행된 도조법의 실상을 보면 지주들이 수취할 수 있었던 도조는 당초 계약 액수보다 훨씬 낮은 총 수확의 3할 정도였고,5) 개령의 면화도棉花賭나 안동의 대마도大麻賭와 같이 소작농이 수익성 높은 작물을 재배하여도 일반 곡물 재배를 기준으로 설정된 지대액 이상을 수취할 수 없었다. 따라서 도조법의 확대는 지주의 입장보다는 소상품생산자로서 자립을 추구하는 소작농민들의 요구에 따라 발전했다고 볼 수 있다.6) 한전에서는 물론이고 수전에서도 도조법이 확대된 지역은 낙동강 수운을 이용해 상업적 농업을 발전시켰던 현풍·대구·경산·영천·성주·인동·선산·개령·군위·의성·비안·용궁·함창·문경·예천 등지였으며,7) 수전에서 도조법이 확대된 시

---

4) 崔元奎, 〈朝鮮後期 書院田의 構造와 經營〉, 《孫寶基博士停年紀念 韓國史學論叢》, 1988.

5) 李震相, 《寒州先生文集》 卷4 擬進時弊 進獻忠錄疏. 이 상소에서 한주寒州는 수확의 10분의 1을 부세賦稅로, 10분의 3을 전주田主의 몫으로, 10분의 6을 전호佃戶의 몫으로 하는 분배율을 법제화하자는 멸조론減租論을 제안하면서, 이렇게 하여도 호부자豪富者들이 평소의 지대수입을 얻게 되는 것이므로 반대하지 않을 것이라 하였다 (崔元奎, 앞의 글, 1988).

6) 慶尙北道, 《勸業統計書》 小作料割合調査表, 1913, 11쪽. "개령開寧 면화도棉花賭: 전 수확의 100분의 25를 징수, 본 군은 면화산지로서 면작지綿作地 이외에서는 행하지 않는다. 도조賭租: 전 수확의 100분의 63을 징수. 일부분에서 행한다."
《韓國中央農會報》 3-12, 〈小作慣例調査(5)〉, 1909, 26쪽. "대구재무감독국 관내 타작법打作法에 의한 소작료는 수확을 분반하는 것을 원칙으로 하나 경상북도 안동지방에서 마麻는 수확의 3분의 1을 지주에 납부하는 것이 관례. 이것은 마 등의 경작에 노동이 많이 들기 때문이며, 여타 이와 같이 노역勞役을 많이 필요로 하는 경우는 이 예와 같이 한다."

기는 1880년 전후였던 것으로 추정된다.[8]

  개항 후 상업적 농업을 발전시킨 두 번째 조건은 기선을 중심으로 하는 외국 선박이 연안무역에 종사하면서 원격지 간 상품유통을 촉진시킨 것이었다. 이 지역에서 생산된 미곡과 면포는 일부가 지역 내 시장에서 유통되었고, 나머지 대부분은 ① 낙동강 수로와 동해안 해로를 통해 함경도로 이출되거나 ② 육로를 통해 강원도나 충청도로 이출되었다. 육로를 이용한 이출은 조령鳥嶺이나 죽령竹嶺을 넘어야 했기 때문에 면포나 마포 등 섬유제품이 주류를 이루었고, 그 이출량도 많지 않았다. 수로나 해로를 이용할 경우 육로에 견주어 쉽게 다량의 상품을 판매할 수 있었는데, 그 주된 시장은 함경도를 비롯한 동해안 지역이었다. 그러나 동해안 해로는 "바람이 높고 물결이 급하여"[9] 물화를 "한선韓船에 탑재하여 수출할 경우 누누이 풍파를 만나 대개 도중에서 전복하여 도달하는 자가 겨우 10중 3, 4에 불과"[10]하였다. 이로 말미암아 동해안 해로를 이용한 원격지 간 상품유통의 발전은 지체되었고, 그것은 당연히 경상도 지역의 상업적 농업의 발전을 제약했다.

  그러나 이러한 제약은 기선이나 범선 등의 외국 선박이 국내 교역에 도입되면서 급속히 해소되어 갔다. 기선이나 범선이 운송수단

---

7) 이 책 〈3장 갑오농민전쟁 이후의 일제 침략과 상업적 농업의 재편〉 참조.

8) 慶尙北道 農務課, 《小作慣行調査書》, 1931, 50쪽. "정조定租: 그 기원은 자세히 알 수 없으나 지금부터 약 50년 전(1880년대-필자)부터 극소수에서 행해지기 시작하여 메이지明治 44년경 동양척식주식회사東洋拓殖株式會社, 조선흥업주식회사朝鮮興業株式會社, 향교토지鄕校土地 등에서 정조를 실시하면서 이후 점차 증가하는 경향이 있다. 타조打租: 지금부터 약 50년 전에는 거의 곡분穀分에 의한 것이 대부분이었으나, 이후 점차 감소하는 경향을 나타냈다." 이 기록으로 보아 도조법으로의 전환이 이 시기에도 한 차례 이루어졌다고 볼 수 있다.

9) 李重煥, 《擇里志》 卜居總論 生利.

10) 《通常彙編》 上半季 〈元山港之部〉, 1883, 109쪽.

으로 등장한 시기는 영국, 청, 일본 등의 외국 선박이 인천, 부산, 원
산의 개항장에 수출입무역을 위해 드나들기 시작하면서부터였다. 수
출입 무역에 종사하였던 외국 선박들은 차츰 국내 항포港浦 사이의
선운까지도 담당하게 되었다. 외국 선박을 이용한 원격지 간 상품유
통은 1880년대 중반 이후 정부가 세곡稅穀운송을 이들 선박회사에
위임하면서부터 더욱 확대되었다. 한편 기선의 이점이 알려지자 정
부나 각 개항장의 회사 또는 개인들이 국내 교역에 일본제 윤선이나
범선을 도입하기도 하였다. 1889년 정부는 기선회사를 설립하고 3척
의 기선을 도입하였으며, 인천항 및 부산항의 상인들과 원산항의 상
회의소 등도 다투어 일본 범선이나 기선을 도입하여 내항 통상에 종
사했다. 그리하여 1890년대가 되면 해로를 이용한 원격지 간 상품유
통을 거의 기선이나 범선이 담당했고, 이로 말미암아 재래의 판선업
板船業은 급속히 쇠퇴하였다.[11]

　근대적 선박이 동해안 유통을 담당하게 되면서 동해안 지역에서
는 명태와 마포의 상품생산이 발전하였고, 부족한 곡물과 면포의 이
입이 증가하였다. 동해안 지역으로 이입되는 면포와 곡물은 대부분
경상도 지역에서 생산되었다. 면포의 경우 이 지역으로의 이출된 상
품은 거의가 부산항에서 발송되었는데, 〈표 2-2〉에서 부산항에 집
하된 면포의 산지를 보면, 전라도산은 2할에 불과했고, 경상도에서
공급된 것이 8할을 상회하였다. 경상도산은 대구와 진주에서 발송된
상품이 대부분을 차지했는데, 특히 대구산이 많아 경상도산 면포의
7~8할을 웃돌 정도였다. 요컨대 근대적 유통수단의 등장은 함경도
시장을 향한 경상도 지역의 상품생산을, 경상북도 지역에서는 특히
면포의 상품생산을 급속히 발전시켰던 것이다.[12]

---

11) 韓祐劤, 〈船運과 轉運司 문제〉, 《韓國開港期 商業研究》, 1970; 李憲昶, 〈開港場 市場圈
　　의 성장〉, 《開港期 市場構造와 그 變化에 관한 研究》, 서울대 박사논문, 1990.

표 2-2. 부산항 집하 면포의 산지별 분포13)(단위: 만 필)

	대구	진주	전라도	합계
1893년	47	18	15	80
1894년	42	19	16	77
1895년	46	14	13	73

셋째로, 봉건적 수탈 체제의 이완과 농민경제 성장에 힘입어 수공업이 발전하고, 이러한 사회적 분업의 발전과 대외무역의 성장이 상업의 발전을 가능하게 한 점, 즉 농산물 및 그 가공품의 소비시장이 확대된 점을 들 수 있다. 개항 후 면포 이출이 증대되면서 대구와 의성, 안동 지역을 중심으로 전업적인 직포 생산이 발전하였고, 이출상품으로 큰 인기를 얻었던 종이 생산도 경주·장기·영덕·자인·문경 등지에서 발전하였다. 영천·안동·봉화·김산 등지에서는 농구를 제작하는 수공업이 발전하였고, 대구·순흥·김산·경주·경산 등지에서는 유기업이, 영천·경주·청도 등지에서는 철수공업이 발전하였다.14) 권병탁의 조사에 따르면, 19세기 후반 운문산·토함산 일대에는 수백 명의 노동자가 토철土鐵을 파내는 채광업과, 단위 생산공정당 7~8명의 전문기술자를 고용하여 농구를 생산하였던 단야공장, 노로爐 1개당 44명의 노동자를 고용해야 하는 토철제련업, 60여 명의 노동자가 협업 체계를 이루어야 생산이 가능했던 솥제조업 등이 발전하고 있었다.15) 또한 마쓰다의 조사에 따르면 하양현에서는 200여 명의 광부를 고용한 사금砂金채취업자가 활동하기도 하였다.16)

12) 李憲昶, 위의 글, 120~127쪽.
13) 《通商彙編》 49호, 商業部 〈釜山港의 朝鮮木綿 및 日本木綿의 槪況〉에서 작성.
14) 慶尙北道史編纂委員會, 《慶尙北道史》 上, 1983.
15) 權丙卓, 〈李朝末期의 鎔銑手工業〉, 《韓國經濟史 特殊硏究》, 영남대산업경제연구소, 1972.

이와 같이 상품생산이 지역적으로 분화하며 발전함에 따라 각 상품생산지에는 그 상품의 지역 간 또는 원격지 간 유통을 담당하는 객주와 행상, 그리고 그들에게 고용되어 상품운송만을 전담하는 짐꾼 등 상업에 종사하는 인구가 증가하였다. 마쓰다가 조사한 바에 따르면, 상품생산이 발전하지 않았던 풍기, 영천(주) 등지에서는 주민들 전부가 농사를 전업으로 하였으나, 면작·면업의 상품생산이 발달한 지역이나 교통이 편리한 낙동강 연변 지역에서는 상업에 종사하는 자가 현내 호구의 10분의 1에서 많게는 3분의 1에 이르고 있었다. 가령 자인현 내 2백 호 가운데 절반, 하양현 내 100호 가운데 1할, 의성 시가 7백 호 가운데 3할, 안동부 내 1천여 호 가운데 약 3할여, 예안현 내 호구의 2할, 함창현 내 호구의 2할, 상주군 부내 1천여 호의 약 3할여, 현풍현 내 100여 호의 약 3할여가 상업에 종사하고 있었다.

넷째로 지적할 것은 개항 이후 대일본무역, 특히 곡물 수출이 확대된 것이다. 경상도 지역은 개항장이자 대일무역의 중심지였던 부산항과 낙동강 수로 및 동해안 해로를 통해 연결되어 있었던 까닭에 개항 직후부터 대일무역의 영향을 직접적으로 받았다. 개항 직후부터 일본이 수출한 양포洋布가 낙동강 연변 시장에서 유통되어 면포시장을 잠식하기 시작하였고, 1888년의 마쓰다의 보고에 따르면 그가 여행한 경상도의 모든 지역에서 생목生木과 한랭사寒冷絲 등이 거래되었다. 그러나 이 시기에 유통된 양포는 사치품의 성격이 짙어 하급관료층·도시중인층·상인층·지방관청의 서리층·농촌의 신흥상인층·지주·부농층 등이 주로 구입하였을 뿐이었고, 직접생산자층의 광대한 면포시장에는 아직 침입하지 못했다.[17] 이 시기 일본이 중개무

16) 松田行藏, 앞의 책, 36~37쪽.
17) 梶村秀樹, 〈李朝末期の纖維製品の生産及び流通狀況－1876年開國直後の綿業のゲータを中

역하던 양포는 일부 면포시장을 잠식하기는 하였으나, 면포 생산을
위축시킬 정도의 타격을 가할 수는 없었던 것이다.

이와 달리 개항 후 대일곡물수출은 이 지역에서 상업적 농업의
발전을 촉진하는 계기로 작용하였다. 더욱이 쌀과 콩은 대일수출에
서 항상 중심적 지위를 차지하였다. 1890년 이래 금을 제외한 총 수
출액에서 쌀과 콩이 차지하는 비중은 줄곧 60퍼센트를 상회하였다.
쌀과 콩의 중심 수출항은 부산이었다. 부산항에 수집된 쌀과 콩은
경상도와 전라도에서 수집되었고, 경상도산이 더 큰 비중을 차지하
였다. 더욱이 수출용 콩은 거의 대부분이 경상도에서 출하된 것이었
다.18) 곡물운임이 비쌌던 까닭에 개항장 인근 지역에서 우선적으로
곡물을 수집할 수밖에 없었기 때문이었다. 물론 초기 곡물수출의 중
심지는 경상남도 지역이었다. 그러나 1884년 일본 상인의 간행이정
間行里程이 100리(40km)로 확장되고, 그 이듬해부터 개항장 밖으로
일본인의 여행 및 행상이 허용되면서 경상북도 지역에서도 곡물수
출이 이루어지기 시작하였다. 1880년대 중반부터 일본 상인들은 낙
동강 수로를 이용해 상주 지방까지 수시로 드나들면서 곡물을 매집
하였고, 그로 말미암아 방곡령이 발표되는 사태가 벌어지기도 하였
다.19)

心に〉,《東洋文化研究所紀要朝》46, 東京大, 1968; 村上勝彦, 〈日本資本主義による朝鮮棉
業の再編成〉,《日本帝國主義と東アジア》, アジア經濟研究所, 1979.

18) 姜德相, 〈李氏朝鮮 開港直後における朝日貿易の展開〉,《歷史學研究》266, 1962; 吉野
誠, 〈朝鮮開國後穀物輸出について〉,《朝鮮史研究會論文集》12, 1975; 〈李朝末期における
米穀輸出の展開と防穀令〉,《朝鮮史研究會論文集》15, 1978.

　1896년까지 미곡수출액을 보면 경상·전라도를 배후에 둔 부산과 충청·경기·황
해·평안도를 배후에 둔 인천의 수출액 가운데 전반적으로 부산이 우세하였다. 콩
의 경우도 마찬가지였다. 1896년 이전까지 부산항의 콩 수출액은 콩 총수출액의
50퍼센트를 상회하였다.

19) 韓沽劤, 〈米穀의 國外流出〉,《韓國開港期의 商業研究》, 1970, 271쪽; 河元鎬, 〈開港後
防穀令 實施의 原因에 관한 研究〉,《韓國史研究》49, 50·51합집호, 1985.

　　개항 후 이 지역에서 발전한 상업적 농업의 구체적 양상을 살피
는 데는 미야지마 히로시宮嶋博史의 연구가 참고가 된다.[20] 이 연구
에 따르면 경상북도에서는 이 시기 쌀, 콩, 특용작물 각각의 생산액
이 높은 지역은 다르게 나타나고, 서로 중복되는 경우가 많지 않은
점이 주목된다. 곧 상주 지방(상주·함창·영천)·김천 지방(김산·개령)·
선산·성주·고령 등 낙동강 인근 지역과 대구·경주평야 지역(대구·경
산·자인·청도·영천·경주·흥해) 등지에서는 쌀이, 봉화·안동·예안·칠곡·
인동·청도·자인 등지와 경주·연일 지역(신령·경주·장기·연일·흥해·영
해)에서는 콩이, 의성 지역(의성·비안)과 군위 지역(군위·의흥)을 비롯
해 청송·진보·예안·영양·지례·인동·선산·용궁 등지에서는 특용작물
이 각각 군별 농산물 생산액 구성에서 높은 비율을 나타냈다.

　　상업적 농업은 대체로 이와 같은 농업생산의 지역구조를 바탕으
로 전개되었을 것이지만, 미야지마의 연구는 군별 농산총액 가운데
작물별 비율을 밝힌 것에 지나지 않아 작물별 상품생산의 중심지를
밝혀내기 힘든 한계가 있다. 이 점을 고려하여 조선통감부와 조선총
독부의 통계연보를 이용해 1909년부터 1912년까지 4개년 동안의 작
물별 연평균 생산액을 산출하고, 이를 이용해 다시 각 작물별 경상
북도 총생산액에서 당해 지역이 차지하는 비율을 계산한 다음, 그
가운데서 상대적으로 높은 비율을 차지한 지역만 표시하는 방식으
로 작성된 것이 〈표 2-3〉이다. 물론 〈표 2-3〉은 1894년 이전 시기
상업적 농업의 지역분포나 일제강점 당시의 상업적 농업의 지역분
포 그 어느 것도 정확히 나타낸다고 할 수 없다. 그러나 생산중심지
가 상업적 농업의 중심지일 가능성이 매우 높고, 또 비록 면작과 같
이 식민지화 과정에서 상업적 농업이 급속히 쇠퇴하더라도 그러한

20) 宮嶋博史, 〈朝鮮甲午改革以後と商業的農業〉, 《史林》 57-6, 1974; 宮嶋博史, 〈'土地調査
　　事業'の歴史的前提條件の形成〉, 《朝鮮史研究會論文集》 12, 1975.

표 2-3. 작물별 도 총생산액 대비 군별 생산액 비율[21](단위: %)

郡	쌀米	대두大豆	보리(麥)	면화棉花	마麻	연초煙草
대 구	7.5	3.3	9.6			14.0
현 풍	1.7	2.3				
군 위				3.7		
의 홍				1.9		
의 성	2.2	2.8	5.5	16.9	5.59	9.6
비 안	3.5	1.9	2.6	7.5		
안 동	3.6	2.3	3.6	4.3	9.9	
예 안						4.9
청 송					2.7	3.9
진 보						
영 양						
영 덕						
영 해		3.8				
연 일						
흥 해	3.1	2.1				
청 하						
경 주	6.3	11.7	5.0	1.8	5.7	9.0
장 기		2.7				
영 천	4.6	7.8	4.6	1.9	4.4	3.3
신 령						
경 산	2.0	2.2				
자 인	2.0	2.2				
하 양						
청 도	4.8	6.0	4.6		3.5	3.7
고 령	3.2		3.4	2.2	9.0	
성 주	4.6	3.4	4.8	1.8	7.0	4.5
칠 곡		3.0				
인 동		2.7		4.2		
김 산	3.1	1.9	3.2	1.7		
지 례					4.9	3.1
개 령	2.0			4.3		
선 산	4.5	2.9	3.1	10.5	4.0	
상 주	9.7	2.7	5.7	6.6	4.9	6.0
함 창	1.6			1.7		
문 경	3.0	2.7		1.8	3.1	4.2
예 천				3.0		

용 궁				5.9	
영 주	2.1	2.0		2.2	
풍 기				2.6	
순 흥					
봉 화		3.8		2.7	

흔적은 남게 된다는 점을 고려하면, 〈표 2-3〉으로 상당 정도 1894
년 이전 시기의 상업적 농업 지역분포를 추정할 수 있다. 각 작물별
상품생산의 지역분포를 당시의 문헌사료와 〈표 2-3〉을 참작해 추정
하면 다음과 같다.

쌀

대구·경산·영천·칠곡·상주·선산·성주 등 낙동강 연변 지역과 상
업이나 수공업이 발달한 도시 주변에서 상품생산이 발전하였다. 이
지역에서 쌀의 상품생산을 발전시킨 요인은 지역 내부 또는 지역 간
사회적 분업의 발전이었다. 개항 이후 이 지역에서는 직포업, 제지
업, 제철업 등 각종 수공업과 상업이 발전하였다. 쌀은 이들 수공업
자나 상인들의 식량으로 판매되었다. 합방 당시의 군별 쌀 상품화
지수를 산출하면 의성·군위·안동 등 면업중심지에서 외부로부터 많
은 쌀의 유입을 필요로 하였다.[22]

또한 낙동강 인근 지역에서 생산된 쌀은 대구나 상주 등지의 도
시민 식량으로 판매되기도 하였고, 선편으로 이송되어 부산에서 소
비되거나 다시 해로를 통해 함경도 지방으로 이출되기도 하였다.[23]
일본으로의 쌀 수출도 상품생산을 촉진하였다. 1880년대 후반 이후

---

21) 《統監府統計年報》(1909);《朝鮮總督府統計年報》(1910~1912).

22) 宮嶋博史, 앞의 글(1975).

23) 李憲昶, 앞의 글.

일본 상인들은 수시로 상주 지역까지 침투해 쌀을 매집하였고, 그로 말미암아 도시 및 농촌지역에서 종종 양곡과 종곡種穀이 부족하여 방곡령이 실시되기도 하였다.24)

그러나 쌀은 운송에 많은 비용이 소요되었기 때문에 상품생산이 발전하는 데는 한계가 있었다. 운송비의 제약으로 수이출용 쌀의 상품생산은 주로 대구 이남의 낙동강 인근 지역에서 발전한 것으로 보인다. 1885년에서 1894년까지 경상도 일원에서 방곡령이 실시된 군현의 분포를 살피면, 대부분이 수운을 이용하기 편리한 경남 지역의 낙동강 인근 군현이었고, 경북 지역에서는 대구, 현풍 등지에 한정되었다.25)

콩

콩은 쌀과는 달리 거의 수출 수요에 의해 상품생산이 발전하였다. 콩은 면화의 대항 작물이 되는 경우가 많았고, 운송에 많은 비용이 소요되었기 때문에 개항 전까지는 거의 상품으로 생산되지 못하였다. 그러나 개항 후 콩 수출이 계기가 되어 상품생산이 급속히 발전하였다. 이 지역에서 콩의 상품생산이 본격적으로 확대되기 시작한 것은 1889년 이후였다.26)

그러나 그 이전에도 대구, 현풍 등지에서 일본 상인의 콩 이출을 제한하는 방곡령이 실시되고 있었던 사실로 미루어 볼 때, 대구 인

---

24) 《日本外交文書》 21, 사항 9, 문서번호 103, 281쪽. "至昨秋沿海各邑 偏被歉荒 稱事纔 畢 米直已高 窮蔀殘民 愈形遑急……種糧 缺乏之際 此日本商人 遍入內地 貿 遷米豆 全省 米穀 價值越添 農民之斗升種糧 無以辨備 勢將廢農."

25) 河元鎬, 앞의 글.

26) 〈朝鮮國釜山港商況〉(1889. 9. 30.), 《通商報告》 126호, 11~12쪽. 1889년 9월 이전까지 부산에 이입되던 콩은 주로 낙동강 연안 지방의 밀양 이남에서 산출된 것이었으나, 그 이후 밀양 이북의 것도 활발히 이입되어 콩의 출하가 크게 증가하였다.

근에서는 이보다 앞선 시기부터 상품생산이 발전한 것으로 보인다. 경상북도는 개항 이후 콩의 상품생산이 전국에서 가장 발전한 지역으로 성장하였다.

　콩의 상품생산은 주로 토양조건이 면작에 부적합한 지역에서 발전하였다. 개항 이후 콩의 상품생산이 비약적으로 발전한 지역은 영천·경주·연일 등지였다.[27] 이 지역들은 개항 전에도 곡물을 상품화할 수 있는 여력을 충분히 갖추고 있었으나 교통조건이 불편해 제한된 범위의 국지적 분업에 대응한 상업적 농업만을 발전시킬 수 있었다. 육로 운송으로는 이익을 낼 수 없고, 유일한 해로인 영일만은 파도가 높아 판선板船으로는 곡물을 실어낼 수가 없었기 때문이었다. 그러나 개항 이후 기선이 화물을 운송하게 되면서 이러한 난점은 해소될 수 있었고, 그에 따라 특히 콩의 상품생산이 급속히 발전하였다.[28] 이들 지역에서는 콩 생산이 농가의 큰 이익이 되었으므로 "산과 들을 개간하여 콩을 심는 자가 많았고, 하등밭이 큰 콩밭으로 되고, 밭 언덕이나 둔덕에도 콩을 심어서, 그 생산액이 지난날의 거의 배가 되는" 발전을 보였다.[29] 또한 낙동강변의 고령·성주·현풍·대구·인동·상주·선산 등지에서도 면작이 부적합한 한전에서 콩의 상품생산이 발전하였다.

---

27) 李潤甲, 앞의 글(1986).
28) 《韓國土地農産調査報告―慶尚道·全羅道》, 1905, 173쪽. "① 연일군의 경지: 본 경지의 주요 농산물은 쌀·보리·콩으로 특히 콩은 울산대두蔚山大豆로 불리며 품질이 양호한 것으로 유명하다. ② 경주군 상부조 방면의 경지: 본 경지의 주요 농산물은 쌀·보리·콩 등으로 특히 콩은 품질이 양호하다."; 山口精, 《朝鮮産業誌》 下, 1910, 671쪽. "포항: (수출품)이출의 주된 육산물陸産物은 콩으로 1기의 이출액은 7~8만 가마니(약 5만 석)에 이른다."
29) 《通商彙纂》 1895년 22호, 〈朝鮮國全羅道巡廻復命書〉 雜部, 49쪽; 宮嶋博史, 〈朝鮮 甲午改革 이후의 상업적 농업〉, 《史林》 57-6, 1974.

면화 · 면포

개항 후 이 지역에서 상품생산이 가장 발전한 부문은 역시 면작과 면업이었다. 1895년에 작성된 〈조선국경상도순회보고朝鮮國慶尙道巡廻報告〉는 "경상도 내의 물산으로 그 제조액이 가장 많고, 그 판로가 가장 넓은 것은 면포와 종이다. 이 두 제품은 본도 사람들의 수요를 두루 충족시키고 남아 각지로 수송 판매되는데 매년 부산항에서 인천, 원산으로 수출되는 액이 매우 많다"[30]고 하였다.

개항 후 이 지역에서 면작과 면업이 발전할 수 있었던 요인으로는 첫째, 사회적 분업의 발전으로 지역 내부의 면제품 시장이 확대되고 농민경제가 발전해 구매력이 향상된 점, 둘째, 종래 비면작 지역이었던 경주·연일·영천 등지가 콩 수출지로 부상하면서 이들 지역에서 면제품 수요가 증가한 점, 셋째, 기선을 이용해 함경도·서울·경기 지역까지 면포를 판매할 수 있었던 점, 더욱이 함경도 지방의 면포시장이 사금·우피·콩의 일본 수출과 명태 판매의 증가에 힘입어 급속히 확대되었던 점, 넷째, 부세의 결렴화가 상품생산의 발전에 미치는 부정적 영향을 곡물보다 훨씬 적게 받았던 점 등을 지적할 수 있다.

마쓰다의 《조선국경상충청강원도여행기사급농상황조사朝鮮國慶尙忠淸江原道旅行記事及農商況調査》는 1887년 당시 이 지역의 면작 상황을 자세히 전한다.

> 성주星州: 이 지방은 콩과 면작이 성하다. 사문沙門 이남의 촌락은 대개 호당 평균 3관 내지 5백 목씩 면화를 수확한다.(231쪽)
>
> 풍기군豊基郡: 면화 재배가 가장 왕성하며, 다량을 재배하는 자는 27관목 정

---

30) 《通商彙纂》 18호(1895), 〈朝鮮國慶尙道巡廻報告〉, 15쪽.

도를, 소량을 재배하는 자는 10관 8백 목 정도를 수확하고, 그 가액은 실
면 3근당 100문으로 다른 지방에 견주어 조금 고가이다. 지방에 따라서
는 목면木棉제조에 열심인 곳도 있고 실면實棉으로 판매하는 지방도 있
지만 목면가액의 비율보다 실면가액이 높다고 한다. 목면의 판로는 강원
도 지방으로, 거기서 강원도로 전송한다.(86~87쪽)

신령新寧: 화정촌花亭村-면포가 많다.……범박촌凡朴村-신령현과 의흥현의 경
계로 넓고 비옥한 밭이 많다. 그러나 콩·보리·조 등은 거의 재배하지
않고 오직 풍부한 것은 면작뿐이다. (면포를) 다량으로 생산하는 자는 5
필을 최고로 한다. 가격은 1백 문당 실면 4근이다.(42쪽)

의성義城: 청로촌靑路村-호수는 약 120호로 농사를 전업으로 하며, 콩, 면, 조,
팥 등을 산출하는데 그 가운데 면이 가장 많다. 다량으로 면을 재배하는
자는 2관 7백 목여를 소량으로 재배하여도 1관목 내외를 수확한다 하며,
재직한 면포는 의흥·의성시장으로 수송 판매한다.(49쪽) (의성에서 안동
으로 가는 길가에) 산점한 재식물栽植物로는 콩이 가장 적고 면, 조 등이
많이 번식하고 있다.(56쪽)

안동安東: 태동촌台洞村-면과 조가 가장 번식하고 있다.(66쪽) 무릉촌武陵村-
콩, 쌀, 면을 산출하여 제시에 판매한다.(62쪽)

자인慈仁: 면작을 많이 하여 양산, 울산의 노파 등이 소금이나 물고기 등을
가져와 면과 교환해가는 경우가 대단히 많다. 울산 지방에서 수송되는
소금은 그 수량이 막대하나 그 가운데 10의 6, 7은 대금을 받아 돌아가지
만 나머지는 전부 면으로 교환한다고 한다.(30쪽)

청도淸道: 전지촌專地村-(산간에 위치해) 밭이 적으나 보는 곳마다 면포棉圃였
다. 산양촌山陽村-밭이 많고 비옥하며 콩 4분, 면 6분의 비율로 재배되었
다. 대천촌大川村-밭이 적어 호당 3~4필을 면직할 수 있는 양을 수확하는
정도이다. 실면가는 100문당 4근이고 목면은 1필당 800문으로 이 지방에
서는 면을 다른 지역에서 구입하여 면포를 생산하는 자도 있는데 이들은

호당 6~7필을 생산하여 언양, 울산, 경주 등지로 전매한다.(22~23쪽)

이 기록에 따르면 마쓰다가 여행한 자인·하양·의성·안동·영천 (주)·풍기·함창·상주·선산·성주 등지에서 상품생산을 목적으로 한 면화 재배가 널리 행해졌고, 신령의 범박촌凡朴村이나 풍기군과 같이 전업적으로 상업적 농업을 발전시킨 곳도 있었다. 풍기군의 호당 생산량은 다른 지역에 비해 3배에서 9배나 높았다.

생산된 면화는 군현 내 장시에서 그 지역의 비면작호에게 판매되었다. 마쓰다의 조사에 따르면, 11개현의 47,622호 가운데 면작호는 21,200호였고, 비면작호는 26,422호였다. 비면직호의 면포 소비량은 연간 105,688필이었고, 그 가운데 군현 내 면직호綿織戶에게서 구입한 면포는 46,800여 필 정도였다.[31] 나머지 58,800여 필은 자가생산으로 보이는데, 자가생산에 필요한 면화 약 60만 근은 군현 내 면작호로부터 구입하였을 것이다. 경상북도의 총 41개 군현 가운데 30개 정도 군현에서 이러한 방식으로 자급용 면포가 생산되었을 것이므로, 같은 방식으로 추산하면 최소한 100만 근 이상의 면화가 군현 내부의 장시에서 유통되었다.

또한 면화는 인근 지역으로 판매되기도 하였다. 가령 자인현에서는 "면작을 많이 하여 양산, 울산의 노파 등이 소금이나 물고기 등을 가져와 면과 교환해가는 경우"가 대단히 많았고, 청도 대천촌에서는 다른 지역에서 면화를 구입하여 면포를 생산하는 자도 있었는데 이들은 호당 6~7필을 생산하여 언양, 울산, 경주 등지로 전매하였다.

면화는 직조되어 면포로도 판매되었다. 면작중심지역으로 한정해

---

31) 梶村秀樹, 앞의 글(1968).

보면 면포의 판매량은 실면의 판매량을 훨씬 능가하였다. 마쓰다가 조사한 바에 따르면, 이들 11개 군현에서는 총 약 15만 필의 면포가 상품으로 판매되었고, 그것을 면화로 환산하면 약 150만 근에 달했다. 〈표 2-4〉에서 보는 바와 같이 이들 지역에서 상품으로 생산된 면포는 ① 각 군현 내의 장시를 통해 비면직호非綿織戶에게 '지방시판'되었고, ② 하양에서 영천으로, 의성에서 대구와 경주로, 안동에서 대구로, 현풍에서 대구로, 청도에서 언양·경주·울산으로 판매되는 경우와 같이 면작에 적합하지 않은 인근 군현이나 비면직호가 많은 도시로 '지역 간'에 유통되었고, ③ 육로나 해로를 통해 함경도·충청도·서울·경기도·강원도 등의 '원격지 시장'으로 판매되었다. 11개 군현에 한정하여 유통량을 살펴보면 지역 내에서 시판된 것이 46,800여 필이었고, 지역 간 또는 원격지 시장으로 판매된 것이 102,800여 필로 지방시판된 것의 두 배 이상이 많았다. 마쓰다가 여행한 경산(자인·하양)·의성·안동·영주·풍기·상주(함창·상주)·달성(현풍) 외에도 경상북도 지역에는 청도·고령·성주·대구·칠곡(인동)·김천(김산·개령)·의성(비안)·군위(의흥)·예천(예천·용궁) 등지에서 상업적 면업과 면작이 발전하였다.[32] 이들 지역에서 생산된 면화와 면포도 이러한 경로로 유통되었음이 틀림없다.

자료의 제약으로 경상북도에서 생산 판매된 면포의 총유통량을 정확히 밝히기는 곤란하다. 다만 알 수 있는 것은 1893년에서 1895년까지 3년 동안 대구 사문진沙門津에 집하되어 부산항으로 이출된 면포량이 매년 46만 필을 상회하였다는 사실이다.[33] 46만 필을 기준으로 마쓰다의 자료를 이용해 지방 시판량을 추산하면 약 21만여 필이 된다.[34] 이 양자를 합치고, 그 분량을 정확히는 알 수 없으나 육

32) 梶村秀樹, 앞의 글(1968); 李潤甲, 앞의 글(1986).
33) 이 글의 〈표 2-2〉 참조.

표 2-4. 1887년 면화·면포의 생산량과 유통량 통계

郡(부)	호수(호)	면작호수(호)	1호 평균 실면포 생산고(관)	1개년 생산고(근)	실면가격(근)	면직호(호)	1호 평균 생산고(필)	1개년 총 생산고(필)	면포 원가(문)	직공임	이출고	이출지
연양현	1,200	600	3.0	1,800	3	600	3	1,800	900~600	(원가의)1할	(생산고의)8푼	동래·울산
자인현	2,600	500	10.4	14,000	4~5	500	20	10,000	900~400	"	7푼	칠산4·중청3
하양현	1,300	400	2.7	1,080	4	400	8	3,200	800~600	"	2/3	연천지방·중청
신녕현	3,000	2,400	2.	1,080	3	500	10~6~2	3,000	800~600	"	0	지방시판 또는 행상판매
의성현	10,000여	2,600	8.1	21,000	4	2,600	20~15~10	39,000	1,400~600	"	3/4	의산·경성·대구·경주·울산
안동부	10,000여	5,000	2.7	13,500	4	3,000	5	15,000	900~400	1필 문150~100	3/4	경기·충청도·원산·부산·대구
예안현	1,322	100	2.7	270	3~4	100	6~5	600	700~400	80~40	不明	지방시판
영주군	1,600	600	2.16	1,296	2	600	6~2	4,200	600~500	80	(생산고의)8푼	강원도
풍기군	1,300	1,000여	1.8	1,800	3	1,000여	20~10	15,000	500~400	(원가의)1할	8푼	강원도·원산·경성
함창현	2,800	1,600	15.6	25,056	4	1,600	40~18	38,400	550~400	1필 문70~60	9푼	강원·경기·중청·경상
상주목	10,000여	5,000	8.1	40,500	3.5	5,000	30~7	?	550~450	70~60	8푼	강원·경기·중청·부산
현풍현	3,700	2,000	3.0	6,000	3.5	1,000	6	6,000	550~450	?	6푼	대구 근방

* 松田行藏, 《朝鮮國慶尙忠淸江原旅行紀事 並農商況調査》, 1888에서 작성함.
** 梶村秀樹, 앞의 글(1968)에서 인용.
*** '실면가격'은 실면 100문에 대한 가격임.

로로 운송 판매된 면포량까지 합치면, 경상북도 지역에서는 최소한 매년 70만 필 이상의 면포가 상품으로 생산 판매되었다고 추정할 수 있다.

대마 · 마포 · 생사 · 견포

여름용 의료였던 대마大麻와 마포麻布의 상품생산도 발전하였다. 대마는 안동·경주·의성·고령·성주·선산·상주·지례·영천 등지에서 다량으로 재배되었고, 각 지역에서 직포되거나 생마生麻로 안동·경주·상주 등의 마포 중심생산지에 판매되었다.[35] 안동·경주·영천·상주 등지에서는 매년 1만 필 이상의 마포를 생산해 부산, 서울 등지의 시장으로 이출하였다.[36] 이들 지역에서 생산된 마포는 품질이 우

---

34) 마쓰다의 보고에 따르면 경상북도 각 군현의 지방 시판량은 다른 지역으로의 이출량의 약 46퍼센트에 해당한다. 대구에서 부산항으로 이출한 면포량이 연간 약 46만 필이라면, 지방 시판량은 46만 필×46%=약 21만여 필이 된다.

35) 대마大麻생산은 식민지화 과정에도 불구하고 일본 섬유제품과 경쟁관계에 놓이지 않았기 때문에 크게 위축되지 않았다. 1894년 이전의 대마생산도 〈표 2-3〉의 상황과 크게 다르지 않을 것으로 생각된다.

36) 1911년 경북 지역의 주요 마포 산지별 생산량과 가액은 다음과 같다.

군별	마포생산액(필)	동 가액(엔)
경주	9,189	20,215
의흥	4,000	10,000
의성	4,627	13,881
안동	15,000	45,000
청송	5,885	20,597
고령	2,750	8,898
성주	8,245	9,097
선산	4,810	11,544
경북	104,100	232,553

*慶尚北道, 《勸業統計書》, 1913, 147~148쪽.

1894년 이전 시기에 견주어 이 시기의 마포 생산액은 중국산 마포의 수입으로 다소 감소하고 있었다. 이 점을 감안하면 1894년 이전 시기의 마포 생산량과 이출

수하여 전라도산보다 고가로 판매되었고, 더욱이 안동포安東布는 그 뛰어난 품질로 전국적인 명성을 얻고 있었다.37)

또한 안동과 함창, 상주 지역에서는 생사와 비단(絹布)의 생산도 발전하였다. 마쓰다가 여행한 안동·영천(주)·함창·상주의 생사 및 견포의 생산과 유통상황은 〈표 2-5〉와 같다. 양잠호가 제직호보다 많았던 것으로 보아 생사나 고치만을 생산하였던 양잠농가도 상당수 존재하였다. 가령 안동부의 일직촌과 보리촌에서는 농민들이 집안에 뽕나무를 심고 양잠을 하여 호당 1두 5승에서 1두씩 고치를 생산하여 판매하였고,38) 함창의 우소공촌에서도 생사를 생산하여 전부 상주로 판매하였다.39)

이와는 달리 견직을 함께하는 농가도 많았다. 견직은 거의가 상품생산을 목적으로 하였다. 견직호 가운데는 자가에서 생산한 원료에만 의존해 농가부업으로 견포를 생산하는 경우도 있었지만, 시장에서 생사나 고치를 구입하고 직공을 고용해 전문적으로 상품을 생산하는 자도 여럿 있었다. 상주의 제로촌에서 40여 호가 전부 잠업을 경영, 호당 2~4필의 비단을 생산하여 상주시에 판매한 사례가

량은 1911년 당시의 것보다 더 많았으리라 추정된다. 이와 관련해 주목되는 기사는 1905년 "영천의 마포 생산량이 12만 5천 필이고, 그 가운데 서울·부산 등지로 이출한 양이 6만 필에 달한다"[《財務彙報》15호, 1905. 5., 〈慶尙道北部經濟及交通狀況(其二)〉]는 것이다. 1911년의 영천의 마포 생산액은 800필(2,240원)에 지나지 않은 것으로 보아 이 기사는 영천으로 집하되는 주변 지역, 즉 청송·신령·영천·의성·의흥 등지의 마포생산 및 이출액을 나타내는 것으로 보인다.

37) 松田行藏, 앞의 책, 65쪽. "안동부……지방 산출의 화물은 명주(紬)·포布·목면木棉·면綿·오곡五穀·우피牛皮 등이 가장 많고, 특히 포와 명주는 그 품질이 양호하여 그 가격 또한 고가이다."

  《通商彙纂》22호, 〈朝鮮國全羅道巡廻復命書〉(1895. 5. 28), 51~52쪽. "마포는 곡성, 구례 등을 비롯하여 전라 동부에서 생산되어도 그 산액과 품질은 모두 경상도 보다 열등하다."

38) 松田行藏, 위의 책, 61쪽.

39) 松田行藏, 위의 책, 202쪽.

표 2-5. 1887년 생사·견포 생산 유통통계[40]

郡	양잠호	호당 생사 생산고	1년 총생산고	견직호	호당 견포 생산고	1년 총생산액
안동	3,000戶	1貫120目	3,360貫目	2,500戶	4필	12,000필
영주	800	180目	140貫目	800	2	1,600
함창	1,100	3~7斤	5,500斤	500	34	15,000
상주	1,000	4斤	4,000斤	800	2	16,000

이출고	이출지
생산고의 9푼	(대구, 부산) 경기, 충청
	안동 내역乃城에서 여러 지역으로
전량	경기, 충청(9푼), 대구, 부산(1푼)
전량	(대구) 경기, 충청

전자에 속하고, 호당 5두씩 고치를 수확하고 직공을 고용해 호당 8~10필 이상의 상품을 생산하여 전부 상주시에 판매한 율전촌의 견직가들은 후자의 사례에 속한다. 율전촌의 직공호는 이 부락농가 총 30호 가운데 20퍼센트를 점하는 6호였다.[41]

생산된 견포는 면포의 유통과 유사하게 ① 안동의 예와 같이 지방 시판되거나, ② 영천(주)에서 안동으로, 함창에서 상주와 대구로 지역 사이에 판매되기도 하였고, ③ 상주나 대구에서 부산·경기도·충청도 등지의 원격지 시장으로 이출되기도 하였다. 면포 유통과 차이점이 있다면, 면포가 주로 함경도로 판매되었던 데 견주어 견포는 경기도와 충청도에서 판매되었다. 두 상품의 소비계층이 달랐던 데서 비롯되는 차이였다.

---

40) 松田行藏, 위의 책에 따라 작성하였다.
41) 松田行藏, 위의 책, 200~202쪽.

약재藥材

음력 2월과 11월에 대구에서 약령시가 개최된 사실이 말해주듯이 약재의 상품생산도 발전하였다. 가령 대구 약령시의 1885년 추시秋市 총거래액은 10만 원 정도였다. 이에 견주어 1900년의 거래액은 한약, 초재草材, 인삼의 출시액만 해도 10만 원에 육박하였다.[42] 1885년 거래액에는 약재 말고도 마포, 면포, 저포, 명주, 모물毛物, 동銅, 잡화 등의 거래액도 포함되어 있으므로, 1900년의 금액이 비록 출시액이라 하나 그 사이에 약재의 판매가 더욱 확대되고 있음을 충분히 확인할 수 있다. 물론 약령시에서 거래된 약재는 전국에서 집산된 것이었지만, 이 지역에서도 약재 생산은 활발히 이루어졌다. 약재가 많이 생산된 지역은 칠곡·성주·문경·영주·풍기·봉화·상주·예천·안동·의성·영덕 등지였다. 더욱이 상주에서는 오배자五倍子가 많이 생산되어 그 집산지였던 화령장化寧場에서는 거래액이 1만 근을 상회하였고,[43] 칠곡에서는 약쑥과 길경桔梗이,[44] 영주와 풍기에서는 인삼이 많이 생산되었다.

과일 · 소채

과일로는 감·대추 등이 상품으로 많이 생산되었다. 마쓰다가 보고한 바에 따르면, 안동의 보리촌은 감 판매로 얻는 수입이 양잠 수입보다 많았고, 함창 양청촌陽淸村이나 광주원촌光珠遠村은 호당 대추

---

42) 李憲昶, 앞의 글, 225~226쪽.

43) 松田行藏, 앞의 책, 217쪽. "상주尙州: 화령化寧장터에서 판매되는 오배자五培子는 1만 근을 상회한다. 그 산출지는 이 마을에서 4~5리 정도되는 삼리산杉里山 대목곡大木谷으로 다량이 산출되고, 인민 각자에게 채취할 수 있게 허락된다고 한다."

44) 《通商彙纂》 18호(1895. 5. 15.), 〈朝鮮國慶尙道巡廻報告〉.
　　"巡廻 各地方 時日의 物産 及釜山居留地로부터의 陸路里程標
　　大邱府 2, 7日 28里 米, 棉花, 棉布, 柿, 牛皮, 牛骨, 蜂蜜, 人蔘.
　　漆谷府 1, 6日 30里 米, 藥艾, 桔梗."

4~10가마니씩 총 1,400여 석을 수확하여 판매하였으며,[45] 율전촌은 감 판매로 그 지방 논밭에 부과되는 공조를 충당하고 남을 정도의 수입을 올리고 있었다.[46] 상주에서도 500호가 연간 10~30가마니(1가마니=5말)의 대추를 생산해 총생산고가 5,000석을 상회하였다.[47] 이 지역에서 생산된 대추나 감은 지역 시장에서 판매되었고, 일부는 상주를 거쳐 대구나 경기도·충청도 등지로 이출되었다.[48]

또한 대구·상주·안동 등의 대도시나 수공업 도시나 촌락 인근에서도 과일이나 소채의 상품생산이 발전하였다. 대구 인근에서는 참외와 무, 배추, 오이, 가지, 미나리 등의 상품생산이,[49] 안동 인근에서는 파와 참외 등의 상품생산이 발전하였다.[50] 1904년에 조사된 《한국토지농산조사보고韓國土地農産調査報告》에는 대구 근교에서 수전 5단보와 밭 2.5정보를 경작하는 한 농가의 사례가 소개되어 있다. 이 농가는 수전에서 자급용 식량을 생산하고 밭농사는 전부 상품작물을 재배하였는데, 밭 5단보에서 참외를 나머지 2정보에서 콩을 재배하여 전량을 판매하였다.[51]

---

45) 松田行藏, 앞의 책, 199쪽.
46) 松田行藏, 위의 책, 202쪽.
47) 松田行藏, 위의 책, 217쪽.
48) 松田行藏, 위의 책, 200~201쪽. "상주 제로촌齊路村……감나무를 많이 재배하고, 그 수확도 다량이다. 전부 곶감을 만들어 대구시와 기타 시장으로 수송 판매한다. 또 대추도 산출되는데……수출선은 경기·경상·충청도이다."
49) 《通商彙纂》11호(1903. 11.), 〈韓國慶尙道大邱府의 狀況〉. "(대구 부근의 원야原野에 재배되는) 야채류로는 대근大根·백채白菜·과류瓜類·가지·당과唐瓜·미나리 등을 재배하여 대구시장에 공급하는 양이 결코 적지 않다."
50) 《韓國土地農産調査報告書－慶尙道·全羅道》, 1905, 90쪽. "안동－용궁간: 배·살구·복숭아·대추가 있고, 소채는 마늘·무·참외 등의 재배가 성하다."
51) 松田行藏, 위의 책, 340쪽. "경상북도 대구군 울산: 전오십두락五十斗落에는 콩을, 십두락十斗落에는 참외를 재배한다."

2. 지주·부농경영의 성장과 갑오농민전쟁

1) 지주·부농경영의 성장과 농민층 분해

상업적 농업이 발전함에 따라 부농경영도 성장하였다. 부농경영 은 상품작물에 따라 존재양태를 달리하였다. 이 지역의 상업적 농업 지대는 주로 쌀과 콩을 상품으로 생산하였던 곡작穀作지대와 면화, 대마, 양잠 등의 섬유원료를 주된 상품으로 생산하였던 면작지대로 크게 나눌 수 있다. 곡작지대의 부농은 광작경영을, 면작지대의 부 농은 면업경영(=집약경영, 직포경영)을 기본 특징으로 하였다[52]. 아래 에서는 전자를 광작부농으로, 후자를 면업부농으로 일컫기로 한다.

당시 미작에서 역축役畜인 소를 소유하고 농작업에 따라 부분적 으로 노동력을 고용하지만 가족 노동력 위주로 영농을 할 경우 경작 이 가능한 최대면적은 2정보 정도였다. 자작지 2정보를 경작하는 농 가는 상품화가 가능한 쌀 잉여를 확보할 수 있었다.[53] 따라서 벼농

---

52) 李潤甲, 앞의 글(1986).
53) 《韓國土地農産調查報告—慶尙道·全羅道》, 1905, 337~340쪽.
　　"제2절 농가 1호의 경작면적
　　사례 4: 전라남도 무안군 이로면二老面(藤木氏), (경작면적) 수전水田 50두락(2정 보), (노동력) 2인, (비고)2정보를 경작하는 자는 대개 대농大農이지만, 실제로는 일정하지 않다. 50두락을 경작하려면 2인의 노동력 외에 다망多忙할 때는 일고日雇 를 이용한다.
　　사례 5: 전라남도 나주, (경작면적) 수전 10두락 내지 20두락(4반보反步 내지 8 반보), (노동력) 2인 내지 3인, (비고) 노동자 1인으로 수전은 7두락, 전畑은 3~5 두락 경작한다.
　　사례 20: 경상북도 경주군 아화阿火, (경작면적) 수전 40두락(2정보), (노동력) 2인, (비고) 이 땅에서는 1인이 10두락을 경작하는 것이 보통이다.
　　사례 21: 경상북도 안동, (경작면적) 수전 40두락 전畑 20두락(2정보), (노동력) 2인, (비고) 위의 반별反別을 경작하는 농가는 대농大農으로 번망繁忙할 때 일고를

사를 기준으로 최소 자작지 2정보 이상을 경영하는 농가는 고용노
동력에 의존해 쌀을 상품으로 생산하는 부농, 즉 광작부농으로 분류
할 수 있다.

그러면 광작부농은 어느 정도 존재하였을까? 이 문제를 해명하
려면 우리는 광무양안에 나타나는 광작부농의 다음과 같은 특징에
유의할 필요가 있다. 광무양안을 이용한 연구에 따르면, 광작부농은
거의가 자작농이거나 자작지주 또는 자작지를 많이 보유한 자소작
농이었고, 순소작농이나 소작지의 비중이 큰 소자작농인 경우는 거
의 없거나 예외적인 존재였다.[54] 요약하면 이 시기의 광작부농은 경
영규모와 소유규모가 거의 근접하는 특징을 보였다.

이러한 특징은 두 가지 조건에서 비롯되는 것으로 생각된다. 첫
째는 소작농민의 권한이 전반적으로 강화되어 차지借地 확대로 경영

사용한다.

사례 22: 경상남도 영산, (경작면적) 수전 10두락 전畑 10두락(5반보), (노동력)
1인, (비고) 경우耕牛 1두頭를 사역使役하여 위의 반별反別을 경작한다.

사례 23: 경상남도 창녕, (경작면적) 수전·전畑 합쳐 15~20두락, (노동력) 2인,
(비고) 경우耕牛 1두를 사역하여 상기 반별을 경작한다."

(역축役畜) 경상남도 영산 부근: 대농大農(비교적 부유한 농가를 의미-필자)은
1두씩 사육해도, 소농 또는 소작농은 구입할 자력이 없어 수호 공동으로 지주에게
빌리는 경우가 많다.

경상북도 현풍: 대농은 모두 소를 사육하지만 소농 또는 소작인은 사육하지 못
하고 경작시 축우를 빌려 사용하고 그 대가를 노동력으로 반제하는 관습이 있다.
(같은 책, 387쪽)

위의 자료를 종합하면, 집안에 2인의 성인 노동력과 역축을 보유한 농가가 자가
노동력에 의존하고 바쁠 때 부분적으로 일고를 고용해 경작할 수 있는 최대 규모
는 2정보가 된다. 따라서 경작규모가 2정보를 넘게 되면 고용노동력에 보다 많이
의존할 수밖에 없게 된다.

54) 金容燮, 〈光武年間의 量田 地契事業〉, 《韓國近代農業史研究》 증보판 하, 1968, 368쪽;
李榮薰, 〈光武量案의 역사적 성격-忠淸南道 燕岐郡 光武量案에 관한 사례분석〉, 《근
대조선의 경제구조》, 1989; 李榮昊, 〈대한제국시기의 토지제도 및 농민층 분화의 양
상-京畿道 龍仁郡 二東面 光武量案과 土地調査簿의 비교분석-〉, 《韓國史研究》 69,
1990.

규모를 늘리기가 곤란하였던 점, 둘째는 농민층 분해의 급속한 진전과 지주경영의 악화로 방매되는 토지가 많아 지가가 저렴하고 또 그 상승률도 곡가의 상승률에 비해 완만하였던 점이다.55) 곧 기존 작인의 저항으로 차지 확대는 쉽지 않았던 것과 달리, 부농경영의 수익성에 견주어 지가나 그 상승률이 상대적으로 낮은 수준에 머물렀기 때문에, 부농들의 경영규모 확대는 소유지의 확대로 전개되었다고 볼 수 있다. 또한 아래로부터 광작경영이 성장하는 위의 경우와는 달리, 위로부터 즉 항조투쟁의 발전에 대처하고자 지주제를 광작경영으로 전환하게 되는 데서도 소유규모와 경영규모가 근접하는 특징이 생겨나기도 하였다.56)

여하튼 이러한 특징을 이용해 3정보 이상의 토지를 소유한 자들로부터 일정하게 광작부농을 추출해 볼 수 있다. 이 방법으로 이 시기의 광작부농의 성장 정도를 추정하는 데 이용될 수 있는 자료로는 1913년에 작성된 경상북도의《권업통계서勸業統計書》가 유일하다. 이 자료는 그 작성 시기나 기술 방법으로 미루어 1911년에 작성된 결수연명부를 군별로 집계하고 재정리한 것이라 보아도 무방하다. 1911년의 결수연명부는 1909년 하반기부터 3차례 이상의 지주 조사를 실시해 작성된 것이므로 양안과는 달리 토지의 실소유자에 대한 파악이 정확하다.57) 그러나 토지면적에 대한 파악은 아직 결부나 두락을 단보로 환산하는 방식을 사용하였기 때문에 실면적과 불일치

---

55) 都漢基(19세기, 성주 거주, 향리),《邑誌雜記》. "(田土) 土價在前則每壤一斗地爲五六十兩 而自丙子以後不過一十兩內外 而又無買土者 瘠土雖使代小耕食而人皆不願 四境之內陳廢者相望 其故何哉 盖有於農無其利也 結弊多而賦稅用重……富者多其土而人不竝耕 貧者竝其耕 而全無剩利 (物價) 市廛百物貴則價高賤則價歇 卽理之當也 而近來物價 貴則極高賤亦不歇者 何也."

56) 李世永,〈18·19世紀 兩班土豪의 地主經營〉,《韓國文化》6, 1985.

57) 裵英淳,《韓末 日帝初期의 土地調査와 地稅改正에 관한 硏究》, 서울대 박사논문, 1987, 139~146쪽.

하는 한계, 달리 말하면 광작부농의 성장 정도를 실제보다 과소평가하는 한계를 지니고 있다.

이 자료에는 50두락, 즉 2.5정보 이상을 소유한 자가 전부 '지주'로 기록되어 있다. 그러나 당시 2.5정보 이상을 소유한 이라도 모두 지주는 아니었다. 광무양안을 분석한 연구에 따르면, 2.5정보 이상을 소유한 자 가운데 소유규모 이상의 경영규모를 가진 자가 소유규모 미만의 경영규모를 가진 자보다 훨씬 많았고, 경영규모가 확대될수록 소유규모와 경영규모가 거의 근접하는 양상을 보였다.58) 따라서 이 자료의 50두락 이상 소유자 가운데는 상당수의 자작부농과 부농으로 분류될 수 있는 지주(을), 곧 소유지의 대부분을 소작시키고 일부를 자작하는 지주도 포함하고 있다고 보아야 한다.

여기서 먼저 자작부농을 추출해 보자. 이 자료에 나타나는 50두락 이상 소유자수는 총 10,356명이었다. 1920년까지 지주수가 다소 증가하였을 것이나 일단 변동이 없었다고 가정하면 10,356명에서 1920년도의 지주수를 제한 나머지가 자작부농이 된다. 그 수는 3,453명이었다. 다음으로 부농경영에 분류될 수 있는 지주(을)을 추출해 보자. 지주(을)은 소작조건이 지주에게 불리할수록 확대되는 경향이 있다. 1920년의 소작조건이 1912년보다 훨씬 지주에게 유리

---

58) 李榮薰, 앞의 글(1989). 연기군에서는 2~3정보 이상을 경영하는 자 가운데 소유규모가 경영규모 미만인 층이 차지하는 비율은 27퍼센트였음에 견주어, 소유규모와 경영규모가 일치하거나 소유규모가 더 큰 경영자가 차지하는 비율은 73퍼센트에 달했다. 이영호의 연구에 따르면 용인군에서는 2~3정보 이상을 경영하는 자 가운데 소유규모가 경영규모 미만인 층이 차지하는 비율은 42퍼센트였고, 소유규모가 경영규모와 일치하거나 더 큰 층은 58퍼센트를 점했다. 그러나 이영호의 연구에서도 소유규모가 경영규모에 미달하는 층의 65퍼센트는 1~3정보의 토지소유자들로 소유와 경영규모 사이의 차이가 크지 않았으며, 나머지 35퍼센트만이 1정보 미만의 소유자들로서 소유와 경영에 큰 차이를 보였다. 따라서 용인군에서도 실질적으로 소유보다 경영규모가 월등히 큰 층은 2~3정보 이상의 경영자 총수에서 14퍼센트 정도를 차지했다고 할 수 있다.

했으므로 지주(을)의 수는 감소하였다고 볼 수 있다. 그러나 그 정도를 알 수 없으므로 1912년의 지주(을)의 수가 1920년과 동일하다고 가정한다. 이 전제 아래에서 광무양전의 분석 결과를 이용하면 지주(을) 가운데 약 25~31퍼센트 정도가 부농경영에 해당한다.[59] 이 계산에 따르면 부농형 지주(을)은 1,855명 내지 2,300명이 존재하는 것이다. 이 양자를 합친 광작부농의 총수는 대략 5,308호 내지 5,753호 정도로 추산된다.

이렇게 하여 추출된 광작부농의 지역분포를 보면, 〈표 2-6〉에서와 같이 우선 거의 모든 군현에서 그 존재가 확인된다. 그러나 총농가호수에 대한 광작부농의 비율은 군현별로 크게 차이가 난다. 군현별로 광작부농의 비율을 보면, 고령·성주·대구·경산·칠곡·선산·상주·안동 등 낙동강 연변의 7개 군현을 제외하고는 대개 그 수치가 낮다. 이러한 현상은 7개 군현 이외 지역에서의 광작부농의 성장은 제한적이었음을, 달리 말해 상업적 곡물 생산의 발전이 제한적이었음을 나타낸다. 이러한 현상은 나머지 지역들이 낙동강 수운을 이용할 수 없었던 점을 고려하면 당연한 것이었다. 당시 장거리 곡물운송은 전적으로 수운에 의존할 수밖에 없었던 까닭에, 낙동강 수운을 이용할 수 없을 경우 이들 지역에서 발전시킬 수 있는 곡물의 상품생산은 고작해야 군현 내 또는 인접 군현 사이에 형성된 국지적 곡물시장만을 대상으로 한 것뿐이었다. 따라서 광작부농의 성장도 제한적이지 않을 수 없었다.

이와 달리 낙동강 인근 7개 군현에서는 국지적 시장뿐만 아니라

---

59) 李榮薰, 앞의 글(1989); 李榮昊, 앞의 글(1990). 연기군의 경우 지주 가운데 2~3 정보 이상의 토지를 소유한 자는 총 161명이며, 그 가운데 경영규모가 2~3정보 이상인 지주는 51명이었다. 용인군의 경우 2~3정보 이상을 소유한 지주는 16명이었고, 그 가운데 경영규모가 2~3정보 이상인 지주는 4명이었다. 전자에서 지주(을)형 부농이 점하는 비율은 약 31퍼센트이고, 후자에서는 약 25퍼센트이다.

낙동강 수운을 이용해 상주나 대구 등의 대도시 시장과 부산, 원산 등의 원격지 시장, 나아가 대일 수출시장까지 곡물을 운송 판매할 수 있었고, 또한 그만큼 광작부농이 성장할 수 있는 기반도 넓었다고 할 수 있다. 광작부농은 이 지역에서 집중적으로 형성되었는데, 〈표 2-6〉을 보면 실제 이들 7개 군현에 도 전체 광작부농의 70퍼센트가량이 집중해 있고, 전체 농가에서 부농층의 비율도 월등히 높다.

광작부농지대라 할 이들 지역에서 부농층이 총농가호수에서 차지하는 비중은 어느 정도였을까? 〈표 2-6〉을 보면, 7개 군현의 부농층의 비율은 다양한 편차를 나타낸다. 경산은 10퍼센트를 웃돈 것과 달리, 성주나 대구는 1퍼센트에 머물렀다. 농업환경에서 뚜렷한 차이를 발견할 수 없는 7개 군현에서 이러한 편차가 나타나는 가장 큰 원인은 앞서 지적한 바와 같이 결수연명부가 결부나 두락에 따라 토지면적을 산출하였기 때문이라 생각된다. 곧 결수연명부는 토지면적에 관한 한 주로 구한말의 징세대장에 의존할 수밖에 없었다. 그러나 구한말의 징세대장은 담세자의 저항으로 실질적인 소유면적이나 경영면적을 정확하게 파악하기 어려웠고, 징세대장에서 파악하고 있는 면적과 실제 면적 사이의 격차는 토지등급에 따라 군현별로 매우 상이하였다.[60] 이 점은 이 자료에서 조사된 소작지율이나 절대면적이 1920년대에 견주어 현저히 낮고, 그 격차가 군현별로 다르다는 사실에서 확인된다.

이 점을 감안하여 다시 〈표 2-6〉을 보면 6개 군현 가운데 1920년의 통계와 비교해 특히 편차가 큰 지역은 성주, 선산, 상주 등지이다. 이들 지역의 경우 1912년의 자료는 1920년의 자료의 절반 수준

---

60) 그 원인은 토지소유자나 경영자가 조세부담의 가중을 우려해 분록分錄이나 대록代錄 등의 방법으로 자신의 소유규모나 경영규모를 가능한 한 축소하고 비과세지非課稅地로 만들려고 하였기 때문이었다[李榮薰, 앞의 글(1989) 참조].

표 2-6. 경상북도 광작부농의 군별 분포(단위: 호, %)

郡	50두락 이상 소유자 수 (1912)	지주 총수	지주(을) (1912)	자작부농 주정수 (1912)	지주(을) 부농 주정수 (1)	지주(을) 부농 주정수 (2)	광작부농 주정수 (1912) (1)	광작부농 주정수 (1912) (2)	총 농가 호수에 대한 비율 (1910) (1)	총 농가 호수에 대한 비율 (1910) (2)	논 1912년 소작지/1920년 총경지	논 1920년 소작지/1920년 총경지	밭 1912년 소작지/1920년 총경지	밭 1920년 소작지/1920년 총경지
대구	715	577	343	138	86	106	224	244	1.0	1.1	48.3	58.5	36.1	54.9
군위	227	155	153	72	38	47	110	119	1.2	1.3	25.1	56.4	14.8	36.4
의성	319	843	828		207	257	207	257	1.0	1.3	30.4	68.1	13.0	57.1
안동	516	373	345	143	86	107	229	250	1.2	1.3	45.9	56.7	32.2	56.1
청송	427	271	271	156	68	84	224	240	2.4	2.5	23.1	40.6	9.8	28.0
영양	383	244	215	139	54	67	193	206	3.6	3.9	29.0	49.9	14.2	36.8
영덕	319	212	202	107	51	63	158	170	1.7	1.8	25.3	47.8	15.5	34.3
영일	369	374	316		79	98	79	98	0.5	0.6	29.0	52.3	21.3	35.0
경주	732	832	740		185	229	185	229	0.7	0.9	38.2	48.1	26.4	36.9
영천	413	291	273	122	68	85	190	207	1.2	1.3	35.2	55.5	15.6	54.5

지역													
청산	1,367	225	212	1,142	53	66	1,195	1,208	10.3	10.4	46.8	68.7	38.1	57.7
청도	347	67	67	280	17	21	297	301	2.1	2.1	59.9	58.3	43.7	52.3
고령	579	123	122	456	31	38	487	494	5.9	6.0	48.4	58.2	43.3	41.9
성주	228	126	123	102	31	38	133	140	1.0	1.1	26.1	62.1	8.5	48.5
칠곡	526	263	222	263	56	69	319	332	3.3	3.4	43.2	58.7	26.9	53.6
김천	376	420	377		94	117	94	117	0.5	0.7	36.9	49.7	19.0	44.3
선산	328	148	135	180	34	42	214	222	2.1	2.2	27.9	53.0	19.1	46.0
상주	849	696	612	153	153	190	306	343	1.3	1.5	31.3	54.0	20.2	50.2
문경	317	349	338		85	105	85	105	0.7	0.9	47.7	66.2	36.9	58.0
예천	373	552	531		133	165	133	165	1.1	1.4	30.0	48.0	6.3	56.7
영주	530	439	393		98	1122	98	122	0.8	0.9	43.7	57.4	25.2	53.9
봉화	116	686	601		150	186	150	186	1.9	2.4	19.1	59.1	20.0	58.3
합계	10,356	8,270	7,420	3,453	1,855	2,230	5,308	5,753	1.7	1.9	37.5	56.5	24.0	48.6

① 1912년 통계는 《경상북도 권업통계서》 9-11쪽에서 정리함. 단 1920년 통계와 비교할 수 있도록 1913년의 군제통합 방침에 따라 합산하였음(예: 군위군, 의흥군→군위군).
② 1920년 통계는 《경상북도 농무통계(大正9年)》에서 정리함.
③ 지주(을) 부농 추정수(1)은 [지주(을) 중수×25%]한 것이고, 동(2)는 [지주(을) 중수×31%]한 것임.
④ 광작부농 추정수(1)은 지주(을) 부농(1)과 자작부농을 합친 것이고, 동(2)는 지주(을) 부농(2)와 자작부농을 합친 것임. 중농가 호수에 대한 비율도 동일함.

에 머물고 있다. 따라서 이 자료를 이용하는 한 이들 지역의 부농경영의 존재는 실제보다 훨씬 적게 파악될 수밖에 없다. 이 점을 감안하면 성주, 선산, 상주 등지에서도 최소한 전체 농가의 3~4퍼센트에 해당하는 부농층이 존재한 것으로 추정할 수 있다.

　　이와 관련해 주목할 것은 고령군의 통계다. 위의 7개 군현 가운데 1912년과 1920년 사이에 소작지율에서 큰 변화가 없었던 지역은 고령과 경산이었다. 이 두 지역 가운데 1895년부터 1910년 사이에 농업변동이 상대적으로 크지 않았던 지역이 고령이었다. 경산은 경부선의 개통을 계기로 일본인 농장이 대거 개설되고 쌀과 콩의 상품생산이 급속히 확대되는 등 러일전쟁 이후 농업변동이 격심하였다. 이에 견주어 고령은 교통조건에서 특별한 변동이 없었다. 따라서 고령의 통계가 비교적 당시의 실태에 가깝다고 볼 수 있는데, 이곳 부농층의 비중은 5.9퍼센트였다.

　　또한 고려할 것은 자작부농과 지주(을) 부농 외에도 이 자료로는 파악할 수 없는 소자작 부농이 존재하였다는 사실이다. 참고로 1923년에 조사된 경상북도의 경영규모별 농가통계를 보면, 3정보 이상 경작농가에서 자작농이 2,845호, 자소작농이 6,563호, 소작농이 4,803호였다.[61] 물론 순소작농은 5정보 이상을 경작해야 부농이 될 수 있으므로 극히 소수만 부농층으로 분류될 수 있었겠지만, 자소작농 가운데는 일정 정도 부농층이 형성되어 있었다고 볼 수 있다.

　　지금까지 나온 사실을 종합하면, 일제강점을 전후한 시기에 미곡을 상품화할 수 있었던 도시 및 수공업 촌락 인근과 낙동강 연변 등 광범한 지역에서 광작부농경영이 성장하였고, 특히 낙동강 수운을 이용해 미곡의 상품생산을 발전시킨 고령·성주·대구·경산·칠곡·선

---

61) 善生永助, 《朝鮮의 小作慣習》, 1929, 23쪽.

산·상주 등지에서는 최소한 총농가호수의 5퍼센트 전후를 차지하는 광작부농경영이 존재하였던 것으로 추정된다. 또한 이들 지역에서는 50두락 이상을 소유한 상층 소유자 가운데서 부농층이 차지하는 비율이 50퍼센트를 상회하였고, 부농들의 경작면적이 전체 경작면적에서 차지하는 비율이 낮게 잡아도 20퍼센트 이상이었다. 러일전쟁 이후 곡물의 상품생산이 급속히 확대된 점을 고려하더라도, 면업의 궤멸로 국내 시장이 축소된 점과 5퍼센트라는 수치가 과소평가에 근거해 산출된 점을 감안하면, 갑오농민전쟁 직전까지 도달한 부농경영의 성장 수준 또한 그 정도로 평가해도 크게 틀리지 않을 것이다.

한편 면작지대에서는 광작부농보다 면업부농이 더 많았다. 면작지대의 부농경영을 판별하는 기준은 미작지대의 그것과 다를 수밖에 없었다. 면화나 대마, 양잠 등 섬유원료를 재배할 경우 곡물 재배보다 훨씬 많은 노동력을 집약적으로 투입해야 했고, 단위 면적당 수익도 곡물 재배에 견주어 배 이상이 되었기 때문이다.[62] 면작지역에서는 우선 섬유작물 재배 여부가 부농경영을 판별하는 한 기준이 될 수 있었다. 상업적으로 면화를 재배하려면 제초작업에 소요되는 많은 노동력을 고용할 능력이 있어야 하고, 또한 연작連作이 어려웠기 때문에 경작지도 일정 규모 이상을 확보할 필요가 있었다. 따라서 이러한 조건을 갖추기 어려웠던 소빈농들은 비록 생산조건이 적합한 지역에서 농사를 짓더라도 상업적으로 면화를 재배하기 어려웠다. 마쓰다의 보고를 보더라도 주요 면작지에서 면작호 비율은 대부분의 지역이 30퍼센트 미만이었고, 안동·현풍·상주·함창 등지만 50퍼센트를 웃돌았다.

그러나 면작호라 하여 모두 부농경영은 아니었다. 부세 납부나

---

62) 李潤甲, 앞의 글(1986).

면포의 자급을 목적으로 면화를 재배하는 농가도 상당수 있었기 때문이다. 면작호 가운데서 부농경영으로 분류될 수 있는 농가는 대개 직포업을 겸영했던 농가라 생각된다. 부를 축적하려는 상품생산에서는 면화보다는 면포가 훨씬 유리했기 때문이다. 그러나 면직호라 하여 전부 부농경영이라 볼 수는 없었다. 면직호 가운데는 자급용으로 면포를 생산하는 농가도 있었기 때문이다. 이들 농가는 농가 부업 수준에서 직포업을 겸했다고 볼 수 있다. 따라서 농가부업의 생산규모를 파악할 수 있다면 면업부농의 존재를 파악하는 것도 가능할 것이다.

농가부업으로 생산할 수 있는 면포의 양은 어느 정도였을까? 농가부업은 여성이 농업노동에 종사하면서 면포를 생산하는 경우와 전적으로 면포 생산에만 종사하는 경우로 나누어 볼 수 있다. 전자는 여성들이 농한기를 이용해 면포를 생산하는 것으로, 당시 여성들은 밭농사와 가사노동을 전담하고 남성들이 중심이 된 논농사를 보조해야 했기 때문에, 노동시간을 빼고 직포에 전념할 수 있는 시간은 길어야 5개월을 넘지 않았다. 베 1필을 짜는 데 통상 23일이, 숙련공이라 해도 16일이 소요되었으므로, 이 경우 여성들이 생산할 수 있는 면포는 호당 5~6필, 숙련공이라 해도 10필이 한계였다.[63] 이와는 달리 후자는 여성이 농사를 짓지 않고 전적으로 직포에만 전념하는 경우로, 연간 생산량은 10필에서 20필 정도였다. 이 경우 가내에는 반드시 가사노동을 담당하는 또 다른 여성노동력이 있어야 했는데, 당시 농가의 가족구성으로 보아 이러한 농가는 흔치 않았다. 여하튼 농가부업생산의 경우 드물게는 호당 20필까지 생산하기도 했지만 대개는 호당 5~10필 정도의 면포를 생산하였고, 그 가운데

---

63) 權丙卓, 〈李朝末期의 織物手工業〉, 《韓國經濟史 特殊研究》, 영남대 산업경제연구소, 1972, 146쪽.

서 자가소비분과 부세를 빼고 상품으로 판매할 수 있었던 잉여분은
5~6필 정도였다.

따라서 면작지대에서 자가로 면화를 생산하면서 호당 10필 이상
의 면포를 생산 판매하는 농가는 상품생산을 위해 임노동을 고용했
다고 볼 수 있고, 호당 20필을 넘을 경우 자가노동보다 임노동에 더
의존해 상품을 생산하는 부농경영이라 단정해도 큰 무리는 없을 것
이다. 마쓰다의 보고에 따르면, 호당 평균 생산고가 20필을 상회하
는 면업지는 자인·의성·풍기·함창·상주 등지였고, 그 가운데 함창,
상주 등지는 30~40필을 상회하였다. 따라서 이들 지역에는 다수의
면업부농이 형성되어 있었다고 할 수 있다. 또한 면직호 가운데 농
가부업호가 상당수 포함되었을 것이므로 부농경영의 호당 생산량은
평균생산량보다 훨씬 많았을 것이고, 따라서 단위 부농경영당 고용
된 임노동자도 다수였을 것으로 생각된다. 이러한 부농은 마쓰다의
경유지에서 빠져 있던 청도·고령·성주·대구·칠곡(인동)·김천(김산·개
령)·비안·군위(의흥)·예천(용궁) 등지에서도 다수 형성되었을 것이다.
권병탁의 연구에 따르면, 19세기 후반 이 지역에는 각종 직물을 생
산하는 공장제 수공업공장이 면업 중심지에 여럿 존재하였고, 그것
이 가장 번성한 시기는 갑오농민전쟁 직전 시기였다.[64]

면업에서 부농경영이 발전할 수 있었던 이유는 당시 면업이 어
느 정도의 이윤을 남길 수 있었는가를 살피면 쉽게 이해된다. 당시
의성 지방의 경우 면포 1필의 가격은 상품이 1400문, 중품이 900문,
하품이 600문이었다. 이에 견주어 면포 1필을 생산하는 데 드는 생
산비는 원료 면화값 250문과 직공임 290~310문(면포 가격의 1할+식사
비)과 약간의 생산용구 생산비 정도였다.[65] 따라서 낮게 잡아도 면

---

64) 權丙卓, 앞의 책, 172~187쪽.
65) 松田行藏, 앞의 책, 58~59쪽. 면포 1필을 짜는 데 실면 10근이 소요되고, 총 150

포 1필당 상품은 약 800문, 중품은 400문, 하품은 100문의 이익을 남길 수 있었다.

임노동자를 고용한 상품생산, 즉 부농경영은 마포나 견직물 생산에서도 발전하였다. 마포 생산이 발전한 안동 지방에서는 베틀이나 물레를 여러 대 설치해 두고 직공을 고용해 대량으로 마포를 생산하는 공장제 수공업공장이 다수 존재하였다.[66] 농가부업으로 생산할 수 있는 견포량의 최대 한계는 4필이었는데, 견직업이 가장 발전하였던 함창에서는 호당 평균생산액이 34필에 달했다(〈표 2-5〉 참조). 임노동자를 고용해 전업적으로 상품을 생산하는 부농경영이 함창에 상당수 존재했음이 틀림없다. 율전촌에 관한 기록에서 이러한 양상을 보다 구체적으로 확인할 수 있다. 이 부락에는 총 30호가 거주했는데, 명주를 생산하는 견직가와 6호의 직공호가 있었다. 견직가들은 호당 평균 5말의 고치를 생산하였고 직공호를 고용해 8~10필의 명주를 생산해 상주시에 판매하였다.[67]

이와 같이 개항 이후 사회적 분업과 상업적 농업이 한층 발전하는 가운데 농촌사회에는 비록 그 구체적 존재형태를 달리하긴 했지만 미작지대나 면작지대 모두에서 부농경영이 발전하고 있었고, 그들이 농업생산에서 차지하는 비중도 확대되고 있었다. 부농들은 경영규모를 확대하였으며, 특히 관개가 편하고 농사가 잘 되는 비옥한 토지를 차지하려고 노력하였다. 그로 말미암아 소빈농층의 경작지는

문의 식대가 지출되는 것으로 계산하였다. 梶村秀樹는 1일 식대를 쌀 5홉과 그에 준하는 부식대를 합쳐 총 18문으로 계산하였다(梶村, 앞의 글). 그러나 그 비용이 과도하게 책정된 점, 그리고 피고용자가 여성인 점을 고려하면 1일 식대는 12문 정도가 적정할 것으로 생각된다. 이렇게 보면 베 1필을 직조하는 데 숙련노동자일 경우 평균 13일 정도가 소요되었으므로 총 식대는 150문 내외였다고 할 수 있다.

66) 權丙卓, 앞의 글(1972).

67) 松田行藏, 앞의 책, 200~202쪽.

척박한 토지나 포락지浦落地로 밀려났고, 그 경영규모 또한 영세해져
갔다. 역축, 농구, 종자 등 토지 이외의 주요 생산수단 보유에서 불
균등도 심화되어 소빈농층은 부농이나 지주에게 점점 더 의존하게
되었고, 그로 말미암아 고리대적 수탈을 감내해야만 하였다. 부농들
의 성장은 소농층을 빈농이나 농업노동자로 몰락시키고 농업경영에
서 구축해 갔다.

다른 한편 대원군 정권이 단행한 부세제도의 개혁으로 다소 부
담이 완화되긴 했지만, 부농층이 부담해야 할 부세가 소빈농층에게
전가되는 사태도 여전히 계속되었다. 대원군 치하에서 단행된 부세
제도 개혁은 많은 한계를 안고 있었다. 당시 부세제도 개혁에서 가
장 주목받았던 호포법도 군포 징수의 불균등을 근본적으로 해소할
수 없었다. 호포법이 시행되자 요호부농층은 아예 누호漏戶나 발호拔
戶가 되는 방법으로 군역세를 모면하려 하였다. 그로 말미암아 가좌
家座를 조사할 때마다 군역호는 감축하였고, 결국 1890년대가 되면
소빈농층의 군포부담이 호포법 시행시점에 견주어 다시 배 이상 증
가하였다.[68] 전세의 불균등을 바로잡고자 실시한 양전사업도 성주
나 청도군과 같이 호강豪强의 위탈僞脫을 더욱 확대시켜 도리어 전세
의 불균등을 심화시키는 경우도 많다.[69] 그리하여 비옥한 토지를
소유하고 있는 요민饒民이나 호민豪民들이 향리와 결탁해 전세 감면
의 혜택을 독차지하고, 그렇게 전가된 전세를 포락지浦落地나 황무지
개간으로 연명하였던 소빈농층이 부담하는 모순도 계속되었던 것이
다. 이러한 사태는 부세의 결세화가 진전될수록 더욱 확대되어 갔다.

---

68) 都漢基,《管軒集》卷18, 對三政策. "自戶布之後 每年春秋之納 逐世增加 民多呼怨 此曷故
也 必以其布名之添付 戶摠之減縮故也……戶摠胡爲而減縮也 家座之時 有洞里漏拔戶居多而
然歟."
69)《日省錄》高宗 5年 4月 6日. 慶尙左道 暗行御使 成彛鎬進書啓.

그 결과 개항 후 부농경영은 더욱 성장하였지만, 그로 말미암아 소빈농층의 몰락은 한층 급속해지고 광범위해졌다. 소빈농층의 이러한 몰락과정에 대해 성주 지방의 향리를 역임하였던 도한기都漢基는 갑오농민전쟁 전년도에 작성한 삼정책에서 소작빈농들은 척박한 토지를 경작하게 됨에 따라 소작료가 낮아도 부세가 조금만 무거우면 감당할 수 없게 되어 결국 "폐농하고 행상으로 유리(廢農而趨末)"하게 된다고 하였다.70) 물론 농업경영에서 몰락하거나 구축된 농민이 전부 농촌을 떠나 '추말趨末'하거나 유민이 되는 것은 아니었다. 그들 가운데 많은 부분은 반半프롤레타리아 상태로 농촌에 머물면서 부농에게 노동력을 팔고 생계를 꾸려갔다. 앞서 소개한 함창 율전촌의 직공호가 그러한 경우였다. 그러나 농촌에서 일자리를 찾지 못하고 '추말' 또는 유망하는 농민이 더 많았다. 농업에서 구축된 빈농층이 소금, 물고기, 쌀, 연초 등을 영세하게 행상하는 농촌소상인으로 성공한다는 것은 거의 불가능한 일이었다. 그들 앞에 놓여있는 길은 거지가 되어 유랑하거나 아니면 화적火賊이 되는 것이었다.71)

이와 같은 소농민의 몰락 과정과 관련해 19세기 말 이 지역에서도 화적이 일정한 세력을 형성하기 시작하였다는 사실이 주목된다. 경상북도에서 화적이 출몰하기 시작한 시기는 1880년대 초반이라

---

70) 都漢基,《邑誌雜記》田土. "瘠土卽雖使代小耕其食 而人皆不願 四境之內陳廢者相望 其故何哉 皆由於農無其利也 結弊多而賦稅用重 錢路貴 而容入卽倍 富者多其土而人不幷耕 貧者幷其耕而全無剩利 凶年卽穀無收而但徵其稅 樂年卽計其出而未滿所入 奈之何不廢而其農哉……余別有賦稅論一篇 以設其廢焉."

都漢基,《管軒集》卷18, 對三政策 癸巳. "蓋其租稅 不主於頃畝而惟以結負載之簿書 法久弊生 官不能盡察 民不能盡知 而猾胥奸氓 漏落欺隱 以之愈久而愈甚也……今所謂書員看坪初不踏驗徒從簿書移來移去增衍傳盜 災傷而不得蒙減 陳廢而徒然出稅 上有溢減之惠而下不得究焉 吏有肥己之奸 而官不得察焉 如是而愚民安得不重其稅而棄其田乎 不獨此也 國家之經費逐年增加 各邑之收斂類多幷例 每結賦稅昔爲十餘兩者 今爲五六倍焉 貧者卽無其田而幷耕 半分之穀不能爲賦稅之資故 皆爲廢農而趨末焉……奈之何 民不窮且盜也."

71) 朴贊勝,〈活貧黨의 活動과 그 性格〉,《韓國學報》35, 1984.

추정된다.[72] 1890년대 초반이 되면 안동, 김산, 봉화 등지에서 이미 세력을 형성하게 되고,[73] 활동이 본격화되는 것은 1900년을 전후한 시기였다. 화적이 큰 세력을 형성하고 활동하였던 지역을 보면 상주·선산·성주·대구·청도·경산·경주·영천 등지였다.[74] 《사법품보司法稟報》를 검토하면 1897년부터 1906년 사이에 경상북도에서 활동하다 체포되거나 이 지역 출신으로 신원이 확인되는 화적이 약 140여 명이다. 이들의 출신지를 보면 경주·대구·안동·상주·성주·비안·예천·흥해·자인·영천·신령 등지였다. 화적이 되기 전의 직업은 행상이 가장 많고 그 다음이 고용살이, 농사 순이다.[75] 화적이 다수 배출되거나 활동한 군현들은 대부분이 쌀과 콩 등 곡물의 상품생산이 발전하고, 광작부농이 발달한 지역이었다.

　이 시기에 와서 화적이 세력을 형성하게 되는 새로운 사회현상이 나타나게 된 것은 개항 이후 상업적 농업이 더욱 발전하면서 농민층 분해가 한층 더 심각하게 진행되고 있음을 반영하는 것이었다.

---

72) 《日省錄》 高宗 卷20, 癸未 8月 23日. 副護軍許穰疏. 209쪽. "疏略曰 臣是嶺人貫於嶺治之得失 嶺民之不得聯生者 不一其端 其貪鄙之甚者卽 奸吏爲之助惡百端舞弄 重之其結 役戶布 其弊滋大……所謂火賊唐年猶且不熄 況當凶年其勢百倍 彼若十而爲百 百而爲千卽 安知黃巾赤眉 不有於其間乎."

73) 《備邊司謄錄》 高宗 29年 5月 6日.

74) 《皇城新聞》 1899년 12월 26일자(성주 화적), 1900년 4월 16일자(상주 활빈당), 1901년 6월 20일자, 8월 31일자, 9월 1일자, 9월 7일자, 9월 11일자, 9월 12일자(경주·영천·청도·경산 등지의 화적 또는 활빈당), 1901년 3월 4일자(대구·선산 화적), 1902년 5월 22일자(상주 화적), 1902년 6월 4일자(성주 화적) 기사 참조. 1903년 이후 화적의 활동은 안동·비안·영천·풍기·순흥·예천·예안·지례·개령·금산 등지로 확대된다.

75) 《司法稟報》(1897~1907)에서 확인되는 경상북도 출신 화적의 군별 분포를 정리하면 다음과 같다(괄호 안은 화적수).
　　경주(18), 대구(16), 안동(12), 비안(11), 상주(9), 성주(9), 예천(8), 흥해(6), 영천(5), 신령(5), 자인(5), 김천(5), 의성(4), 풍기(4), 용궁·선산·문경·함창·군위·의흥·인동(각 2), 평해·청도·경산·칠곡·영덕·풍기·고령·하양·개령·청송(각 1).

2) 봉건적 수탈의 확대와 갑오농민전쟁

　개항 이후 사회적 분업이 확대되고 외국 무역이 급증하는 가운데 그 발전이 한층 가속된 상품화폐경제는 도처에서 부농경영을 발전시켰지만, 동시에 다른 한편에서는 지배층의 봉건반동을 촉발하는 계기가 되었다. 봉건지배세력들은 토지겸병을 확대하고 지주제를 강화하였으며, 각종 수단을 동원해 부세 수탈을 확대하려 하였다.

　그러나 봉건지배층이 수탈을 강화하는 데는 많은 제약이 따랐다. 무엇보다도 가장 큰 제약은 임술농민항쟁을 계기로 급속히 발전해 간 반봉건투쟁으로 말미암아 그 수탈을 매개할 신분제적 지배력이 급속히 약화 내지 와해되어 간 것이다. 그 지배력을 누구보다 급속히 상실해 간 계층은 물리적 지배력이 제한적이던 재지사족들이었다. 임술항쟁과 대원군의 토호 무단징치, 서원 철폐, 호포법의 단행 등으로 재지사족의 지배력은 크게 약화되었다. 호포법이 시행되자 피지배층은 "양반 또한 우리와 같이 호포를 내는데 어찌 차등이 있을 수 있겠느냐"며 양반의 권위에 대항하였다. 이에 대해 재지사족들은 경전강회와 향음례 등을 빈번히 개최하면서 자신들의 결속력을 높이고, 나아가 동약, 향약 등으로 신분제적 향촌질서를 회복하려 안간힘을 다했지만, 급속히 성장하는 피지배층의 반봉건투쟁을 감당하기에는 역부족이었다.[76)]

　그러나 권력에 진출할 수 없었던 재지사족들과는 대조적으로 왕실과 양반관리 및 군현에서 직접 행정을 전담하는 향리, 향임, 군교

---

76) 고석규, 〈19세기 전반 향촌사회세력간 대립의 추이-경상도 영양현을 중심으로〉, 《국사관논총》 8, 국사편찬위원회, 1989; 정진영, 〈18·19세기 사족의 촌락지배와 그 해체과정〉,《조선후기향약연구》, 1990; 〈19세기 향촌사회의 지배구조와 대립관계〉, 《1894년 농민전쟁연구 1》, 한국역사연구회, 1991; 김인걸, 〈조선후기 향촌사회변동에 관한 연구〉, 서울대 박사논문, 1991; 李潤甲, 앞의 글(1988).

軍校 등의 봉건관료층, 그리고 이 관료집단과 결탁한 토호집단은 상
품유통경제의 발달에 자극을 받아 권력형 수탈을 더욱 확대하고 있
었다.77) 이들은 각종 명목의 부가세를 신설하거나 도결제를 확대하
는 등 불법, 탈법적 방법까지 동원하며 부세를 남징하였다. 이로 말
미암아 임술항쟁 직후 십수 냥에 지나지 않았던 결세는 갑오농민전
쟁기에 이르면 자그마치 5~6배나 증가하였고,78) 태가駄價와 정비情
錢을 합해도 1필당 3냥이면 충분하였던 군포가는 그 배가 넘는 7~8
냥으로 인상되었다. 그리하여 "전에는 호마다 군포를 내지 않아도 3
냥이면 충분하였던 군포가가 호포법이 실시되어 집집마다 군포를
내는 지금 도리어 7~8냥이나 물어야 되니 어찌된 일이냐"는 원성이
도처에 들끓었다.79) 허부환곡虛簿還穀의 백지징모白紙徵耗도 계속 확
대되어 갔다.80) 농민에 대한 부세수탈은 고가高價로 집전執錢하는 화
폐납을 강요하는 방식으로도 확대되었다.

부세수취에 편승한 봉건지배층의 수탈이 확대되자 농민층은 집
단항쟁으로 이에 저항하였다. 그 대표적인 예가 1883년 성주와 1890
년 함창에서 일어난 농민항쟁이었다. 성주에서는 임술항쟁 직후
7~8냥에 불과하던 결가結價가 20~30냥으로 인상된 것이, 함창에서
는 현감의 탐학과 부패가 집단항쟁을 촉발한 원인이 되었다. 임술항
쟁 이후 농촌사회에서는 '조정의 조처가 조금이라도 공평균일성을

---

77) 고석규, 〈19세기 전반 향촌사회 지배구조의 성격-수령-리향수탈구조를 중심으
　　로-〉, 《외대사학》 2, 1989; 정진영, 앞의 글(1991).
78) 都漢基, 《管軒集》 券 18. 對三政策 癸巳. "國家之經費 逐年增加 各邑之收斂類多并例 每
　　結賦稅昔爲十餘兩者 今爲五六倍焉."
79) 《日省錄》 高宗 9年 8月 23日. 副護軍許稷疏. "結價之高下 髓其棉花之豊凶 而近來嶺棉年
　　年大登 軍木一疋價合태價情錢不過三兩 而徵出爲七八兩 戶布之每戶所徵 無論彼邑此邑 少
　　不下四五兩 多或至六七兩 昔之名布不是戶布爲之 一年所徵不過二三兩 今之戶布戶戶爲之 每
　　年徵出何若是多也."
80) 《日省錄》 高宗 31年 9月 15日 嶺南宣撫使 李重夏 狀本.

잃으면 주저 없이 소란을 피우고 공공연히 불복'하는 분위기가 형성되어 있었으므로 가렴이 집단항쟁을 일으킬 소지는 어디에서나 매우 높았던 것이다. 이 때문에 요호饒戶나 부농들이 지방 수령의 손쉬운 수탈대상이 되기도 하였다. 요호, 부농에게 향임직을 늑매하거나 원납전 납부를 강요하기도 하고,[81] '불효부제不孝不悌'또는 '문부불수文簿不修'등의 죄목을 씌워 재물을 강탈하기도 하였다.[82]

봉건지배층의 이러한 수탈은 농민적 상품생산의 발전을 가로막는 심각한 장애물이 되지 않을 수 없었다. 성주의 향리는 그 모순을 당지의 실상을 바탕으로 다음과 같이 비판하였다.

첫째, 결폐結弊가 많아 부세가 늘어난 탓으로 소작농이 타산을 맞출 수 없어 경작을 포기하여 진폐되는 농지가 급증하고 있고, 이로 말미암아 소작농은 물론이고 부자인 지주도 곤경을 겪고 있다.[83] 둘째, 관속의 과외 횡렴橫斂 때문에 철수공업과 도기수공업이 도산하고, 그로 말미암아 농기구나 철물의 가격이 급등하고 있다.[84] 셋째, 읍속邑屬 관예官隸들이 상인들을 상대로 도고都賈나 억매抑買 단속을 구실로 내세우며 수탈을 확대해 시장이 쇠락하고 상업이 쇠퇴하고 있다.[85] 곧 관속이 각종 구실을 만들어 부세 수탈을 확대한 탓에 농사를 포기한 진폐지가 늘어나고, 수공업이 파산하였으며, 시장

---

81) 韓㳓劤, 앞의 책, 31~42쪽.

82) 鄭㦿崑,《晩悟集》卷12 擬軍還結三政應旨疏.

83)《邑誌雜記》田土. "四境之內陳廢者相望 其故何哉 盖有於農無其利也 結弊多而賦稅用重 錢路貴而用入則倍 富者多其土而人不竝耕 貧者竝其耕而全無剩利 凶年則穀無收而但徵其稅 樂年則計其出而未滿所入 奈之何不廢土而其農哉."

84)《邑誌雜記》鐵店. "本州山底之面 生鐵水鐵之鑄冶至爲屢處也 緣於官屬之科外橫斂 爲冶主者莫耐侵漁 近年則絕無設店 是故農器鐵物之價 比前翔高 非徒鐵店爲然甚至於甕器沙店亦皆如此."

85)《邑誌雜記》場市. "吾州邑市 亦一嶺南通商大會也 近來則商不願藏市樣漸凋者 盖由於征稅之重也 穀布漁鹽也 柴畜果菜也 外他小小雜廛 莫不有稅 或稱口文 又或有都賈抑買之弊 邑屬官隸作弊多端 一文二文年年增加 偸竊豪强之習項背相望."

이나 상업이 쇠락하고 있다는 것이다.

　이로 말미암아 봉건지배세력의 수탈에 대항하는 요호부농 및 소빈농층의 저항도 더욱 격화되어 갔다. 이 두 세력 사이의 대립은 상품화폐경제의 주도권 장악을 둘러싼 대립, 달리 말하면 봉건지배세력 주도의 상품화폐경제와 부농, 소상품생산자 주도의 농민적 상품화폐경제 사이의 대립이라는 성격을 띠었다. 봉건지배층에 대한 농민층의 저항은 개항 이후 농민경제와 반봉건의식이 급성장함에 따라 마침내 봉건권력의 해체와 타도를 위한 보다 직접적인 정치투쟁으로 발전하고 있었다. 성주 지방의 농민항쟁의 전개 과정은 이러한 발전을 보여주는 대표적인 사례라 할 수 있다.[86] 성주에서는 1862년에 농민항쟁이 발생하였고, 1883년에 또 다시 농민항쟁이 폭발하였으며, 1894년에는 동학농민군이 읍내로 진격해 도소都所를 설치하고 대치하다가 인근 지역의 동학군의 지원을 받아 읍성을 점령하였다. 이 세 차례의 항쟁을 비교하면 임술항쟁은 부세제도의 개혁을 요구하는 단순한 경제투쟁에 머물렀지만, 1883년의 항쟁은 부세제도의 개혁과 이방吏房추천권을 장악하려는 군현 차원의 정치투쟁으로 발전하였고, 1894년의 농민봉기는 전국적인 반봉건·반침략투쟁의 일환으로 일어난 것이다.

　한편 개항 이후의 농민층 분화가 심화되면서 이를 반영해 반봉건투쟁 내부에서도 요호부농층과 빈농층 사이에 분화가 일어났다. 개항 이후에도 요호부농층은 소빈농층과 공동으로 봉건관료집단의 부정수탈에 저항하였다. 고종 연간의 함창민란에서도 그러했고, 1883년의 성주항쟁에서도 향임을 맡고 있던 일부 요호들이 주동자로 가담하고 있었다.[87] 이러한 사례는 갑오농민전쟁에서도 발견된

---

86) 李潤甲, 앞의 글(1988) 참조.
87) 李潤甲, 위의 글(1988).

다.88) 그러나 이 두 집단의 사회경제적 이해가 반드시 일치했던 것은 아니었다. 두 집단은 농업경영이나 부세 배분을 둘러싸고 대항관계에 있었다. 부농이 향리와 결탁해 부세를 면제받았고, 그 액수만큼 부세가 소빈농에게 전가되고 있었던 것이다. 뿐만 아니라 봉건지배층과의 관계에서도 소빈농층과는 달리 요호부농층은 매향매임買鄕買任을 통해 권력과 유착할 수 있었다. 실제 여러 지역에서 요호부농층의 일부가 향리나 향임직을 매수해 중간수탈자로 변신하였고, 그로 말미암아 임술항쟁에서 소빈농층의 공격을 받기도 하였다.89) 요호부농층은 임술항쟁을 계기로 소빈농층과 연대해 봉건지배층에 저항하기보다 납속매작納粟買爵이나 매향매임 등의 방법으로 자신에게 불리한 사회경제적 조건들을 극복해 나갔다. 물론 그러한 방법에도 한계는 있었다. 임술항쟁을 계기로 소빈농층의 집단적 저항을 우려한 수령이나 향리들이 향임직을 늑매하는 방법으로 요호부농층에 대한 수탈을 강화하고 있었기 때문이다.

요호부농층이 추구하는 개혁은 해당 계층의 계급적 성격과 관련해 소빈농층이 추구하는 개혁과는 내용이 달랐다. 이들은 자신들의 사회경제적 성장을 저해하는 중세적 신분질서나 부세제도의 개혁을 모색했지만, 그렇다고 소빈농층과 같이 균부균산均富均産과 신분제 철폐를 추구한 것은 아니었다. 그들은 자신의 성장에 유리한 사회

---

88) 申榮祐, 〈1894년 嶺南 北西部地方 農民軍指導者의 社會身分〉, 《學林》 10, 1988.
89) 金容燮, 〈哲宗 壬戌改革에서의 應旨三政疏와 그 農業論〉, 《한국사연구》 10, 1975; 金容燮, 〈朝鮮後期의 賦稅制 度釐整策〉, 《韓國近代農業史硏究-農業改革·農業政策-》 상(증보판), 1984; 矢澤康祐, 〈李朝後期에 있어서의 社會的 矛盾의 特質〉, 《인문학보》 89, 1972; 安秉旭, 〈19세기 壬戌民亂에 있어서의 鄕會와 饒戶〉, 《한국사론》 14, 1986; 망원한국사연구실 19세기농민항쟁사분과, 《1862년 농민항쟁》, 1988; 李榮昊, 〈1862년의 진주농민항쟁 연구〉, 《韓國史論》 19, 1988; 吳永敎, 〈1862년 農民抗爭硏究-全羅道地域事例를 중심으로-〉, 《孫寶基博士停年紀念 韓國史學論叢》, 1988; 李潤甲, 앞의 글 (1988).

적·경제적 조건이라면 그것이 비록 소빈농층에게 희생과 몰락을 가져다줄지라도 이를 고수하고자 하였다. 이 점에서 그들의 개혁방안은 개항전의 부세제도 개혁노선을 계승 발전시킨 개화파의 근대변혁방안에 가까웠다.[90] 갑오농민전쟁에 이르는 시기에 이 집단이 타협적 방안과 혁명적 방안 사이에서 끊임없이 동요하였던 원인은 여기에 있었다.

이에 견주어 소빈농층은 개항 이후 자신들의 처지가 더욱 악화되어감에 따라 더욱 혁명적으로 신분제적 지배질서를 타파하고 자신들의 생존기반인 소농경영을 자립, 안정시키는 농민해방을 쟁취하려 하였다. 임술항쟁 당시 개별 군현 차원의 농민항쟁으로 벌어졌던 소빈농층의 반봉건투쟁은 1880년대 후반과 1890년대 초반의 동학운동을 매개로 성장하여 마침내 1894년 봉건사회의 전면적 개혁을 추구하는 농민전쟁으로 발전하고 있었다.[91] 이에 따라 소빈농층의 계급적 이해를 반영한 변혁방안도 구체화되었다. 그 방안을 형성시켜 갔던 것은 현실적 처지가 소빈농층과 다를 바 없었던 농촌지식인들이었다. 조선 후기 이래의 균전론均田, 정전井田의 토지개혁노선을 계승하였던 농촌지식인들은 사회적으로는 신분차별이 없는 평등사회를 실현하고, 경제적으로는 균전론均田論·정전론井田論·감조론減租論 등에 입각해 봉건적 수탈이 일소된 자립적 소농경제 체제를 확립하려 하였다.[92] 이들의 농업개혁노선은 봉건적 토지소유를 혁파하여

---

90) 李潤甲, 〈《邑誌雜記》의 사회경제론 연구〉, 《대구사학》 36, 1989.
91) 金容燮, 〈朝鮮王朝 最末期의 農民運動와 그 指向〉, 《韓國近現代農業史硏究》, 1991; 鄭昌烈, 〈東學敎門과 全琫準의 관계〉, 《19세기 한국전통사회의 변모와 민중의식》, 1982; 鄭昌烈, 《甲午農民戰爭硏究−全琫準의 史上과 行動을 중심으로−》, 연세대 박사논문, 1991; 趙景達, 〈東學農民運動과 甲午農民戰爭의 歷史的 性格〉, 《朝鮮史硏究會 論文集》 19, 1982; 朴贊勝, 〈동학농민전쟁의 사회경제적 지향〉, 《韓國民族主義論》 2, 1985; 愼鏞廈, 〈甲午農民戰爭의 主體勢力과 社會身分〉, 《韓國史硏究》 50·51합집호, 1985.

농업·농민해방을 성취하고 농민적 상품경제를 발전시키려 한 것이었지만, 그러한 해방은 어디까지나 균부균산의 원칙에 입각해 달성하려 하였다. 곧 '경자유전'에 입각한 균부균산의 실현을 개혁의 가장 중요한 목적으로 삼았고, 그 한계 안에서 상품경제의 발전을 추구한 것이었다.

갑오농민전쟁은 소빈농층을 주체로 하여 일어났고, 이들의 이해를 대변하는 개혁노선을 지향하였다. 경상북도에서 갑오농민전쟁은 상주, 선산, 예천, 성주, 김산 등 반봉건 농민운동의 전통이 강하고 미곡의 상품생산이 발전한 낙동강 연변의 미작지대를 중심으로 발생하였다. 전주화약 이후 전라도 지역에서 집강소가 설치되는 것과 시기를 같이하여 경상도 지역에서도 도소都所나 접소接所가 설치되었는데, 동학농민군들은 이를 중심으로 공공연히 농민들을 규합하였고 폐정개혁을 추진하였다.[93]

농민군은 우선 부세제도의 모순을 개혁하였는데, 그 모순이란 ① 진황결陳荒結에 대한 원징寃徵, ② 허부虛簿 환곡의 백지징모白地徵耗, ③ 결가結價와 호포전戶布錢의 증수增收, ④ 운전소轉運所의 징렴徵斂, ⑤ 병영료전兵營料錢의 배렴排斂 등이었다.[94] 이러한 개혁은 비단 이 지역에만 국한되는 특수한 문제는 아니었고, 다른 지역의 농민군들도 공통되게 이 문제의 해결을 추구하고 있었다. 이 가운데 특히 주목되는 것은 진황결에 대한 원징이었다. '수해로 진황지陳荒地가 된

---

92) 金容燮, 〈韓末 高宗朝의 土地改革論〉, 《東方學志》 41, 1984.
93) 韓㳓劤, 《東學과 農民蜂起》 제4장, 1983; 洪性讚, 〈1894년 執綱所기 設包下의 鄕村事情-夫餘帶方面 일대를 중심으로〉, 《東方學志》 39, 1983; 申榮祐, 〈1894년 嶺南 禮泉의 농민군과 保守執綱所〉, 《東方學志》 44, 1984; 申榮祐, 〈1894년 嶺南 尙州의 농민군과 召募營〉, 《東方學志》 51·52, 1986; 申榮祐, 《甲午農民戰爭과 嶺南 保守勢力의 對應-醴泉·尙州·金山의 事例를 중심으로-》, 연세대 박사논문, 1991; 李潤甲, 앞의 글 (1988).
94) 《日省錄》 高宗 31年 9月 15日. 嶺南宣撫使 李重夏 狀本.

하천 주변 농지(川畔浦落 陳慌結)'에 대한 원징은 특히 소빈농층의 이해와 밀접히 관련되어 있는 폐단이었다. 농민군은 이 문제들을 각종 부가세의 신설 등 일체의 불법적인 중간수탈을 금지하고 법정 세액만을 징수하며, 환곡과 일체의 고리대를 혁파하는 방향으로 해결하여 균부균세均賦均稅를 실현하려 하였다. 이러한 과정에서 개혁대상이 된 것은 봉건지배세력과 요호부농층이었다. 아울러 농민군들은, 영천 안핵사 이중하가 장계에서 농민봉기의 원인을 결부과중과 관정官政탐학, 명례궁明禮宮 보세洑稅라고 보고하였듯이,[95] 농민층에 대한 권력형 수탈을 공격하고 개혁하려 하였다.

폐정개혁에서 농민군들이 일차적으로 관심을 가졌던 문제는 부세제도를 개혁하는 것이었지만, 집강소를 통해 지배권을 장악하게 되자 자신들의 소농경제를 안정시킬 수 있는 토지문제와 농업경영 문제를 해결하는 데도 관심을 기울였다. 또 농민군은 지주제도를 공격하였다. 농민군들은 전쟁 기간 동안 곳곳에서 지주의 도조나 재물錢財, 전답문서田畓文書를 몰수하였다.[96] 그로 말미암아 갑오농민전쟁을 진압한 뒤에 중앙정부는 "서울과 지방인의 지주 소유의 논밭은 물론이고 마름 및 소작인배가 이번 소요에 적탁籍託하여 지주에게 소작료를 납부하지 않은 자"와 "이미 징수한 소작료를 동학농민군들에게 빼앗긴 자"를 조사하여 조치하였다.[97] 또한 농민군은 자신들이 몰락한 주요 원인이 되었던 요호부농층도 집강소 개혁요강에 "횡포한 부호배富豪輩를 엄징할 사"[98]라고 하였듯이 공격대상으로 삼았다.

지주와 부농층에 대한 농민군의 공격은 곧 소빈농층이 주체가

---

95) 《東學亂 記錄》上, 永川按覈使 李重夏 狀啓.
96) 愼鏞廈, 〈甲午農民戰爭 시기의 農民執綱所의 활동〉, 《한국문화》 6, 1985; 愼鏞廈, 〈甲午農民戰爭과 두레와 執綱所의 폐정개혁〉, 《韓國社會史研究會論文輯》 8, 1987.
97) 《關草存案》 甲午(1894) 10月初 8日條, 〈京畿 三南 關東 關文〉 참조.
98) 吳知泳, 《東學史》, 126쪽.

된 토지개혁을 강력히 요구하는 것이기도 하였다. 이에 부응해 농민군 지도부는 집강소 개혁요강 속에 토지개혁, 즉 농업개혁의 대원칙을 마련하였다. 오지영吳知泳의 《동학사東學史》 초고본에 수록되어 있는 집강소 폐정개혁요강 제11조와 제12조가 그것이었다. 집강소 폐정개혁요강 제11조는 "토지는 평균분작平均分作으로 할 사"였고, 제2조는 "농군農軍의 두레법은 장려할 사"였다.99)

집강소의 "평균분작"이라는 개혁안은 봉건적인 지주제도의 개혁과 부농경영의 제한을 한꺼번에 달성해 자립적 소농경영을 안정시키려는 토지개혁방안이었다. 소빈농층은 대부분이 자소작농 또는 소작농이었고, 따라서 그들에게 가장 긴요한 문제는 지주제를 개혁하는 것이었다. 그러나 지주제를 혁파하고 "경자유전耕者有田"을 실현하는 것만으로 이들의 경제적 안정이나 해방이 달성될 수는 없었다. 부농경영의 발전으로 이들의 경영규모가 영세화되어 갔고, 부농층의 고리대 착취가 이들의 몰락을 촉진하고 있었기 때문이다. 농민군이 양반 유림 등 봉건지배층을 공격하였을 뿐 아니라 '횡포한 부호배'

---

99) 吳知泳, 《東學史》 草稿本에 대해서는 愼鏞廈, 앞의 글(1987) 참조. 이 개혁요강에 대해 신용하는 이 글(1987)에서 집강소가 "지주제도를 폐지하고 (다산茶山의—필자) 정전제井田制의 원리를 참조한 토지평균분작제도와 이를 공동으로 경작하는 '두레농장제도'를 구상"한 것이라는 견해를 제시하였다. 그러나 이러한 주장은 무리한 것이라 생각된다. 다산이 구상한 여전제閭田制나 정전제는 단순한 토지개혁론이 아니었다. 다산은 봉건적 토지소유의 모순 못지않게 부세제도의 모순이 심각함을 깊이 인식하고 있었고, 그리하여 여전제나 정전제를 구상하며 토지소유관계의 개혁과 부세제도의 개혁을 유기적으로 결합시키고 있었다. 더욱이 정전제의 구상은 부세제도의 개혁에서 출발해 농업경영방식의 개혁으로, 다시 나아가 토지소유관계의 변혁으로 이어지고 있었다. 따라서 다산의 정전제적 토지개혁론이 채용되었다면, 우선 정전井田이라는 표현이 사용되어야 하며, 비록 정전이라는 표현이 농민들에게 익숙하지 않아 "평균분작"으로 표현하였다 하더라도 부세제도 개혁에서는 정전제와 결합된 부세제도 개혁방안이 어떠한 형태로든 제시되어야 하는 것이었다. 그러나 앞서 언급한 바와 같이 부세제도 개혁방안에서는 그러한 흔적을 발견하기 어려웠다.

를 엄징하고 일체의 고리채를 폐지하려 한 까닭도 여기에 있었다. 따라서 농민군이 목표하는 농민해방, 즉 소농경영의 안정적 발전을 성취하려면 "경자유전"과 부농경영, 특히 광작경영의 해체가 동시에 달성되는 토지개혁이 요구되었다. 집강소의 개혁요강이 토지개혁을 실학자들이 즐겨 쓴 "경자유전"으로 표현하지 않고 굳이 "평균분작"으로 표현한 이유는 여기에 있었다고 생각된다.

"농군의 두레법은 장려할 사"라는 요강도 소빈농층의 경제적 현실에서 제기되는 과제였다. 소농경영의 안정은 경지문제를 해결하는 것만으로 달성할 수 있는 것은 아니었다. 소농경영을 안정시키려면 경지문제에 더해 역축과 농기구, 노동력문제까지도 같이 해결해야만 했다. 그 가운데서도 특히 문제가 된 것이 소, 말 등의 역축役畜이었다. 역축은 농경에서 큰 역할을 했지만, 그 대부분을 지주나 부농이 소유하였다. 지주나 부농에게서 역축을 몰수한다 하더라도 이를 다시 개별농가 단위로 재분배하는 것은 곤란하였다. 이러한 곤란을 해결할 수 있게 한 것이 당시 수전농업에서 성행하였던 두레법이었다. 당시 두레법은 대상 농경지의 모내기와 제초작업을 두레원 전체가 공동으로 수행하는 공동경작법이었고, 소빈농층은 두레법을 이용하여 역축, 농기구, 노동력의 부족을 해결하고 있었다.[100] 지주층과 부농층들로부터 몰수한 역축, 농기구 등의 생산수단을 두레법을 이용해 공동으로 관리하고 이용한다면 이러한 소농경영의 난점은 무난히 해소될 수 있었다.

이와 같이 농민군의 토지개혁안은 독립자영농을, 다시 말해 자립

---

100) 姜鋌澤, 〈朝鮮에 있어서 共同勞動의 組織과 그 史的 研究〉, 《農業經濟研究》 17-4, 1941; 印貞植, 〈두레와 호미싯이〉, 《朝鮮農村雜記》, 1943; 鈴木榮太郎, 〈朝鮮의 村落〉, 《東亞社會研究》 1, 1943; 愼鏞廈, 〈두레공동체와 農樂의 社會史〉, 《한국사회연구》 2, 1984.

적 소농경제를 안정시키는 방향의 농업개혁을 추구한 것이었다.[101] "평균분작"이나 "두레법의 장려"는 그러한 농업개혁에서 기본원칙이 되는 것이었다. 물론 농업개혁은 이 원칙에 입각해 더욱 구체적인 농업개혁방안을 마련해야만 실행할 수 있었다. 그러나 농민군은 그 구체적인 실행방안을 마련하지 못한 채 조선을 식민지로 만들고자 침략한 일본군에게 패배하고 말았다.

요컨대 농민군이 봉건지배세력을 물리적으로 압도해 버린 갑오농민전쟁은 상품화폐경제의 발전 및 그와 궤를 같이하며 발전해 온 반봉건 농민투쟁으로 조선봉건사회가 해체단계에 도달했음을, 동시에 부농경영에 대한 규제 없이는 더 이상 소농경제의 자립화가 불가능할 정도로 농민층 분화가 확대되고 부농경영이 발전하고 있음을 보여주고 있었다. 그러나 갑오농민전쟁은 조선을 식민지화하고자 침략한 일본에 의해 좌절되고 말았다. 이로 말미암아 봉건지배세력의 수탈에 맞서 농민적 상품화폐경제의 발전을 쟁취하려 한 농민군의 아래로부터의 변혁방안도 좌초되고 말았다.

---

101) 金容燮, 〈光武年間의 量田 地契事業〉, 《亞細亞研究》 31, 1968; 金容燮, 〈18·19세기의 農業實情과 새로운 農業經營論〉, 《大同文化研究》 9, 1972; 金容燮, 〈韓末 高宗朝의 土地改革論〉, 《東方學志》 41, 1984; 金容燮, 〈近代化過程에서의 農業改革의 두 方向〉, 《한국자본주의성격논쟁》, 1988.

제3장

갑오농민전쟁 이후의 일제 침략과
상업적 농업의 재편

1. 일제 침략과 종속적 국제분업관계의 형성

1894년 농민전쟁이 일어나고 조선 정부의 요청으로 청군이 개입하게 되자, 일본은 이를 계기로 조선을 속국화할 목적으로 침략전쟁을 도발하였다. 일본은 이 전쟁을 통해 조선에서 청국을 구축하고, 아울러 조선의 반일세력을 제압함으로써 조선을 자국의 자본주의 발전을 위한 식민지로, 나아가 중국 침략의 정치적·군사적 교두보로 삼으려 하였다.[1]

그러나 일본은 청국과 동학농민군을 상대로 한 전쟁에서 승리했음에도 전쟁의 목적을 온전히 달성할 수 없었다. 일본이 청일전쟁에서 승리한 대가로 랴오뚱반도를 차지하자 러시아, 프랑스, 독일 등이 나서 일본의 침략에 제동을 걸었기 때문이다. 이 '삼국간섭'에 대해 영국과 미국도 중립적 입장을 취하면서 일본을 견제하였기 때문에 결국 일본은 랴오뚱반도에서 물러날 수밖에 없었다. 다른 한편 조선에서도 일제의 침략과 민비 시해에 대한 저항이 의병전쟁의 형태로 거세게 일어났고, 그 와중에 국왕이 러시아공관으로 피신하면서 친일내각이 붕괴하였다. 이로 말미암아 일본은 중국에서는 말할 것도 없고, 조선에서도 세력이 크게 약화되었다.

사태가 이렇게 역전되자 일본은 조선에서 세력을 회복하고자 러시아를 상대로 외교 협상을 전개하였다. 일본은 러시아의 개입으로 조선을 독점적으로 지배할 수 없게 되자, 〈웨베르-고무라 각서〉 (1896. 5. 14.) 〈로마노프-야마가타 협정〉(1896. 6. 9.), 〈로젠-니시협정〉(1898. 4. 25.)을 체결하여 조선에 대한 지배권을 러시아와 균점하

---

1) 朴宗根, 《日淸戰爭と朝鮮》, 靑來書店, 1982; 中塚明, 《日淸戰爭の硏究》, 靑來書店, 1968.

고, 자신이 탈취한 경제적·군사적 기득권을 고수하고자 노력했다. 일본은 여기서 그치지 않고 중국을 두고 러시아와 첨예하게 대립하던 영국, 미국과 동맹을 맺고 러시아를 상대로 전쟁을 벌일 준비에 박차를 가했다.

러시아와 협상이 타결되면서 일본은 경성-부산 사이의 전신선 보호와 경성 및 각 개항장의 거류지 보호를 구실로 조선에 군대를 주둔시킬 수 있게 되었고, 경제적 침략도 다시 확대할 수 있게 되었다. 일본은 러시아와 협력하여 목포, 진남포, 마산, 성진을 추가로 개항시켰고, 일본 상인의 활동영역에 대한 제한을 사실상 철폐시켰다. 또한 조선의 중요 도시들과 정거장, 항만 등에 상점, 공장, 경찰서, 헌병대 등으로 구성된 경제침략요새를 건설하였다. 일본은 조선에서 철도와 전신부설권, 직산 금광채굴권과 재령, 은율 등지의 철, 동, 흑연광의 채굴권 등 각종 이권을 확보해 갔다.[2] 그리하여 일본은 자국에서 생산한 자본제 상품을 아무런 제한 없이 조선 전역으로 침투시킬 수 있었고, 또한 일본 자본주의 발전에 불가결한 쌀, 콩, 금, 소가죽(牛皮), 철광석 등을 수입할 수 있었다. 조선에 대한 일본의 수출은 1893년 130만 엔에서 1900년에는 995만 엔으로, 다시 1904년에는 2,039만 엔으로 급증하였고, 조선으로부터의 수입도 1893년 약 252만 엔에서 1900년에는 1,178만 엔으로, 1904년에는 1,154만 엔으로 확대되었다.[3]

1894년의 침략전쟁 이후 이와 같이 본격화된 일본의 경제적 침략은 전쟁 이전의 침략과는 성격이 달랐다. 양국 사이의 무역구성에서 그와 같은 변화는 뚜렷이 나타났다. 청일전쟁 이전 시기에 조선에 대한 일본 무역은 수출, 수입 양면에서 모두 중계무역이 큰 비중

---

2) 최윤규, 《조선 근대 및 현대경제사》, 갈무지출판사, 1986, 118~137쪽.
3) 村上勝彦, 〈植民地〉, 《日本産業革命の研究》 下, 1975.

을 점했고, 이 부분을 제외하면 나머지는 농업후진국 사이의 무역과 다를 바 없었다. 그러했기 때문에 일본의 경제적 침투가 조선 경제에 미치는 영향은 제한적이었다.

그러나 청일전쟁을 기점으로 조선과 일본 사이의 무역은 근본적으로 변화하였다. 전쟁 이후 일본이 조선에 수출한 물품은 면제품을 비롯한 자국산 공산품이 주류를 이루었고, 중계상품이 차지하는 비중은 크게 낮아졌다. 이러한 변화는 일본에서 1886년 산업혁명이 시작된 이래 면방적업, 철도업, 광산업 등에서 자본주의가 급속히 발전하고 있음을 반영하는 것이었다. 이와는 대조적으로 일본이 조선에서 수입한 물품은 쌀, 콩, 금 등이 주류를 이루었다. 그 가운데서도 특히 주목되는 품목은 금이었는데, 그 수입액은 1894년 56만 엔에서 1900년에는 297만 엔으로, 다시 1904년에는 514만 엔으로 급증하였다. 일본은 조선을 침략해 이러한 무역관계를 형성함으로써 자국의 산업혁명을 조기에 달성하는 데 필요한 시장과 식량, 금을 확보하려 하였다. 다시 말하면 일본은 조선을 "면포를 주主로 하고 면사를 종從으로 하는 일본 제품의 중요 시장으로, 동시에 일본 하층민의 식용미를 주로 하는 농산식료품 공급지"이자 "금본위제로의 이행 및 이행 이후에 국제수지 곤란에 부딪힌 일본 자본주의의 정화正貨준비를 뒷받침"하는 금 흡수지로 예속시키려 한 것이다.[4]

청일전쟁 이후 일본의 정치적·군사적·경제적 침략이 이처럼 확대되자 조선 민중은 대대적으로 반침략투쟁을 벌여 나갔다. 1896년에는 친일정권을 붕괴시킨 의병전쟁이 발발하였고, 아관파천 이후 강화된 제국주의 열강의 침략공세에 맞서 독립협회운동과 만민공동회운동이 일어났다. 또 활빈당의 무장투쟁과 제국주의 침략세력과

---

4) 村上勝彦, 앞의 글.

그에 결탁한 봉건지배계급에 대한 농민항쟁이 줄기차게 계속되었다. 일본의 침략에 대한 저항은 정부 차원에서도 이루어졌다. 러시아 공관에서 환궁하여 국호를 대한제국으로 개칭하고 19세기 중반 이래의 개혁운동을 지배층의 입장에서 제도적으로 마무리하고자 하였던 광무光武정권은 일본의 침략을 저지하는 다양한 정책들을 추진하였다. 그 가운데서 특히 주목되는 것은 양전사업量田事業이었다. 광무정권은 양전사업과 지계地契발권사업을 통해 외국인이 규정된 지역에서만 토지를 소유할 수 있도록 제한하였다. 허가 지역이 아닌 곳에서는 토지를 매입할 수 없고, 따라서 소유권 증서를 발급받을 수 없었다. 이러한 방침은 외국인이 내륙지방으로 진출하여 토지를 매입하거나, 외국자본이 토지를 침탈하는 것을 방지하기 위한 대책이었다.5) 광무정권은 또한 외세의 침략에 맞서 근대적 공업을 진흥시키고 산업공장을 설립하는 운동도 펼쳐나갔다. 민간기업가나 정부관리 주도 아래 서양식 종상법種桑法과 직조기계를 도입한 농상農桑회사, 동력기를 갖춘 한성제직회사, 근대적인 연초제조회사, 수출을 위해 외국인과 합자한 대조선저마제사회사 등을 설립하였다. 또한 정부는 근대적 과학기술교육을 도입하고자 국비유학생을 파견하였고, 무관학교, 기예학교, 외국어학교, 경성의학교, 상공학교, 양잠시험장과 여학교, 광무鑛務학교, 모범양잠소, 공업전습소 등을 설립하였다.6)

물론 민간이나 정부 차원의 이러한 개혁과 저항운동에는 많은 한계가 있었다. 개화파의 전통을 잇는 근대화운동과 농민적 변혁운

---

5) 金容燮, 〈光武年間의 量田 地契事業〉, 《韓國近代農業史研究》, 1968; 裵英淳, 《韓末 日帝初期의 土地調査와 地稅改定에 관한 研究》, 서울대 박사논문, 1987; 李榮薰, 〈光武量田의 역사적 성격〉, 《朝鮮近代의 經濟構造》, 1989; 李榮昊, 〈대한제국시기의 토지제도와 농민층분화의 양상〉, 《韓國史研究》 69, 1990.
6) 金泳鎬, 〈韓末西洋技術의 受容〉, 《아세아연구》 31, 1968; 姜萬吉, 〈大韓帝國期의 商工業 問題〉, 《아세아연구》 50, 1973.

동이 서로 대립하였고, 광무정권의 개혁운동은 그 어느 쪽의 요구도 충족시키기에 미흡하였다. 더욱이 광무정권은 나름의 근대개혁을 추구했지만, 각계각층이 펼치던 근대화운동을 전민족적 반침략투쟁과 근대화운동으로 수렴할 수 없었다. 뿐만 아니라 광무정권은 군사력과 경제력을 앞세운 일본 정부의 내정간섭에 쉽게 굴복해 버림으로써 대내적 식산흥업을 위해 필수적이었던 관세장벽의 강화 등과 같은 대외적 보호정책을 거의 실시하지 못했다.[7] 그럼에도 광무 연간에 펼쳐진 각계각층의 반침략투쟁과 광무정권의 개혁은 러시아를 비롯한 구미 제국주의 세력의 견제와 더불어 일본의 경제적 침략을 어느 정도 저지할 수 있었다.

일본은 조선의 식민지화를 가로막고 있는 위와 같은 제약들, 특히 국제적 제약을 타파하고자 1904년 러시아를 상대로 전쟁을 일으켰다. 일본은 동맹국인 영국과 미국의 지원을 받으며 러시아와 전면전을 벌였고, 결국 이 전쟁에서 승리함으로써 조선의 식민지 지배를 국제적으로 승인받았다. 러일전쟁이 종결되자 일본은 조선을 식민지로 병합하기 위한 침략을 본격화하였다.

러일전쟁 이후 본격적으로 시작된 일제의 침략은 개항 이후 한층 급속히 발전하던 조선 내의 사회적 분업관계를 해체하고 대신 일본과 조선 사이에 종속적인 국제분업관계를 형성하는 과정이었다. 그것은 일차적으로 조선이 면포와 면사를 비롯한 일본 자본주의의 상품시장으로, 동시에 일본 자본주의의 확대재생산에 없어서는 안될 식료와 각종 농산 및 공산원료를 저렴하게 공급하는 원료공급지

---

7) 梶村秀樹, 〈李朝末期朝鮮の纖維製品の生産及び流通狀況−1876年開國直後の綿業のゲータを中心に〉, 《東洋文化硏究所紀要朝》 46, 東京大, 1968; 宋炳基, 〈光武改革의 性格〉, 《史學志》 10, 1976; 姜萬吉, 〈大韓帝國의 性格〉, 《創作과 批評》 48, 1978; 愼鏞廈, 〈光武改革論의 문제점〉, 《創作과 批評》 49, 1978; 金度亨, 〈大韓帝國의 改革事業과 農民層 動向〉, 《韓國史硏究》 41, 1983; 金鴻植 外, 《대한제국기의 토지제도》, 1990.

로 재편하는 것이었다. 따라서 그 과정에서 일본 자본주의와 경합하는 상품생산부문이 급격히 몰락하였고, 대신 일본이 수입하고자 한 식료 및 농산·공산원료의 상품생산이 확대되는 변화가 일어났다.

경상북도에서는 그러한 재편 과정에서 개항 이후 자본제적 공장 수공업 단계까지 급속히 발전해 갔던 각종 수공업이 단숨에 몰락하고, 따라서 지역 내에 형성되었던 사회적 분업관계도 급속히 해체되어 갔다. 일제의 침략 과정에서 가장 치명적인 타격을 입었던 수공업은 전업화된 면업이었다. 또한 1895년의 부산항 영사관 보고에서 "경상도 내의 물산으로 그 제조고가 가장 많고, 또한 그 판로가 가장 넓은 것은 면포와 종이"라 할 정도로 발전하였던 경주, 장기 등 동해안 지역의 제지업도 러일전쟁 이후 일본산 조지造紙나 화지和紙가 대량으로 수입되면서 가격 경쟁에 밀려 부진했다.[8] 또한 청도 운문산 일대와 김천 등지에서 발전하였던 철수공업과 경주 일원에서 발전하였던 유기공업도 쇠퇴하였다.

오사카大阪에는 조선에 수출할 물품을 전문적으로 생산하는 금속 제품 및 원료생산공장이 설립되었고, 이들 공장에서 생산되어 경상 북도 지역으로 수출된 상품액은 1912년 한 해 동안만 석부錫釜가 4,000개(가액 2만 5천 원), 주물원료인 포금동砲金銅(=潰銅)이 800개(가액 3만 원)에 달했다.[9] 석부의 수입액은 당시 경상북도 연간 총수요의 20퍼센트를 웃도는 분량이었고, 포금동 수입액은 도내에서 생산

---

[8] 近藤徹君, 《大邱地方經濟事情》, 1913, 67쪽. 이 책은 곤도近藤徹君가 조선은행 대구지점 서기로 근무하면서 제출한 보고서다. 이하 《大邱地方經濟事情》으로 약칭한다. "경주 지방은 옛날부터 유명한 종이산지로 알려져 있고, 지금도 대구시장을 경유하여 선내鮮內 각지로 이출하는 조선지朝鮮紙가 다소多少 있다. 또한 제지원료인 닥나무도 동해안東海岸에 면해 있는 각군에서 산출되어 대구시장에 출회出廻되는 액수가 적지 않다. 그러나 일반적으로 제지방법이 졸렬하여 최근 내지산內地産 종이의 이입이 증가함에 따라 그 산출액이 점차 감소하고 있다."

[9] 《大邱地方經濟事情》, 25쪽.

표 3-1. 대구역 화물 출입액10)(단위: 천 원)

연 도		1909	1910	1911	1912	1909	1910	1911	1912
수이입	면 포	208	378	682	631	13.4%	16.7%	23.5%	25.0%
	금건金巾	348	424	580	386	22.4	18.7	20.0	15.3
	방적사	129	245	339	218	8.3	10.8	20.0	15.3
	지류紙類	39	77	91	127	2.5	3.4	3.1	5.0
	염간어	247	312	408	291	15.9	13.8	14.1	11.5
	명태어	107	154	152	186	6.9	6.8	5.2	7.4
	사 탕	33	53	70	72	2.1	2.3	2.4	2.8
	소 금	56	45	60	64	3.6	2.0	2.1	2.5
	주 류	74	75	94	88	4.8	3.3	3.2	3.5
	연 초	63	112	139	137	4.0	4.9	4.8	5.4
	약품·약재	82	106	82	97	5.3	4.7	2.8	3.8
	목 재	104	190	118	104	6.7	8.4	4.1	4.1
	금속기류	66	95	82	126	4.2	4.2	2.8	5.0
합 계		1,556	2,266	2,897	2,527	100.0	100.0	100.0	100.0
수이출	쌀	832	757	1,177	807	46.9%	43.2%	52.1%	48.2%
	콩	397	430	344	127	22.4	24.6	15.2	7.6
	연 초	136	146	155	170	7.7	8.3	6.9	10.2
	우 피	54	77	166	125	3.0	4.4	7.3	7.5
	약품·약재	172	138	83	154	9.7	7.9	3.7	9.2
	금건	36	47	92	77	2.0	2.7	4.1	4.6
	방적사	16	31	45	27	0.9	1.8	2.0	1.6
	면 포	81	85	133	92	4.6	4.9	5.9	5.5
	마 포	49	40	66	95	2.8	2.3	2.9	5.7
합 계		1,773	1,751	2,261	1,674	100.0	100.0	100.0	100.0

되는 유기원료의 대부분을 충당할 수 있는 액수였다. 일본 상품의
침투로 말미암은 상품생산의 몰락은 특히 원료채취부문, 즉 광업부
문에서 더욱 격심하였다. 당시 보고에 따르면 "석시昔時에 발달하였"
던 광업은 여전히 "함광含鑛이 풍부하고 광맥도 적지 않았으나" "점
차 쇠미하여 금일(1912년)에는 거의 찾아 볼 수 없게 되었다."[11]

　이로 말미암아 지역 내에 또는 다른 지역과의 사이에 형성되었
던 사회적 분업관계는 해체되었고, 대신 이 지역과 일본의 오사카
지방 사이의 새로운 종속적 농공분업관계가 형성되었다. 새로운 종
속적 분업관계의 구체상은 이 지역의 수이출입 통계를 통해 더욱 명
확하게 파악할 수 있다(〈표 3-1〉 참조).

　1911년에 작성된 이 자료에 따르면, 이 지역에서 국내적 분업연
관으로 이출된 농산물은 쌀, 콩, 안동포, 연초 등이 있으며, 주요 이
출지는 서울, 인천, 마산, 원산 등이다.[12]

---

10) 《大邱地方經濟事情》, 17~21쪽을 바탕으로 작성했다. 수이출품 가운데 쌀과 콩은 대
구·왜관·경산역 수이출액을 합친 금액이며, 경산·왜관역에 수이입되는 물종은 거의
대구역에서 이출된 것이다. 1912년 통계는 10월 말까지의 금액이다. 단 1912년 쌀은
대구·왜관역의 10월까지의 금액과 경산역의 3월까지의 금액을 합친 것이다.
11) 《大邱地方經濟事情》, 60~61쪽.
12) 《大邱地方經濟事情》, 10쪽. 〈제6. 대구의 거래지-(1) 조선 내〉
　　거래지별 이출移出·이입품移入品을 정리하면 다음과 같다.

지역	移出品	移入品
부산	穀物, 民製煙草, 鐵物, 鹽.	鹽干魚 明太魚 鮮魚, 綿布, 綿絲, 官煙, 酒類,
경성	玄米, 砂金, 民製煙草	綿布, 綿絲, 酒類
인천	米穀, 民製煙草, 朝鮮紙	石油, 鹽, 羊金巾, 煙草, 絹布
마산	米, 豆, 果物, 民製煙草	鮮魚
평양	民製煙草	無煙炭
목포	民製煙草	
군산	民製煙草	鮮魚, 米
원산	玄白米, 民製煙草	明太魚
안동현	民製煙草	

그러나 이출량은 마포를 제외하고는 매우 근소해 국내적 분업연관이 대폭 축소되고 있음을 알 수 있다. 이와는 대조적으로 일본으로의 수출은 크게 확대되었다. 이 지역에서 상품화된 농산물의 대부분이라 할 쌀, 콩, 우피는 거의가 오사카로, 일부는 시모노세키下關, 히로시마廣島, 고베神戶, 오노미치尾道, 도쿄東京 등지로 수출되었고,[13] 그로 말미암아 이 지역의 곡가 또한 오사카의 수요 변동, 즉 자본축적과 경기변동에 따라 직접 영향을 받게 되었다.

수이입품을 검토하면 역시 국내적 분업연관을 지니는 물품은 염간어鹽干漁, 명태어, 소금(鹽) 등에 국한될 뿐이고,[14] 농민경영의 재생산과 직접 연관되는 목면, 금건류金巾類, 방적사, 지류, 석유, 사탕, 맥분, 철물류, 솥, 주물원료, 초자판硝子板, 관연초官煙草, 성냥, 목재,

신의주	木材	

(밑줄 친 부분은 일본, 영국, 미국, 중국 등지로부터의 수입품)

13)《大邱地方經濟事情》, 10~11쪽.〈제6. 대구의 거래지-(2) 內地〉
   거래지별로 수출·수입품을 정리하면 아래와 같다.

지역	수출품	수입품
下關	米, 豆	大里精糖, 麥粉
廣島	米, 豆	棉, 吳服物, 日用雜貨品
神戶	米, 豆	日本精糖
尾道	米, 豆	履物
大阪	米, 豆, 牛皮, 藥材	綿布, 綿絲, 鐵物, 染料, 陶器, 日用雜貨品
京都		吳服物
名古屋		木綿
半田	大豆	
東京	米, 豆, 牛皮雜貨品, 麥酒	
堺		金物類
久留米	米, 豆	
鹿兒島	米, 豆, 牛骨	

(*對일본 무역에서는 오사카와의 거래가 대부분을 차지하고, 그 외 다른 지역과의 거래량은 많지 않음)

14)《大邱地方經濟事情》, 10쪽,〈제6. 대구의 거래지-(1) 조선 내〉.

염료 등은 전부 일본에서 수입되고 있다. 일본 수입품 가운데 특히 주목할 것은 목면, 방적사, 솥과 주물원료 등의 금속제품이었는데, 목면은 오사카와 나고야名古屋에서, 방적사는 세추攝津방적과 슈鍾방적에서, 철물류는 오사카와 사카이堺 지방에서 각각 생산된 것이었다.15)

요컨대 러일전쟁 이후 강제된 식민지화 과정에서 경상북도 지역과 오사카 지방 사이에는 조선 농민이 생산한 쌀, 콩 등의 곡물과 자본제적인 기계제 공장에서 생산된 목면, 방적사, 금속제품 등의 공산품이 상호 교환되는 불가분한 농공분업관계가 형성되었다. 그러한 종속적 국제분업관계를 통해 일본 제국주의는 자국의 공장노동자를 비롯한 도시하층민의 식료를 저렴하게 조달하고,16) 동시에 조선에서 필요한 각종 공산품을 독점적으로 공급함으로써 이중적으로 자본축적을 실현할 기반을 마련하였다.

---

15) 《大邱地方經濟事情》, 23~25쪽, 〈第4節 貿易品. 第1重要輸移入品〉.
　　"목면木綿-오사카大阪 나고야名古屋 방면 산출의 백목면白木綿이 대부분이다."
　　"방적紡績-이 지방(경북-필자)은 인구가 조밀함으로 말미암아 면포류의 수요가 많아 작년 동안 경상북도의 목면매木綿賣 상고上高는 35만 원에 달했고……판매품은 세추攝津방직의 평인平印이 7분, 슈鍾방직이 3분의 비율을 점한다."
　　"철물류鐵物類 초자판硝子板-포금동砲金銅과 과부鍋釜는 거의 오사카에서 이입된다."
16) 村上勝彥, 앞의 글(1975).

2. 상업적 농업의 재편과 곡물유통

일제 침략은 상업적 농업에 격심한 변동을 불러일으켰다. 상업적 농업에서 가장 두드러진 변동은 면작과 면업이 몰락한 것이었다.[17] 경상북도의 면포 생산이 개항 이후 급속히 발전할 수 있었던 주요 요인 가운데 하나는 함경도 시장의 확대였다. 함경도 시장이 1895년 이후 일본 백목면白木棉에 의해 대대적으로 침탈당하면서 이 지역의 면작과 면업은 급속히 몰락하였다. 함경도 시장에서 판매된 면포는 거의가 원산을 거쳐 이입되었고, 원산항으로 이입되는 토포土布는 대부분 부산항에서 이출되었다.[18] 부산항에서 이출되는 토포는 1893~1895년 사이의 통계에 따르면 그 이출 총액의 약 6할 정도가 대구 인근 지방과 의성 지방에서 생산된 것이었다.[19] 그러나 〈표 3-2〉를 보면 부산항에서의 토포 이출액은 1895년부터 급감하기 시작해 1899년에는 1893년과 1894년 이출액의 5분의 1 수준인 5만 7천 필까지 감소하였고, 이후 다시 회복세로 반전해 1904~1905년에는 20만 필 수준으로 증가하였으나, 1906년 이후 다시 격감하여 1909년 이후에는 완전히 두절된다. 부산항의 토포 이출액 변동은 원

---

17) 梶村秀樹, 앞의 글(1968); 宮嶋博史, 〈朝鮮甲午改革以後の商業的農業〉, 《史林》 57-6, 1974; 宮嶋博史, 〈土地調査事業の歷史的前提條件の形成〉, 《朝鮮史研究會論文集》 12, 1975; 吉野誠, 〈李朝末期における綿製品輸入の展開〉, 《朝鮮歷史論集》 下, 1979; 村上勝彦, 〈植民地〉, 《日本産業革命の研究－確立期日本資本主義の再生産構造》, 1975; 村上勝彦, 〈日本資本主義による朝鮮棉業の再編成〉, 《日本帝國主義と東アジア》, アジア經濟研究所, 1979; 權泰億, 《韓國近代棉業史研究》, 일조각, 1989.

18) 《皇城新聞》 1906년 12월 1일자. "開港地 중에서도 특히 元山港과 최대관계를 有함은 釜山港이니……중요한 것을 들면 移出에는 內國産은 乾漁 鹽漁 葛布 昆布 海蔘類 요, 移入에는 內國産 貨物은 穀類 棉布類 煙草 食物類 등이다."

19) 이 책 〈2장 개항 후 상업적 농업의 발전과 지주·부농경영의 성장〉 참조.

표 3-2. 원산항·부산항 주요 면제품 수이출입고[20]

구분 연도	부산항(수입, 이출액)						원산항(이입액)			
	방적사(담擔)	가액(천엔)	일본목면(천필)	가액(천엔)	조선목면이출(천필)	가액(천엔)	일본목면(천필)	가액(천엔)	조선목면(천필)	가액(천엔)
1894	430	14	63	46	344	–	28	23	283	284
1895	1,211	35	213	179	266	–	402	344	248	256
1896	3,476	122	259	304	102	135	316	285	98	98
1897	3,940	142	230	297	95	95	484	483	100	102
1898	3,872	124	244	261	83	–	386	386	81	82
1899	8,154	247	218	253	58	–	383	382	74	76
1900	6,104	246	234	246	74	–	579	579	92	95
1901	3,780	161	240	247	110	–	469	470	134	140
1902	1,644	–	142	–	142	–	387	387	249	256
1903	2,216	90	104	–	142	142	296	296	261	261
1904	5,045	188	170	287	210	209	–	–	–	–
1905	16,225	520	382	397	217	216	–	–	–	–
1906	17,362	616	304	339	128	131	–	–	–	–
1907	–	1,017	–	443	–	68	–	612	–	69
1908	–	910	–	503	–	177	–	610	–	67
1909	–	558	–	393	–	–	–	436	–	–

산항의 일본 백목면 이입액의 변동과 거의 반비례하고 있다. 원산항의 일본 백목면 이입액은 1894년에 2만 8천 필에 불과했지만, 1895년부터 급증하여 1900년에는 약 58만 필에 이르고, 이후 토포의 이입이 급증하는 1900년대 초반에는 감소 추세로 반전해 30만 필 대

---

20) 吉野誠, 앞의 글(1979)과 村上勝彦, 앞의 글(1979)에서 재정리.

로 내려갔다가, 1907년부터 다시 60만 필 대로 증가하였다.[21] 원산항과 부산항의 무역액의 이러한 변동은 함경도의 토포시장이 일본 목면에 의해 급속히 침탈되는 과정을, 동시에 함경도 시장에 의존하여 발전해 온 경상도 지역의 토포 생산의 몰락 과정을 보여주는 것이었다.

일본 목면에 의해 경상도산 토포가 구축되는 양상은 서울시장에서도 동일하게 나타났다. 마쓰다松田行藏의 보고에 따르면 안동·풍기·의성·상주·함창·성주 등지에서 서울시장으로 면포를 이출하였는데, 그 이출액은 1890년경 약 10만 필에 달했다.[22] 그러나 서울시장에 "일본과 서양 면직물이 수입된 이래 경상도 면포의 이입액이 급감하여" 1907년 무렵에는 "겨우 2~3만 필에 불과하였다."[23] 일본 목면이 시장에서 토포보다 우위에 설 수 있었던 것은 질과 내구력에서 큰 차이가 없으면서도 가격이 상대적으로 저렴했기 때문이다. 두 제품이 모두 농가부업으로 생산되었지만, 일본 목면은 방적사를 이용하고 조선의 베틀보다 2~3배 생산성이 높은 파탄직기로 생산되었다. 이로 말미암아 노동력을 크게 절감할 수 있었고, 토포보다 저렴한 가격으로 시장에 출하될 수 있었다.[24]

토포가 가격경쟁에서 일본 면포에 밀리자, 조선에서도 수입방적사를 이용해 가격을 낮추려는 시도가 있었다. 경상북도의 경우를 보면 대구·성주·현풍·칠곡 등지의 전업적 직포업자들이 1895년 이후 수입방적사를 이용하기 시작하였고, 그렇게 해서 생산된 토포가 일본 백목면과 경쟁할 수 있게 되면서 1890년대 말 대구와 성주가 단

21) 吉野成, 앞의 글(1979); 村上勝彦, 앞의 글(1979).
22) 李潤甲, 〈開港~1894년의 農民的 商品生産의 發展과 甲午農民戰爭〉, 《啓明史學》 2, 1991.
23) 《京城 仁川 商工業調査》, 199쪽.
24) 村上勝彦, 앞의 글(1979).

숨에 각각 10만 필과 3만 5천 필을 생산하여 서울, 부산 등지로 판매하는 신흥면업지로 성장하였던 것이다.25) 그러나 이러한 대항은 면작이 불충분해 원료난을 겪고 있던 대구, 성주 등 낙동강 인근의 일부 지역에서 제한적으로, 그것도 아주 일시적으로 성과를 내는 데 그치고 말았다. 1895년 이전의 면업중심지-의성, 군위, 안동, 상주, 김천, 예천-에 수입방적사가 도입되기 시작한 시기는 1899년 이후였고, 그러한 사정을 반영해 부산항의 방적사 수입량도 그 전년도까지 연간 약 4천 톤 수준에서 단숨에 8천 톤 수준으로 증대되었으며, 그 다음해인 1900년에도 6천 톤을 상회하였다. 그러나 1901년 이후 한전 시세가 하락하고 그로 말미암아 수입방적사의 가격이 상승하면서, 수입방적사를 이용한 면포 생산은 쇠퇴하고 말았다.26) 부산항의 방적사 수입량을 보면 이러한 변동을 반영해 1902년에는 1,644

---

25) 《通商彙纂》 제149호 1899년 10월 〈韓國慶尙道尙州 大邱 蔚山沿道地方情況〉 47, 49쪽.
　　"星州-일반 木棉제조가 성행하다. 군내에서 1개년 산출고는 3만 5천 필로 그 많은 부분을 京城으로 수출한다고 한다."
　　"大邱-物産은 木棉이 가장 많고 그 다음이 紬, 麻布이다. 木棉은 근래 紡績絲를 混用하여 제조하며, 따라서 그 價額도 저렴해져 산출고가 비상히 증가하게 되었다. 대구 부근에서 1개년에 연 十萬疋을 산출한다고 한다."
　　吉野誠이 조사한 경북 지역의 1899~1900년 당시의 수입방적사의 판로 및 수요 상황에 관한 자료는 다음과 같다.
　　"安東-방적사는 現今에 가장 수요가 많다.
　　義城, 軍威-各所 모두 면화산출지이지만, 근래에 이르러 방적사의 편리를 느끼고 織物에 사용한다.
　　漆谷-방적사는 근래 비상히 需用者가 많다.
　　星州-방적사는 織物專業者 외에는 종래 사용하지 않았으나, 그 편리를 알고 각 농가에서도 얼마간씩 自家用 棉布를 생산하는 데 사용하고 있다.
　　大邱-木棉은 근래 방적사를 混用製造함으로써 따라서 가격이 싸져 산출고가 비상히 증가하게 되었다. 대구 부근에서 1개년 십만 필을 산출한다.
　　玄風-이 지역은 織物專業者 외에 방적사를 사용하지 않았으나, 근래에 이르러 그 편리를 알고 각 농가에서도 사용하는 경향이 있다"[《韓國在勤警部巡査各地出張雜件》, 明治 32年 3月 23日 付伊集院釜山領事 書簡. 吉野誠, 앞의 글(1979)에서 재인용].
26) 吉野誠, 앞의 글(1979).

톤, 1903년에는 2,216톤까지 감소하였다. 수입방적사의 가격 상승은 대구나 성주의 전업적 면업자들에게 치명적 타격을 주었다.

1900년 이후 이들 지역에서 토포 생산이 일시적인 회복세를 보이지만, 그것은 수입방적사 사용에서 비롯된 것이 아니라 한전 시세의 하락으로 말미암아 일본산 수입면포의 가격이 인상되었던 요인에 따른 일시적 현상이었다. 한전 시세의 하락은 러일전쟁의 발발과 더불어 끝나고, 그 하락효과에 매달려 기사회생을 노렸던 토포 생산은 이후 기계제 공장 생산으로 더욱 경쟁력을 갖게 된 일본 백목면과 시팅sheeting이 쇄도하면서 완전히 궤멸된다. 그리하여 면직업으로 성장하던 부농경영이 완전히 몰락하고 농가부업조차도 현저히 위축되었다.[27]

1895년 이전과 1911년의 경상북도 면포수급상황을 비교하면 면업의 몰락을 보다 구체적으로 살필 수 있다. 1895년 이전의 면포수급상황을 보면, 도내 수요량을 충족하고도 매년 45만 필 이상을 다른 도로 판매할 정도로 면포의 상품생산이 발전하였다. 그에 견주어 1911년의 면포수급상황은 농가자급분을 제외하고도 도내의 면포수요를 충족하고자 70여만 필의 면포가 시장에 공급되었는데, 그 가운데 50만 필이 일본산 수입면포였고,[28] 나머지 22만 6천여 필이 지역

---

27) 비록 지역은 다르나 충주재무감독관忠州財務監督官의 다음 보고는 이러한 변동을 살피는 데 좋은 참고가 된다. "農民經濟 此郡은 農業을 爲主하나 然하나 陰城 淸安 槐山 忠州 等郡에 비하면 商人이 多하고 婦女난 농업의 餘暇에 白木을 織하야 家庭의 一助를 成하나 3년 전붓터난 其利가 감소한 故로 其數가 감소하야 云云 상공업의 상황……此等 市場은 향촌의 小市場이니 穀物 輸出이 第一이오 輸入品은 대개 羊木 등 日本 雜貨오 云云"(〈忠州財務監督官 報告〉, 《皇城新聞》 1906년 4월 18일자).

28) 《大邱地方經濟事情》, 17쪽. 경상북도에서 판매된 일본산 면포는 부산항에서 포항으로 직송된 분량을 제외하면 전부 대구역으로 이송되어 판매되었다. 1911년 대구역에 이송된 일본 면포의 분량은 면포가 495,369필(동가액同價額 681,782원)이었고, 금건金巾이 84,000필(동가액 579,600원)이었다.

농가에서 부업으로 생산된 면포였다.[29] 따라서 겨우 16년 만에 45만 필을 이출하다가 도리어 50만 필을 수입해야 하는, 그리하여 전체로 보면 약 100만 필에 달하는 상품생산의 감소가 일어날 정도로 면업은 급속히 몰락하였다. 1911년 당시 면업에서 부농경영이 완전히 몰락하고, 상품으로 유통되는 토포가 가내부업으로 생산되고 있었음은 〈표 3-3〉에서 명확히 드러나고 있다.

면업의 몰락과정은 곧 그것과 결합되어 있던 면작의 몰락과정이었다. 면작은 1895년 이후 면업의 쇠퇴 및 방적사의 수입으로 말미암아 감소하기 시작하였다. 면작은 방적사의 수입이 활발하였던 낙

표 3-3. 면포 생산의 변동[30]

구분 군현	1887년(1)		1912년(2)	
	면직호(호)	호당생산고(필)	면직호(호)	호당생산고(필)
자인현	500	20	1,200	2
하양현	400	8	500	3
신녕현	500	10~6~2	1,300	3
의성현	2,600	20~15~10	3,400	3
안동부	3,000	5	5,000	2
예안현	100	6~5	500	2
영주군	600	6~2	300	9
풍기군	1,000	20~10	400	3
함창현	1,600	40~18	700	3
상주목	5,000	30~7	4,500	2
현풍현	1,000	6	860	3

29) 《大邱地方經濟事情》, 66쪽. 경상북도도청에서 조사한 1911년의 목면생산량은 226,383필이었다.

30) 松田行藏, 《朝鮮國慶尙忠淸江原旅行紀事並農商況調査》(商法會議所, 1987)의 각 군현에 대한 보고기사와 慶尙北道, 《勸業統計書》, 1913, 147~149쪽에 근거하여 작성하였다.

동강 인근 지역에서 특히 격감하였는데, 이 지역에서 면화밭은 거의 콩밭으로 바뀌었다.31) 1900년 이후 토포 생산이 회복되면서 일시적으로 면작의 감소가 중단되지만, 러일전쟁 이후 다시 콩 생산이 확대되면서 면작은 급감하였다. 농민들은 면작을 수출용 콩 재배로 전환하고, 자급용 면포도 수입방적사를 구입해 생산하였다. 1905년 이후 수입방적사의 도입이 급증하였음에도 토포의 상품생산이 오히려 급감 추세를 보인 것은 이러한 변화와 관련이 있었다.

다음으로 주목되는 변화는 일본의 침략이 확대되면서 지역 내 제지업, 유기업, 철수공업 등이 몰락한 까닭에 그 수공업자나 상인 등 비농업 인구를 대상으로 발전하였던 쌀, 보리, 조, 콩 등의 상품생산이 쇠퇴하고, 대신 대일수출을 위한 쌀과 콩의 상품생산이 비약적으로 확대된 것이었다. 수출용 곡물 생산을 촉진한 것은 일본 상인들이었다. 일본 상인들은 1895년 이후 활동영역 제한이 사실상 폐지되자 내륙지방까지 진출해 곡물을 매입하였다.32) 이들이 대량으로 미곡을 매점해 곡가가 상승하자, 대구 이남 지역에서만 실시되었던 방곡령이 1895년 이후에는 낙동강 상류 지역까지 확대되었다. 1898년 상주군수가 실시한 방곡령이 그 예였다. 당시 상주에서는 미곡 매입을 둘러싸고 본읍 상인과 타읍 상인들이 치열한 경쟁을 벌이고 있었다. 미곡자금이 경쟁적으로 살포되었고, 더 많이 매집하고자

---

31) 〈釜山輸入本邦紡績絲〉,《通商彙纂》180호, 1900년 10월 29일자. "再昨年에 비해 昨年의 방적사 수입이 배 이상으로 증가하게 된 것은 첫째, 韓人들이 本品을 需要하는 자가 逐年 增加하고 있고, 둘째, 근래 當國(조선-필자)에서 棉花作이 곤란하고 收入도 적음에 비해 大豆 및 穀類는 재배도 쉽고 또 收益도 다액인 까닭으로 일반 농민이 전자를 버리고 후자를 택하는 경향이 나타나게 되어 조선 면화가 축년 감소하는데 基因한다."

32) 吉野誠, 〈李朝末期에 있어서의 穀物輸出의 展開와 防穀令〉,《朝鮮史研究會論文集》15, 1978; 河元鎬, 〈開港後 防穀令 實施의 原因에 관한 研究〉,《韓國史研究》49, 50·51합집호, 1985.

시가보다 비싸게 구매하는 상인도 있었으며, 아예 읍시로 통하는 길목에 임시점포를 설치하고 장시에 팔러가는 미곡을 전량 매점하기도 하였다. 그로 말미암아 상주 읍시나 읍촌에서 미곡을 구할 수 없어 '양식을 구매해 살아가는 자(買粮糊口者)'들이 돈이 있어도 끼니를 잇지 못하는 사태가 야기되자 방곡령이 선포되었다.[33] 낙동강 상류에 위치한 상주의 사정이 이와 같았으므로 그보다 하류에 위치한 지역들의 사정은 더 말할 필요가 없었다. 수출용 곡물매집이 확대되자 쌀과 콩의 상품생산을 확대하려는 움직임도 활발히 일어났다. 경상북도에서는 특히 콩의 상품생산이 확대되고 있었다. 콩은 척박한 토지에서도 잘 자랐기 때문에 "새로이 산야를 개간하여 콩을 파종하는 자가 많을 뿐 아니라, 하등 논을 콩밭으로 만들거나, 논·밭이랑에도 콩을 파종하였다."[34] 또한 일본 백목면과의 경쟁에서 실패해 토포생산이 몰락하자 면작을 포기하고 대신 콩 재배로 전환하는 농가도 속출하였다. 그리하여 면작지대에서 면업부농이 몰락하는 것과는 대조적으로 낙동강 인근의 미작지대에서는 미곡수출로 농가경제가 향상되고 부농경영도 발전하였다.[35]

또한 경부철도의 개통도 수출용 곡물의 상품생산 확대를 촉진하였다. 경부선 개통 이전 시기에는 운송에 제약이 있어 곡물 상품생

---

33) 吉野誠, 위의 글(1978)에서 재인용. "以來穀潛賣禁防事 日前又有措辭發令 而夫何今不行而禁 不止市上 米穀益不出邑村間 買粮糊口者 帶錢荷囊 盡日彷徨 畢竟空手歸家 朝不炊夕不饗 有口者皆曰 專因買穀而如是 怨聲敖敖 爻像慓짝 其在字牧之地 實所不忍見不忍聞處也 豈可以幾何商賈之牟利肥己 視一境民命之難食함함也哉 不得不別行擧措 然後可以救窮春窮民." "聞本他邑商賈輩貿穀之錢遍滿村 此一坊曲無洞不派給無人不나用 抑又縱人發四方 冬洞時價外 加給幾分 務從多買者有之 甚者據在於四面西路店幕 赴市之米 不計多少 橫出盡買 如此而安可望上出米乎." 이 자료는 《釜山領事館報告》(明治 31年 3月 17日付 小村外務次官宛中村釜山領事館事務代理書簡)에 첨부되어 있는 同館 太田警部 등 3인이 쓴 慶尙道內巡廻報告에 인용되어 있다.

34) 〈朝鮮國全羅道巡廻復命書〉, 《通商彙纂》 22호, 1895.

35) 吉野誠, 앞의 글(1978).

산이 주로 낙동강 인근지역에서만 발전하였다. 경부선의 개통과 일제의 강압 아래 추진된 도로 개설은 곡물상품화를 제한하였던 운송문제를 해결하여 상품생산지역을 확대시켰다. 경부철도와 대구에서 안동, 대구에서 경주·포항을 잇는 도로가 잇달아 개설됨으로써 낙동강 인근 지역뿐만 아니라 의성·군위·안동·자인·하양·경산·청도·경주 등지에서도 곡물의 상품생산이 가능하게 되었다. 하양·영천·경주·자인 등지에서는 육로를 이용해 경산역으로, 안동·의성·군위 등지에서는 육로를 통해 대구역으로, 인동·선산·비안·상주·안동·현풍·고령 등지에서는 낙동강 수로를 이용해 왜관역으로, 상주·안동의 일부 지역에서는 육로를 통해 김천역으로 각각 곡물을 판매할 수 있게 된 것이다.[36]

각 역별 곡물 이출고는 〈표 3-4〉와 같다. 쌀은 주로 경산역과 왜관역, 그리고 포항을 거쳐 이출되었고, 수이출 총액은 연간 20만 석에 달했다. 경산역에 집하된 쌀은 경산·하양·영천·자인·경주·신녕·청도 등지에서 생산되었고, 왜관역에 집하된 쌀은 인동·선산·상주·의성·안동·고령·성주 등지에서 생산된 것이었다. 물론 쌀의 상품생산이 가장 발전한 곳은 개항 직후부터 상품생산을 발전시켜 왔던 왜관역으로 쌀을 이송하는 지역들이었다. 왜관미의 품질은 경산미보다 우수하였고, 가격도 20~30전 더 높았으며,[37] 이출량도 경부선 각 역 가운데 가장 많아 경성 정미시장에서 매우 중시하였다.[38]

콩도 생산지역 분포나 이출선이 거의 쌀과 일치하였다. 쌀과 달랐던 점이 있다면, 생산이나 이출에서 경산역권이 더 큰 비중을 차지하였던 점이다. 이러한 차이는 왜관역권에 속했던 지역들이 대부

---

36) 《大邱地方經濟事情》, 5~16쪽.
37) 《大邱地方經濟事情》, 26~27쪽.
38) 《大邱地方經濟事情》, 14쪽.

표 3-4. 경부선 역별 곡물 이출고[39] (단위: 석)

역 명	품 명	1909년	1910년	1911년
대 구	쌀	29,314	15,197	13,897
경 산	쌀	60,206	61,551	69,036
	콩	64,281	50,650	60,448
왜 관	쌀	81,718	70,900	99,208
	콩	56,610	68,640	29,308

분 면작 중심지였음에 견주어 경산역권에 속했던 지역들은 거의 면작 부적합지 내지 주변적 면작지였기 때문이다. 곧 왜관역권의 지역들은 면업이 몰락길에 들어선 1895년 이후 콩을 재배하기 시작한 신흥 콩 생산지였음에 견주어, 경산역권의 지역들은 개항 직후부터 수출용 콩을 생산하기 시작해 1880년대 중반 이후에는 이미 수출콩 중심생산지역이 되었던 것이다.[40]

1895년 이후 상업적 농업에서 면작, 면업이 몰락하고 곡물 생산이 급속히 확대된 이와 같은 변동은 다각적 상품생산이 단작화 내지 단순화된다는 현상적 변화 이상의 의미를 지녔다. 앞 절에서 이미 언급한 바와 같이, 이와 같은 상업적 농업의 변동은 조선이 일본의 식민지로 재편되는 과정에서 조선 내의 사회적 분업관계가 해체되는 대신 조선과 일본 사이에 종속적 국제분업관계가 강제로 형성되면서 발생한 것이다. 달리 말해 그 변동은 일본 자본주의가 조선을 고이윤 실현의 상품판매시장이자 자국의 저임금을 유지할 저가격의 농산물 공급지로 예속시키는 과정에서 일어났다.

그 변동을 통해 이제 조선의 상업적 농업은 일본 자본주의와 불가분한 관계로 결합되고, 그것의 지배를 받는 관계 속에서만 상품생

---

39) 《大邱地方經濟事情》, 19~22쪽에서 작성하였다.
40) 이 책 〈2장 개항 후 상업적 농업의 발전과 지주·부농경영의 성장〉 참조.

산을 발전시킬 수 있게 되었다. 이와 같은 종속관계를 형성함으로써 일제는 농산물의 구매 과정이나, 자국의 공산품 판매 과정에서 조선 농민을 일방적으로 수탈하는 부등가교환을 자행할 수 있었다. 나아가 일제는 농촌의 가내부업 등 자급적 자연경제적 요소를 다양한 정치·경제적 수단을 동원해 폭력적으로 파괴하는 방식으로 조선 농업을 예속시키고 상품생산의 확대를 강제하였다.

이와 같은 변화는 또한 곡물유통구조의 변동을 불가피하게 하였다. 상업적 농업이 일제 지배 아래 예속되는 과정에서 곡물유통의 지배권도 산지나 포구객주 및 중개곡물상에서 수출항인 부산의 일본 상인에게 넘어갔다.[41] 일본 수출상의 곡물유통권 장악은 조선의 금융지배권을 강탈한 일본이 자국의 상인들을 지원해 금융에서 조선 상인을 압도하게 됨으로써 가능한 것이었다. 일본 상인들은 중개인을 내세우거나 자신들이 직접 춘궁기를 전후해 곡물자금을 살포하는 방식으로 상대적으로 자금력이 약한 산지객주를 배제하거나 자신의 지배 아래 종속시켰다.

쌀과 콩의 이출지로 유명하였던 경산 지방의 곡물유통을 보면, 8호의 자금력이 충실한 미곡상이 있었지만, 이들은 모두 부산의 유력한 일본인 미곡상의 투자 내지 보증 아래에서 곡물을 거래하였다. 경산의 곡물상들은 자신이 직접 농민을 상대로 곡물을 매집하거나 객주나 중개인들을 거쳐 곡물을 구매하였다. 이 경우 곡물대금의 일부를 계약과 동시에 지불하였고, 잔금은 현물이 경산에 도착하면 지불하였다.[42] 그 과정에서 더 많은 곡물을 염가로 확보하고자 각 곡물상들이 청전매青田買를 경쟁적으로 확대하였음은 물론이다. 이 청전매는 소농층과 빈농층의 몰락을 촉진하였다.[43]

---

41) 韓㳰劤, 《韓國開港期의 商業研究》, 1970; 吉野誠, 앞의 글(1979).
42) 《大邱地方經濟事情》, 13쪽.

소농뿐만 아니라 부농 및 중소지주들은 전부 이들을 거쳐서만 곡물을 매출할 수밖에 없었던 까닭에, 곡물유통을 독점하고 있는 일본 상인 및 그 하수인인 현지 곡물상들에게 자신의 이윤을 잠식당할 수밖에 없었다. 이와 달리 수출항의 곡물상인들과 직거래가 가능하였던 대지주들은 이러한 손해를 적게 볼 수 있었다. 현지의 곡물상들이 대지주들로부터 대량의 곡물을 구매하는 경우가 드물게 있었지만, 이 경우도 반드시 금액 전부를 현금으로 직불해야만 거래가 가능하였다.[44]

---

43) 〈釜山領事館 報告〉, 《通商彙纂》 231호, 1902년 5월 15일자. "落東江 沿岸地域에서는 종래 釜山 商人이 當地方의 곡물을 매수하는 방법으로는 當國人을 하수인으로 내세워 수확 이전에 농가에 (자금을−필자) 前貸하고 利子를 쳐서 廉價로 매수할 수 있도록 豫約하는 것이 가장 많다."
44) 《大邱地方經濟事情》, 13쪽.

3. 관료·지주층 주도의 상품경제발전과 농민층 분해

1) 지방관료층에 의한 곡물유통의 확대와 지주제의 강화

소농·빈농층이 주체가 되어 아래로부터 혁명적으로 변혁을 쟁취하려 하였던 1894년의 농민전쟁은 일본과 그에 결탁한 봉건지배세력에 의해 좌절되었다. 전쟁에서 농민군은 일본군의 공격을 받고 치명적인 타격을 입었던 까닭에 이후 조선의 계급 사이의 세력관계에서는 봉건지배세력이 우위를 차지하는 변화가 일어났다. 반봉건농민투쟁은 1896년의 의병전쟁과 러시아의 개입으로 일본이 다소 후퇴한 광무光武 연간에 얼마간 다시 세력을 회복하였으나, 그 역관계를 역전시킬 만한 수준으로는 발전하지 못한 채 1904년 본격적인 일본의 침략을 맞게 된다.

일본의 침략효과라 할 조선 내의 계급 역관계 역전, 즉 봉건지배세력의 대농민 우위상황은 상품생산 및 유통에서도 변화를 불러왔다. 그 변화란 농민적 상품경제가 위축 혹은 몰락하는 대신 봉건관료나 지주층이 주도하는 상품경제가 확대 발전된 것이다.

농민전쟁 이후 봉건지배층은 피지배 농민층에 대한 수탈을 강화하면서 상품경제에 대한 지배권을 확대해 갔다.[45] 먼저 농민 수탈을 강화한 것은 군수·서리·군교 등 지방관료들이었다. 이들의 수탈은 ① 결가가봉結價加捧, 허호가배虛戶加排 등과 같은 부세 남징, ② 매임賣任, 매직賣職, ③ 포구나 장시에서 무명잡세 남징,[46] ④ 온갖 구실

---

45) 金度亨, 〈大韓帝國의 改革事業과 農民層 動向〉, 《韓國史硏究》 41, 1983.
46) 〈論說〉, 《皇城新聞》 1899년 3월 14일자. "各場市에는 都監官이라 稱하는 자가 各種 物種을 計數抽稅하난대, 米鹽과 牛隻과 같은 물품에는 其稅의 多함이 前日에 倍加하

을 내세운 요부민饒富民 늑탈 등의 방법으로 자행되었다. 지방관료의 수탈은 영양·안동·함창·상주·의성·비안·선산·지례·인동·성주·현풍 등 주로 낙동강 인근 지역과 경주를 위시한 영덕·영해 등 동해안 지역에서 극심했으며,[47] 인동과 선산에서는 이로 말미암아 집단적인 농민항쟁이 발생하였다. 선산에서는 군수가 결가를 20냥씩 가봉加捧한 것과 호적지가戶籍紙價, 문패견양지가門牌見樣紙價, 학교병설비, 문패가門牌價, 전세납부독려관리거마비(結田督刷時特別差使足貰條) 등 허다한 잡세를 가렴한 것이,[48] 인동에서는 군수가 결가를 결당 20냥씩 도합 4만 8천여 냥을 가봉하고, 면서원面書員을 필요 인원 외에 4~5명씩 더 차출하여 임뇌전任賂錢을 억지로 받아내고, 잡기 단속을 구실로 요민饒民을 징치하는 방식으로 도합 2만 8백여 냥을 늑탈한 것이 민란 발생의 직접적인 원인이 되었다.[49]

지방관료들은 중간수탈한 세전稅錢이나 곡물을 이용해, 또는 징수한 세전을 유용하거나 외획제도外劃制度를 이용해 곡물유통에 적극적으로 참여하였다. 선산군에서는 "세무관과 주사·서기 등이 공모

야 其利益의 10분지 4, 5분을 徵納하니 其餘利益으로 如干食費를 除給함애 1년 행상이 空鞭而已라……此中에 尤矜尤惻한 情景이 有하니 村夫村婦들이 饑寒을 不耐하여 梱履織紡으로 糊口之策을 計하는대 五日 一市의 工이 履十部와 布木14, 5尺에 僅止하야 其 利益이 多不過 10錢이어늘 此를 晝夜動勞하야 市日을 당하야 出賣한즉 草履 10部에 稅가 葉 2, 30枚오 布木 14,5尺에 稅가 또한 2, 30枚라 此愚夫들이 본래 官吏 畏하기를 猛虎와 如하거던 엇지 携貳함이 有하리오."

47) 봉건관료에 의한 군별 대표적 수탈사례는《皇城新聞》의 다음 일자 기사 참조. 안동(1900. 5. 29.), 상주(1898. 10. 1, 1904. 2. 8.), 함창(1901. 4. 1.), 의성(1904. 9. 29.), 선산(1899. 11. 1, 1902. 9. 5, 1906. 3. 8, 1906. 4. 3, 1907. 2. 22.), 비안(1907. 6. 24.), 지례(1906. 12. 25.), 인동(1906. 3. 13, 1906. 4. 4, 1906. 4. 16.), 성주(1904. 12. 19.), 대구(1902. 7. 17, 1903. 7. 6.), 현풍(1907. 4. 1.), 경주(1898. 9. 13, 1899. 2. 18, 1900. 1. 8, 1900. 7. 3, 1900. 12. 6, 1905. 2. 8.), 영덕·영해 (1907. 6. 10.)

48)〈善山民擾詳報〉,《皇城新聞》1906년 4월 3일자.

49)〈仁民訴狀〉,《皇城新聞》1906년 4월 16일자.

하여 징수한 공전公錢으로 쌀을 구매하여 대구와 부산항에서 판매하여 사리私利를 도모"50)하였고, 현풍군수는 "경상북도 세무관과 부동하여 공전 2천 냥을 유용하여 쌀 무역을 하다 쌀값이 높이 올라 중지하고 3분 이율로 방채放債"51)하였다가 적발되기도 하였다. 이 지역의 군수들은 쌀 무역으로 돈을 벌고자 추수 전인 7, 8월 무렵에 결호전結戶錢을 책정하여 연말까지 반드시 납부하게 하였고, 이 때문에 농민들이 부득이하게 쌀을 헐값에 방매하면 이를 매점하여 이윤을 남기는 수법을 썼다. 그리하여 추수기마다 포구에는 그 지역 군수가 차인差人을 시켜 매집한 쌀이 산더미처럼 쌓이는 광경이 목격되었다.52)

지방관료들은 여기서 더 나아가 요호부농에게 헐값 방매를 강요하기도 하고, 그 쌀을 전매하는 방식으로 돈을 벌었다. 상주군수는 "관할 부민들이 보유한 쌀을 일일이 사검하여 20석에서 수백 석까지 시가의 3분지 1로 억매하여 부산항으로 수출"53)하였고, 그로 말미암아 민란이 일어났다. 또한 대구관찰사는 춘궁을 구실로 부호 32인을 선정하여 매 장시마다 할당량을 판매하도록 강제하였는데, 그 쌀을 매점한 것이 전부 관속들이었다.54) 관료층의 유통경제 참여는 곡물 거래에만 제한되지 않았다. 임천군 상인 윤우가 영호남에서 황해도·평안도까지 두루 다니면서 살핀 바에 따르면, 군수가 차인이나 서기, 향장 등을 시켜 곡물 외에도 소금, 면포, 저포, 연초, 콩, 깨, 종이 등 각 지역의 주요 이출 농산품을 매점하고 있었다.55)

---

50) 〈稅務郡主의 弊〉, 《皇城新聞》 1907년 2월 22일자.
51) 〈公錢放債〉, 《皇城新聞》 1907년 4월 1일자.
52) 〈胡爲乎此〉, 《皇城新聞》 1899년 3월 3일자.
53) 《皇城新聞》 1898년 10월 1일자.
54) 《皇城新聞》 1903년 7월 6일자.
55) 〈胡爲乎此〉, 《皇城新聞》 1899년 3월 3일자.

이와 같이 1895년 이후 확대된 관료층의 유통경제 참여는 중간 수탈의 강화와 유통과정의 잡세수탈을 통해, 나아가 농민적 상품생산의 핵심적 주도층인 요호부농에 대한 직접적인 강탈을 통해 아래로부터의 상품유통경제 발전을 저해하고 위축시켰다.

한편 지주계급도 갑오농민전쟁 이후 소작농민에 대한 수탈을 강화하려 하였다. 그러나 지주계급의 힘만으로는 소작농민들의 저항을 억누를 수 없었던 한계로 말미암아 러일전쟁까지는 그러한 노력이 기대한 성과를 낼 수 없었다. 지주계급의 이러한 기도는 농민들의 집단항쟁(민란)으로 저지되었다.56) 시주時主(토지소유자)와 시작(소작농)을 나란히 기재하였던 광무양안의 기재방식은 지주와 소작농민 사이의 이러한 세력관계를 반영하고 있었다.57)

그러나 이러한 세력관계는 러일전쟁 이후 급속히 변화되었다. 이 전쟁을 통해 조선을 실질적으로 지배할 수 있게 된 일본 제국주의가 지주계급을 비호하는 정책을 실시하였기 때문이었다.58) 일제가 지주계급을 비호하였던 것은 크게 보아 두 가지 이유에서였다. 첫째는 일본 자본주의의 구조적 특질과 관련해 지주적 상품생산을 적극적으로 발전시킬 필요가 있었기 때문이다. 곧 일본은 구미 제국주의 열강이 침략하고 근대산업이 발달하지 못한 불리한 내외적 조건 속에서 국가권력의 주도로 근대화를 추진하였다. 그로 말미암아 일본

---

56) 가령 1900년 2월 진주에서는 반복半卜 문제로 소요騷擾가 일어났다. 반복이란 전작법并作法에서 납부할 전세田稅의 절반을 지주가 현물로 소작인에게 급부하는 제도였다. 진주에서 이것이 문제가 되어 소요가 발생한 것은 갑오년(1894) 이후 지세가 인하되자 지주가 종전과는 달리 소작인에게 지세의 절반을 현물로 바치게 하여 자신이 납부하고 그 차익을 얻으려고 하였기 때문이었다(《皇城新聞》 1900년 2월 23일자).

57) 李榮薰, 앞의 글(1989).

58) 金容燮, 〈韓末에 있어서의 中畓主와 驛屯土地主制〉, 《韓國近代農業史硏究》 증보판 하, 1978, 426쪽.

자본주의는 강권적인 조세 및 금융정책으로 농업을 수탈해 산업자본을 형성하고 서구에서 생산수단을 수입하여 저임금을 무기로 수출산업을 발전시키는 후진적인 자본축적구조를 가지고 있었다. 이러한 축적구조는 농업을 낙후시킬 수밖에 없었고, 따라서 일본이 '저미가低迷價＝저임금' 체제를 유지하고자 자국농업을 보완할 식량공급지를 찾아 나서지 않을 수 없게 하였다.[59] 그런 이유로 일본은 조선에서 쌀·콩 등의 곡물을 낮은 가격으로 상품화하기에 가장 적합한 지주적 상품생산을 보호 육성할 필요가 있었던 것이다.[60] 이에 일본은 러일전쟁 이후 자본수출을 정책적으로 주선하여 주요 곡창지대에 지주적 상품생산을 적극적으로 선도할 일본인 농장을 대규모로 설치하였고, 1907년 이후 조선 내정을 장악할 수 있게 되면서부터는 지주제를 보호하는 치안 및 조세정책을 실시하였다.[61] 이러한 침략정책으로 이 지역에서도 러일전쟁 이후 대구·경산·칠곡·성주·인동·선산·흥해·연일 등지에서 일본인의 토지소유와 농업경영이 급속히 확대되었는데, 〈표 3-5〉에서 알 수 있는 바와 같이 일본인들의 농업경영은 과수, 연초재배 또는 조림造林을 제외하면 전부 지주경영이었다.

둘째는 일제가 조선의 식민지화를 효과적으로 달성하려면 조선에서 종속적 동맹세력을 적극적으로 포섭할 필요가 있었기 때문이다. 그 세력은 다름 아닌 자신의 계급이익을 수호하고자 현실적으로

---

59) 暉俊衆三,《日本農業問題의 展開》上, 1970; 中村政則,《近代日本地主制史研究》, 1979.

60) 金容燮, 〈日帝의 初期農業殖民策과 地主制〉,《韓國近現代農業史研究》, 1992. 지주적 상품생산의 특징에 대해서는 이 책 〈4장 1910~31년 종속적인 상업적 농업의 확대와 농업위기〉 참조.

61) 田中愼一, 〈韓國財政整理における'徵稅臺帳'整備について〉,《土地制度史學》63, 1974; 裵英淳, 〈韓末·日帝初期의 土地調査와 地稅改正에 關한 研究〉, 1987; 金容燮, 〈日帝의 初期農業殖民策과 地主制〉,《韓國近現代農業史研究》, 1992.

일제의 보호를 필요로 하고 있었던 지주계급이었다. 의병들의 반침략투쟁이 치열하게 벌어지고 있던 상황에서 식민지 지배 체제를 구축해야 했던 일본으로서는 상대적으로 자신에게 우호적이었던 지주계급을 적극적인 친일세력으로 포섭할 필요가 있었고, 의병들의 공격대상이 되었던 지주들 또한 치안을 담당하는 일제의 보호를 적극적으로 요청하고 있었다.[62]

이와 같은 필요에서 나온 일제의 지주계급 보호정책에 더해 이 시기에 본격화된 식민지 경제구조로의 재편과정 자체도 지주제 강화에 유리한 조건을 조성하고 있었다. 식민지화 과정은 우선 조선의 수공업자나 광부 등을 몰락시켜 농업에 전업하도록 만들었다. 또한 농가부업을 몰락시키고 상업적 농업을 단순화한 것과 달리 조세공과를 금납화하고 농가경제의 재생산에 필수적인 공산품을 구매하지 않을 수 없게 만들어 궁박판매를 확대시켰다. 이로 말미암아 농가경제가 급격히 악화되었고,[63] 따라서 이제 단순재생산을 유지하기 위해서도 농업경영을 확대하지 않을 수 없는 상황이 발생하였다. 식민지화 과정에서 형성된 이러한 조건들이 농업에서 차지借地경쟁을 격화시켜 결국 지주들의 소작조건 강화를 용이하게 하였던 것이다. 물론 이러한 변화는 식민지화 과정에서 특히 격심한 변동을 겪어야 했던 면작·면업지대에서 더욱 심각하였다.

---

62) 박찬승의 앞의 글(1984)에 따르면, 경주·안동·영천·대구·의성 등지에서 부호들이 화적당(=활빈당)의 공격을 받고 재물을 탈취당하고 있었다. 이 시기 지주들이 의병 또는 활빈당(화적)의 공격으로부터 보호받고 지주경영을 발전시키고자 일제와 결탁했던 구체적 사례로는 다음 연구를 참조할 것. 金容燮, 〈韓末 日帝下의 地主制 研究—事例 4: 古阜 金氏家의 地主經營과 資本轉換〉, 《韓國史研究》 19, 1978.

63) 궁박판매가 집중되던 추수기의 곡가는 비용가격에도 미달하는 것이 일반적이었다. 久間健一, 〈朝鮮米의 價格及移出量의 季節的 變化〉, 《朝鮮農業의 近代的 樣相》, 1931; 東畑精一·大川一司, 〈米價問題〉, 《朝鮮米穀經濟論》, 1935; 金俊輔, 《韓國資本主義史研究(Ⅲ)》, 1977, 270~284쪽.

표 3-5-1. 일본인의 토지 투자 실태(1912년)[64]

구분 군	투자자 수	투자액 (엔)	소유지 면적(정)					
			논	밭	산림	원야 原野	기지 基地	합계
대 구	152	226,123	31.7	293.2	0.5	10.4	−	335.8
하 양	62	52,308	37.0	63.8	50.6	14.4	8.6	174.4
신 령	1	650	0.3	1.5	−	−	−	1.8
영 천	31	14,100	13.9	15.4	8.5	0.8	−	38.6
경 주	31	17,833	12.4	18.5	−	−	0.8	31.7
연 일	24	12,935	22.8	16.8	−	−	−	39.6
흥 해	35	185,350	64.2	43.0	−	−	−	107.2
영 덕	3	4,050	4.8	3.9	−	−	−	8.7
칠 곡	19	144,608	174.5	270.1	78.3	−	−	522.9
경 산	44	8,574	3.0	4.5	−	−	−	7.5
자 인	8	10,727	18.6	11.4	−	−	−	30.0
청 도	19	7,125	4.9	19.6	−	2.0	−	26.5
현 중	11	24,945	52.1	94.1	−	−	−	146.2
인 동	20	45,160	23.4	70.6	15.0	−	−	109.0
김 산	2	7,061	46.0	0.5	−	−	−	46.5
개 령	2	576	0.4	9.2	−	−	−	9.6
선 산	15	6,990	15.4	30.7	−	1.2	−	47.3
상 주	24	23,500	38.1	7.6	−	−	−	45.7
함 창	8	4,700	6.2	7.5	−	−	−	13.7
합 계	511	797,315	569.7	981.9	152.9	28.8	9.4	1,742.7

---

64) 慶尙北道, 《勸業統計書》, 1913, 61~63쪽에서 정리하였다.

표 3-5-2. 경상북도의 1만 원 이상 일본인 투자가 농업경영 실태(1912년)

경영자	소유지면적(정町)				자작면별(정)				경영종별	투자액	창업연월	경영지 소재지
	논	밭	산림원야	합계	논	밭	논	밭				
中原房一	5.6	25.0	17.0	47.6	0.3	15.0	5.3	10.0	보통농사·과수재배	55,000	1905.10	대구부·하양군
福地義作	1.0	13.0	5.0	19.0	1.0	13.0	–	–	보통농사·과수재배	13,000	1906.4	대구부
清水德太郎	52.5	6.0	1.5	61.0	0.4	1.0	53.1	4.0	보통농사·과수재배	21,500	1907.3	대구부·자인현
倉員彦三郎	–	10.3	–	10.3	–	9.7	–	0.6	보통농사·과수재배·연초	1,085	1909.4	칠곡군·인동군
山內淸三郎	–	27.0	13.0	40.0	–	40.0 (산림 13.0 포함)			과수·연초·조림	58,000	1906.12	칠곡군
森賢吉	17.6	42.3	7.0	66.9	–	2.1	17.6	39.8	보통농사·과수재배	14,730	1908.5	선산·칠곡·현풍군
松原米吉 외 1인	23.0	93.7	–	116.7	–	21.0	23.0	70.7	보통농사·과수재배	42,000	1907.2	칠곡·인동·성주·선산
大塚丹次郎	35.0	212.0	119.0	366.0	35.0	–	–	212.0	보통농사	120,000	1905.3	흥해·연일군
山陰道産業(株)	93.5	3.0	96.5	193.0	–	–	93.5	3.0	보통농사	40,000	1907.11	금산·개녕·충북 황간군
韓國興業(株)	422.5	311.7	13.1	747.3	–	–	422.5	311.7	보통농사	258,277	1907.10	대구부 외 6군

* 《勸業統計書》(1912년) 63~64쪽에서 작성하였다.

러일전쟁 이후 이 지역의 소작조건 변동을 살필 수 있는 자료로
는 1904년에 조사된《한국토지농산조사보고서-경상도·전라도韓國土
地農産調査報告書-慶尙道·全羅道》와   1913년에   경상북도에서   작성한
《권업통계서勸業統計書》가 있고, 1918년 경상북도에서 조사, 작성한
〈소작관례小作慣例에 관關한 조사調査〉65)와 1930년의《경상북도소작
관행조사서慶尙北道小作慣行調査書》등도 참고가 된다. 위의 자료를 검
토하여 이 시기의 소작조건의 변동 과정을 추적해 보기로 하자.

　　〈표 3-6〉은《권업통계서》(1913)를 이용해 군별 지대수취법을 정
리한 것이다. 여기서 우리는 다음과 같은 특징들을 발견할 수 있다.

　　첫째, 갑오 이전 시기 상업적 농업의 발전 과정은 곧 농민적 상
품생산의 발전 과정이었고, 동시에 그로 말미암아 지주적 토지소유
가 약화 내지 해체되어 가는 과정이었다. 〈표 3-6〉을 보면, 논과 밭
모두에서 타작법이 행해지고 있는 지역은 영천(주)·예안·안동·영양·
진보·영해·영덕·청송·청하·흥해·연일·장기·경주·신령   등   거의가
동부에 뻗어 있는 태백산맥 주변의 밭농사지대들이고, 경주·흥해·연
일·안동 등 일부 지역을 제외하고는 지주제의 발달이 제한적이고
상업적 농업의 발전도 상대적으로 낙후되어 있다는 공통점을 지니
고 있다. 이에 견주어 논과 밭 모두에서 도조법이 행해지고 있는 지
역은   현풍·대구·경산·영천·성주·인동·선산·개령·군위·의성·비안·
용궁·함창 등 낙동강 인접 지역들과 문경·예천·풍기·순흥·봉화 등
지로, 낙동강을 이용해 상업적 농업을 발전시켰다는 공통된 특징을
지니고 있었다.

　　그 가운데서도 도조법이 특히 발전한 지역은 농민적 상품생산이
발전한 면작지대였다. 곧 도조법이 시행된 지역은 다시 순전히 도조

---

65) 慶尙北道,〈小作慣例에 關한 調査〉,《朝鮮彙報》제7권 제7호, 1918.

법만 시행된 지역과, 논에서 타작법과 도조법이 병행된 지역으로 구분해 볼 수 있다. 순흥·용궁·비안·상주·칠곡·대구·경산·하양·영천 등지가 후자에 속하고 나머지가 전자에 속한다. 상업적 농업지대로 분류하면 후자에 속하는 지역은 미작지대에 위치하였고, 전자에 속하는 지역은 면작지대 및 면·미 혼합지대에 위치하였다.

도조법은《한국토지농산조사보고서》에 보고되어 있는 바와 같이 타조법에 견주어 지대가 총수확고의 3분의 1 수준으로 저렴하고, 지주의 간섭을 받지 않으며, 소작인 재량대로 농업을 경영할 수 있었다.66) 가령 개령의 면화도棉花賭나 안동의 대마도大麻賭와 같이 소작농이 수익성 높은 작물을 재배하여도 일반 곡물 재배를 기준으로 설정된 지대액 이상을 수취하지 못하는 등 도조법은 상업적 농업을 경영하기에 유리한 소작법이었다.67) 그런 까닭에 도조법의 확대는 농민적 상품생산의 발전과 뗄 수 없는 관계를 지니게 되는 것이었다. 타조법에서 도조법으로의 전환이 이 지역에서 대대적으로 이루어진 시기는 상업적 농업의 발전이 한층 확대된 1880년대 이후로 조사된다.68)〈표 3-6〉에 나타난 도조법과 타조법의 지역분포 원형도 대체로 이 시기에 형성되었다고 볼 수 있다.

따라서 도조법의 이러한 특징과 지역분포를 통해 우리는 갑오농민전쟁 이전 시기에 상품화폐경제를 급속히 발전시킨 주체가 바로 아래로부터 성장하던 농민층이었고, 또한 상품화폐경제의 발전 과정이 다름 아닌 봉건적 토지소유의 해체 내지 약화 과정이었음을 확인할 수 있다. 이 시기 농업변동의 이러한 방향은《한국토지농산조사보고서》에서 도조법의 내용에 변화가 없는 것으로 미루어, 비록 많

---

66)《韓國土地農産調査報告書－慶尙道·全羅道》, 1905, 446~447쪽.
67) 李潤甲,〈18·19세기 경북지방의 농업변동〉,《韓國史硏究》54, 1986.
68) 이 책〈2장 개항 후의 상업적 농업의 발전과 지주·부농경영의 성장〉참조.

표 3-6. 1912년 군별 지대수취법

구분	논					밭			
군현	지대수취법	지대율	조세부담		비고	지대수취법	지대율	이모작	비고
대구	타	5	소	소	대구 부근에서 주로 행함.	도	5	매작만 징수	조세 소작인 부담
	집	5	소	소	원격지에서 행함.				
하양	도	4	소	소	국유지, 향교지				
	집	4				도	3		
신녕	타	4		소		타	3	매작每作 징수	
영천永川	타	5	소	절반		도	5		조세 소작인 부담
	도	6				金約			
경주	타	5	소		수세水稅 지주 부담	타	5		논과 분배방식 동일
장기	타	5		小	조세. 종자 공제 후 절반	타	5		
연일	속	5	지			속	5		조세 지주 부담

지역	징수법	지대율	소작	소작	비고	징수법	지대율	매작	비고
흥해	타	5	절반			타	5	매작	
청하	타	5	절반			타	5	매작	
영덕	도	5				금		매작	
영해	타	5	소			타	5	매작	
청송	집	5	소	소	이모작은 매·매두로 징수	타	5	매작	
군위	도	5	소	소		도	4		
의흥	도	4	소	소		도	3	매작	
의성	도	5	소	소	0으로 환산해 징수	도	5		
비안	타	5	절반	절반		도	3	매작	

① 《勸業統計書》(1912년) 12~14쪽에서 작성함.
② 타: 타조법打租法, 도: 도조법賭租法, 집: 집수법執穗法, 속: 속목법束目法, 금: 금납金納, 지대: 지대地代, 소: 소작인小作人
③ 도조법은 정도定賭, 정도법定賭法과는 달리 집수법執穗法과 같이 매년 집수법執穗法을 책정함《勸業統計書》(1912년) 14쪽.

구분 군현	논 지대수취법	논 지대율	논 조세부담	논	논 비고	밭 지대수취법	밭 지대율	밭 이모작	밭 비고
안동	도	3	소	소					
안동	타	5		소					
영천榮川	타	5	소	소		타	5		
풍기	도	5	소	소		타	4		매두의 4/10만 징수
순흥	타	5		소		도	4	매작每作	
순흥	도	4		소		도			
봉화	도	5		소		도	5		
예안	타	5		소		타	5	매작	
영양	타	5		소		타	5	매작	

지명	타/도	수	소	수세 소작인 부담	타/도	수	매작 징수
진보	타	5	소		타	5	이포작 합쳐 매두 수확의 7/10로 징수
청송	타	4	소		타	3.5	
	타개정 打改定	5	소	수세 소작인 부담	타개정	5	이포작 합쳐 매두 수확의 7/10로 징수
	도	4		수세 소작인 부담	도	3.5	
	도개정	5		수세 소작인 부담	도개정 賭改定	5	0조하는 매으로만 징수
정산	타	5	소		도	3.5	
	도	4		수세 소작인 부담	금납		
자인	타	5	소		도	3	이포작 합쳐 매두 수확의 6/10으로 징수
현풍	도	5	소		도	4	
고령	타	5	소		도	5	매작 징수

구분 / 군현	논					밭			
	지대수취법	지대율	조세부담		비고	지대수취법	지대율	이모작	비고
성주	도	5	소	소		도			0조는 매으문만 징수
안동	도	5	소	소		타	5		
김산金山	도	4	소	소		도	3	매작 징수	
지례	도 .	3~5		소		도	3~5		
개령	도	5			수세 소작인 부담	면화도 棉花賭	2.5		면작지棉作地에서 시행
	속	5			일부 지역 시행	도	6		일부 지역에서 시행
선산	도	5	소	소		도	5		

지역									
상주	집	4.5	소	소		도	4.5		0조는 쎨로 매답
함창	도	5		소		도	4		
용궁	타	5	소	소		도	4		
	도	4	소	소		금			
	속	5	소	소		속	5		조세 지주 부담
예천	도	4	소	소		도	3	매자작 정수	
	도	5	소	소		도	3	매두로 정수	
문경	도개정	5	지	소		도개정	4.5	매두로 40~50/100 정수	

이 둔화되기는 했지만 러일전쟁기까지는 지속되었다고 볼 수 있다.

둘째로, 러일전쟁 이후 이러한 추세는 반전되었다. 먼저 도조법의 지대율이 인상되었다. 러일전쟁 이전 시기와 비교해 1912년 당시 도조법에 큰 변화가 없었던 지역은 김산·지례·경산·의흥·비안·용궁·예천·순흥·풍기·봉화 등지였고, 지대율이 1할 내지 2할 정도 인상된 지역은 현풍·대구·영천·성주·인동·개령·선산·군위·의성·함창·문경 등지였다. 곧 지리적 조건으로 교통이 불편해 곡물유통에 제약을 많이 받는 내륙의 오지에서는 도조법에 큰 변화가 없었지만, 그렇지 않은 낙동강 및 금호강 인근의 미작지대와 면업이 급속히 몰락한 면작지대에서는 지대율이 급상승했고, 따라서 농민적 상품생산도 급속히 위축되고 있었다. 소작조건의 변화를 보다 구체적으로 살펴보면 〈표 3-7〉과 같다.

이와 관련해 특히 주목할 것은 당시 농민들에게 가장 불리한 집수법執穗法이 이미 일부 지역에서 도입되고 있었던 사실이다. 집수법은 지주 또는 그 대리인이 소작인 입회하에 작병作柄의 답험踏驗을 실시하여 총수확고를 산정하고, 조세, 종자를 소작인에게 부담시키면서 그 수확고의 절반을 지대로 수취하는 것이었다. 집도법·검견·집수답험 등으로 불리는 집수법은 종래의 도조법에 견주면 수확고의 산정이 보다 철저하게 이루어질 뿐 아니라, 그 과정이 일방적인 지주 주도 아래 이루어져 결국 지대를 대폭 인상시키는 결과를 가져왔던 것이다.[69] 집수법은 상주·칠곡·하양 지역과 대구 일부 지역 등 1895년 이후, 특히 경부선 개통 이후 미곡의 상품생산이 가장 발전한 지역에서 제일 먼저 도입되었다.

이 시기까지의 소작조건 변화는 도조법의 지대율 인상이 주조를

---

[69] 慶尚北道, 〈小作慣例に關する調査〉, 《朝鮮彙報》 7-7, 1918.

표 3-7. 군별 소작조건의 변화[70]

구분 지역	논밭	1905년			1912년		
		지대법	지대율	조세·종자 부담	지대법	지대율	조세·종자 부담
인동	논	도	1/3	소작인	도	1/2	소작인
	밭	도	1/3	소작인	타	1/2	소작인
왜관	논	타	1/2	반분	집	1/2	소작인
대구	논	타	1/2	반분	타	1/2	소작인
	밭	타	1/2	반분	도	1/2	소작인
의성	논	타	1/2	소작인	도	1/2	소작인
	밭	타	1/2	반분	도	1/2	소작인
상주	논	타	1/2	소작인	집	45/100	소작인
용궁	논	도	1/3	소작인	도	4/10	소작인
	밭	도	1/3	소작인	도	4/10	소작인
청송	논	타	4/10		타	4/10	
		도	5/10		도	5/10	
	밭	타	35/100		타	50/100	
		도	35/100		도	50/100	
문경	밭	도	30/100		도	45/100	

* 도=도조법, 타=타조법, 집=집수법

이루었고, 집수법으로의 전환은 아직 제한적이었다. 그러나 토지조사사업이 실시되고 그 과정에서 지주권이 강화된 이후 시기의 변화

70) 1904년의 실태는《韓國土地 農産調査報告－慶尙道·全羅道》, 446~453쪽을 바탕으로, 1912년의 실태는《慶尙地道勸業統計書》, 12~14쪽에 의거, 청송·문경의 1904년 실태는《勸業統計書》을 따라 작성하였다.

에서는 도조법과 타작법에서 집수법으로의 전환이 주조를 이루게
되고, 그리하여 1918년경 집수법은 이 지역의 전체 소작지의 6할을
차지할 정도로 급속히 확대되었다.71) 러일전쟁 이후 이와 같은 소작
조건의 변화는 식민지화 과정에서 지주적 토지소유가 강화됨을, 동
시에 상품생산의 담당층이 농민층에서 지주층으로 바뀌어 가고 있
음을 나타내는 것이었다.

셋째, 이러한 소작조건의 변화는 일본인의 토지겸병 및 농업경영
과 밀접한 관련을 지니고 있었다. 1912년 당시 일본인의 농업경영이
발전하였던 지역은 대구·하양·흥해·칠곡·현풍·인동·선산·상주 등지
였다(〈표 3-5-1, 2〉 참조). 이 지역들은 모두 러일전쟁 이후 소작조건
이 매우 악화되었으며, 그 가운데 특히 일본인의 진출이 활발하였던
대구·하양·칠곡·상주 등지에서는 선도적으로 집수법이 도입되고 있
었다. 일본인의 농장경영이 소작조건에 미친 영향을 보다 구체적으
로 보여주는 자료를 제시하면 다음과 같다.

（소작)계약양식의 연혁

구두약속口頭約束에 의한 것은 재래의 계약방법으로 옛날부터 행해져 왔
고, 소작증서小作證書에 의한 계약은 메이지明治 43년경부터 역둔토驛屯土 소
작인허증小作認許證 및 향교토지소작인허증鄕校土地小作認許證 동양척식주식
회사東洋拓殖株式會社의 소작증서小作證書가 그 범례로 되어 시행되기 시작하
여 차제에 증가하였다.72)

（소작계약 기간의) 변천 경향

고래古來의 소작에서는 일정 기간을 정함 없이 소작인이 배신행위를 하지

---

71) 慶尙北道, 〈小作慣例に關する調査〉,《朝鮮彙報》7-7, 1918.
72) 慶尙北道農務課,《小作慣行調査書》, 1931, 2쪽.

않는 한 영년永年 계속되는 관습이 있었으나, 지금부터 약 25년 전(1905년경-필자) 역둔토 소작지의 소작기간을 설정하자 그것을 모방하여 기간을 정하게 되었다.[73]

답畓 집조執租의 기원起源 연혁沿革

경기: 약 20년 전 동척회사東拓會社가 소작료 징수에 검견제檢見制를 행하고, 뒤이어 동산농사주식회사東山農事株式會社가 이 제도를 채택한 것을 시발로 이래 각 지역에서 행해짐.

충북: 약 15년 전 동척회사가 행하자 지주들이 그것을 모방하여 점차 시행되기에 이름.

충남: 일반적으로 이 제도가 행해지기 시작한 것은 약 15년 전 내지 20년 전 동척회사 기타 농사회사가 이를 도입한 것이 가장 유력한 동인이 됨.

황해: 근년 동척회사를 시발로 기타 회사농장 및 일본인 지주 및 조선인 부재지주 등이 이를 본받아 평야지대에서 일시에 성행하게 됨.

평남 · 함남 · 함북: 동척회사가 처음으로 시행함.[74]

이 자료들에 따르면, 소작계약서의 도입, 소작기간의 설정, 집수법의 도입 등이 동척을 비롯한 일본인 농장에 의해 선도적으로 도입되고, 이를 인근의 조선인 지주들이 본받음으로써 소작조건이 지주측에 유리한 방향으로 변화되었다. 요컨대 러일전쟁 이후 조선의 지주제는 식민지에서 초과이윤의 실현을 노리고 농장을 개설하였던 일본인 지주들의 선도 아래 재정비되고 강화되어 갔던 것이다.

---

73) 위의 책, 37쪽.
74) 朝鮮總督府, 《朝鮮의 小作慣行》 上, 1932, 128~129쪽.

2) 부농경영의 몰락과 농민층 분해

일제의 침략 과정에서 농민적 상품생산은 이중 수탈, 즉 식민지 초과이윤의 실현을 노리는 일본 자본의 수탈과 또한 그 침략에 의지해 세력을 회복한 봉건관료층과 지주계급의 수탈을 동시에 받았다. 그 과정에서 결국 농민적 상품생산은 몰락하였고, 대신 지주계급과 봉건관료가 주도하는 위로부터의 상품생산이 급속히 확대되었다.

이러한 변동에 따라 농민층 분해의 전개양상도 달라지고 있었다. 개항 이후 더욱 발전하였던 소농민경영의 양극 분해, 즉 경영 분해가 현저히 둔화 내지 중단되고, 대신 지주적 대토지소유와 영세소경영이 다시 확대되는 변화가 나타나고 있었다.[75]

이를 더 구체적으로 살피면, 첫째, 부농경영의 몰락과 지주경영으로의 전화가 광범하게 진행되었다. 부농경영의 몰락은 앞서 살핀 바와 같이 곡작지대와 면작지대 모두에서 나타났다. 그러나 곡작지대에서는 그 몰락이 심각하지 않았던 것과 달리 면작지대에서는 면업부농경영이 일본 면제품의 공략을 받고 완전히 몰락하는 심각한 양상을 보였다. 또한 부농경영의 지주경영 전환도 진행되었다.

이러한 현상이 일어난 원인은 크게 보아 두 가지였다. 하나는 면작지대의 부농들이 면업경영을 통해 축적한 자본을 면업경영이 어려워지자 토지에 투자하고, 면화 대신 쌀과 콩을 생산하게 됨으로써 부득이하게 부농경영을 포기할 수밖에 없게 된 것이다. 그보다 더 기본적인 요인은 식민지화 과정에서 소작조건이 급격히 악화되어

---

75) 宮嶋博史, 〈朝鮮甲午改革以後の商業的農業〉, 《史林》 57-6, 1974; 宮嶋博史, 〈土地調査事業の歷史的前提條件の形成〉, 《朝鮮史研究會論文集》 12, 1975; 馬淵貞利, 〈第一次大戰期韓國農業の特質と3·1運動〉, 《朝鮮史研究會論文集》 12, 1975; 姜泰勳, 〈일제하 조선의 농민층 분해에 관한 연구〉, 《한국 근대 농촌사회와 농민운동》, 1988.

지주경영이 부농경영보다 오히려 더 높은 수익률을 올릴 수 있는 조
건이 형성된 것이다. 제국주의 권력의 지주계급 비호가 식민지화 과
정에서 한층 격화된 차지경쟁과 맞물리면서 소작조건을 악화시켰고,
그로 말미암아 지주경영의 수익률은 상승하고 있었다. 지주경영이
유리할 경우 결국 부농경영은 지주경영으로 전환하기 마련이었다.
1911년 당시 의성, 군위 등지에서 광작부농이 거의 발견되지 않았던
이유는 면작중심지대였던 특징 말고도 부농경영의 지주경영 전화와
직접적인 관련이 있다고 생각된다.76) 부농경영의 지주경영 전화는
상대적으로 완만한 추세를 보였을 뿐, 미작지대에서도 동일하게 진
행되었다.

둘째, 소농민경영의 부농경영으로의 상승은 현저히 축소 내지 중
단되고, 대신 제국주의 독점자본과 국내 지주계급의 이중적 수탈 아
래 전층적 하강분해가 확대되었다. 그러나 하강분해는 순소작농민이
증가하고 농민경영이 영세화되는 단선적 방향으로만 진행되지는 않
았다. 〈표 3-8〉에서 볼 수 있듯이, 전층적 하강분해는 경영이 취약
한 빈농이 탈농하고, 일정 규모의 자작지를 소유한 자소작농층이 비
대화되는 중간과정을 거쳐, 마침내 순소작농이 증가하고 농민경영이
영세화되는 경로로 진행되었다.77)

앞서 언급한 바와 같이 식민지화 과정에서 상업적 농업이 단작
화됨으로써 궁박판매가 확대되고, 또한 지주제가 강화됨으로 말미암
아 이제 소농경영의 단순재생산을 유지하기 위해서라도 경영 확대
가 불가피하였다. 당연히 차지경쟁이 격화되는데 여기에서는 자산이
나 노동력 보유에서 우월한 소농, 특히 일정 규모의 자작지를 소유
한 소농이 상대적으로 유리하였고, 결국 빈농층은 점차 농업경영에

---

76) 李潤甲, 앞의 글(1991).
77) 이 책 〈4장 1910~31년의 종속적인 상업적 농업의 확대와 농업위기〉 참조.

서 탈락할 수밖에 없었다. 경영이 취약한 빈농이 탈농하고 일정 규모의 자작지를 소유한 자소작농층이 비대화되는 현상은 이렇게 해서 나타나는 것이었다.

소경영의 단순재생산을 유지하기 위한 경영 확대는 면작지대에서 보다 격렬하게 일어났다. 면작지대에서는 면업을 농가부업으로 겸영했기 때문에, 곡물생산을 위한 경지보유규모가 미작지대에 견주어 상대적으로 적어도 소경영이 유지될 수 있었다. 그런 까닭에 면업이 몰락하자 소경영을 유지하고자 확대가 요구된 경영규모도 미작지대에 견주면 더 클 수밖에 없었고, 당연한 결과로 차지경쟁도 더욱 치열하게 전개되었다. 식민지화 과정에서 의성·군위·안동·함창·상주·개령 등 1894년 이전 농민적 상품생산의 발전이 두드러졌고, 나란히 봉건적 토지소유의 해체도 앞섰던 면작지대에서 오히려 미작지대보다 소작조건이 더 급격히 악화되었다. 그러면서도 자작 및 자소작농민층이 두터운 층을 형성하게 되는 원인이 바로 여기에 있다. 〈표 3-8〉에서 볼 수 있듯이, 화적이라고 불릴 정도로 빈농층 또는 탈농층이 주축을 이룬 의병부대가 바로 이 지역에서 집중적으로 형성되는 사정도 이러한 변동과 관련지을 때 비로소 이해될 수 있는 것이었다.[78]

그러나 자소작층의 비대화는 일시적이고 과도기적인 현상일 뿐이었다. 조선 농업에 대한 일제의 지배가 강화될수록 자소작농은 소작농으로, 소작농은 농업경영 능력을 상실한 사실상의 농촌 임노동자의 처지로 전락할 수밖에 없었고, 경영능력이 저하됨에 따라 경영규모도 영세화되어 갔다. 요컨대 농민층 분해양상에서 이와 같은 변화는 곧 식민지화 과정에서 소경영의 양극 분해에 의한 아래로부터

---

[78] 趙東杰,《韓末의 義兵戰爭》, 獨立紀念館 韓國獨立運動史研究所, 1989; 金世圭,〈韓末 慶北地方의 義兵抗爭〉,《慶州史學》4, 1985.

표 3-8. 1920년 경상북도의 군별 농촌계급 구성표[79](단위: %)

	지주(甲)*	지주(乙)**	자작농(a)	자소작농(b)	소작농	(a+b)
대구	8.51	5.6	13.3	12.8	59.8	26.1
달성	0.2	1.1	10.4	36.8	51.5	47.2
군위	–	1.6	14.7	59.2	24.5	73.9
의성	0.1	4.1	24.7	44.2	27.0	68.9
안동	0.1	0.4	12.2	46.9	39.0	59.1
청송	–	2.7	19.3	57.2	20.8	76.5
양양	0.4	3.0	19.1	55.4	22.1	74.5
영덕	0.1	1.9	24.0	53.1	20.9	77.1
영일	0.3	1.4	12.2	56.9	29.3	69.1
경주	0.3	2.8	10.6	54.4	31.9	65.0
영천	0.1	1.5	6.7	56.6	35.1	63.3
경산	0.1	1.8	6.1	53.2	38.7	59.3
청도	–	0.5	8.8	60.0	31.1	68.8
고령		1.5	19.0	50.3	29.2	69.3
성주	–	1.0	16.8	47.4	34.7	64.2
칠곡	0.4	2.0	8.8	47.7	41.0	56.5
김천	0.2	2.0	13.9	50.5	33.3	64.4
선산	0.1	1.3	13.9	52.1	32.6	66.0
상주	0.4	2.6	19.8	47.0	30.3	66.8
문경	–	2.5	16.8	42.8	37.9	59.6
예천	0.2	3.9	20.3	52.3	23.3	72.6
영주	0.3	2.8	15.1	46.0	35.9	61.1
봉화	0.8	5.8	16.0	34.1	43.3	50.1
경북	0.3	2.2	14.8	49.4	33.3	64.2

* 지주(갑)은 소유지 전부를 소작으로 주는 지주다.
** 지주(을)은 소유지 일부는 자작하고, 그 나머지를 소작으로 주는 지주다.

79) 慶尙北道, 《慶尙北道 農務統計》, 1920에서 작성.

의 농업자본주의화로 가는 길이 봉쇄되는 것을 보여주었다. 양극 분해가 쇠퇴하는 대신 지주적 토지소유와 전층적으로 하강하는 소경영이 대립적으로 결합하는 새로운 분해양상이 확대되어 갔던 것이다.[80]

　지금까지 살펴본 것과 같이 갑오 이후 일제의 침략은 봉건사회의 농업모순을 근대적으로 개혁하기는커녕 도리어 그것을 온존·확대시키면서 자국 자본의 수탈에 적합하도록 재편하고 있었다. 그로 말미암아 농업은 일본 제국주의와 봉건세력의 이중적 수탈을 받으면서 이전보다 더욱 급속히 생산력이 저하되어 갔고, 아울러 농민경제가 몰락하는 모순에 빠지고 있었다. 이러한 모순의 폭발이 1905년 이후의 의병전쟁이었다.

　의병들은 갑오농민전쟁과 활빈당 투쟁을 계승하면서 일본 제국주의와 봉건지배세력에 저항하였다.[81] 이 지역에서는 영양·영덕·청송·영일·경주·안동·영주·봉화·예천·문경·상주·김천·성주·고령·의성·군위·경산·영천 등지에서 의병이 저항하였고, 1907년 이후 1910년까지 일본군과 총 171회 접전을 벌였다. 그 저항이 가장 치열하였던 시기는 1907년과 1908년으로, 각각 52회와 92회씩 일본군과 교전하였다.[82] 의병들은 경찰분파소, 헌병분견소, 우편소, 일본인 경찰, 일본인 우체부 등 일제의 침략기관을 공격하였다.[83] 성주에서는 일본 상점을 불태웠고, 경주·장기에서는 콩 중개상인을 공격하는 등,

---

80) 姜泰勳, 앞의 글(1988); 張矢遠, 〈日帝下 農民層 分解의 樣相과 그 性格〉,《일제의 한국 식민통치》, 1985.
81) 金度亨, 〈한말의병운동의 민중적 성격〉,《韓國民族主義史論 3》, 1985; 洪淳權, 〈한말 호남지역의 의병운동의 參加層과 사회적 기반〉,《역사연구》창간호, 구로역사연구소, 1992.
82) 光復會 大邱慶北聯合支部,《大邱 慶北抗日獨立運動史》, 1991, 34~36쪽.
83) 金度亨, 앞의 글(1985).

일본 상인, 일본인 지주 등을 공격하였다.[84] 또한 경주에서 일진회장을 역임한 이모某를 총살한 예와 같이 친일파나 매국노 등을 공격하였고,[85] 청송에서 세무서원을 살해한 것이나[86] 풍기와 영해에서 세금을 몰수하고 징수를 금지시킨 예와 같이 일제의 명령에 따라 징세업무를 수행하는 관리를 공격하였다.[87] 의병들은 아래와 같이 부호나 지주들도 공격하였다.

> 화적류의 봉기
>
> 일한의정서 성립 후 이토 히로부미伊藤博文는 위문대사로 도한하였다. ……서울에서는 배일의 열기가 치성하여 이토 공을 질책하면서 대관들이 연이어 자결하였고 일본을 원망하는 소리가 드높았다. 일한 경찰과 군대가 출동하여 살기등등한 분위기를 겨우 누르고 있었지만, 그 여파는 지방으로 파급되어 그해 가을경부터 민심이 매우 악화되고, 각지에서 화적이 출몰하여 도처에서 한국의 부호를 습격한다는 정보가 날아들었다.……화적의 수단은 부호에게 협박장을 보내 장소를 정하고 금전을 제공하도록 하였는데, 만약 요구에 응하지 않으면 일가를 몰살시키든가 선조의 묘소를 파헤쳤다. 그 무렵 화적들은 각지의 일본인도 습격하여 그 생활에 큰 위협을 받았다.[88]

이러한 저항으로 말미암아 비록 상업적 농업은 재편되고 있었지

---

84) 《星山誌》卷2, 叢談. "丁未秋義兵數十名潛夜入邑 劫前縣監裵遇鴻家索錢財 破郵便所(時日人主務) 燒日人商店……蓋火黨之托名義 兵者也.";《編冊》大秘收 제109호(《韓獨運》資9, 13~14쪽).

85) 《暴徒에 關한 編冊》(이하 《編冊》이라 함) 大秘收 제108호, 제121호(國史編纂委,《韓國獨立運動史》資料 9, 1968, 16·19쪽 이하 《韓獨運》資).

86) 《編冊》 安警秘 제3호(《韓獨運》資8, 542쪽).

87) 《編冊》 榮秘發 제19호(《韓獨運》資8, 569쪽);《編冊》 大秘收 제1391호(《韓獨運》資8, 363~364쪽).

88) 河井朝雄,《大邱物語》, 1930, 94쪽.

만, 일제는 조선의 농업을 자국 자본주의에 철저히 종속시킬 수 없었다. 그러한 종속화는 의병전쟁을 완전히 진압한 이후 토지조사사업으로 시작되는 식민정책에 착수하면서 비로소 가능하게 되었다.

제4장

1910~1931년
종속적인 상업적 농업의 확대와 농업위기

1. 일제의 식민농정과 종속적인 상업적 농업의 확대

1) 일제의 식민농정과 상업적 농업의 종속적 재편

의병전쟁을 진압하고 조선을 강점한 일제는 곧바로 한국의 농업을 자국 자본주의 지배 체제 아래로 전면 편입시키는 식민정책에 착수하였다. 그 정책은 곧 조선의 상업적 농업을 일본 자본주의의 수탈에 적합하도록 전면적으로 재편하고 확대하는 것이었다.

일제의 식민농정은 두 계통으로 실시되었다. 하나는 수탈과 지배에 적합한 소유관계를 창출하고, 그에 바탕을 두어 조선 농업 및 농민에 대한 지배 체제를 수립하는 것이었다. 이 계통의 정책은 전체 식민농정에서 가장 기본적이자 동시에 가장 우선되는 정책이었다. 식민지 농업 체제는 본질상 일제가 위로부터 강제적으로 창출할 수밖에 없었고, 그것은 바로 이러한 지배 체제를 확립하는 데서부터 시작되었기 때문이다. 이 계통의 정책에서 중심이 된 것은 토지조사사업과 지주회 및 산업단체 등 각종 농업단체를 설립하는 것이었다.

토지조사사업은 강점 직후 착수되어 1918년까지 9개년에 걸쳐 실시되었고, 그 주요 내용은 전국의 토지를 측량하여 지적도地籍圖를 작성하고, 소유권자를 확정하여 토지대장을 작성하고 등기제도를 시행하며, 토지의 지가와 지세를 책정하는 것이었다.[1] 일제는 "토지의 권리를 확실히 하여 지세부담을 공평하게 하고 토지의 생산력을 증진시키"[2]는 것이 이 사업의 목표라 표방하였다. 그러나 일제가 이

---

1) 《朝鮮法令輯覽》 第10輯, 第1章 土地, 土地調査令(1912년 8월, 制令 第2號) ; 朝鮮總督府 臨時土地調査局, 《朝鮮土地調査事業報告書》, 1918.

사업에서 추구한 더 근본적인 목표는 지주적 토지소유를 식민지 수
탈에 가장 적합한 토지소유로 확립하고, 그 확대를 보장할 법적·제
도적 장치를 마련하는 것이었다.3) 곧 일제는 강점 이전부터 지주제
를 한 축으로 하였던 자국의 자본주의 체제와 관련해서, 또한 식민
지 지배에 협력하는 종속적 동맹세력을 확보할 필요성과 관련해서
지주적 토지소유를 식민지 농업지배에 가장 적합한 토지소유로 인
식하고 있었다. 그리하여 이미 통감부 시절에 메가다 다네타로目賀田
種太郎의 재정개혁구상을 통해 그것을 법적·제도적으로 보장하려는
작업에 착수하였던 것인데, 그 작업을 계승해 근대적 소유권제도의
확립으로 완결지은 것이 토지조사사업이었다.4) 토지조사사업의 핵
심은 소유권의 확정이었고, 거기서 적용된 처리 방침은 일제의 그러
한 의도를 보다 명확하게 드러냈다. 그 방침의 하나는 일반토지에
대한 것으로, 종래의 소유권이나 점유권을 존중하여 지주를 소유권
자로 인정하고 영소작권과 같은 소작농민의 권리를 일체 부정하여
소멸시키는 것이었으며, 다른 하나는 역둔토에 대한 것으로 종래의
소유관계를 무시하고 이를 전부 국유화하는 것이었다.5)

농업단체를 조직하는 정책은 토지조사사업이 확립한 지주적 토
지소유에 바탕을 두고 농업·농민에 대한 계통적 지배 체제를 수립

---

2) 《朝鮮總督府施政年報》, 1910, 53쪽.

3) 鮮于全, 〈朝鮮의 土地兼併과 其對策(2)-(1) 土地調査와 其反面的影響〉, 《東亞日報》
1922년 11월 25일자; 林炳潤, 《植民地における商業的農業の展開》, 1971, 143~153쪽;
金容燮, 〈日帝强占期 農業問題와 그 打開方案〉, 《東方學志》 73, 1991.

4) 田中愼一, 〈韓國財政整理における'徵稅臺帳'整備について〉, 《土地制度史學》 63, 1974; 裵
英淳, 〈韓末·日帝初期의 土地調査와 地稅改正에 關한 研究〉, 1987; 金容燮, 〈日帝의 初
期農業殖民策과 地主制〉, 《韓國近現代農業史研究》, 1992.

5) 愼鏞廈, 〈日帝下의 '朝鮮土地調査事業'에 대한 一考察〉, 《韓國史研究》 15, 1975; 宮嶋博
史, 〈朝鮮'土地調査事業'研究序説〉, 《アジア經濟》, 1978; 裵英淳, 앞의 글(1987).

하는 것이었다.6) 이 정책은 1911년 총독부와 도道 당국이 지주회의
조직을 지시한 데서 시작하여 잠업조합, 면작조합의 설립으로 확대
되어 갔고, 1920년대에는 농사단체를 통합하여 계통화시키는 계통농
회의 설립으로 발전하였다. 조선총독부와 각 도의 조직 방침에 따라
대개 군에서 50마지기 이상을 소유한 지주 및 부농 상층을 전부 가
입시키는 방식으로 조직된 지주회는, 지주들의 이익단체라기보다 제
국주의 권력이 군내 지주들을 일괄적으로 통제하고 농사개량에 필
요한 구체적인 수단과 방법을 지시하는 기관, 달리 말하면 관 주도
로 만들어진 말단의 농정별동대였다.7) 그런 관계로 조직의 회장은
군수가 맡았고, 군의 서무주임이나 대지주가 부회장을, 군의 보통농
사기수가 이사 또는 간사를 맡았다. 주된 업무는 품종개량, 비료 및
농기구 구입자금의 대부주선, 농사강습, 우량소작인 표창 등이었
다.8) 경상북도에서는 이러한 지주회가 1911년 군내 50마지기 이상
을 소유하는 지주-조선인, 일본인 구별 없이-로 조직된 김산지주회
를 시초로 토지조사사업 기간 동안에 거의 전체 군에 설립되었다.9)
1920년 당시 총 24개 군 가운데 22개 군에 지주회가 설립되었고 가
입한 회원수가 6만여 명에 이르렀다.10)

　면작조합과 잠업조합은 면작이나 양잠 농정을 수행할 목적으로
조직되었다. 면작이나 양잠은 지주회를 통해 강요하기 곤란하였기
때문에 별도의 조직을 만든 것이다. 면작조합과 잠업조합은 군수를

---

6) 堀和生, 〈日帝下朝鮮における植民地農業政策〉, 《日本史研究》 171, 1976; 鄭然泰, 〈日帝
　의 農業政策과 植民地 地主制〉, 《韓國史論》 20, 1988; 鄭泰憲, 〈1910년대 식민농정과
　금융수탈기구의 확립과정〉, 《3·1민족해방운동연구》, 청년사, 1989.
7) 慶尙北道, 《慶北産業誌》, 1920, 92쪽(이하 《慶北産業誌》라 함).
8) 文定昌, 《朝鮮農村團體史》, 1942, 61~66쪽.
9) 慶尙北道, 《勸業統計書》, 1913, 130쪽(이하 《勸業統計書》(1913)이라 함).
10) 文定昌, 앞의 책, 65쪽.

조합장, 면장을 평의원으로 하고, 생산자를 조합원으로 가입시키는
방식으로 조직되었으며, 그 업무는 육지면 보급과 재배 확대, 양잠
의 잠종蠶種교체와 확대, 면화와 고치의 공동판매 실시 등이었다.[11]
경상북도에서 면작조합이 최초로 설립된 때는 1913년이었고, 그 뒤
로 계속 증설되어 1915년에 이르면 달성·군위·의성·안동·경주·영
천·경산·청도·고령·성주·칠곡·선산·김천·상주·예천 등 도내 주요
면작지 15개 군에 전부 조합이 설립된다.[12] 잠업조합은 1918년까지
23개가 결성되었고, 그 아래에 양잠전습소 11개, 종잠공동사육장
274개소, 기술원 207인을 두었다.[13]

일제는 지주회와 면작조합, 양잠조합 등으로 농업단체가 분립되
어 식민농정을 추진하는 과정에서 업무가 중복되는 등 효율성이 떨
어지고,[14] 다른 한편으로는 3·1운동을 계기로 반제민족운동이 발전
하여 농촌·농민통제를 보다 고도화할 필요가 있게 되자,[15] 이들 단
체를 통합하여 계통농회를 설립하였다. 계통농회는 회원가입과 회비
를 강제할 수 있으며, 고치나 면화의 공판수수료를 징수할 수 있는
등 법적인 강제력을 가진 강력한 농업지배기구였다. 또한 농회는 지
주들의 참여범위와 권한을 확대하고, 지주들의 이해에 최대한 부합
하도록 사업을 운영함으로써 지주들을 식민지 농업·농민지배의 능
동적이고 실질적인 별동대로 이용하였다. 일제는 농업단체의 이러한
재편을 통해 "농사의 개량발달을 표방하는 관청과 지주가 협동으로
소작농민에게 군림하는",[16] 그리하여 다수의 예속적인 소작인을 거

---

11) 文定昌, 앞의 책, 제2장 참조.
12) 《慶北産業誌》, 98쪽.
13) 《慶北産業誌》, 168~172쪽.
14) 文定昌, 앞의 책, 102쪽.
15) 姜東鎭, 《日帝의 韓國侵略政策史》, 1979; 堀和生, 앞의 글(1976).

느린 지주들의 기업적·영리적 활동을 주요 동력으로 식민지 농업개발을 조선 농민에게 강요하는 식민지 농업지배 체제를 확립하였던 것이다.[17]

경상북도에서는 다른 도보다 앞서 1920년 3월부터 농회 체제로의 재편이 시작되었다. 이 해에 도 당국은 "조합원의 부담경감과 사업의 통일 연락을 도모"하고자 도내에 산재한 지주회, 잠업조합, 면작조합, 승입繩叺조합 등을 군郡·도島농회로 통합할 것과, 군·도농회를 회원으로 하는 도농회를 설립하라는 훈령을 내렸고, 그에 따라 농사단체를 통합한 군농회와 도농회가 일제히 설립되었다.[18] 이때 설립된 군·도농회가 1926년에 계통농회로 전환되면서 농회 체제로의 재편이 완료되었다.

식민농정의 또 다른 한 계통은 앞서 언급한 농업지배 체제에 따라 조선 농업을 일제의 수탈에 적합한 종속적 상품생산 체제로 재편하는 정책이었다. 그것은 일제가 1900년대 초반부터 조선의 농업환경을 면밀히 조사하여 수탈대상으로 확정한 4대 작목, 즉 일본 자본주의의 '저미가=저임금' 체제를 유지하는 데 필요한 쌀과, 독점자본의 공산원료가 되는 면화·고치·우피를 최대한 상품으로 생산시켜 수탈하는 정책이었다. 이 계통의 정책은 강점 직후인 1911년에 데라우치寺內正毅 총독이 쌀·면화·고치·우피 등의 4대 작목을 각 도 장관과 권업모범장장에게 집중적으로 개량 증식하도록 지시한 것을 시초로 하였다.[19]

이 계통의 정책은 두 가지로 실시되었다. 하나는 수탈에 적합하

---

16) 〈農會令의 正體〉, 《東亞日報》 1926년 2월 16일자.
17) 久間健一, 《朝鮮農政의 課題》, 1943, 16쪽.
18) 《慶北의 農業》, 1938, 229쪽.
19) 小早川九郎 編, 《朝鮮農業發達史-政策篇》, 1944, 180~183쪽.

도록 이들 농산물의 품종을 일본 품종으로 교체 내지 개량하고, 그 재배에 적합한 농법을 보급하는 정책이었다.20) 경상북도의 경우 쌀 농사에서 약 2백여 종에 달하던 재래벼를 일지출日之出, 곡량도穀良稻, 한신력旱神力 등의 일본 품종으로 교체하여 재배시키고, 면작에서 재래면 대신 일본 방적자본의 원료로 사용되는 육지면을, 양잠에서는 재래잠종인 춘잠春蠶을 우석又昔·청숙靑熟으로, 하잠夏蠶을 신옥新屋으로, 추잠秋蠶을 백룡白龍으로 교체시키는 사업을 벌였다.21) 일제는 이 사업을 위해 미작에서는 도종묘장, 수도위탁채종답, 군공동채종답 등을, 면작에서는 육지면채종포를, 양잠에서는 잠종제조소, 양잠전습소, 잠종취체소 등을 설치하였다. 경상북도에서는 이 사업이 매우 신속히 추진되어 일본 벼 품종의 보급률이 1918년에 80퍼센트를 넘었고,22) 육지면으로의 교체는 1918년 이전에 이미 중남부 15개 군에서 완료되었으며, 잠종의 교체는 이보다 이른 1914년 무렵에 끝냈다.23)

다른 하나는 쌀·고치·면화의 생산을 증대시키고, 그 상품화를 확대하는 정책이었다. 이 정책들은 1912년에 착수된 제1기 육지면장려계획을 기본으로 하였고, 세계대전 경기에 힘입어 일본 자본주의가 비약적으로 발전하면서 농공불균등발전의 모순이 심화되어 '쌀소동'이 일어나고 제사자본이 원료난을 맞게 되는 1920년대 초반에 이르러 전면 실시되었다. '산미증식계획'(1920)과 '제2기 육지면장려계

---

20) 鄭然泰, 앞의 글(1988); 鄭泰憲, 앞의 글(1989) 참조.
21) 《慶北産業誌》, 82~83쪽, 149쪽.
22) 《慶北의 農業》, 1929, 25쪽. 수도水稻의 품종교체는 도 당국이 신기록으로 자부할 만큼 급속히 이루어졌다. 일본 벼 재배면적은 1911년 당시 578정보에 지나지 않았으나, 1919년에 이르면 자그마치 15만 8백여 정보로 확대되어 총수도 재배면적의 80퍼센트를 웃돌았다.
23) 《慶北産業誌》, 149쪽.

획'(1919), '잠견蠶繭백만석증수계획'(1925) 등이 그것이다.

　이와 같은 식민농정으로 조선 농업은 마침내 종속적인 상업적 농업 체제로 전면 재편되었고, 수탈적 상품화 확대정책이 본격적으로 실시되는 1920년대 초반부터 농산물 상품화는 비약적으로 확대되었다.

　한편 일제는 위와 같은 농업식민책을 일본 자본주의의 상품시장으로서 조선이 재편되도록 하는 식민정책과 결합하여 추진하였다. 앞서 보았듯이 1894년 이후 일제의 경제적 침략은 조선 수공업을 급속히 몰락시켰다. 그로 말미암아 1912년의 조사에 따르면 이 지역의 면업은 거의 자급생산 수준으로 몰락하였고, 종이·솥·도자기 등의 일용 잡화품의 생산도 대량으로 침투하는 일본 제품 때문에 해체 위기를 맞고 있었다.[24] 일제는 강점 이후 이같이 이미 빈사 상태에 놓인 조선 수공업을 더욱 몰락시키고 자국 자본의 상품시장을 확대할 목적으로 회사령을 제정하고 육지면 강제재배정책을 실시하였다. 그리하여 1920년대 초반 무렵에 이르면 이미 조선의 "공업이라 하는 것은 기업機業·도업·제지·양조·금속품 등 소규모의 수공업뿐이오, 그 기술인즉 유치하고 기구도 역시 불완전하여 볼 만한 제품이 거의 없으며, 일상생활의 필수품은 대부분 이를 수입치 않을 수 없는 상태[25]"에 이르게 되었다. 그러한 과정에서 종래 농가가 자신의 노력으로 자작 보충하던 가내공업적 생산부문 내지 부업적 상품생산도 따라서 몰락하게 되었고,[26] 그로 말미암아 농민들은 농업경영에 필

---

24) 이 책 〈3장 갑오농민전쟁 이후의 일제 침략과 상업적 농업의 재편〉 참조.
25) 梁源模, 〈農村의 衰頹에 就하야(1)〉, 《東亞日報》 1922년 3월 24일자.
26) 金壽吉, 〈朝鮮農村問題(2)〉, 《朝鮮日報》 1930년 1월 4일자; 林靜岩, 〈農業國 朝鮮의 窮乏相-그 原因及對策-〉, 《湖南評論》 7, 1935년 12월; 金炳淳, 〈農村經濟의 改建要綱〉, 《農民》 4-6, 1933년 6월. 金炳淳은 農家父業의 몰락과정을 다음과 같이 例示하

요한 물자와 직접 간접으로 생활에 필요한 물자, 가령 종자·비료·기구·약품·면사·면포·양말·족대·주류·연초·완구·사탕·맥분·식염·등유 등을 전부 상공업자로부터 구입치 않을 수 없게 되었다.[27] 일제는 이러한 식민정책을 실시함으로써 자국 자본에게 초과이윤을 실현한 독점적 상품시장을 확대시켜줌과 아울러, 다른 한편으로 농민들이 종속적 상품생산을 궁박적으로 확대하지 않을 수 없게 강제하였다.

또한 일제는 자본수출과 농업식민책을 결합시켰다. 일제의 자본수출은 농업 부문에 국한하면 크게 보아 두 방면으로 이루어졌다. 하나는 산미증식계획 등의 농업식민책과 결합하여 자본을 수출하는 것이었다. 가령 산미증식갱신계획을 추진하는 데 소요되는 사업비 총액은 당초 3억 5천여만 원을 예상하였는데, 실제 경상북도에서 산미증식계획에 투입된 자금액을 보더라도 토지개량사업비가 3천 8백 60여만 원이었고, 농사개량자금이 연간 30만 원에서 70만 원에 달했다.[28] 일제는 이와 같이 막대한 정책 자금을 조선식산은행과 동양척식회사 금융부를 통해 자국 금융시장의 과잉자본을 공급하는 방식으로 조달하였다.[29] 그 자금은 수리조합의 설립이나 비료자금의 배

였다. "農家의 自作自給은 벌서 지나간 날 古談으로 되얏으니 기계공업품이 막 농촌으로 밀녀드는 바람에 농가에서는 피복에 공급하든 문래 뵈틀 등을 거더 매여달게 되았다.……實例를 드러 말하면 木花로서 布木을 織布하는 이보다 木花를 팔아 廣木을 사는 것이 유리한데야 엇지하리오. 따라서 棉花를 경작하는 이보다 大豆를 경작하는 것이 生産率로 보아 유리하다고 면화를 경작부터 않게 되는데야 엇지하랴 말이다. 그것은 手工生産이 機械生産을 대항할 수 없는 例證인 것이다."

27) 夜星淑, 〈經濟變遷과 浸蝕되는 農業〉, 《農民》 4-2, 1933년 12월.
28) 《慶北의 農業》, 1929, 21~23쪽, 72쪽.
29) 조선총독부는 이렇게 조달된 자본을 이른바 '저리자금低利資金'이라는 명목으로 조선 농촌에 대부하였지만, 그 실상은 대출된 자금의 대부분이 일본 국내에서 보다 더 높은 이윤을 실현하였다는 사실이 입증하듯이 총독부 권력이 보증하는 안정

부에서 보듯이 거의 강압적으로, 그것도 지주들의 고리대를 매개로 조선 농민에 대부되었다. 1933년도의 조사에 따르면 경상북도의 농민부채총액은 무려 6천 3백여만 원에 달했다.[30] 일제의 자본수출정책은 농민에게 궁박판매의 확대를 강요함으로써 식민지에서 종속적 상품생산의 확대를 촉진했다.

다른 하나는 토지를 매입하여 농장을 개설하거나, 또는 농촌고리대의 방식으로 자본을 수출하는 것이었다. 일제는 자국 자본이 이같은 방식으로 농업 부문에 수출될 수 있도록 정책적으로 주선하고, 투자자들이 종속적 상품생산의 확대를 통해 최대한의 식민지 초과이윤을 실현할 수 있도록 재정적·금융적으로 뒷받침함으로써 식민지의 상업적 농업 재편을 견인하게 하였다.[31] 그리하여 1910년부터 1929년까지 일본인 자본단資本團 및 개인자금의 대조선 투자액은 약 10억 5천 4백여만 원에 달하였고,[32] 그 압도적 부분이 농업 부문에 수출되어 1930년 말 현재 30정보 이상을 소유한 일본인 지주는 무려 870인이나 되며, 그 면적은 약 22만여 정보에 달하였다.[33]

이와 같은 여러 정책으로 조선 농업에서 상품생산이 확대되는

적인 자본유출資本輸出 이상의 성격을 결코 벗어나지 않았다. 이에 대해서는 다음 연구를 참조할 것. 田剛秀, 〈日帝下 水利組合事業과 植民地 地主制〉, 《韓國近代經濟史研究의 成果》, 螢雪, 1989.

30) 〈慶北道民 負債 六千萬圓〉, 《東亞日報》 1933년 2월 14일자.

31) 金容燮, 〈日帝의 初期農業殖民策과 地主制〉, 《韓國近現代農業史研究》, 1992. 일제의 이러한 정책으로 말미암아 조선에서의 토지투자는 정기예금 금리율을 훨씬 상회하는 높은 수익률을 올릴 수 있었다. 가령 1916년부터 1920년 동안의 평균이율을 비교하면 정기예금의 금리가 6푼 1리였음에 견주어 토지투자 수익률은 8푼 9리에 달하였다(鮮于全, 〈朝鮮의 土地兼倂과 其對策〉, 《東亞日報》 1922년 12월 18일자).

32) 李如星, 〈朝鮮과 外地와의 金融去來－日本의 朝鮮投資額은 얼마나 되나〉, 《東方評論》 1, 1932.

33) 白南雲, 〈朝鮮經濟의 現段階論〉, 《思想彙報》 17, 1938.

과정은 〈표 4-1〉에서 살필 수 있다. 경상북도의 시장 매매고 변동을 보면, 먼저 농산물 거래액은 1912년에서 1928년 사이에 무려 207배나 증가하였고, 축산품 거래액도 같은 기간 동안 약 15배가 증가하였다. 이러한 증가와 관련해 이 표에서 주목되는 점은, 이 지역의 경우 농산물 상품화가 1920년대에 비약적으로 증가하였다는 사실이다. 이러한 사실은 뒤에서 서술하겠지만, 1920년대에 개시된 산미증식계획, 잠견증수계획 등의 식민농정이 농산물 상품화 확대에 결정적 요인이 되었음을 나타낸다.

표 4-1. 경상북도의 시장 연간 매매액 변동[34]

구 분	매매액(천 원)			동 지수		
	1912년	1919년	1928년	1912년	1919년	1928년
농산물	732	720	151,602	100	98	20,711
수산물	771	619	1,362	100	80	177
직물류	1,107	646	1,236	100	58	112
축 류	210	1,637	3,072	100	780	1,463
기타잡품	1,061	918	2,429	100	87	229
합 계	5,352	4,540	159,717	100	85	2,984

물론 이와 같은 상품생산의 확대는 일제가 식민지 지배를 확립하고자 철도 및 도로망을 확충하고, 면 단위까지 근대적인 금융망을 확립한 것도 한몫을 하였다. 일제가 강점하기 이전 시기에 경상북도

---

34) 1912년 통계는 경상북도의 《勸業統計書》(1913) 133쪽에서, 1919년 및 1928년 통계는 《慶尙北道 統計年報》(1928) 105쪽에서 작성하였다. 1919년 및 1928년의 시장 거래가액은 물가인상률을 이용해 1912년 가액으로 환산한 실질가액이다.

에서 농산물의 주된 운송수단은 수운이었고, 따라서 농산물의 상품화도 지역적으로 제한될 수밖에 없었다. 그로 말미암아 일제는 강점을 전후한 시기부터 서둘러 철로와 도로를 개설하였다. 경상북도를 보면, 러일전쟁기에 경부선을 부설하였고, 강점 직후부터 도로 건설에 착수하여 대구를 기점으로 동으로 영천·경주·포항을 연결하는 도로, 북으로 군위·의성을 거쳐 안동을 잇는 도로, 남으로 현풍을 거쳐 창녕에 이르는 도로와, 김천·구미·왜관·경산·청도 등 경부선 주요 역에 인접하는 지역의 도로를 1910년대에 신설하거나 개수하였다.[35] 이로써 수운을 이용할 수 없었던 지역에서도 우마차나 자동차를 이용하여 농산물을 유통시키는 것이 가능해졌고, 수운보다는 도로와 철로를 이용한 육운이 농산물 유통의 중심이 되었다. 우마차 수의 변동을 살펴보면, 강점 당시 운행하였던 짐 우마차는 총 45대였으나 1919년에는 그 수가 무려 1,761대로 증가하였고,[36] 경상북도의 경부선 발착 화물톤수의 변동을 보면, 1912년 11만여 톤이던 것이 1919년에는 33만여 톤으로 3배가량 증가하였다.[37]

일제는 이러한 교통운송망 확충과 나란히 유통경제 발달에 불가결한 근대적 금융기구도 강점 직후부터 정비 확충하였는데, 1918년에 이르면 조선식산은행에서 면 단위의 금융조합에 이르기까지 계통적으로 이어지는 금융망이 확립되었다. 1928년 당시의 금융기구를 보면 대구·김천·상주·포항에 조선식산은행의 지점이 설치되었고, 이 지점과 연결된 촌락 및 도시 금융조합이 1개 군당 2~3개씩 총 65개가 존재하였다.[38]

---

35) 《慶北産業誌》, 49~52쪽.
36) 《慶北産業誌》, 48쪽.
37) 《慶北産業誌》, 58~59쪽.
38) 《慶尙北道 統計年報》, 1928, 197~201쪽.

2) 상품작물의 변동과 상품생산의 전개양상

1920년대의 경상북도 농업생산의 변동은 〈표 4-2〉에서 전체적
윤곽을 파악할 수 있다.

먼저 경작면적의 변동을 보면 쌀·보리류·면화·소채의 재배면적
이 증가하였는데, 쌀은 3퍼센트, 보리류는 83퍼센트, 면화는 51퍼센
트, 소채는 24퍼센트 증가하였다. 조의 경작면적에는 변동이 거의
없다. 그러나 다른 작물과는 달리 콩류의 경작면적은 13퍼센트가 감
소하였다. 다음으로 생산고의 변동을 보면, 경작면적의 변동과는 다
른 양상을 보인다. 쌀은 22퍼센트의 생산고 증가율을 보여 경작면적
의 증가율을 앞지르지만 보리류는 35퍼센트만 증가하여 경작면적의
증가율에 훨씬 못 미치고 있다. 면화는 101퍼센트라는 가장 높은 생

표 4-2. 경상북도의 농산물 경작면적 및 생산고 변동[39]

연도	경작면적					생산고				
	보리류	콩류	조	면화	소채	보리류	콩류	조	면화	소채
1918	100	100	100	100	100	100	100	100	100	100
1920	172	97	100	135	102	131	91	97	173	71
1922	174	96	98	154	99	129	88	94	220	74
1924	176	96	97	134	102	142	67	90	188	45
1926	180	95	99	147	105	139	81	78	179	71
1928	183	94	149	128	117	116	47	139	152	73
1930	193	87	103	151	124	135	81	98	201	63

* 1918년을 지수 100으로 함.

---

39) 《慶尙北道 農務統計》, 1931에 근거하여 작성하였다.

산고 증가율을 보이면서 경작면적 증가율을 두 배 이상 앞지르고 있다. 콩류는 생산고에서도 19퍼센트의 감소를 나타내고, 경작면적의 변동이 거의 없는 조도 생산고에서 12퍼센트 감소하였다. 이에 견주어 소채는 매우 특이한 양상을 나타낸다. 경작면적은 24퍼센트가 증가하였지만, 생산고는 도리어 17퍼센트가 감소하였다. 이렇게 검토해보면 결국 쌀과 면화에서만 토지생산성이 증가하였고, 보리류·콩류·조·소채에서는 토지생산성이 감소하였으며, 더욱이 소채의 감소가 두드러졌다고 할 수 있다. 앞서 보았듯이 일제의 식민지 농정에 따라 증산정책이 추진된 분야에서만 토지생산성이 늘어난 것이다. 그런데 면작은 일제의 증산정책에도 불구하고 1920년대 말까지 전체 농업에서는 물론, 전작농업에서조차도 그 비중이 크지 못했다. 따라서 전체로 보면 결국 1920년대의 농업은 미단작 체제로 재편되어 갔다고 할 수 있다.

다음으로 경상북도의 농산물시장 매매가액의 변동을 살피면, 1912년에 73만 2천 원이던 것이 1918년에는 72만 원, 1928년에는 1억 5160만 2천 원으로 증가하였다.[40] 1920년대에만 농산물 매매가액이 무려 20배 정도 증가한 것이다. 농산물의 상품화가 그만큼 급속히 증가하였다고 할 수 있고, 달리 말하면 상업적 농업이 그만큼 확대되었다고 할 수 있다. 그러나 〈표 4-1〉이 시사하듯이, 모든 농작물의 상품화가 고르게 확대된 것은 아니었다. 토지생산성이 낮아지고 있는 작물들에서는 상품생산도 축소 또는 소멸해 갔다고 보아야 한다.

경상북도의 각 해 《농무통계農務統計》나 《경상북도통계연보慶尙

---

40) 《勸業統計書》, 1913, 133쪽 및 《慶尙北道統計年報》, 1928, 105쪽 참조. 단, 1919년 및 1928년의 매매가액은 물가인상률로, 1912년의 가액으로 환산한 실질금액이다.

北道統計年報》(1928)를 검토해 보면, 〈표 4-3〉에서 보듯이 그 판매량이 증가하든 감소하든 1920년대에 상품생산이 이루어졌던 부문은 쌀·양잠·콩(大豆) 생산 정도였다. 면작의 경우 조선총독부가 육지면 장려계획을 실시하고 면화공판제도를 강요했지만, 일본의 방적자본이 조선산 면화에 관심을 기울이지 않았던 탓에 생산된 면화는 대부분 자급용 면포를 제직하는 데 소비되었고, 그 판매량은 총생산고의 1퍼센트를 넘지 못했다.[41]

쌀·고치·콩의 도외판매량은 〈표 4-3〉과 같다. 이 표를 보면 쌀과 고치는 판매액과 상품화율이 모두 1920년대에 빠르게 증가하였다. 쌀의 판매량은 1917년에 37만 7천 석이었으나 1920년대 후반에 가면 최고 99만 석까지 두 배 이상 증가하였고, 총생산량에 대한 상품화율도 18퍼센트에서 40퍼센트로 증가하였다. 고치 또한 판매고가 1921년 5천여 석에 지나지 않던 것이 1929년에는 약 4만 석으로 자그마치 8배의 증가를 보였고, 따라서 상품화율도 24퍼센트에서 56퍼센트로 상승하였다. 그러나 이와 달리 콩의 판매고는 1924년을 경계로 이후 빠르게 감소하였다. 1918년에 10만여 석이나 되던 것이 1929년에는 2만 석으로 대폭 줄었고, 같은 기간에 상품화율도 13퍼센트에서 5퍼센트로 줄었다.

위에서 검토한 농업생산통계와 농산물 판매통계에 대한 분석을 종합하면, 경상북도의 농업은 1920년대에 결국 일본 자본주의에 종속되어 쌀과 고치의 상품생산에 주력하는 식민지 상업적 농업 체제로 재편되었다고 할 수 있다. 상품화가액만을 기준으로 말하면, 고

---

41) 육지면의 총생산고에 대한 공판량의 비율은 1918년 1.4%, 1919년 0.5%, 1920년 0.2%, 1922년 5.1%, 1924년 24.8%, 1926년 0.8%, 1928년 13.1%였다(《慶尙北道農務統計》, 1932 참조).

표 4-3. 경상북도의 쌀·고치·콩 도외 판매량 변동[42](단위: 천 석, %)

연도	쌀 판매고	동同 상품화율	고치 판매고	동 상품화율	콩 판매고	동 상품화율
1917	377	17.6				
1918	565	25.3			102	12.7
1919	433	19.8			116	15.5
1920	566	24.8			88	12.0
1921	522	26.0	5,469	24.2	70	10.3
1922	685	29.3	6,762	28.9	84	11.7
1923	854	37.7	12,881	42.1	82	11.9
1924	597	35.6	15,790	42.5	81	11.7
1925	803	39.2	14,261	33.6	49	7.6
1926	994	44.9	16,748	39.9	62	9.3
1927	823	40.0	31,586	56.3	58	8.4
1928	555	40.9	37,618	59.6	28	7.3
1929	499	36.3	39,709	56.2	20	5.0

치의 판매가액이 쌀의 판매가액에 견줄 바가 못 되므로, 미단작 상품생산 체제로 재편되었다고도 할 수 있다.

　이러한 전개양상은 한말과 비교하면 큰 차이를 보인다. 한말 이 지역의 상업적 농업은 미작지대, 면작지대, 대두작지대로 분화되어 다각적인 발전을 보이고 있었다. 당시 상업적 농업은 주로 국내의

42) 쌀·콩의 통계는 《慶尙北道農務統計》 각 연도분에서 작성하였다. 쌀·콩의 1917~1925년의 판매량은 곡물검사량에서 추정한 것이다. 고치통계는 《慶尙北道農會報》 (1937. 1.) 27~29쪽에 따라 작성하였다. 상품화율은 총생산량에 대한 판매량의 비율이다.

사회적 분업에 기반을 두고 발전하였다. 개항 이후 대일 곡물 수출이 확대되었으나 상업적 농업 전체로 보면 국내적 분업에 기반을 둔 발전이 주류를 이루었다. 가령 경상북도의 경우 개항 후 상업적 농업의 발전이 가장 두드러졌던 부분은 면작·면업이었는데 이는 전적으로 국내적 분업 연관 속에서 발전하였다. 상업적 농업의 발전을 이끈 동력도 생산자 농민의 영리활동이었고, 그 가운데서도 특히 부농들의 영리활동이었다. 물론 봉건관료층이나 양반층의 영리활동이 있기는 했으나, 1894년의 농민전쟁 이전 시기까지는 반봉건투쟁의 발전으로 상업적 농업의 발전에 큰 영향을 미치기는 어려웠다.

그러나 일제가 조선을 강점하면서 상업적 농업은 일본 자본주의와의 국제적 분업 연관 속에서, 그것도 일본 자본주의에 철저히 종속되어 발전하게 되었다. 일제의 지배가 확립되고 식민지 농업정책이 본격화되면서 면화와 콩 재배에서 상품생산은 급속히 해체되고, 대신 일본의 식량 공급을 주목적으로 하는 쌀 단작적인 상품생산 체제로 재편된 것이다. 상업적 농업을 확대시킨 동력도 식민농정으로 발현하였던 일본 자본의 영리활동이나 그것을 매개했던 지주계급의 영리활동으로 바뀌었다. 요컨대 국민경제를 형성해가면서 농민적 상품생산으로 발전했던 한말의 상업적 농업이 일제강점을 계기로 일본 자본주의에 종속적인 지주적 상품생산, 궁박적·강제적 상품생산으로 재편된 것이다.

이러한 재편은 각 지역의 생산입지나 한말 상업적 농업의 전개 양상과 관련해 지역별로 상이한 양상을 보이며 진행되었다. 아래에서는 작물별 상업적 농업의 재편 과정을 검토하면서, 그러한 변동이 지역농촌사회에 어떠한 변화를 가져왔는지 군 단위 통계를 이용해 추적해 보기로 한다.

쌀

일제강점기에 상업적 농업의 발전이 가장 두드러졌던 생산부문
은 쌀 농사였다. 〈표 4-4〉는 쌀농사에서 상품생산이 발전하는 양상
을 살피고자 작성되었다. 쌀의 상품생산 변동을 살필 수 있는 자료
로는 미곡검사통계와 미곡도외이출고道外移出高통계가 있다. 1917년
에 조선총독부는 도외로 반출되는 쌀과 콩에 대해 반드시 곡물검사
를 거치도록 규정한 '미곡검사규칙'과 '대두검사규칙'을 공포하였고,

표 4-4. 경상북도의 쌀 총생산량과 판매량 비교[43] (단위: 천 석)

연도	미곡검사량	총판매고①	총생산고②	①/②(%)	현미 석당 가격(원)
1917	312	(377)	2,141	(17.6)	9.67
1918	498	(565)	2,236	(25.3)	11.61
1919	356	(433)	2,189	(19.8)	12.75
1920	498	(566)	2,282	(24.8)	10.22
1921	463	(522)	2,008	(26.0)	13.35
1922	614	(685)	2,339	(29.3)	11.62
1923	787	(854)	2,266	(37.7)	13.22
1924	548	(597)	1,679	(35.6)	14.21
1925	742	(803)	2,050	(39.2)	13.62
1926	933	994	2,213	44.9	13.28
1927	751	823	2,055	40.0	11.33
1928	476	555	1,356	40.9	12.66
1929	443	499	1,373	36.3	12.29
1926~29 4년 평균	651	703	1,749	40.2	12.39

* 괄호 안은 추정치를 나타냄

43) 《慶尙北道農務統計》 해당 연도의 〈米・大豆檢査表〉에 따라 작성했다. 1917년부터
1925년까지의 총판매고 및 (%)은 총생산량에 대한 검사량의 비율에 3%를 가산해
총생산고에서 역산한 추정판매량과 판매율이다. 현미 석당 가격은 서울의 쌀 가격
률(《朝鮮米穀要覽》, 1940, 91쪽)을 1910년도의 가격으로 환산한 실질 쌀 가격이다.

이 규칙에 따라 경상북도에서도 쌀과 대두 검사를 실시했다.[44] 쌀의 검사량과 이출량을 동시에 파악할 수 있는 1926년에서 1929년 사이의 통계를 대비해보면, 이출량이 검사량보다 평균 총생산고 대비 3퍼센트가 더 많다. 1917년에서 1925년까지는 미곡이출통계가 파악되지 않으므로 미곡검사량에 이 비율을 가산해 이출량을 추산한 것이 〈표 4-4〉이다.

이 표를 보면 쌀의 도외이출량은 1917년 총생산고의 약 18퍼센트이던 것이 1918년에 25퍼센트로 증가하고, 다시 1923년에 38퍼센트로 증가하였다. 그리고 1926년에 45퍼센트까지 증가했다가 이후 40퍼센트로 감소하는 변화를 보인다. 상품량으로 보면 1917년에 37만여 석이던 것이 1918면에는 56만여 석으로 증가하고, 다시 1923년에는 85만여 석으로 증가하였으며, 1926년에는 99만여 석으로 증가하였다. 곧 이 지역의 쌀 상품화는 1918년부터 1926년까지 급속한 확대를 보였다고 할 수 있다.

쌀 상품화의 확대 요인을 살펴보면, 우선 현상적으로 〈표 4-4〉에서 보듯이 '쌀소동' 이후 쌀 가격이 상승한 점이 주목된다. 쌀 가격은 1917년에서 1918년 사이에 16퍼센트가 상승하였고, 1923년에서 1924년 사이에 다시 13퍼센트가 상승하였던 것이다. 그러나 이와 같은 상승이 쌀 상품화를 확대시킨 주 요인이 되었다고 단정하기는 어렵다. 그렇게 상승했음에도 당시의 쌀 가격은 생산비에 크게 미달하는 낮은 가격이었기 때문이다.

일본 자본주의는 '저미가=저임금' 체제에 기반을 둔 자본축적구조를 가지고 있었고, 그러한 낮은 쌀 가격을 유지하고자 조선, 대만

---

44) 小早川九郎 編,《朝鮮農業發達史-政策篇》, 1944, 207쪽.

등으로부터 대량의 쌀을 수입하여 〈표 4-5〉에서 보듯이 일본 쌀 시장이 공급과잉상태를 유지하도록 만들었다. 일제는 1913년의 조선미 이입세 철폐와 쌀 가격통합조치를 통해 조선의 쌀 가격을 일본의 이러한 저미가를 기준으로 하여 결정하게 하였다.[45] 그로 말미암아 쌀 가격은 항상 생산비를 크게 밑돌았다.

표 4-5. 일본 쌀 시장의 수급고 변동[46](단위: 만 석)

연도	생산고	수입고	총공급고	총소비고
1920	6,082	307	7,347	6,232
1922	5,518	767	7,421	6,286
1924	5,544	953	7,177	6,578
1926	5,970	954	7,475	6,822
1928	6,210	1,126	7,912	7,028
1930	5,956	860	7,519	6,947

〈표 4-6〉은 1927년부터 1931년까지 경상북도 자작농의 벼 1석당 생산비와 대구시장에서 벼 1석의 판매가격을 대비한 것이다. 판매가격 자체도 생산비에 미달하고 있지만, 추수기의 산지곡가는 평상시가보다 30~40퍼센트 하락하기 때문에, 농민들이 실제 벼를 판매하는 가격은 시장가격보다 35퍼센트 정도 낮은 수준으로 보아야 한다.[47] 그렇다면 자작농들이 벼 판매를 통해 실제로 보상받는 실제 가격은 생산비의 35~80퍼센트, 1927년부터 1931년까지 5개년을 평균하면 생산비의 59.2퍼센트에 지나지 않는다. 생산비 조사가 보다

45) 小早川九郎 編, 앞의 책, 200~201쪽.
46) 菱本長次,《朝鮮米の研究》, 1938, 706~714쪽에 의거하여 작성하였다. 총공급고는 당해 연도의 생산고와 수입고 및 전년도의 공급잉여분인 이월고를 합친 분량이다.
47) 東畑精一 外,《朝鮮米穀經濟論》, 1935, 129쪽.

표 4-6-1. 경상북도 자작농의 벼 1석당 생산비와 판매가격[48] (단위: 원)

연도	생산비①	판매가②	판매가③	③-①	③-①/① (%)
1927	12.27	14.73	9.57	-2.70	78.0
1928	16.42	11.78	7.66	-8.76	46.6
1929	22.14	12.17	7.91	-14.23	35.7
1930	7.76	9.77	6.35	-1.41	81.8
1931	7.97	6.6	4.29	-3.68	53.8
평균	13.31	11.01	11.01	-6.16	59.2

체계화된 1933년도의 사정도 이와 크게 다르지 않았다. 자작농은 생산비의 65퍼센트를, 소작농은 59.5퍼센트를 실현하는 데 그쳤다. 벼 판매를 통해 자작농은 매년 평균생산비의 40퍼센트 정도를, 소작농은 약 50퍼센트 정도를 손해 보았던 것이다. 생산 여러 요소와 관련하여 검토하면 소작이나 자작을 막론하고 모두 협의의 최소생산비(C+V+조세공과금)를 충당하기에도 크게 부족하였다.[49]

또한 이러한 쌀의 유통 및 가격구조는 쌀 가격이 "조선만의 수급상태로 결정되지" 못하게 하고 "일본까지 포함하여 전체적인 수급관계로 결정되게" 함으로써 흉년에도 쌀 가격이 폭락하는 심각한 모순을 불러 일으켰다.[50]

---

48) 凌本長次, 앞의 책, 228~234쪽, 248~250쪽에서 작성하였다. 생산비①은 간이조사에 의한 경북의 자작농의 벼 1석 생산비, 판매가②는 대구시장에서의 벼 석당 가격, 판매가③은 농가의 벼 판매가격으로 판매가②×0.65로 산출하였다.

49) 당시 조선의 일반적인 쌀 가격과 생산비를 대비한 연구는 다음을 참조. 林炳潤, 앞의 책(1971), 314~320쪽; 姜泰勳, 〈日帝下 朝鮮의 農民層 分解에 관한 연구〉, 《한국근대농촌사회와 농민운동》, 열음사, 1988, 213~216쪽.

50) 社說, 〈米價問題에 對하야〉, 《朝鮮日報》 1928년 11월 29일자.

표 4-6-2. 1933년 경상북도의 현미 1석당 생산비[51] (단위: 원)

	자작농	소작농	평균	자작농 (%)	소작농 (%)	평균 (%)
종인비	0.32	0.34	0.33	1.5	1.5	1.5
노임·축력비	6.94	7.18	7.15	33.2	31.1	32.2
비료대	3.29	2.96	3.25	15.7	12.8	14.6
제재료비	0.61	0.92	0.77	2.9	4.0	3.5
농사비	1.07	0.99	1.01	5.1	4.3	3.5
농구비	0.43	0.45	0.44	2.1	2.0	2.0
조세공과금	2.66	0.74	1.65	12.7	3.2	7.4
소 계	15.32	13.58	14.60	73.2	58.9	65.7
토지자본 ·소작료 제현비	5.11	8.98	7.13	24.4	38.9	32.1
	0.50	0.50	0.50	2.4	2.2	2.2
합계	20.93	23.06	22.23	100.0	100.0	100.0

표 4-6-3. 1933년도의 현미 1석당 생산비와 판매가 대비[52] (단위: 원)

농가별	생산비①	판매가②	판매가③	③-①	③-①/①(%)
자작농	19.98	19.98	12.99	-6.99	65.0
소작농	21.84	19.98	12.99	-8.85	59.5

더욱이 1920년대 중반 이후 일본 지주 및 농민들이 계속되는 쌀 가격 하락에 저항하여 제국농회를 중심으로 일본 쌀에 대한 가격지

---

51) 凌本長次, 앞의 책, 228~234쪽, 248~250쪽에 따라 작성하였다.
52) 〈표 4-4-1〉의 합계 생산비에서 부수입 1.25원을 공제한 것으로 〈표 4-4-3〉의 생산비를 산출하였다.

지정책과 식민지 쌀의 이입통제를 요구함으로 말미암아 조선의 쌀 가격은 더욱 악화되었다.[53] 이들의 요구는 '저미가＝저임금' 체제를 요구하는 재벌자본의 이해에 압도당해 거의 실현될 수 없었지만, 그 여파로 조선에서는 1928년 2월 외미外米수입에 제한을 가하는 '미곡법' 제2조가 시행되었다. 물론 이 조치가 조선의 쌀 가격에 당장 영향을 미치지는 않았지만, 이를 계기로 이후 일제는 조선 쌀의 유입을 통제해 자국의 쌀 가격을 조절하는 정책을 발전시켰고, 그로 말미암아 추수기의 쌀 가격이 더욱 폭락하는 사태가 일어났다.[54]

그런 까닭에 1917년 이후 쌀 가격이 인상되었다고 하나 그것이 바로 쌀 상품화를 비약적으로 확대시킨 주요 요인이 되었다고 보기는 곤란하다. 따라서 쌀 상품화의 확대 요인으로 일제가 막대한 자본을 동원하고 식민지 통치기구를 총동원하여 강행한 산미증식계획에 주목할 필요가 있다.

일제는 1920년부터 조선에서 산미증식계획을 실시하였다. 3·1운동의 여파가 진정되기도 전에 일제가 서둘러 이 정책을 시행한 까닭은 치안유지상 필요도 있었지만, 무엇보다도 일본의 미곡사정이 급박했기 때문이었다. 일본 자본주의는 제1차 세계대전 기간 동안 비약적으로 발전하였다. 일본은 교전국에 대량의 군수품을 수출하였고, 전쟁으로 구미제국의 수출이 부진해진 아시아·아프리카 시장에 진출할 수 있었다. 이를 계기로 일본은 단숨에 만성적 입초국入超國

53) 川東靖弘,〈昭和初期の米價政策論〉,《經濟學雜誌》76-2, 1977; 川東靖弘,〈昭和農業恐慌下の米價政策〉,《經濟學雜誌》78-2, 1978; 川東靖弘,〈昭和農業恐慌下の米價政策の轉換〉,《經濟學雜誌》81-2, 1980; 田剛秀,〈植民地 朝鮮의 米穀政策에 관한 硏究 -1930~1945년을 중심으로-〉, 서울대 경제학과 박사논문, 1993.
54) 社說,〈米價問題에 對하야〉,《朝鮮日報》1928년 11월 29, 30일자; 菱本長次, 앞의 책, 731~739쪽.

에서 출초국出超國으로, 동시에 전전戰前 약 11억 엔의 채무국에서 37억 원의 채권국으로 전환하였다. 또한 이 열광적인 전쟁 경기는 일본 자본주의를 질적으로도 변화시켜 놓았다. 금속·기계공업을 중심으로 한 중화학공업을 비약적으로 성장시켰고, 보다 중요하게는 생산과 자본의 집중과 집적을 불러와 독점자본주의를 확립시켰던 것이다. 이로써 일본 자본주의의 제국주의로 이행은 마침내 완료되었다.55)

그러나 이러한 발전은 동시에 일본 자본주의의 구조적 모순을 급속히 확대시켜 놓았다. 농업문제와 관련해서 보면 일본 자본주의의 특히 취약한 고리였던 농공불균등 발전의 모순을 폭발적으로 현재화시켰는데, 1918년 일본 전역을 휩쓴 '쌀소동'이 그것이었다. 쌀의 부족은 일본 자본주의의 재생산 구조 속에서 특히 심각한 위기를 불러일으킬 수 있었다. 쌀 수입이 일본 자본주의의 구조적 모순인 국제수지의 적자를 악화시키는 한편, 공급부족에 따른 쌀 가격의 앙등이 임금의 상승을 불러와 일본 자본주의의 국제경쟁력을 떨어뜨리게 될 것이었다.56) 일제는 이 긴박한 과제를 해결하고자 자국의 농업생산력 발전방안을 심도 있게 논의하는 한편, 식민지의 농업수탈에 본격적으로 착수하게 되었다.57) 그렇게 조선에서 '산미증식계획'이 서둘러 착수된 것이었다.

그로 말미암아 산미증식계획은 애초 일본"제국의 식량문제를 해결"하고 "국제대차 결제상 중대영향을 미치는""외국 쌀의 수입을

---

55) 楫西光速 外, 《日本資本主義の發展》, 東京大學出版部, 1959; 後藤靖 外, 《日本經濟史》, 有斐閣, 1977.

56) 楫西光速 外, 《日本資本主義の發展》 3, 1959; 暉峻衆三, 《日本農業問題の展開》 上, 1969; 暉峻衆三 編, 《日本農業史−資本主義の展開と農業問題−》, 1981.

57) 河合和南, 《朝鮮の産米增殖計劃》, 未來社, 1986, 제2장 참조.

표 4-7. 경상북도의 토지개량사업 실적표[58]

연도	신설·개축·수축실적		증가한 관개면적 (정보)	수리조합명(소재지)
	개소	몽리면적 (정보)		
1920	29	826	0	보문수리조합(경주)
1921	3	1,026	0	
1922	17	622	43	
1923	8	262	10	
1924	14	1,764	31	수성 수리조합(달성)
1925	8	144	32	
1926	12	1,720	353	경산 수리조합(경산)
1927	13	418	26	
1928	13	487	110	비안(의성), 동부(달성)
1929	7	1,300	432	연호제(경산), 서면(경주)
1930	21	2,691	349	안강(경주), 해안(달성), 금호(영천), 인동(칠곡)
1931	9	318	132	팔달 수리조합(달성)
1932	6	280	64	약목 수리조합(칠곡)
1933	3	98	30	
1934	2	50	15	
1910~37	444	21,876	3,298	

억제"를 가장 중요한 목표로 내걸었다. 따라서 조선에서는 미곡의 상품생산을 대대적으로 확대하는 방향으로 계획이 입안되었다.

산미증식계획은 1920년부터 1934년까지 계속되었고, 계획이 중도에 갱신되는 1926년을 기점으로 하여 전후 두 단계로 나누어 실시되었다. 1920년에 착수된 '제1기 산미증식계획'(이하 '제1기 계획'이

---

58) 《慶北의 農業》, 1938, 23~25쪽에서 작성하였다.

라 함)은 15개년 동안 경지확장개량 기본조사와 토지개량 및 농사개량사업을 실시해 총 900만 석을 증수하고, 그 가운데 440만 석을 조선의 소비증가에, 나머지 460만 석을 일본에 수출하는 것을 목표로 삼았다.

경상북도에서도 이 계획에 따라 수리조합의 설립이 추진되었다. 〈표 4-7〉에서 보는 바와 같이, 1921년 4월에 경주군 내동면에서 관개면적 380정보 규모의 보문수리조합이, 1924년 5월에는 달성군 수성면에서 논 370정보 관개를 목표로 수성수리조합이 설립되었고, 1925년 7월에는 경산군 경산면에서 관개면적 1,404정보 규모의 경산수리조합이 설립되었다. 또한 약 80여 개의 기존수리시설에 대한 개축과 수축사업도 실시되었다.

그러나 '제1기 계획'은 그 추진 실적이 당초 계획의 절반에도 미치지 못하는 등 부진을 면치 못했다. 토지개량에 관한 기본조사가 아직 완료되지 못했고, 1923년 간토關東대지진과 산미증식계획에 대한 일본 정부 내부의 의견대립으로 사업에 필요한 장기저리자금의 도입이 저조했던 데다, 수리조합설립에 반대하는 조선 농민들의 반대투쟁이 거세게 일어난 것 등에 그 원인이 있었다.[59]

그러한 가운데 1925년 말 마침내 일본 정부는 식민지 쌀의 수입으로 식량문제를 해결하는 방침을 최종적으로 확정하게 되었고, 이에 조선총독부는 '제1기 계획'을 중단하고 이를 대폭 수정하여 1926년부터 '갱신계획'을 실시하였다.[60] '갱신계획'은 1926년부터 12개년 동안 토지개량사업과 농사개량사업을 실시해 820만 석의 쌀을 증산하고, 1천만 석을 일본으로 수출하는 목표를 세웠다.

---

59) 〈水利事業의 現狀〉, 《東亞日報》 1923년 6월 14일자.
60) 林炳潤, 《植民地における商業的農業の展開》 第3章, 1971; 河合和南, 앞의 책.

경상북도에서 실시된 '갱신계획'의 목표는 토지개량으로 10만 3천 석, 농사개량인 비료사용 증대로 43만 7천5백 석, 품종과 경종법 개량으로 47만 6천여 석을 증산해 총 101만 7천여 석의 쌀을 증산하는 것이었다.[61] 쌀의 증산을 주로 농사개량사업에 의존해 달성하려 한 것이 주목되는 특징이었다.

보다 구체적으로 살피면, 토지개량사업은 매년 1천 정보씩 관개개선사업을 실시해 12년 동안 도합 12,000정보─당시 수리불안논밭 6만 7천 정보의 약 18퍼센트에 해당─를 수리안전논으로 전환시키는 것이었다. 그 사업에는 미간지나 밭 2,400정보의 반답反畓사업도 포함되어 있었다.[62] 당국은 수리조합설립에 반대하는 농민과 중소토지소유자들을 구금하고 협박하는 등 폭압적인 방법으로 이 계획을 밀고 나갔고,[63] 그리하여 〈표 4-7〉과 같이 1926년 이후 비안·동부·

---

61) 《慶北의 農業》, 1929, 41쪽.
62) 《慶北의 農業》, 1929, 16쪽.
63) 그 대표적인 사례가 안동수리조합과 경주서면수리조합이었다. 안동수리조합은 '제1기 계획'에서 농민들의 맹렬한 반대로 그 설립이 무산되다시피 하였다. 안동수리조합 설립에 대한 반대투쟁은 1924년 봄 일부 지주가 수조증립水組設立을 추진하자 이에 반대하는 농민들이 주축이 되어 그해 9월부터 시작된다. 농민들은 수리조합반대회를 결성하고, 이 조직을 중심으로 이후 약 1년여 동안 반대시위 및 선전문 배포, 도청과 총독부에 진정서 제출, 수리조합설립 추진자에 대한 조합인가신청 철회요구 등 다양한 반대투쟁을 펼쳤고, 마침내 1925년 6월 도 당국이 수리조합의 설립을 무기연기시키게 만드는 성과를 올리게 된다. 그렇게 무산된 수리조합이 1930년에 관헌과 일본인 농장주 주도 아래 폭압적으로 다시 설립된 것이다(〈安康水利組合-水源池住民 極力反對〉, 《東亞日報》 1924년 10월 4일자, 〈數百洞民 示威運動-안강수리조합반대로〉 1924년 10월 6일자, 〈안강수리반대〉, 《東亞日報》 1925년 4월 10일자, 〈安康水利組合廢止運動-數百代表 또 會議〉, 《東亞日報》 1925년 5월 17일, 〈安康水利組合 無期延期키로〉, 《東亞日報》 1925년 6월 22일자, 〈安康水組申請〉, 《中外日報》 1930년 1월 22일자, 〈水利組合創設에 5백여地主가 反對表明-安康水組創設反對紛糾〉, 《中外日報》 1930년 2월 19일자). 경주서면수리조합은 면 서기가 농민을 주재소로 데려가 수조설립동의서에 날인할 것을 강요하거나, 농우農牛를 면사무소로

연호제·서면·안강·금호·해안·인동·팔달·청하 등 10개 수리조합을 설립하였으며, 1930년까지 당초 계획대로 매년 1,000정보 내외의 토지개량사업을 실시하였다.

농사개량사업은 경종법을 개량하고 비료사용을 확대하는 것이었다. 경종법의 개량사업으로는 종자갱신, 단책형短柵形 묘대苗代를 보급하는 묘苗의 개량, 정조식正條植 장려, 피 뽑기 장려와 적미赤米 제거, 건조조제의 개량 등을 실시하였다. 비료정책으로는 자급비료개량증식계획을 시행하였다. 이 계획은 1926년부터 14개년 동안 이모작 논을 기준으로 풋거름(綠肥) 사용을 단보당 200관까지, 퇴비 사용를 150관까지 증가시키는 것을 목표로 하였다. 또한 당국은 화학비료(金肥)의 사용도 정책적으로 확대시켜 단보당 대두박(콩깻묵)을 평균 1매, 과인산석회를 3관, 인산암모니아를 2관까지 확대하게 하였고,[64] 이를 위해 1927년부터 매년 30여만 원에서 70여만 원에 달하는 비료자금을 대부하였다.[65] 그 결과 비록 목표에는 못 미쳤지만 풋거름과 퇴비 생산이 급증하였고, 판매비료의 사용량도 1925년 250만 관에서 1927년에는 5백만 관으로, 다시 1930년에는 6백만 관으로 급증하였다.[66]

그러나 갱신계획도 1930년의 대공황과 쌀 가격 폭락에 반대하는 일본 내 반대여론에 밀려 1932년 이후에는 더 이상 실시되지 못하

끌고 가 날인하지 않으면 돌려주지 않겠다고 협박하는 방식으로 설립되었다(〈西面水組紛糾와 贊否兩當局者의 談〉, 《中外日報》 1928년 5월 8일자).

64) 《慶北의 農業》, 1929, 39쪽. "配合肥料의 사용은 現在의 民度에 비추어 肥料經濟上 得策이 될 수 없다고 하여 사용을 장려하지 않는" 방침이 채택되었다.

65) 《慶北의 農業》, 1938, 130~131쪽. 비료자금의 연도별 대부액을 살펴보면 1926년 33만 3천 엔, 1927년 46만 8천 엔, 1928년 72만 7천 엔, 1929년 58만 1천 엔, 1930년 45만 7천 엔, 1931년 46만 9천 엔이었다.

66) 〈主要金肥消費狀況〉, 《慶尙北道 農務統計》, 1931, 17쪽.

표 4-8. 경상북도의 연도별 풋거름 생산고 및 화학비료 소비고[67]

연도	풋거름 생산고(천 관)	화학비료 소비고	
		수량(천 관)	금액(천 원)
1920	9,158	1,131	567
1922	11,332	1,079	353
1924	16,003	1,507	521
1926	20,028	4,149	1,501
1928	14,191	5,425	2,037
1930	14,912	6,311	1,874
1932	25,029	6,492	1,491

고 중단되고 말았다. 그때까지의 성과를 살펴보면, 먼저 토지개량사업에서 10여 개의 수리조합을 설립했음에도 관개개선의 실적이 극히 저조하였다. '제1기 계획' 기간 동안에 새로 증가한 관개면적은 470여 정보에 지나지 않았고, '갱신계획'으로 증가한 관개면적도 1,500여 정보를 넘지 못했다. 또한 농사개량사업의 성과도 부진하였다. 〈표 4-9〉를 보면 계획기간 동안에 쌀 수확고가 거의 증가하지 않았고, 도리어 감소하는 경우도 많았다. 그리하여 토지생산성이나 노동생산성은 산미증식계획의 실시에도 도리어 후퇴했던 것이다.

따라서 산미증식계획기의 쌀 수출 확대가 적어도 경상북도에서만은 쌀 생산의 증대에서 비롯되어 이루어졌다고 말할 수 없다. 그렇다면 쌀 상품화를 확대시킨 요인은 무엇인가? 그것은 이 계획이 지주제를 강화시켜 지주 수중에 상품화할 수 있는 쌀을 대량으로 집적시켰던 점과, 아울러 수리조합비와 비료대의 지출을 증대시켜 농

---

67)《慶尙北道 農務統計》, 1930, 1937에 따라 작성하였다.

표 4-9. 경상북도의 연도별 쌀 수확고 및 노동생산성[68]

연도	수확고(천 석)	단보당 수확고(석)	노동생산성(석)
1918	2,144	1.21	6.74
1920	2,197	1.23	6.58
1922	2,251	1.27	6.82
1924	1,619	0.92	4.92
1926	2,138	1.20	6.44
1928	1,317	0.97	3.74
1930	2,614	1.41	7.36
1932	1,657	0.98	4.65
1934	1,692	0.90	4.74

민들의 궁박판매를 확대했던 점에서 찾을 수 있다.

일제는 산미증식계획을 철저히 지주 본위로 실시하였다. 일제는 개별 농가를 직접 상대하기보다 "다수의 예속적인 소작인을 거느린 지주들을 동원하여" 소속농가에 간접적으로 증산을 강요하는 것이 손쉽게 목적을 달성할 수 있는 지름길이라 생각하였다.[69] 그리하여 대지주들을 수리조합의 설립자이자 운영자가 되게 하였던 것이고, 그로 말미암아 그들은 수리조합을 이용하여 미간지를 무상으로 개간하고 토지를 겸병하며 소작료를 인상할 수 있었다.[70] 또한 일제는

---

68) 《慶尚北道農務統計》(1930, 1938)에서 작성하였다. 단보당 수확고는 갱미粳米를 기준으로 하여 산출하였다. 노동생산성은 당해 연도의 쌀 수확고를 농업호수로 나누어 산출하였다.

69) 久間健一, 《朝鮮農政의 課題》, 1943, 16쪽.

70) 久間健一, 〈제15장 水利事業의 再發展〉, 위의 책; 李愛淑, 〈日帝下 水利組合事業의 전개와 地主制의 강화〉, 1984; 松本武祝, 〈朝鮮에 있어 水利組合事業의 전개-産米增殖期를 중심으로-〉, 《農業經濟研究》 57-4, 1986; 田剛秀, 〈日帝下 水利組合事業과 植民地地主制〉, 《韓國近代經濟史研究의 成果》, 1989. 경상북도에서는 영일수리조합迎日水利

농사개량사업도 최대한 지주들의 영리활동과 결합하는 방식으로 추진하였다. 소작농에 대한 고리대 착취와 소작료 수탈을 강화시킬 수 있도록 비료자금을 지주 본위로 대부하여 지주 주도로 화학비료 사용을 확대하게 하였고,[71] 정조조제개량사업도 지주 영리활동의 일환으로 추진하게 하면서 군·면 서기와 농회기수 및 경찰관을 파견해 지주의 지시에 복종하지 않는 소작인을 처벌하는 방식으로 사업 목표를 달성하려 하였다.[72]

이와 같은 식민농정의 강요가 결국 지주 수중에 쌀의 집중을 강화시켜 생산의 실질적인 증가 없이도 쌀 상품화의 비약적인 확대를 가능케 했던 것이다. 따라서 쌀의 상품화는 산미증식계획기에 논 면적의 증가가 큰 지역일수록 그만큼 더욱 확대되었다고 볼 수 있다. 〈표 4-10〉을 보면 논 면적은 거의 대부분 지역에서, 갱신계획기에 더 빠른 증가를 보이는데, 그 가운데서도 가장 현저한 증가를 나타낸 곳은 영덕·영일·경주·영천·경산·청도·대구·선산·문경·예천 등 주로 금호강 유역의 대구평야와 경주평야 지역이었다. 이 지역에서는 밭 면적의 감소가 논 면적의 증가와 그 비율에서나 면적에서 대체로 일치하는 경향을 나타내고, 앞서 보았듯이 수리조합도 집중적으로 설립되었다.

組合이나 경산수리조합慶山水利組合이 그 전형적인 경우였다. 이 지역 관련자료는 다음 기사 참조. 〈迎日水利組合 日人荒蕪地開墾이 設置動機의 중요점-設計不完全 실패가 중첩〉, 《東亞日報》 1927년 11월 5일자, 〈全朝鮮水利組合實査-경산수리조합〉, 1927년 8월 28일자; 〈安康水利組合創設 5백여 지주가 반대표명-수리조합은 金融閥과 日農場主만을 위함이라고〉, 《中外日報》 1930년 2월 19일자.

71) 〈地主의 貪利로 低資가 즉 高利〉, 《東亞日報》 1926년 12월 15일자, 〈金肥使用增加 農家의 큰 損害〉, 《東亞日報》 1928년 8월 9일자, 〈農村金融制度論(6)-也生〉, 《東亞日報》 1929년 7월 5일자.

72) 〈慶北正租調製改良及補助〉, 《東亞日報》 1923년 9월 17일자.

표 4-10. 군별 논밭 면적 변동 추이[73]

군별	논			밭		
	1920	1926	1931	1920	1926	1931
대구	100	86	80	100	82	58
달성	100	100	101	100	101	96
군위	100	100	101	100	99	90
의성	100	100	104	100	96	87
안동	100	100	102	100	100	98
청송	100	102	103	100	102	97
영양	100	97	98	100	100	101
영덕	100	103	106	100	102	95
영일	100	105	109	100	100	93
경주	100	103	110	100	100	92
영천	100	101	104	100	99	92
경산	100	100	105	100	100	91
청도	100	100	108	100	99	86
고령	100	105	101	100	103	88
성주	100	101	98	100	101	95
칠곡	100	102	100	100	99	88
김천	100	100	103	100	99	96
선산	100	101	106	100	95	88
상주	100	100	103	100	99	95
문경	100	102	104	100	100	97
예천	100	108	109	100	111	109
영주	100	89	91	100	86	84
봉화	100	99	104	100	100	99
경북	100	101	99	100	104	104

73) 《慶尙北道 農務統計》(1920, 1926, 1931)에 따라 작성(1920년을 지수 100으로 함).

면화

면작에서 상품생산을 발전시킨 주된 계기는 일제의 원면原綿자급
정책이었다. 일제는 "조선에서 면화 산출이 많아지면 일본은 멀리
해외 제국에서의 원면 공급을 바랄 필요 없이 가격 및 운임이 저렴
한 원료를 사용할 수 있을 것"[74)]이라는 계산으로 1905년 일본에 면
화재배협회를 창립하였으며, 이후 이 단체를 내세워 육지면 채종포
를 설치하고 한국면화주식회사와 조면공장을 설립하는 등 조선에서
육지면 재배를 보급하고 확대하는 식민정책을 실시하였다.[75)] 이 정
책은 1910년 이전에는 주로 전남 지역에서 시험적으로 실시되었으
나, 강점 이후 전국으로 확대되었고, 그로 말미암아 경상북도에서도
면화의 상품생산이 확대되었다.

경상북도에서는 1912년부터 '제1기 육지면장려계획'이 실시되었
다. 이 계획은 당초 향후 7개년 동안 육지면 재배면적을 9,680정보
로 확대하고, 아울러 육지면 재배가 불가능한 북부 지역에서 재래면
재배를 4천여 정보까지 확대할 목표로 수립되었다. 그러나 이후 육
지면 재배만을 확대하는 계획으로 축소 조정되었다.[76)] 일제는 이 계
획을 실시하고자 15개군에 군수를 조합장으로 하는 면작조합을 설
립하고,[77)] 할당 방식으로 경작 확대를 추진하였다. 그 결과 당초 목
표를 3천여 정보나 초과달성하는 성과를 냈고(〈표 4-11〉), 강점 이전
의 면작중심지였던 군위·의성·안동·영천·선산·상주·예천 등지에서

74) 名和統一, 《日本紡績業과 原綿問題》, 1937, 235쪽.
75) 權泰檍, 《韓國近代棉業史研究》, 1989, 제3장 참조.
76) 《慶北의 農業》, 1929, 57~58쪽.
77) 《慶北産業誌》, 98쪽. 면작조합棉作組合이 설치된 지역은 달성·군위·의성·안동·경
    주·영천·경산·청도·고령·성주·칠곡·선산·김천·상주·예천 등 15개 군이었다. 면작
    조합은 육지면의 경작, 생산면화의 공동판매, 경작자금의 융통, 자가종자自家種子의
    채수採收 등의 업무를 담당하였다.

표 4-11. 경상북도의 육지면 재배면적과 공판율 변동[78]

연도	장려군	재배면적 (정)	수확고 (천 근)	경작호수 (천 호)	공판율 (%)
1912	2	38	41	1	
1913	5	108	59	3	
1914	9	348	220	7	
1915	14	812	606	16	
1916	15	3,062	1,765	42	
1917	15	6,047	3,355	76	
1918	15	12,698	8,212	90	1.4
1919	15	18,271	13,185	108	0.5
1920	15	18,375	14,180	105	0.2
1922	15	21,136	18,102	126	5.1
1924	15	18,217	14,926	151	24.8
1926	18	20,960	14,691	160	0.8
1928	18	18,706	12,485	155	13.1

육지면 재배를 크게 확대할 수 있었다.[79](〈표 4-12〉)

　　제1기 장려계획이 끝나자 일제는 1919년부터 '제2기 육지면장려계획'(이하 '제2기 장려계획'이라 함)을 실시하였다. '제2기 장려계획'은 전후 미국과 영국이 전쟁 기간 동안에 자신의 면제품 시장을 잠식하였던 일본 면방적업을 규제하기 시작한 시점에 수립되었다.[80] 따라

---

78) 《慶尙北道農務統計》(1932)에 따라 작성하였다. 공판율은 총수확고에 대한 공판액의 비율이다.

79) 농사통계에서 군별 면작면적이 최초로 파악되는 것은 1924년이다. 따라서 여기에서는 다소 부정확하지만 1924년 실태에서 제1기 장려계획의 성과를 미루어 살피는 방식을 택했다.

80) 그 규제는 미국과 영국이 자국산 및 식민지산 면화의 일본 수출에 대하여 제한을 가하는 것이었다. 이로 말미암아 방직원료의 대부분을 미국과 영국에서 수입하

표 4-12. 군별 육지면 재배면적과 콩 수확고의 변동[81]

지역	육지면 재배 면적(정보)		콩 수확고(석)	
	1924년	1930년	1920년	1931년
대구	0	0	495	116
달성	897	1,314	26,428	47,318
군위	982	910	14,307	14,668
의성	3,811	3,112	20,057	23,485
안동	3,177	2,909	37,846	25,751
청송	0	714	22,978	15,661
영양	0	0	14,146	11,175
영덕	0	0	9,753	7,821
영일	0	438	49,732	38,684
경주	490	980	75,028	49,265
영천	1,141	1,356	60,839	45,783
경산	630	613	34,566	30,498
청도	607	396	28,575	23,294
고령	542	709	20,774	13,642
성주	401	711	34,848	27,584
칠곡	634	692	37,022	19,034
김천	620	991	44,011	35,733
선산	1,442	1,440	22,787	18,889
상주	951	1,310	74,386	62,377
문경	435	824	22,445	26,214
예천	1,793	2,001	33,999	25,123
영주	0	413	13,736	15,437
봉화	0	0	22,842	26,300
경북	18,553	21,835	733,850	605,166

고 있던 일본은 원면부족과 면가등귀라는 심각한 상황에 빠져들 위험성을 안게 되었다. 일제는 이에 대비해 만주·북중국北中國·남미南美 등에 원면공급지를 확보하려는 노력을 기울이는 한편, 식민지 조선에서 육지면 생산을 최대한 확대하는 정책을 추구하였다. 1919년부터 1932년까지 계속된 '제2기 면작장려계획'은 바로 그러한 정책의 일환으로 추진되었다(權泰檍, 앞의 책, 108쪽).

서 '제2기 장려계획'에서는 육지면의 증산목표가 대폭 확대되었
다.[82] 이 계획은 1919년부터 1928년까지 중남부 15개군의 육지면
재배면적을 38,500정보로, 북부 7개군의 재래면 재배면적을 3,000정
보로 확대시키고, 아울러 집약 재배를 장려하여 육지면은 단보당
100근, 재래면은 단보당 90근을 증산시킨다는 목표를 세웠다.[83] 당
국은 이 목표를 달성하고자 면작이 부적합한 지역에서도 재배를 강
요하였고, 육지면 재배구역에서는 재래면을 재배할 수 없게 했으
며,[84] 대항 작물인 콩이나 조의 파종을 억제함과 동시에 면작지에
다른 작물을 혼작하지 못하도록 규제하였다.[85] 또한 육지면 재배지
역 15개군을 5개구로 나누어 3개군씩 연합으로 면작 재배를 확대하
였고, 다시 각 군별로 몇 개 면을 묶어 순차적인 집주지도集注指導를
실시하였다. 집주지도면에는 면작지도리동을 설치하고, 이 지도리동
을 통괄하는 지정구를 설치하였다. 지정구에는 군농회의 면작기수와
조수助手가 상주하여 계획추진에 차질이 없도록 항상 감시 통제하였
다.[86] 또한 일제는 오로지 목표달성만을 위해 농가경제상 면작이 곤
란한 영세소작농에게도 면화 생산을 강요하였다. 〈표 4-12〉는 이러
한 육지면 재배의 강제확대과정을 잘 나타내주고 있다. 이 표에 따
르면 1920년대 후반의 면작호수는 1920년대 전반에 견주어 4~5할

---

81) 《慶尙北道農務統計》(1920, 1924, 1926, 1930)에서 작성하였다.
82) 이 계획은 전국적으로는 면화 재배 면적을 총 25만 정보로 확대하고, 수확고를 2
   억 5천만 근까지 높일 것을 목표로 하였다.
83) 《慶北의 農業》, 1929, 59~61쪽.
84) 〈安東郡農會의 非難-어려운 농민들이 피땀을 흘려가며 심어 각군 면화를 말도 없
   시 뽑았다-所謂 陸地棉獎勵策이라고〉, 《朝鮮日報》 1924년 8월 26일자.
85) 〈義城郡棉作係의 處事〉, 《東亞日報》 1931년 5월 10일자.
86) 《慶北의 農業》, 1929, 59~69쪽; 〈慶北棉作獎勵〉, 《東亞日報》 1924년 2월 17일자,
   〈達成棉作獎勵〉, 《東亞日報》 1924년 3월 25일자, 〈義城棉花成績〉, 《東亞日報》 1927년
   1월 9일자.

가량 크게 증가하였고, 그리하여 면호율도 도 평균 5할 대에 육박할 정도로 늘어났다.

그러나 이러한 정책을 펼쳤음에도 '제2기 장려계획'의 성과는 저조하였다. 이 계획이 종료되기 직전인 1928년의 성적은 육지면 재배 면적이 1만 8천 7백여 정보, 총수확고는 1,248만 5천 근, 단보당 수량은 67근으로 계획이 시작된 1919년의 수준에도 못 미칠 정도였다(〈표 4-11〉참조). 이러한 부진은 면화 가격의 격심한 변동과 수탈적인 통제정책으로 말미암아 농민들이 면작의 강제확대정책에 완강히 저항하였고,[87] 뒤에서 서술할 바와 같이 당국 또한 이러한 사태에 적극적으로 대처하려 하지 않았던 데 원인이 있었다. 다만 달성·성주·김천·문경·영주·청송 등지에서 새로 육지면 재배를 확대한 것이 주목할 만한 성과였다.[88](〈표 4-12〉)

일제는 위의 육지면 재배확대정책을 공판제도와 결합하여 추진하였다. 일본의 방적자본에게 원면을 최대한 저렴하게 공급할 목적이었다. 경상북도에서는 제1기 장려계획을 시작하고 그 1년 뒤인

---

87) 면작은 까다로운 기후·토양조건으로 말미암아 흉작이 잦고, 1926년의 대폭락과 같은 면화가격의 격심한 불안정성 때문에 대항작물인 콩이나 조의 재배보다 농가경제에 매우 불리했다. 가령 영일 지방의 경우, 조를 심을 때 5원의 수입이 있는 밭에 면화를 심으면 겨우 그 10분의 1에 불과한 50전의 수입을 얻는 것이 고작이었다(〈强制栽培된 棉作不良-迎日郡 農民의 悲境〉,《朝鮮中央日報》1932년 1월 19일자).

88) 이 지역들은 일제가 강점하기 이전에는 면작중심지였다. 그러나 일제강점을 계기로 면작이 몰락하였던 것인데, '제1기 면작장려계획'도 이들 지역에서 면화 재배를 다시 확대시켜 놓지 못했다. 경부선을 이용할 수 있었던 달성·성주·김천군에서는 면화 대신 콩의 상품생산이 발전하고 있어서 면작 강요가 곤란하였고, 나머지 지역에서는 기상적氣象的 제약으로 육지면 재배가 불가능하였다. 그러나 '제2기 장려계획'은 이 지역들을 다시 육지면 중심 재배지로 전환시켜 놓았다. 물론 그렇게 할 수 있었던 데는 육지면의 북방한계선을 높인 1920년대 중반의 품종개량이 한몫을 하였고, 아울러 일본의 콩 수입선이 조선에서 만주로 옮겨간 사정도 작용하였다.

1913년부터 면화공판을 실시하였다. 이때 실시된 공판제도는 지정공판제였다. 지정공판제도는 도지사가 면작조합으로부터 판매에 관한 일체의 권한을 위임받아 공판가격·장소·매수인 등을 지정하는 제도였다.[89] 지정공판제는 공판소에서 지정매수인에게 면화를 판매하는 것 말고는 일절 자유매매를 금지하였다. 도 당국은 이 제도를 철저히 시행하고자 다른 도와 마찬가지로 공동판매 이외의 거래행위를 금지, 단속하는 면화취체규칙을 시행하였다.[90] 이 지역에서 지정매수인으로 선정된 것은 1916년부터 1926년까지는 스즈키鈴木조면공장이었고, 이후에는 조선방적(주)이었다.[91]

일제의 이와 같은 정책으로 육지면 재배의 확대는 곧 방적자본을 상대로 한 상품생산의 확대가 될 수 있었다. 그러나 〈표 4-11〉을 보면, 공판량이 면화의 총생산량에서 차지하는 비율은 제2기 계획이 종료되는 1928년까지 거의 1퍼센트를 넘지 못할 정도로 극히 저조했다.

그 이유는 공판가격이 수탈이라 할 만큼 저렴했기 때문이었다. 공판제도는 그 가격도 도지사가 일방적으로 결정하는 제도였다. 공판가격은 미국면 미들링Middling의 오사카 시세에서 조면비, 공판소에서 조면소 및 오사카까지의 하조비荷造費 및 운임, 군농회의 공동판매 수수료, 기타 여러 비용 등을 빼는 방법으로 결정되었다. 때문에 공판가격이 생산비의 절반 이하 수준에서 결정되는 경우가 대부분이었고,[92] 또 면화값이 인도와 미국의 풍흉에 좌우되는 까닭에 심

---

89) 《慶北産業誌》, 98쪽.
90) 경북 지역의 면화공판제도는 농민들의 반발로 1920년부터 일시적으로 자유매매를 허용하는 변화가 있었으나, 1923년부터 다시 엄격한 지정공판제로 환원되었다 (權泰檍, 앞의 책, 141쪽).
91) 《慶北의 農業》(1929), 61쪽.

지어 흉작이 된 해에도 도리어 가격이 폭락하는 사태가 야기되기도 했다. 1926년이 그러한 경우였는데, 이 해에 면작은 대흉작이었으나 미국 면화의 풍작으로 1925년에 27원 80전하던 공판낙찰가격이 그 절반도 못 되는 10원 50전으로 폭락했다.[93]

그 때문에 농민들은 면화의 생산과 판매를 최대한 기피하였다. 육지면 재배지정지에 재래면 또는 콩이나 조를 파종하였으며,[94] 부득이 면작을 하게 되더라도 다른 작물을 혼작하였고,[95] 수확한 면화를 공판에 내지 않고 밀매하거나 대부분 자가제직면포용으로 소비하였다.[96]

한편 이러한 저항에 대해 총독부 당국은 적극적으로 대처하지 않았다. 그 이유는 일본의 방적자본이 조선에서의 면화 재배사업을 1920년대 말까지도 여전히 "경제원칙을 무시한 쓸데없는 시설"로 간주하고 있었기 때문이다. 말하자면 육지면 재배사업은 조선총독부가 본국의 요구와는 무관하게 독자적으로 추진한 정책이었고,[97] 그런 관계로 육지면의 생산기반 조성에만 역점을 두었을 뿐 공판확대에 적극적으로 나서지 않았던 것이다.

이런 사정으로 말미암아 육지면 재배가 확대되었음에도 면화의 상품생산은 1920년대 말까지 부진하였다.

---

92) 權泰檍, 앞의 책, 146~154쪽.
93) 〈棉價暴落으로 湖南農村大恐慌〉,《東亞日報》1926년 11월 5일자. "光州地方의 今年 棉作은 최초 평년작을 예상하였으나 結實期에 入하야 日氣가 늘 不順하였던 관계로 수확이 격감하였을 뿐 아니라 時勢까지 暴落하야 農村經濟에 其影響이 太甚하야……"
94) 〈安東郡農會의 非難-어려운 농민들이 피땀을 흘려가며 심어 각군 면화를 말도 업시 뽑았다-所謂 陸地棉奬勵策이라고〉,《朝鮮日報》1924년 8월 26일자.
95) 〈義城郡棉作係의 處事〉,《東亞日報》1931년 5월 10일자.
96) 《慶北의 農業》, 1929, 62쪽. "從來 生産棉花는 中入綿 또는 繰綿으로 판매하는 것이 극히 적고, 대부분 自家製織綿布用으로 소비하고 있는 상황이다."
97) 權泰檍, 앞의 책, 78쪽.

콩

개항과 더불어 시작된 이 지역의 콩(大豆) 상품생산은 대일 수출에 바탕을 두고 성장한 까닭에 일제의 침략 과정에서도 꾸준히 발전할 수 있었다. 이 지역에서 생산된 콩은 오사카와 고베 지역에서 두부원료로 인기가 높아 1910년대 초반에는 해마다 무려 17만 석을 일본으로 수출할 정도로 상품생산이 확대되었고, 이러한 수출세는 1910년대 말까지 지속되었다.[98] 〈표 4-12〉를 참조하면, 상품생산이 발전했던 지역은 영일·경주·영천·경산·청도 등 경주·대구평야 지역과 성주·칠곡·김천·선산·상주 등 경부선 주변 지역이었다.

그러나 콩 상품생산은 1920년대 들어 급속히 감소하였다. 콩 상품생산의 변동은 대두검사통계로 파악할 수 있다. 곧 1917년 이후 도외로 판매되는 콩은 전부 검사를 거치도록 한 까닭에 검사량 통계가 남아있다. 도외판매량이 확인되는 1926년에서 1929년까지 4년 동안의 통계를 이용해 검사량과 판매량을 대비해 보면 콩 검사량이 판매량보다 평균적으로 총생산량 대비 1퍼센트가 많다. 이 점을 감안해 판매량과 상품화율을 추정한 것이 〈표 4-13〉이다.

1917년의 검사량을 살펴보면 약 14만 석으로 강점 당시의 도외판매량과 비교하면 약 3만 석이 감소하였다. 그렇더라도 1919년까지는 콩 총생산량에서 판매량이 차지하는 비율이 15퍼센트 수준을 유지하였다. 그러나 1920년대에 들어서는 검사량도, 판매량도, 또 총생산량에서 판매량이 차지하는 비율도 급속히 감소하였다. 1929년의

---

[98] 《慶北産業誌》, 90쪽. 1910년 당시 콩은 경부선 철로와 포항浦港을 통한 동해안 해로로 수출되었다. 철로로 수출된 양은 약 12만 석 정도였고, 해로로 수출된 양은 약 5만 석 정도로, 이를 합치면 총수출량은 약 17만 석에 달하였다(《大邱地方經濟事情》, 1913, 19~22쪽; 山口精, 《朝鮮産業誌》 下, 1910, 671쪽 참조).

표 4-13. 경상북도의 콩 총생산량과 판매량 비교[99]

연도	콩 검사량 (천석)	도외 판매량① (천석)	총생산량② (천석)	①/② (%)	석당가격 (원)
1917	139	–	–	–	5.90
1918	111	(102)	808	(12.7)	6.59
1919	124	(116)	752	(15.5)	6.57
1920	96	(88)	734	(12.0)	7.36
1921	78	(70)	689	(10.3)	6.17
1922	91	(84)	714	(11.7)	7.64
1923	89	(82)	689	(11.9)	7.79
1924	69	(81)	543	(11.7)	7.82
1925	56	(49)	649	(7.6)	8.37
1926	72	62	664	9.3	7.24
1927	59	58	693	8.4	8.06
1928	36	28	383	7.3	8.32
1929	24	20	398	5.0	8.22
1926~29 4년 평균	48	42	535	7.9	7.96

검사량은 2만 4천 석, 도외판매량은 2만여 석, 총생산량에서 차지하는 비중은 5퍼센트로 격감하였다. 또한 〈표 4-12〉를 통해 군별 별 동을 살펴도 역시 안동·청송·영양·영덕·영일·경주·영천·대구·고령·칠곡·김천·상주·예천 등 종전까지 콩 상품생산이 가장 발전했던 지역에서 1920년과 1930년 사이에 특히 현저하게 콩 생산이 감소하였다.

---

99) 《慶尙北道 農務統計》 해당 연도분 〈米·大豆檢査表〉에 기반하여 작성하였다. 1917~1925년의 판매량 및 상품화율은 검사량을 이용해 추정한 수치이다. 석당 가격은 물가인상율을 감안하여 1910년도의 실질가격으로 환산한 액수다.

그러나 이 시기의 가격변동을 살피면, 콩 가격은 상품생산의 감퇴와는 반대로 오히려 꾸준한 상승세를 나타내었다. 콩 값은 1917년에 석당 5.9원이던 것이 콩 판매량이 대폭 감소하는 1924년에는 8.37원으로 인상되었고, 이후 판매량의 감소가 지속됨에도 8.2~8.3원대를 유지하고 있다. 콩의 상품생산 감소는 가격변동과는 무관하게 이루어졌던 것이다.

따라서 콩의 상품생산을 급감시킨 요인은 두 가지였다고 할 수 있다. 첫째, 일제가 콩의 수입선을 조선 북부 지역과 만주 지역으로 이동시켰던 것이다. 이 때문에 이 지역에서는 상품생산이 감소하였지만 북부 지역에서는 콩의 상품생산이 크게 발전하였다. 둘째, 일제가 이 지역에서 콩의 재배를 줄이고 대신 면작을 확대하는 식민정책을 실시한 것이다. 일제는 육지면의 재배를 확대시키고자 1912년부터 '제1기 육지면장려계획'을 실시하였는데, 〈표 4-12〉를 보면 이 계획에 따라 군위·의성·안동·영천·선산·상주·예천 등 한말의 주요 상업적 면작지대가 전부 육지면 재배지로 전환되었음을 알 수 있다. 일제는 '제1기 육지면장려계획'의 성과를 바탕으로 1919년부터 '제2기 육지면장려계획'을 실시하였다. '제2기 육지면장려계획'은 육지면의 재배면적을 새로 2만 8천 정보 더 확대하는 것이었는데, 그 확대 방법의 하나로 채택된 것이 잡곡류를 재배하는 숙전熟田 2만 정보를 면작지로 전환하는 것이었다.[100] 여기서 잡곡류란 주로 콩과 조를 가리켰고, 그로 말미암아 1918년에서 1930년 사이에 약 1만 5천여 정보에 달하면 콩밭이 감소하였다.

다시 〈표 4-12〉를 보면, 이 계획에 따라 1920년대에 달성·성주·

---

100) 《慶北의 農業》, 1932, 78쪽.

김천·문경·영주·청송 등이 새롭게 육지면 재배지역으로 전환되었음을 알 수 있다. 그런데 여기서 주목할 점은, 육지면 재배면적의 확대를 위해 토양조건이 부적합한 일부 지역이나 경부 철도망을 이용해 콩의 상품생산을 발전시켰던 지역에서도 콩 대신 면화 재배를 강요한 것이다. 콩의 상품생산은 이 지역의 기후나 지질에 매우 적합하고, 여타 작물에 견주어 생산비가 저렴하고 손쉬웠던 까닭에 농민들에게는 특히 유리한 상품생산 부문이었다.[101] 그러나 일제가 콩 대신 면화 재배를 강요함으로써 농민경제는 큰 타격을 입지 않을 수 없었다.

고치

일제강점 전반기에 쌀 다음으로 상업적 농업이 발전하였던 생산부분은 양잠이었다. 갑오농민전쟁 이전만 하더라도 경상북도의 양잠업은 견포를 경기·충청도까지 이출할 정도로 번창하였다. 그러나 이후 몰락하여 〈표 4-14〉를 보면 강점 당시 양잠호는 1만 6천여 호, 고치 생산액은 2,200여 석에 불과하였다. 그러던 것이 1917년 이후 다시 발전하기 시작하여 1930년이 되면 양잠호가 12만 7천여 호, 고치 생산액이 9만 7천여 석, 판매액이 4만 8천여 석으로 증가한다.

1917년 이후 양잠에서 상품생산이 발전하게 된 계기는 일본 제사자본의 조선 진출에서 찾을 수 있었다. 곧 이때 일본 제사자본은 대전 경기에 따른 호황으로 심각한 원료난을 겪게 되었고, 이를 타개하고자 경쟁적으로 조선으로 진출하였다. 이 해에 경상북도에 야마토제사山十製絲가 대구제사소를 설치하면서 진출하였고, 그 다음해

---

101) 金東洙, 〈朝鮮農業의 槪觀(6)〉, 《朝鮮日報》 1929년 11월 8일자.

표 4-14. 경상북도의 양잠호수와 고치의 생산 및 판매고 변동[102]

연도	양잠호수(호)		고치생산고 및 판매고(석)			관貫당 고치 가격(원)
	춘잠호	추잠호	생산고①	판매고②	②/①(%)	
1910	16,209	390	2,209			
1914	37,023	4,106	9,900			
1917	53,789	12,708	18,655			3.19
1918	57,574	11,017	22,295			3.21
1920	56,423	6,006	22,448			4.26
1921	52,907	8,172	22,609	5,469	24.2	2.60
1922	59,896	11,591	23,400	6,762	28.9	4.28
1923	70,695	13,014	30,568	12,881	42.1	4.25
1924	79,692	9,669	37,152	15,790	42.5	3.71
1925	85,380	14,433	42,429	14,261	33.6	—
1926	92,880	19,727	41,974	16,748	39.9	3.59
1927	104,482	25,815	56,122	31,586	56.3	2.13
1928	109,665	35,155	63,118	37,618	59.6	2.26
1929	117,567	39,816	70,611	39,709	56.2	2.47
1930	127,130	76,617	97,356	47,802	49.1	1.74

에 조선생사朝鮮生絲와 가타쿠라제사片山製絲가 대구에 제사소를 설립
하였다.[103] 이러한 제사자본의 진출에 부응해 먼저 경상북도가 도

102) 《慶尙北道農會報》 1937년 1월호, 27쪽, 29쪽의 잠업누년통계와 《慶尙北道農務統
計》(1938)에 기반하여 작성했다. 고치 가격은 小早川九郎 編, 《朝鮮農業發達史－發達
篇》(1944) 부록 표 26에서 작성하였고, 물가인상률을 적용해 1910년도 가격으로
환산한 실질가격이다.
103) 《慶北의 農業》, 1932, 119쪽.

차원의 양잠진흥정책을 실시하고, 곧이어 조선총독부가 대규모의 '잠견(고치)백만석증수계획蠶繭百萬石增收計劃'을 실시한 것이 양잠에서 상품생산을 급속히 발전시킨 계기가 되었던 것이다. 그리하여 고치 생산고는 1917년 1만 8,600여 석에 머물렀던 것이 1924년에는 3만 7천여 석으로, 다시 1930년에는 9만 7천여 석으로 증가하였고, 판매액도 1922년 6천 7백여 석에 불과하던 것이 1924년에는 1만 5,800여 석으로, 다시 1930년에는 4만 7,800여 석으로 증가하였다. 또 상품화율도 1922년에 29퍼센트였던 것이 1930년에는 49퍼센트로 상승하였다.

그러나 〈표 4-14〉를 보면 이와 같은 상품생산의 확대가 모순되게도 고치 가격이 급속히 하락하는 가운데 이루어지고 있었다는 사실을 알 수 있다. 고치 가격은 1917년부터 1922년까지 계속 상승하였다. 당시는 일본의 제사자본이 막 진출하던 시기였고, 따라서 고치가격이 상승하면서 양잠업도 확대되었던 것이다. 그러나 1924년 이후 고치 값은 급락하기 시작하여 1928년에 이르면 1917년도 가격의 70퍼센트 수준까지 하락한다. 그럼에도 상품생산은 오히려 이 시기에 들어 본격적으로 확대되었다. 이러한 현상은 양잠의 상품생산 확대가 이윤 동기와는 무관하게 이루어지고 있음을 나타낸다. 이 점은 고치 가격과 유통구조를 검토하면 보다 명확하게 드러난다.

고치의 판매는 1920년대 초반까지는 비교적 자유로웠다. 생산자가 개인적으로 자유시장에서 판매할 수도 있었고, 잠업조합을 통해 공동으로 판매할 수도 있었다. 그러나 이후 총독부는 고치를 저렴하게 제사자본에 공급할 의도로 자유시장을 축소, 폐지시켰고, 그로 말미암아 1926년 이후가 되면 대구, 서울, 평양에 한해 자유시장이 허용될 뿐, 그 외에는 전부 공판共販을 통해 고치를 판매하지 않을 수 없게 되었다. 경상북도에서 고치의 공동판매가 본격화된 것은 1918년부터였는데, 그 방법으로 1926년까지 특약거래법이 주종을 이루었고, 그 이후에는 총독부 방침에 따라 특매제도로 단일화되었다. 특약거래법은 잠업조합이 제사생산비를 경쟁입찰시키는 방식으로 매수인으로 선정하여 고치를 판매하는 제도였고,[104] 특매제도(수의계약제도)는 도농회가 군농회의 위임을 받아 경쟁입찰 없이 특정의 제사자본을 구매자로 지정해 고치를 판매하는 제도였다. 두 제도는 모두 지정 매수인에게만 고치를 판매하도록 강요하였는데, 경상북도에서는 어느 경우든 가타쿠라제사片昌製絲, 대구제사大邱製絲(야마토제사山十製絲所를 개칭한 것), 조선생사朝鮮生絲가 독점적인 구매자가 되었다.[105]

일제는 공판제도를 통해 이같이 유통을 통제했을 뿐 아니라 또한 고치 가격도 엄격히 통제하였다. 공판의 고치 가격은 일본 요코하마 시장의 생사 가격에서 제사공장의 공장생산비, 이윤, 잡비 등을 빼는 방식으로 결정되었다.[106] 이것은 조선 양잠농가의 생산비를 전혀 배려하지 않고 오로지 일본 제사자본의 이익만을 중시하는 가격결정방식이었다. 우선 이 방식은 제사비를 높게 책정함으로써 제사자본이 조선에서 매우 저렴한 가격으로 고치를 구입할 수 있게 하였다. 가령 1926년도의 제사비를 보면, 일본에서는 250~300원이었으나 조선에서는 400~450원으로 책정되었고,[107] 그로 말미암아 고치 1근의 가격이 일본에서는 8~9원이었으나 조선에서는 4원 50전~5원에 지나지 않았다.[108] 또한 이 방식은 제사자본이 국제시장

---

104)《慶北産業誌》, 155~156쪽.
105)《慶北의 農業》, 1929, 119쪽.
106) 金惠水,〈日帝下 養蠶農民의 社會的 存在形態〉,《經濟史學》13, 1989.
107)〈鮮內製絲業者保護로 蠶繭價格特定案〉,《東亞日報》1926년 5월 12일자.

에서 생사 가격이 하락하여 입게 되는 손실을 조선 양잠가에게 전가할 수 있게 하였다.[109]

1924년 이후의 고치 값의 급락은 이 같은 공판제도의 확대 강화에 원인이 있었다. 그로 말미암아 자유판매가 대폭 축소되고 특매제도가 강화된 1927년 이후 양잠농민들이 받게 된 고치 공판 가격은 누에 사육에 소요된 노임은 고사하고 뽕잎 값이나 비료대금을 충당하기도 부족한 수준이었다.[110] 그러나 이러한 가격조건에도 고치의 상품생산은 오히려 확대되어 갔던 것이다.

따라서 이러한 상품생산의 확대는 양잠농민의 자발적이고 능동적인 노력에 따른 것이라기보다 일제의 강압적인 양잠확대정책의 결과라고 보는 것이 타당하다. 이미 언급하였듯이 조선총독부는 일본 제사자본의 진출에 부응해 대대적인 고치증산정책을 실시하였다. 1925년부터 10개년 계획으로 실시된 '잠견백만석증수계획'이 그것이었다. 경상북도는 이 계획에 앞서 도 차원의 독자적인 고치증산정책을 실시한 바 있었다. 야마토제사, 조선생사, 가타쿠라제사 등의 제사자본이 대구에 제사소를 설립하자, 도 당국이 1921년부터 그 이듬해까지 잠업에 관한 기본조사를 실시하고, 이를 바탕으로 1922년부

---

108) 〈朝鮮蠶業의 現在及將來〉, 《東亞日報》 1921년 9월 20일자.
109) 鄭寅寬, 〈蠶繭共販制의 缺陷과 그 對策〉, 《朝鮮農民》 6-4, 1930. 6. "원래 모든 상품의 가격은 原價를 중심으로 하야 결정되는 것이니 生絲도 원칙상 繭價와 生産費를 합한 原價에 의하야 결정되어야 할것임에 불구하고 반대로 生絲價格에 의하야 原料代金이 좌우되고 있다……지금에는 일반으로 비록 生絲價格이 低落되였다 하더라도 生産費와 利潤率이 低落되지 아니하야 결국 絲價低落에 의한 損失 전부가 養蠶家에게 도라가고 만다."
110) 〈蠶繭共同販賣〉, 《東亞日報》 1927년 6월 17일자. "繭代價가 너무 低廉함으로 一般當業者들은 飼育桑葉代에도 不足하다 하야"; 〈蠶繭共同販賣〉, 《東亞日報》 1927년 6월 19일자. "軍威……蠶繭 共同販賣를 개시하였는데 금년은……예년에 비해 그 가격이 低廉함으로 飼育桑價도 不足하다."

터 실시한 '제1차 잠업5개년계획'이 그것이었다.111) 도 당국은 1925년에 '잠견백만석증수계획'이 발표되자 이를 '잠견증수10개년계획'으로 실시하면서 '제1차 잠업5개년계획'을 여기에 통합하였다.

경상북도의 '고치증수10개년계획'은 1934년까지 ① 뽕밭을 1만 4천 정보(호당 8무)로 확대하고, 매년 뽕나무 묘목을 약 5백만 주씩 심으며, ② 양잠호수를 매년 8천 호씩 늘려 총양잠호수를 18만 호(총농호수의 5할 5분)로 증가시키고, ③ 고치생산액을 호당 9두, 단보당 1석 4두로 높여 총 16만 석의 고치를 수확하는 목표를 세웠다.112) 생사업은 일본 자본주의의 기간수출산업이었던 까닭에, 도 당국은 농민 사정은 아예 무시하고 일방적으로 농회를 통해 할당식으로 뽕나무 묘목과 잠종을 강제분배하는 강압적 방식으로 이 계획을 추진하였다.113)

이에 따라 고치 생산은 모든 군으로 확대되었다. 〈표 4-15〉에서 군 단위의 변동을 살펴보면, 1920년대 초반까지는 주로 구한말에도 양잠 및 견직업이 발전하였던 군위·의성·안동·선산·상주·문경·예천·영주·봉화 등 경상북도의 중·북부 한전지대에서 양잠이 발전하였으나, 1930년에 이르면 거의 모든 군에서 양잠이 크게 증가하고 있다. 또한 1924년도의 통계를 보면, 양잠 중심지를 제외한 나머지 지역의 양잠호율은 전부 20퍼센트 이하였으나, 1930년에는 문경의

111) 《慶北의 農業》, 1929, 83쪽.
112) 《慶北의 農業》, 1929, 83~84쪽.
113) 〈强制植桑과 農民의 不平-金泉郡〉, 《東亞日報》 1928년 5월 16일자; 〈各地道評議會日續 -蠶種强制配付와 棉作共販을 攻擊(慶尙北道議會續會)〉, 《朝鮮中央日報》 1932년 3월 3일자. "張斗奎(星州) 군은 도민에게 다 桑苗를 강제로 주어 植付하라함은 부당하며 蠶種代金을 징수함에 긔한이 지나면 벌금을 밧는 것은 민간에 불평이 만흐니 징수함에 벌금제도를 폐지하여 달라하매……"

표 4-15. 군별 춘잠호율 및 고치 생산액 변동[114]

지역	1924년		1931년		
	잠호율(%)	산견액(석)	잠호율(%)	산견액(석)	중등 이상 농가 비율[115](%)
대구	3	326	0	240	6
달성	7	1,279	18	3,632	13
군위	34	986	46	2,461	15
의성	31	2,611	41	9,194	16
안동	38	4,076	47	5,110	13
청송	16	868	42	2,829	17
영양	18	655	44	1,763	15
영덕	23	775	39	2,326	18
영일	8	652	20	2,518	15
경주	12	995	19	3,856	15
영천	10	1,104	17	2,938	12
경산	15	1,144	31	3,736	11
청도	11	913	43	3,860	14
고령	7	219	22	698	12
성주	16	846	33	2,227	14
칠곡	17	1,069	40	2,856	11
김천	22	1,364	38	5,202	14
선산	37	1,219	49	3,202	16
상주	39	5,448	53	12,751	15
문경	52	2,870	64	8,479	15
예천	43	2,697	54	6,472	14
영주	33	2,361	54	5,450	12
봉화	33	1,803	48	4,322	12
총계	24	37,146	37	97,540	14

114) 《慶尙北道農務統計》(1924, 1931)에서 작성하였다. 잠호율은 총농가호에 대한 춘잠호의 비율이다.
115) 1923년도에 조사된 경영규모별 농가통계에서 중등 이상 농가로 분류될 수 있는

64퍼센트를 비롯해 군위·의성·안동·청송·영양·청도·선산·상주·예
천·영주·봉화 등의 중심적 양잠지는 모두 40퍼센트를 상회하고 있
고, 나머지 지역도 대구·달성·영일·경주·영천 등지를 제외하면 전부
20퍼센트를 웃돌 만큼 증가하였다.

양잠이 이와 같이 정책적으로 확대되고 강요되면서 농가경제상
불리한 영세소농층조차도 상당수가 고치를 생산하지 않을 수 없게
다.116) 양잠은 적어도 중등농가 이상은 되어야 경제성을 가질 수 있
었다.117) 그러나 1930년의 양잠호의 비율을 보면 64퍼센트의 최고치
를 보인 문경을 비롯해 중·북부 한전지대인 군위·의성·안동·청송·
영양·청도·선산·상주·예천·영주·봉화 등의 중심적 양잠지가 전부
40퍼센트를 넘었고, 그 밖의 지역에서도 10~20퍼센트씩 급상승하여
도 전체의 양잠호율이 37퍼센트까지 상승하였다. 지역적으로 다소
차이는 있으나 대체로 중등농가의 비율은 전체 농가의 14퍼센트 안
팎이었으므로, 거의 대부분의 지역에서 고치의 상품생산이 소·빈농
계층까지 확대되었다고 할 수 있다. 〈표 4-16〉에서 보이듯 양잠호
의 증가와는 반대로 호당 소립매수가 감소하고, 본전本田의 증가가
정체되는 대신 밭두둑이나 집안 공터에 뽕나무를 심은 계측計測상전
-산재한 뽕나무 식재면적을 합산한 뽕밭 면적-이 급증하는 현상은
그러한 실태를 잘 반영하였다.

이렇듯 경제성을 무시한 양잠의 확대는 '고치증수백만석계획'을

농가는 자작농의 28%, 자소작농의 30%, 소작농의 5% 정도였다(善生永助, 《朝鮮의
小作慣習》, 1929, 31~33쪽 참조). 이후 그 비율은 감소했겠지만, 그 비율을 그대로
적용하여 1931년도의 군별 중등농가비율을 추산하였다[1931년의 중등농가비율
=(1931년 자작농비율×0.28)+(1931년 자소작농비율×0.3)].

116) 金惠水, 앞의 글(1989).
117) 金惠水, 앞의 글(1989).

표 4-16. 경상북도의 춘잠호율, 호당 소립매수 및 상전 변동[118]

연도	춘잠호율 (%)	호당 소립매수 (매)	호당 본전 (단보)	호당 계측상전 (단보)
1924	24	1.04	0.20	0.33
1925	26	1.02	0.19	0.43
1926	28	1.02	0.19	0.50
1927	30	1.02	0.18	0.59
1928	31	1.00	0.17	0.65
1929	33	0.96	0.17	0.67
1930	36	0.98	0.16	0.68
1931	37	0.98	0.17	0.68
1932	40	0.97	0.16	0.67
1933	41	0.88	0.17	0.70
1934	42	0.86	0.17	0.54

강압적으로 농민층에게 강요함으로써 가능한 일이었다. 생사업은 일본 자본주의가 외화를 벌어들이는 기간수출산업이었다. 그런 까닭에 일제는 생사업에서 원료난이 발생하자 농민의 사정을 전혀 고려치 않고 농회를 통해 할당식으로 뽕나무 묘목과 잠종을 강제로 배부했던 것이다. 농민들은 어떻게든 그 대금을 갚아야 했기 때문에 조금이라도 적자폭을 줄여 보고자 부득이 고치를 생산 판매하지 않을 수 없었다.[119]

　이와 같은 생산 강요로 '잠견증수10개년계획'은 비교적 좋은 성

118) 《慶尙北道農務統計》(1938)에 따라 작성했다. 춘잠호율=춘잠호/총농업호×100(%)으로 산출하였고, 호당 소립매수는 춘잠호를 기준으로 했다.
119) 〈繭價暴落〉, 《東亞日報》 1927년 6월 19일자, 〈强制植桑과 農民의 不平－金泉郡〉, 1928년 5월 16일자; 〈義城蠶繭共販과 農會에 대한 비난〉, 《中外日報》 1929년 6월 18일자.

적을 거뒀다. 비록 당초 목표에는 미달했으나, 1934년의 춘잠호수는 14만 8천여 호, 고치 생산액은 약 13만 석, 뽕밭 면적은 1만 5백여 정보로, 이 계획이 시작되기 직전인 1924년과 비교하면 양잠호수에서는 1.9배, 고치생산액에서는 3.4배, 뽕밭 면적에서는 2.5배 증가한 것이다.

양잠의 강제적 확대는 결국 고치의 상품화율을 높였다. 고치는 면화와 달리 자가용으로 사용하는 데 절대적 한계가 있었고, 원래 양잠이 발달하지 않았던 지역에서는 고치를 자가용으로 가공하는 것 자체가 쉽지 않았기 때문이다. 그리하여 잠종을 강제로 분배받아 양잠을 하게 되면 공판가가 뽕값에도 못 미칠 정도로 낮더라도 "여름 동안 연명할 양식이 업거나"[120] "빗에 부닥기는"농가사정 때문에 결국 공판하지 않을 수 없었다.[121]

기타 작물

보리(大麥)는 일제가 강점하기 이전에도 상품으로는 많이 유통되지 않았다. 그나마도 강점 이후 일제가 쌀 수출을 극대화하는 정책을 취하면서 더욱 감소하게 되었다. 쌀의 판매가 증가함에 따라 자가 식량으로 충당되는 보리의 양도 증가하였는데, 곧 1920년에서 1930년 사이에 도외로 반출된 쌀은 무려 40여만 석이나 증가하였지만, 이 기간 동안에 늘어난 보리 수확고는 16여만 석에 불과하였다.[122] 그로 말미암아 자가 식량으로 충당되는 보리의 양은 증가할

---

120) 〈繭價暴落으로 江界地方도 不安〉, 《朝鮮中央日報》 1934년 7월 19일자.
121) 〈繭價暴落〉, 《東亞日報》 1927년 6월 19일자; 張元俊, 〈繭共同販賣와 自由市場問題〉, 《朝光》 10, 1936년 8월.
122) 《慶尙北道農務統計》에 따르면 1920~1922년 보리의 연평균 수확고는 148만 6천여 석이었고, 1929년~1931년의 연평균 수확고는 165만 석이었다.

표 4-17. 보리·조의 도외 반출·반입고[123] (단위: 석)

연도	보리		조	
	반출고	반입고	반출고	반입고
1925	4,180	2,023	455	29,325
1927	540	12,415	5,335	151,783
1928	1,422	4,854	1,272	63,951
1929	2,146	3,832	721	85,313
1930	1,354	462	614	59,645

수밖에 없었고, 그만큼 보리의 상품화 양도 감소하였다. 보리의 상품화가 극히 저조하였음은 〈표 4-17〉에서도 확인된다. 〈표 4-17〉은 보리의 도외반출량을 조사한 것인데, 그 규모가 수천 석을 넘지 못한다. 당시 보리의 연간 총생산고가 150만 석을 상회하였으므로, 이 정도의 반출량이라면 도외 시장을 대상으로 한 보리의 상품생산이 거의 없었다고 할 수 있다.

조(粟)는 일제하에서 쌀 대용식량으로 더욱 인기가 높았다. 쌀과 수확시기가 같고, 또한 가격이 상대적으로 저렴하여 쌀 대신 조를 식량으로 사용할 경우 그 "가격차를 얻어서 식食 이외의 생계, 즉 의복·주거·부채·세금에 보충"[124]할 수 있었던 것이다. 그리하여 당시에는 자가에서 생산한 쌀을 팔아서 외미外米 또는 조를 구입하는 농민들이 많았다. 경상북도에서도 사정은 마찬가지였다. 가령 경북 지역의 농업통계를 검토해보면 경부선 주변 지역은 이전까지 조를 재배하거나 그것을 식량으로 사용하는 경우가 거의 없었다. 그러나

---

123) 《慶尙北道農務統計》의 각 해 곡물검사표를 바탕으로 작성함.
124) 社說, 〈食糧輸出入과 生活難〉, 《東亞日報》 1927년 4월 8일자.

1920년대에 이르면 이 지역에도 다량의 만주조가 경부선을 통해 수입되어 소비되고 있었다.[125]

경상북도에서는 조가 군위·의성·안동·청송·영양·영덕·영일·문경·예천·영주·봉화 등 동부 및 북부의 밭농사지대에서 제한적으로 재배되었다. 따라서 이 지역들에서는 1920년대 들어 조의 상품생산이 발전할 수 있었다. 그러나 조의 상품생산은 만주에서 값싼 조가 대량으로 수입되면서 크게 발전하지 못했다. 〈표 4-17〉에서 보듯이 경상북도에는 매년 3만 석에서 15만 석에 이르는 막대한 양의 만주조가 수입되었고, 그 수입량은 많을 경우 도내 연간 조 생산량의 절반에 육박하였으며, 그 가격도 국내산 조에 견주어 10퍼센트 내지 15퍼센트가 저렴하였다.[126] 그 때문에 조는 "다른 작물에 비해 상품가치를 결여하게" 되었고, 따라서 농민들도 자급상의 필요한 범위 이상으로 조의 재배를 확대하려 하지 않았다.[127] 그리하여 조의 수요는 줄곧 급증했지만, 청송·영양·영덕·영주 등지에서는 도리어 생산고가 감소하였고, 나머지 지역에서도 문경을 제외하면 뚜렷한 생산 증가가 나타나지 않았다.

한편 조선 후기 이래로 전국적으로 명성을 날렸던 대마나 완초의 상품생산은 일제강점 이후 대부분의 지역에서 급속히 쇠퇴하였고, 다만 의성·군위·안동 등 일부 지역에서만 그 명맥을 이어갔다.[128] 영천·영양·청송 등지에서 발전하였던 연초의 상품생산도 전

---

125) 〈滿洲粟輸入增 需要分布狀態〉, 《東亞日報》 1923년 7월 9일자 참조. 수입된 조(粟)의 대부분은 김천역과 대구역 주변에서 소비된 것으로 볼 수 있다.

126) 菱本長次, 앞의 책, 695~696쪽.

127) 金壽山, 〈朝鮮人의 食糧問題와 滿洲粟의 地位〉, 《朝鮮之光》 78, 1928.

128) 〈朝鮮에 適合한 副業研究〉, 《東亞日報》 1931년 2월 5일자. 이 기사에는 군위군 의흥면의 완초가공업이 소개되어 있다. 이 기사에 따르면, 군위군 의흥면에는 140명의 완초가공업자가 있었고, 벼농사 이상으로 완초 재배에 힘을 기울인다고 하였다.

매제가 실시되면서 급속히 감소하였고, 대신 일본인 투자가들에 의
해 달성·경산·칠곡·청도 등 주로 대구 근교에서 다분히 투기성을
띤 일본종 엽연초 생산이 발전하였다.[129]

표 4-18. 경상북도의 특용작물 수확고 변동[130] (단위: 천 관)

연도	대마	완초	연초
1918	716	295	465
1920	737	211	450
1922	693	325	351
1924	626	237	459
1926	662	245	369
1928	554	186	531
1930	576	200	283

이에 견주어 약초의 생산은 일제강점 아래에서도 큰 변동은 없
었던 것으로 보인다. 1930년에 조사된 바에 따르면, 경상북도에서
75만 관, 금액으로는 13만 원 상당의 약초가 생산되었고, 총 90여
종의 약초 가운데 20여 종이 재배되었는데, 그 재배면적은 21만여
평에 달했다. 약초는 수백 평의 좁은 경지에 부업으로 재배하는 경
우가 대부분이었으나, 영양·봉화·고령 등지에서는 전업적으로 약초
를 생산하기도 하였다. 가령 고령군 다산면은 지황, 목향, 향부자 등
10여 종의 약초를 매년 총 3만 2천여 관가량 공급하여 대구 약령시
에서 비중이 컸는데, 여기서 공급되는 약초는 자연산은 없고 전부

129) 《慶北産業誌》, 101~106쪽.
130) 《農業統計表》, 朝鮮總督府. 각 연도분을 바탕으로 작성.

재배된 것으로, 그 재배면적만 무려 2만 6천여 평에 달했다.[131]

　이와 같은 검토에서 우리는 일제강점 전반기의 종속적인 상업적 농업의 확대와 관련해 다음과 같은 특징을 지적할 수 있다. 첫째, "1정보 미만의 토지소유자와 영세소작인"조차도 "처음부터 먹기 위해서가 아니라 팔기 위해서 쌀을 산출"[132]하게 될 정도였고, 따라서 상업적 농업과 관련되지 않은 농업변동이 없을 정도로 상품생산이 확대되고 있다. 둘째, 식민농정, 그 가운데서도 일제 독점자본의 이해와 직접 연관된 수탈농정이 상업적 농업의 변동을 초래하는 기본적이고도 주된 요인이 되었다. 강점 이전 미작과 면작을 양대 축으로 하여 다각도로 발전하였던 상업적 농업이 1920년 이후 오로지 미작을 위주로 하고 부업으로 양잠을 결합시킨 모노컬처적 상품생산으로 급속히 재편된 것이나, 육지면 재배와 양잠 모두 독점자본의 원료조달을 목적으로 확대되었지만 양잠에서만 상품생산이 확대된 것, 또 가격의 상승에도 콩 상품생산이 급속히 감퇴된 것 등이 이러한 종속성을 반영하는 현상적 변화였다. 셋째, 상업적 농업이 생산자 농민의 이윤 동기에 따라서가 아니라 오로지 일제의 강압에 의해 타율적으로 확대되었다. 이러한 타율성은 일제의 식민농정이 공판제도의 실시가 말해주듯 오로지 자국 자본의 이익만을 위해 수탈적인 상품생산을 확대하는 정책을 편 데서 비롯되었다. 생산자 농민들이 이윤은커녕 최소한의 생산비도 보상받지 못하는 저가격 상황 아래에서도 쌀과 고치의 상품화가 급속히, 그것도 지속적으로 확대되는 모순된 현상이 상품생산의 이와 같은 타율성과 강제성을 함축적으로 나타내고 있다.

---

131) 朴衡鎭, 〈朝鮮에 適合한 農村副業硏究(15)〉, 《東亞日報》 1931년 2월 1일자.
132) 徐椿, 〈米穀問題擡頭의 原因及理由〉, 《朝鮮之光》 90, 1930.

3) 상품생산의 주도층

일제하 상업적 농업이 앞서 살핀 바와 같이 일본 자본주의에 전면적으로 종속되어 발전하게 됨에 따라 상품생산의 담당층과 주도층도 크게 변화하였다. 그 변화로 먼저 주목되는 것은 강점 이전 농민의 상품생산 발전을 주도하였던 부농층의 상품생산이 급속히 몰락한 것이었다. 부농이란 고용노동에 의존해 상업적 농업을 경영하는 농민을 가리킨다. 이들은 개항 이래 농민적 상품생산의 발전을 주도해 온 존재로서, 당시로 보면 자작지 3정보 내지 소작지 5정보 이상을 경작하는 농민이 여기에 속했다.133) 이들은 농업노동의 70퍼센트 이상을 고용노동에 의존하였고 자가생산한 주곡(쌀, 보리)의 절반 이상을 상품화하였다.134) 이러한 특징이 말하듯이 부농경영은 어디까지나 이윤을 목표로 한 상업적 농업경영이었고, 따라서 그것이 존재할 수 있으려면 곡가가 이들의 생산비보다 높은 수준을 유지해야 했다. 부농의 생산비는 〈표 4-6〉의 자작농의 생산비와 다를 바 없었으므로 이는 곧 곡가가 아무리 낮아도 자작농의 생산비보다는 높아야 함을 뜻하는 것이었다.

그러나 일제의 유통가격정책은 이러한 조건을 전혀 충족시킬 수 없게 하였다. 앞서 보았듯이 일제하의 곡가는 보통 생산비에 미치지 못했고, 더욱이 추수기에는 생산비의 50~60퍼센트를 넘지 못하였다. 부농들은 가능한 한 곡가가 폭락하는 추수기를 피해 곡물을 판

---

133) 姜泰勳, 〈日帝下 朝鮮의 農民層 分解에 관한 硏究〉,《한국근대 농촌사회와 농민운동》, 열음사, 1988.
134) 張矢遠, 〈日帝下 農民層 分解의 樣相과 그 性格〉,《일제의 한국식민통치》, 정음사, 1985.

매하려 하였지만, 그들 또한 상당량의 곡물을 추수기에 궁박처분하지 않을 수 없었다. 이 때문에 전체로 보면 부농경영이라 해도 이윤은커녕 좁은 의미의 최소생산비를 보전하기조차 어려웠던 것이다. 물론 부농들은 낮은 곡가로 입게 되는 손실을 어떻게든 보충하려고 안간힘을 썼다. 그를 위해 주로 동원되었던 방법이 고리채를 이용해 고용노동력에 대한 착취를 극대화하는 것이었다. 당시 농촌에서는 교환채交換債라 하여 노동으로 상환하는 고리채가 성행하였는데, 이는 거의 전부가 부농들이 노임을 낮출 목적으로 운영하는 것이었다.135) "경지면적이 넓어 자가 노동력만으로는 경작이 어려운 농민"들이 많이 이용하였다는 고지雇只도 그러한 교환채의 일종이었다.136) 그러나 이러한 대응으로는 정책적으로 지속되는, 그것도 조선의 풍흉과는 무관하게 가격변동이 큰 낮은 쌀 가격에 대처하기 곤란하였다. 그리하여 쌀 가격이 꾸준히 하락하게 되는 1920년대 중반 이후 부농경영은 빠른 속도로 몰락하였다.

〈표 4-19〉는 저미가정책에서 비롯된 부농경영의 몰락을 잘 보여주고 있다. 경영면적을 기준으로 분류하면 경상북도에는 1923년 현재 약 9천여 호-총농가호수 대비 3퍼센트-의 부농이 존재하였다.

---

135) 也生,〈農村金融制度論〉,《東亞日報》, 1929년 6월 22일자. 농촌의 고리대금업자는 거의가 중소지주와 자작농, 즉 부농(대농大農 또는 호농豪農)들이었다. 농촌의 금융지배망은 다음과 같다.

　　　大·中地主—小地主·自作農—小作農—窮民
　　　　　｜　　　　　　｜　　　　　｜
　　殖銀·東拓 —　金融組合 —　高利貸

　　이 글에서는 당시의 교환채交換債를 상세히 언급하고 있다(《東亞日報》 1929년 7월 11일자).

136) 慶尙北道農務課,《小作慣行調査書》, 1931, 174쪽(이하《慶尙北道小作慣行調査書》로 표기함). "小作人이 雇只를 使用하는 경우……4. 小作地面積이 넓어 自家勞動으로 不足한 자."

표 4-19. 경상북도의 경영규모별 농가 구성[137](단위: 호)

경작규모	자작농		자소작농		소작농	
	1923년	1938년	1923년	1938년	1923년	1938년
3정 이상	2,845	1,054	6,563	1,197	4,802	471

이들이 상품화할 수 있는 미곡량만 해도 22만 석에 달했고, 그것이 이 지역의 당년도 미곡 총이출고(약 79만 석으로 추산)에서 차지하는 비중은 무려 28퍼센트나 되었다.[138] 부농이 이처럼 큰 비중을 차지할 수 있었던 요인은 제1차 대전 중반부터 당시까지 지속된 극히 예외적인 쌀 가격 상승에서 찾을 수 있다. 그러나 이후 일제의 저미가 정책이 효력을 발휘하게 되면서 부농경영은 빠른 속도로 몰락하였다. 그 결과 1937년이 되면 이 지역의 추정 부농경영수는 2천 2백여 호로 격감한다. 그것은 1923년도의 부농경영호수 9천여 호와 대비하면 4분의 1에 불과한 숫자였다.

다음으로 주목되는 변화는 영세농민층의 '환금적 투매', 즉 궁박판매가 크게 확대된 것이다.[139] 궁박판매를 확대시킨 원인은 다름 아니라 조선 농촌을 일본 자본주의의 상품시장이자 자본수출시장으로 강제 편입한 식민정책이었다. 곧 일제의 식민정책은 조선 농민들이 생산재나 소비재 모두 일본 공산품을 구매하지 않을 수 없게 하였고, 또한 현금으로 납부해야 하는 지세·수리조합비·농회비 등등

---

137) 1923년 통계는 善生永助, 《朝鮮의 小作慣習》, 1929, 36쪽의 농가계급별구성표에서, 1938년 통계는 《殖産銀行調査月報》 35호, 17~21쪽에 근거해 작성하였다.
138) 장시원張矢遠의 연구에 따르면 울산 달리達里의 상농층(부농층) 호당 곡물판매량은 27.7석이었다. 이것을 부농수로 곱해 추정하였다.
139) 徐椿, 〈米穀問題擡頭의 原因及理由〉, 《朝鮮之光》 90, 1930년 3월; 黃郁, 〈朝鮮農業의 現狀과 趨勢〉, 《中央》 3-1, 1935년 1월.

각종의 공과금을 증가시켰다. 그로 말미암아 "농업생활에 있어서는 농산물의 상품화는 피할 수 없는 현상"[140]이 되었던 것이다.

조선 농가의 이러한 처지는 〈표 4-20〉에서 보다 구체적으로 살필 수 있다.

표 4-20. 경상북도의 농가 현금지출 총액에 대한 부문별 지출 비율[141](1933년, 단위: %)

	영농지출				조세공과	가사지출				기타지출	합계
	비료비	고용비	기타	계		식량비	의례비	기타	계		
자소작농	7.0	7.0	7.9	21.9	16.6	10.8	7.2	21.2	39.2	22.3	100
소작농	6.9	2.3	6.0	15.2	12.9	10.4	5.4	30.4	46.2	25.7	100

〈표 4-20〉은 경상북도의 자소작농과 소작농의 1933년도 농가수지를 조사한 것이다. 조사대상 농가는 각 군에서 추출된 자소작농 102호와 소작농 90호이다. 현금지출을 항목별로 검토하면, 자소작농은 총현금지출의 21.9퍼센트를 영농비로, 16.6퍼센트를 조세공과금으로, 39.2퍼센트를 가사비로 지출하고 있고, 소작농은 총현금지출의 15.2퍼센트를 영농비로, 12.9퍼센트를 조세공과금으로, 46.2퍼센트를 가사비로 지출하고 있다. 그 가운데 지출이 큰 항목만 가려보면, 영농비 가운데 비료비와 고용비, 가사비에서 식량비와 피복비, 그리고

---

140) 黃郁, 앞의 글.
141) 朝鮮總督府, 《農家經濟槪況調査-自作兼小作農家, 1933年~1938年》, 1940, 84쪽과 《農家經濟槪況調査-小作農家, 1933年~1938年》, 84쪽에 근거하여 작성하였다(이하 《農家經濟槪況調査》라고 함).

조세공과금 등이다. 이 항목에 지출되는 금액만 합쳐도 현금지출 총
액의 5~6할을 웃돈다. 다시 이와 같이 지출되는 현금액이 영농수입
에서 차지하는 비율을 살피면 자소작농은 46퍼센트이고, 소작농은
42퍼센트에 달한다.[142] 더욱이 당시 소농민의 대부분은 위의 경비들
을 지주나 부농 또는 대금업자에게서 고리채를 빌려 지출하고 추수
기 이를 반제하는 방식으로 1년의 가계를 꾸려가지 않을 수 없었다.
이 조사에서 자소작농의 88퍼센트와 소작농의 92퍼센트가 부채농가
였고, 양자 모두에서 불생산적 부채(생산과 무관한 부채)의 비율이 6할
에 달했던 사실이 이러한 사정을 잘 반영하였다.[143] 이 고리채는 연
3~4할의 고율 이자를 부담시켰고, 또한 곡물을 곡가가 폭락하는 추
수기에 시급히 방매하도록 강요함으로써 이중으로 농민들의 궁박판
매를 확대시켰다.

요컨대 소농민들은 "시급히 제반의 생활비와 부담공과를 지불해
야 하는 강압적 사정" 때문에 시세를 생각할 겨를도 없이 그해 생산
한 쌀의 대부분을 "무리하게 염가방매" 해야 했던 것이고,[144] 그로
말미암아 결국 "1정보 미만의 토지소유자와 영세소작인"조차도 부득
이 "처음부터 먹기 위해서가 아니라 팔기 위해서 쌀을 산출[145]" 하게
되었던 것이다. 또한 고치의 "공판가격이 작년 가격의 삼분지 일도
못" 되지만 "여름 동안 연명할 양식이 없거나"[146] "빚에 부닥기여
부득이" 하루라도 빨리 팔기에 급급하고,[147] 면화의 공판가격이 평

---

142) 《農家經濟槪況調査》, 각 81쪽.
143) 《農家經濟槪況調査》, 각 74~77쪽.
144) 社說, 〈米價低落과 小農民의 救濟〉, 《東亞日報》 1922년 12월 20일자; 高在旭, 〈朝鮮
    의 經濟界〉, 《新東亞》 2-12, 1932년 12월.
145) 徐椿, 앞의 글.
146) 〈繭價暴落으로 江界地方도 不安〉, 《朝鮮中央日報》 1934년 7월 19일자.
147) 〈繭價暴落〉, 《東亞日報》 1927년 6월 19일자; 張元俊, 〈繭共同販賣와 自由市場問題〉,

상가격에서 3분의 1 내지 3분의 2 수준으로 낮게 책정되어도 지세 납입 또는 "결제자금의 급急에 절박되야 필경은 부득이 투매"[148]하지 않을 수 없었던 것이다. 소농민의 궁박판매는 "고리대 등 각종 과세가 누증하고, 농산물 가격이 저락하고, 가내공업이 소멸하는 대신 구입품(공업품)의 독점가격이 인상되고, 농민들의 시장 이용력이 결핍"[149]될수록—따라서 공산품과 농산품 사이의 협상가격차가 확대 될수록—비례적으로 증가할 수밖에 없었다.

셋째로 주목할 변화는 지주층이 주도하는 상품생산이 비약적으로 확대된 것이다. 지주층의 상품생산은 반봉건적인 소작제도에 기반을 두고 있었다. 따라서 지주의 생산비는 지가地價에 대한 이자와 각종 부담금, 관리비가 전부였고, 그 생산비는 애초 농민의 생산비와는 무관할 수 있었다. 지주의 단위상품생산비는 위의 각종 경비를 총수납소작료로 나눈 것이므로, 소작료가 인상되면 거꾸로 단위생산비는 인하되는 것이었다. 그런 까닭에 곡가가 하락하더라도 소작료를 인상하면 충분히 이윤을 확보할 수 있었고, 이런 특성으로 말미암아 지주계급은 일제의 수탈적인 가격유통정책 아래에서도 능동적인 상품생산자가 될 수 있었다. 가령 1933년도에 현미 1석당 가격은 19원 98전—추수기 산지 쌀 가격은 12원 99전—으로 자작농의 생산비 20원 98전에 미달하였다. 그러나 이 해의 농기업가 지주의 생산비는 8할에 이르는 고율 소작료 덕분에 6원 86전에 불과하였다.[150]

《朝光》 10, 1936년 8월.

148) 〈棉花移出急增進─農家의 苦痛이 그 原因〉, 《東亞日報》 1927년 2월 22일자; 〈抑鬱 하지만 아니 팔수는 업다─陸地棉價格 低落과 地方農民慘況〉, 《中外日報》 1926년 12 월 8일자.

149) 印貞植, 〈土地占有의 近代性과 封建性─朝鮮農村經濟의 研究(4)─〉, 《中央》 4─5, 1936.

150) 鄭然圭, 《朝鮮米의 資本主義生産對策》, 滿蒙時代社, 1936, 146쪽.

이런 특성에 유의해 일제는 침략 초기부터 지주제를 확대 강화하는
방향으로 제반의 식민정책을 수립하였고,[151] 그러한 보호와 지원은
지주들이 상품생산을 비약적으로 확대 발전시키는 동력이 되었다.

지주적 상품생산을 발전시킨 일제의 식민정책으로 먼저 토지조
사사업을 들 수 있다. 토지조사사업은 농민들이 오랜 반봉건투쟁을
통해 획득한 영소작권 등 토지소유에 대한 일체의 권리를 무상으로
박탈하였고, 오직 지주계급에게만 소유에 관한 모든 권리를 배타적
으로 보장하였다.[152] 이로써 지주계급은 소작권 박탈을 무기로 소작
료를 인상하고 각종 부담을 전가하는 등 "자신의 이익과 권력만을
증장"할 수 있게 되었고, 달리 생계방도가 없는 소작농민은 지주의
가혹한 요구에도 무조건 복종하지 않을 수 없었다.[153]

〈殖銀調査農企業家 生産費〉

항목	1단보당 생산비(원)	현미 1석당 생산비
각종 부담금	1.40	1.18
관리비	0.57	0.47
토지자본이자	6.21	5.21
합계	8.18	6.86

〈비고〉 ① 토지자본이자는 평균이율률로 곱한 것 ② 석당 생산비는 소작료에서 산출

151) 일제의 지주보증정책은 이에 더해 지주계급을 자신의 종속적 동맹자로 포섭함
    으로써 조선 농촌 깊은 곳까지 지배의 촉수를 침투시킴과 아울러 조선의 반제민족
    운동을 분열·약화시키려는 정치적 목적도 동시에 가지고 있었다(姜東鎭, 《日帝의
    韓國侵略政策史》, 1979 참조). 일제는 침략을 위해 조선 농업을 다각적으로 조사한
    1900년대 초반에 이미 이러한 정책방침을 확립하였고, 그에 입각해 러일전쟁을 전
    후한 시기부터 자국의 자본가들을 조선으로 진출시켜 지주제 대농장을 개설하도
    록 주선하고 있었다(金容燮, 〈日帝의 初期農業殖民策과 地主制〉, 《韓國近現代農業史研
    究》, 1992).
152) 朴文奎, 〈農村社會의 分化의 起點으로서의 土地調査事業에 대하여〉, 《朝鮮社會經濟
    史研究》, 1933; 愼鏞廈, 《朝鮮土地調査事業研究》, 1979; 宮嶋博史, 《朝鮮土地調査事業史
    의 研究》, 1991.
153) 慶尙北道, 〈小作慣例에 關한 調査〉, 《朝鮮彙報》 7-7, 1918[이하 〈(경북)小作慣例에
    關한 調査〉(1918)라 함].

둘째는 지주계급이 전체 농민과 농업 전반을 통제하도록 농업지배기구를 수립한 것이었다. 1910년대에 관 주도로 설립한 지주회와 이를 확대 발전시킨 계통농회, 그리고 '산미증식계획'을 실시하면서 설립한 수리조합과 여타 산업조합 등이 그것이었다. 이들 기구의 조직·운영·활동에서 대표할 만한 것은 농회였다. 계통농회는 전체 농민을 회원으로 가입시키고, 회비를 징수하고, 미작·양잠·면작과 관련한 주요 농정을 강제할 수 있는 막강한 권한을 지녔다.154) 일제는 이러한 농회를 "다수의 예속적 소작인을 거느린 지주 중심조직"이 되도록 관청이 임원 전부를 임명하는 하향식으로 설립하였고,155) 또한 농회의 업무수행을 최대한 지주들의 기업적 활동과 결합시켰다.156) 그리하여 지주들은 "농사의 개량발달을 표방하는 관청과 협동으로 소작농민에게 군림"157)하면서 자신들의 계급적 이익을 확대할 수 있었다.

셋째는 1920년대 말까지 철저히 지주 위주로 시행한 소작정책을

---

154) 文定昌, 《朝鮮農村團體史》, 1942, 89~92쪽.
155) 堀和生, 〈日帝下朝鮮における植民地農業政策〉, 《日本史研究》 171, 1976.
156) 히사마 겐이치久間健一는 농회의 활동방식을 "다수의 예속적인 소작인을 거느린 지주들을 동원하여 식민지 농업개발을 소속농가에게 강요"하는 것으로 그 성격을 규정하였다(久間健一, 앞의 책, 1943, 16쪽). 그것을 보다 구체적으로 살피면 농회기수나 관헌들이 지주간담회 또는 지주회를 개최하여 지주들을 독려하고 농정보조금과 저리자금을 지원하면, 지주들은 자신의 '기업적 활동'의 일환으로 식민농정을 농민들에게 직접 강요하는 것이었다. 가령 경상북도에서 실시된 정조조제正租調製 개량사업을 보면 군농회가 지주간담회를 개최하여 건조조제乾燥調製가 지주들의 이해와 합치됨을 알리고 그 장려방법과 장려조奬勵租 교부交付를 협정케 지도하면, 지주들은 그 협정에 따라 소작인에게 건조조제를 강요하고, 군·면 서기와 농회기수 및 경찰관은 추수기에 농촌으로 나가 벼의 건조조제가 도령道令에 의거해 이루어지는지 단속하여 지주의 명령을 따르지 않는 소작인을 처벌하였다(〈慶北正租調製改良及補助〉, 《東亞日報》 1923년 9월 17일자).
157) 〈農會令의 正體〉, 《東亞日報》 1926년 2월 16일자.

들 수 있다. 일제의 지주보호정책은 소작조건을 급속히 악화시켰고,
그로 말미암아 1920년대에 소작쟁의가 폭발적으로 증가하였다. 이에
대해 일제는 지주계급을 최대한 지원하고 보호하는 대책으로 일관
하였다. 소작관행의 개선의 필요성을 인정하면서도 그 실행을 지주
에게 일임하였고, 쟁의가 발생하면 관헌을 동원해 소작농민을 일방
적으로 탄압하거나, 고작해야 관료나 농회를 내세워 지주에게 유리
하도록 중재시키는 것이 전부였다. 그로 말미암아 1926년부터 1932
년까지 경상북도에서는 총 220건의 소작쟁의가 발생하였지만, 농민
의 요구가 온전히 관철된 것은 그 17퍼센트인 38건에 지나지 않았
다.[158] 1928년 정무총감의 통첩으로 소작관행의 개선이 권장되고 소
작관이 설치되는 변화가 있기도 했으나, 이러한 정책기조는 1932년
까지 큰 변화 없이 지속되었다.[159]

　넷째는 지주 위주의 금융정책을 실시한 것이다. 일제의 식민정책

---

158) 《慶北의 農業》, 1934, 151쪽.

발생건수	해결			자연소멸
	타협	요구관철	요구철회	
220	106	38	30	45
100%	48%	17%	14%	21%

159) 가령 1928년에 경상북도에는 큰 가뭄이 들어 극심한 흉년이 들었다. 이에 총독
　부는 쟁의를 우려해 소작관행의 개선을 요구하는 통첩을 행정명령식으로 하달하
　였다. 이 통첩에 따라 각군의 농회는 소작대책을 논의할 지주간담회를 서둘러 개
　최하였다. 그러나 정작 지주간담회에서는 일시적인 가뭄피해 대책만 결의하였을
　뿐, 이 통첩이 요구하는 사항에 대해서는 거의 협의조차 하지 않았다. 그나마도 이
　후 실행하지 않은 지주가 상당수였다. 이러한 사태에 대해 감독관청인 군청은 수
　수방관하거나 묵인하는 자세로 일관하였다(〈收穫皆無地의 作料免除一致, 地稅問題는
　미해결-大邱地主懇談會〉, 《東亞日報》 1928년 9월 20일자, 〈酒池肉林의 義城郡地主懇談
　會-作料免稅는 不贊成〉, 《東亞日報》 1928년 10월 9일자, 〈慶北地主會 決議〉, 《東亞日
　報》 1928년 12월 9일자, 〈免除한다든 作料를 暗暗裡徵收(경북)〉, 《東亞日報》 1928년
　10월 31일 등 참조).

은 조선 농업을 상품경제권에 전면적으로 편입시켰고, 그로 말미암
아 농업금융제도는 농민경영이나 지주경영 모두에게 필수불가결한
것이 되었다. 그럼에도 일제는 철저히 지주 위주의 금융정책을 실시
하였다. 일제하 농업금융을 담당한 기관으로는 조선식산은행과 동양
척식회사 금융부와 금융조합이 있었지만, 식산은행과 동척은 아예
중규모 이상의 지주에게만 대출을 허용하였고, 소농금융을 표방하고
설립된 금융조합조차도 중소지주나 자작농 또는 자소작농 상층이
아니면 이용할 수 없었다.160) 이 정책으로 지주들은 금융기관에서
저리로 토지구입자금이나 고리대 자금을 대부받아 "지주로서의 지위
를 확보 또는 확장할 수"161) 있었지만, 소농민들은 결국 금융적으로
도 지주에게 예속되어 고리대 수탈을 받을 수밖에 없었다.162) 가령
'산미증식계획'의 금비자금이 전형적인 사례가 될 수 있다. 동척이나
식산은행은 연리 7푼 9리의 농사개량 저리자금을 오로지 지주들에
게만 대부하였고, 그로 말미암아 화학비료의 사용을 강요당한 소작
농은 부득이하게 지주로부터 그 자금을 다시 연리 1할 또는 "4~5개

---

160) 林炳潤, 앞의 책(1971), 〈제4장 低利資金 및 地主制와 産米增殖計劃〉; 堀和生, 〈植
民地産業金融と經濟構造-朝鮮殖産銀行の分析を通する-〉, 《朝鮮史研究會論文集》 20,
1983; 金森襄作, 〈日帝下 朝鮮金融組合과 그 農村經濟에 미친 影響〉, 《史叢》 15·16. 경
상북도의 금융조합 가입자수는 1919년 22,842명, 1923년 33,969명, 1926년 48,176
명, 1929년 58,213명이었다. 총농가호수 대비 조합원의 비율은 1929년조차 16.5%
에 불과했다(慶尙北道編纂, 《昭和5年 道勢一斑》, 1930, 116쪽).

161) 朴文圭, 〈朝鮮農村과 金融機關과의 關係〉, 《新東亞》 4-2(1934년 2월). 朴文圭는 또
이 논문에서 1930년도의 地主借財使用處를 조사하여 다음과 같이 밝혀 두었다. "全
鮮 2,469面 土地購入을 目的으로 借金하는 地主가 最多를 점하는 面數 1,207面 全面數
의 約半數에 달하고 農業以外事業投資를 最高로 하는 面數 186, 土地改良其他農業資金
을 最高로 하는 面數 183, 農糧其他金融業을 最高로 하는 面數는 64, 이들 面을 합하
면 總面數의 약 6할 6분에 해당한다."

162) 梁源模, 〈農村의 衰頹에 就하여(4)〉, 《東亞日報》 1922년 3월 31일.

월에 연 5할의 이식을 지불"하는 고리로 대부받지 않을 수 없었던 것이다.163)

지주들은 이와 같은 지주 보호육성정책을 밑받침으로 "각종의 방면에서 자신들의 이익과 권력만을 증장시켜"가면서 소작료 수탈을 강화하고 상품생산을 확대시켰다. 그로 말미암아 경상북도에서는 이미 토지조사사업 기간 동안 집수법(검견법)이 총소작지의 60퍼센트를 웃돌 정도로 확대되고, 지세공과금·종자대금·인부임 등을 전가당한 소작농도 급증하였다.164) 소작료 수탈은 산미증식계획기에 더욱 강화되어 논의 이모작과 재해시의 대용작물도 소작료를 납부토록 하였고,165) 토지개량지역에서는 수리조합비의 절반을 징수하고 소작료를 대폭 인상하였다.166) 또한 공조·공과금을 소작농에게 전담시키는 지주수도 1918년도에 6할이던 것이 1930년에는 80퍼센트로 증가하였다.167). 이로 말미암아 구한말 총수확고의 30~40퍼센트이던 소작료가 무려 60~80퍼센트까지 인상되었다.168)

이러한 소작료 인상에 따라 지주층의 상품생산도 급속히 확대되었다. 강점 당시 경상북도에서 일본으로 수출된 미곡총량은 약 20만 석 정도였고, 당시 실수납 소작료가 절반을 넘지 못했으므로, 지주가 상품화한 미곡은 높게 잡아도 10만 석을 넘지 않았다.169) 이에

---

163) 〈地主의 貪利로 低資가 즉 高利〉,《東亞日報》1926년 12월 15일자, 〈金肥使用增加 農家의 큰 損害〉, 1928년 8월 9일자, 也生, 〈農村金融蜘度論(6)〉, 1929년 7월 5일자.
164) 〈(경북)小作慣例에 關한 調査〉(1918). 집수법執穗法이 확대된 이유는 그것이 지주가 일방적으로 소작료를 결정함으로 말미암아 수탈에 매우 유리한 지대수취법으로 인식되었기 때문이다.
165) 《慶尙北道 小作慣行調査書》, 56쪽.
166) 〈土地改良事業이 小作慣行에 미친 影響〉,《慶尙北道 小作慣行調査書》, 168쪽.
167) 〈小作制度〉,《慶北의 農業》, 1932, 145쪽.
168) 《慶北의 農業》, 1932, 141쪽.
169) 이 책 〈3장 갑오농민전쟁 이후의 일제 침략과 상업적 농업의 재편〉 참조.

견주어 1920년대 후반의 미곡수출은 70만 석을 웃돌았고, 실수납 소작료도 60퍼센트 대 이상으로 인상되었으므로 지주가 상품화한 양은 적게 잡아도 40만 석을 넘어선다.[170] 따라서 그 사이에 지주층의 상품생산은 최소한 4배 이상 확대되었던 것이다. 뿐만 아니라 지주의 상품생산은 곡가가 하락하면 더욱 확대되는 경향이 있었다. 곡가 하락으로 입은 손실을 소작료 인상—그에 따른 단위 생산비의 인하—으로 보충하려 했기 때문이었다.

일제하에서 지주적 상품생산의 발전을 선도한 것은 농기업형의 일본인 농장지주들이었다. 그들은 "지칠 줄 모르는 이윤의 추구"를 위해 식민지에 뛰어든 "경제계의 약탈수"들로서, 오로지 이윤확보만을 유일무이의 목적으로 하여 지주제를 경영하였다. 그들은 토지겸병을 목적으로 수리조합을 설립하였고, 집수법, 소작보증인제도, 계약소작제도 등을 도입하고 생산·분배·유통의 모든 과정에서 "극도의 정세엄중한 지주주의적 통제" 방식으로 소작료 수탈을 극대화하였다.[171] 가령 경주 안강의 토사흥농조합土佐興農組合은 전체 수확의 7할을, 김천의 야마카게회사山陰會社는 7~8할을 수탈하였고, 가장 악명이 높았던 동양척식회사는 정조제를 택해 거의 전 수확물을 수탈하기도 하였다.[172] 그들의 이러한 지주경영은 곧 조선인 지주들에게

---

170) 소작료율을 55%로 잡고 각 계층별로 상품화가 가능한 미곡량—계층별 분배 몫에서 소비량을 뺀 미곡량—을 계산하면 지주가 차지하는 몫이 미곡상품총량의 약 58%가 된다(張矢遠, 〈日帝下 農民層 分解의 樣相과 그 性格〉, 《일제의 한국식민통치》, 1985, 217쪽 참조). 이러한 비율은 지주의 분배 몫을 과소평가하여 산출한 것이지만, 여하튼 이 비율을 적용하면 70만 석 가운데 지주가 판매한 미곡량은 약 40만 석이 된다.

171) 久間健一, 앞의 책, 1943, 13~20쪽.

172) 〈日地主의 積年橫暴 (慶州)〉, 《東亞日報》 1924년 10월 31일자, 〈農民 50여 명이 山陰會社에 殺到(金泉)〉, 《東亞日報》 1925년 12월 4일자.

전파되었고, 그리하여 "그 전에는 비교적 후厚하다고도 할 만하던 조선인 지주들도 돌변하야 가지고 소작인에게 대하야 가혹한 태도를 취하"[173]는 변화가 생겼던 것이다.

〈표 4-21〉은 일본인 농장지주들의 군별 분포를 조사한 것이다. 일본인 농장지주들이 집중된 지역은 곧 지주적 상품생산의 중심지라 할 수 있다. 이 표를 보면, 대부분 농장경영주, 즉 지주라 보아도 무방한 일본인 농업자가 대구·달성·영일·경주·영천·경산·상주 등지에 적게는 80여 호에서 많게는 수백 호가 진출해 있고, 이보다는 적지만 김천·선산·청도·칠곡 등지에도 상당수 있다. 이 지역들을 권역별로 나누면, 대구·달성·경산·영천으로 이어지는 금호강 유역의 대구평야 지역과 영일·경주의 경주평야 지역, 상주평야 지역, 김천·선산·청도·칠곡 등 경부철도 인근 지역으로 분류할 수 있다. 농업환경이 쌀농사에 매우 적합했던 경상북도의 수전평야 지역 전체와 경부철도에 쉽게 연결될 수 있는 인근 지역에 이른바 '농기업가'로 불린 일본인 지주들이 집중적으로 진출해 있었다.

이들 지역의 특성은 산미증식계획의 토지개량사업이 이곳에 집중되었던 사실에서도 확인된다. 물론 산미증식계획이 세워졌을 때 처음부터 상업적 미작지대에 한정해 토지개량사업을 실시하려 한 것은 아니었다. 그러나 토지개량사업, 그 가운데서도 이 사업의 중심이 된 수리조합의 설립은 앞서 보았듯이 농민들의 반대가 완강했기 때문에, 이 사업은 적극적인 대지주가 주도적으로 참여해야만 성사될 수 있었다. 그리하여 결국 수리조합에 의한 토지개량사업은 쌀의 상품생산에 적극적인 지주들이 다수 존재하는 지역에 집중되는

---

173) 〈隱蔽된 官惡과 民怨(15)-作人의 怨聲과 地主의 橫暴(聞慶郡)〉,《東亞日報》1925년 2월 22일자.

표 4-21. 일본인 농업자의 군별 분포 및 변동[174](단위: 호)

지역	1920년	1926년	1931년
대구	199	183	417
달성	221	181	182
군위	2	3	2
의성	8	9	15
안동	5	17	14
청송	0	4	10
영양	1	0	2
영덕	16	12	23
영일	63	149	257
경주	112	132	122
영천	107	88	70
경산	120	106	107
청도	47	38	33
고령	3	5	4
성주	3	4	3
칠곡	48	36	27
김천	26	29	83
선산	43	21	41
상주	88	59	76
문경	7	4	14
예천	13	15	5
영주	2	11	12
봉화	0	0	5
울릉도	3	3	4
전체	1,137	1,109	1,528

경향이 있었다.

요컨대 일제는 자국 독점자본의 식민지 수탈 요구를 충족시킬 목적에서 생산비에 훨씬 못 미치는 낮은 가격을 인위적으로 강요하

---

174) 《慶尙北道 農務統計》(1920, 1926, 1931)에 따라 작성.

는 수탈적 유통가격정책을 실시하였다. 이러한 통제로 부농층은 더 이상 상품생산의 담당층이 될 수 없었고, 대신 반봉건적인 소작료 수탈로 낮은 가격에 대처할 수 있었던 지주계급이 일제의 정책적 보호를 받으면서 상품생산을 주도하게 되었다. 그리하여 종속적 상품생산이 급속히 확대되는 변화와 궤를 같이해 부농적 상품생산이 몰락하였고, 대신 지주층의 상품생산과 영세소농의 궁박판매가 확대되는 변화가 동시에 진행되었다.

이러한 변동을 지역별로 살피면, 첫째, 한말에 자급경제의 성격을 강하게 지녔던 지역이나 일제하에서 고치와 면화의 생산이 많았던 지역은 식민지 지배가 강요한 농민층의 궁박적 상품생산 내지 할당식 공판 강요로 상품생산이 확대되는 경향이 보다 강하게 나타났다. 경상북도에서는 안동·봉화·영주·문경·영양·청송 등 북부 및 동북부의 밭농사지대가 이 경우에 속했다. 둘째, 한말에 상업적 농업이 발전했던 지역에서는 거의 예외 없이 지주적 상품생산의 발전이 상업적 농업의 확대를 주도하였는데, 그 가운데서도 대구·달성·경산·영천으로 이어지는 금호강 유역의 대구평야 지역과 영일·경주의 경주평야 지역, 상주평야 지역, 김천·선산·청도·칠곡 등 경부철도 인근 지역이 그러했다. 셋째, 개항 이후 농민적 상품생산으로 급성장하였던 콩 생산은 1920년대에 일본 수출이 격감하면서 쇠퇴하였는데, 그로 말미암아 영일·경주·영천 등 경주·대구평야 지역과 칠곡·김천·상주·예천·고령 등 경부선 또는 낙동강 인접 지역이 집중적인 타격을 입었다.

위와 같은 변동에서 뒤에서 서술할 농민경제의 변동과 관련하여 특히 주목되는 현상은 두 가지이다. 하나는 대구평야 지역(대구·경산·영천), 경주평야 지역(경주·영일), 상주평야 지역 및 김천·칠곡·선산·성주·고령 등 경부선 내지 낙동강 인접 지역에서 비록 상호 직접적인 연관은 없었지만 지주적 상품생산이 확대된 것과, 콩 생산에서 농민적 상품생산이 감소하는 변화가 거의 동시에 일어난 것이다. 다른 하나는 일제강점 전까지 상대적으로 자급경제의 성격이 강했던 문경·예천·영주·안동·봉화·청송·영양 등 경상북도 북부와 북동부 지역의 양잠이나 육지면 재배에서 농민층의 궁박적 상품생산이 급속히 확대된 것이다.

2. 농민층 분해와 농업위기

(1) 농민층의 몰락과 지주제의 확대

일제강점 아래에서 종속적 상품생산 체제의 형성과 그 확대는 곧 소농민의 궁박판매와 소작료 수탈에 기반을 둔 지주적 상품생산의 확대였다. 궁박판매의 확대란 곧 "농산물 가격저락·생산비의 상대적 증가·생활비의 팽창·국가와 지방에 대한 부담의 과중[175)]" 등을 뜻하는 것이자, 동시에 소농민에 대한 고리대 수탈의 확대를 나타내는 것이었다. 다른 한편 지주적 상품생산의 확대는 소작료 수탈의 강화를 뜻하는 것인 까닭에, 종속적 상품생산이 확대될수록 거꾸로 농민경제는 몰락할 수밖에 없었다.

농민들의 이러한 처지는 〈표 4-22〉에서 보다 구체적으로 파악된다. 이 표는 경상북도 농무과에서 1932년에 도내 21개 군 53개 부락 2,491호의 농가 수지를 조사한 자료에 근거해 작성한 것이다.

표 4-22-1. 1932년도의 경상북도 농가 호당 수지 개황표[176)] (단위: 원)

수입	농업수입	부업기타잡수입			합계
	135.9	8.5			144.4
지출	공과기타부담금	비료대	인부임	소계	잔액
	20.8	7.5	25.7	54.1	86.3

---

175) 社說, 〈自作農의 沒落〉, 《朝鮮日報》 1932년 7월 30일자; 金炳淳, 〈農村更生은 自力乎 他力乎아〉, 《農民》 4-8, 1933년 8월.
176) 成仁果, 〈朝鮮農家의 疲弊狀況〉, 《新東亞》 4-1, 1934를 바탕으로 작성하였다.

표 4-22-2. 경상북도의 농가 호당 부채액의 변동[178](단위: 원)

연도	자작농	자작 겸 소작농	소작농	평균
1929	88	80	51	68
1932	148	116	65	97

　조사대상 농가는 순소작농을 제외하고 주로 자작농과 자작 겸 소작농 가운데 선정하였는데,[177] 그럼에도 농가의 호당 농업총수입은 144원에 지나지 않았다. 농업수입이 이처럼 저조한 원인은 크게 보아 두 가지였다. 하나는 농산물 가격이 하락한 탓이었다. 또 다른 하나는, 보다 근본적인 원인으로, 농가가 소유하는 곡물 자체가 극히 적은 탓이었다. 이는 조사대상 농가의 3분의 2 이상이 자소작 또는 소작농가였고, 자소작농가의 9할여가 중농 이하에 속했던 사실이 말해주듯이, 고율 소작료 수탈과 영세한 경영규모 때문이었다. 저조한 수입에 견주어 지출을 살펴보면, 지세 등의 각종 공과금과 비료

177) 1932년도 경상북도 농무과의 조사는 농가수지, 농가부채, 농가이동상황 등을 대상으로 하였다. 농가수지개황표에는 계급별 조사대상 농가수가 기재되어 있지 않고, 농가이동상황표에는 지주 122호, 자작농 780호, 자작 겸 소작농 1,439호로 기재되어 있다. 중농 이하의 농가부채를 조사한 부채상황표에는 자작농 53호, 자작 겸 소작농 1,333호, 소작농 1,834호로 기록되어 있다. 따라서 이를 종합하면 조사대상인 53개 부락의 계급구성은 지주 122호, 자작농 780호, 자작 겸 소작농 1,439호, 소작농 1,834호이고, 그 구성비율은 지주 2.9%, 자작농 18.6%, 자소작농 34.4%, 소작농 44.1%이다. 그해의 경상북도 전체 농가구성비가 지주(갑) 1.4%, 지주(을) 2.4%, 자작농 17.3%, 자작 겸 소작농 29.8%, 소작농 48.2%, 화전민 0.9%였음을 감안했을 때, 이 조사는 농민경제의 몰락 정도가 평균 이하인 부락을 대상으로 한 것이었다. 농가수지개황표는 자작농 780호, 자소작농 1,439호, 지주(을)과 소작농 상층을 합친 200호를 조사대상으로 작성한 것으로 보이며, 따라서 소작농을 제외한 농민 중상층의 수지상태를 나타낸 것이라 할 수 있다.
178) 成仁果, 앞의 글에 근거하여 작성하였다.

대·인부노임에만 54원이 소요되었다. 따라서 농가는 86원에 불과한 금액으로 농구비와 6인 가족의 식량, 피복비, 교제비, 교육비 등을 충당해야 했는데, 그것은 애초부터 불가능한 일이었다. 이러한 수지의 적자로 말미암아 결국 자작농은 호당 148원, 자작 겸 소작농은 호당 116원, 소작농은 호당 65원, 농민 전체를 평균하면 호당 97원의 부채를 지지 않을 수 없었던 것이다.[179]

농민경제의 몰락양상은 먼저 농가부채의 누진적 증가로 나타났다. 농가 부채는 앞의 예에서도 분명해지듯이, 농산물 가격 하락과 고율 소작료로 말미암은 수입감소 및 "생산비의 상대적 증가, 생활비의 팽창, 국가와 지방에 대한 부담의 과중" 등에 기인한 지출 증가에서 발생하는 까닭에 식민지 수탈구조가 지속되는 한 해마다 증가할 수밖에 없었다. 더구나 영세소농의 부채는 거의가 연 3~5할의 이식을 부담하는 고리채여서 누증률은 매우 컸다. 앞의 농가경제 조사에 따르면, 1929년과 1932년 사이에 자작농의 부채는 68퍼센트가, 자소작농의 부채는 47퍼센트가, 소작농의 부채는 27퍼센트가 증가하였다(〈표 4-22-2〉).

다음으로 농민소유지의 상실, 즉 자작지의 감소와 소작지의 증가가 나타났다. 농민들은 "부채가 적중積重하게 되면 담보된 부동산을 채권자인 유산자와 지주에게 양도하여 채무액과 상쇄하거나 아니면 타인에게 매도하여 그 대가로 채무의 원리금을 상환"[180]할 수밖에 없었고, 그로 말미암아 자작지가 감소하게 된 것이다. 앞의 농가경

---

179) 成仁果, 앞의 글. 조사가 이루어진 1932년도의 쌀 가격은 농업공황으로 1920년대 중후반에 견주어 3~4할 낮은 수준이었다. 그러나 곡가穀價가 회복된다고 해도 농가수지가 개선될 여지는 매우 적었다. 가족 1인당 연 생계비가 2배 정도로 증가했지만, 그 절대액은 여전히 최소한의 식량과 피복비를 충당하기에 부족하였다.
180) 鮮于全, 〈朝鮮의 土地兼倂과 其對策(25)〉, 《東亞日報》 1922년 12월 23일자.

제조사에 따르면, 1932년 한 해 동안 매각된 토지는 1부락당 10.8정보에 달했고, 그 가운데 42퍼센트에 달하는 4.5정보가 부락 외에 거주하는 부재지주에게 매각되었다.

〈표 4-23〉을 통해 1920년과 1931년 사이의 소작지율 변동을 검토해보면, 경상북도 전체의 논 소작지율이 57퍼센트에서 56퍼센트로 1퍼센트 감소한 대신, 밭 소작지율은 49퍼센트에서 52퍼센트로 3퍼센트가 증가하였다. 도 단위에서는 소작지율의 변동이 크다고 볼 수 없으나, 군별로 검토하면 이와는 전혀 다른 양상이 나타난다. 군 단위로 소작지율의 변동을 검토하면 크게 세 부류로 구분이 가능하다.

첫째는 논과 밭 모두에서 소작지율이 다소 감소하는 유형이다. 대구·안동·경산·문경·예천·영주·봉화 등지가 여기에 속했다. 이 지역들은 두 가지 공통점을 갖고 있었다. 하나는 모두 1920년에 이미 소작지율이 높은 수준에 다다랐고, 1920년대에 소작농민운동이 발전하였다는 점이다. 1920년대 전반에 이 지역의 대표적 소작쟁의는 달성군의 지세불납투쟁, 안동풍산 소작쟁의, 풍기 소작쟁의 등이었는데, 모두 이 유형에서 발생하였다.[181] 다른 하나는 이 지역들의 거의 대부분이 면작 중심지였던 점이다. 이와 같은 공통성으로 미루어볼 때, 이들 지역에서 소작지율이 감소한 것은 면작 강제에 따른 농업변동이 상대적으로 적었고, 다른 한편으로는 1920년대의 소작쟁의 발전에 대응해 지주들이 자작경영을 확대한 것과 관련이 있다고 생각된다.

---

181) 金度亨, 〈1920년대 慶北地域의 農民運動〉, 《한국근현대지역운동사-영남편》, 여강출판사, 1992; 강정숙, 〈일제하 安東地方 農民運動에 관한 硏究〉, 《한국근대 농촌사회와 농민운동》, 열음사, 1988; 李潤甲, 〈1920년대 경북지역 농촌사회의 변동과 농민운동〉, 《韓國史硏究》 113, 한국사연구회, 2001.

표 4-23. 경상북도의 논·밭 소작지율의 변동[182)](단위: %)

군별	논 소작률			밭 소작률		
	1920년	1931년	증감	1920년	1931년	증감
대구	76	63	−13	75	77	2
달성	58	64	6	54	58	4
군위	56	57	1	36	53	17
의성	51	52	1	49	49	0
안동	57	53	−4	56	51	−5
청송	41	58	17	28	56	28
영양	50	55	5	37	51	14
영덕	48	43	−5	34	42	8
영일	52	50	−2	35	39	4
경주	48	57	9	37	55	18
영천	55	62	7	55	58	3
경산	69	66	−3	58	55	−3
청도	58	62	4	52	53	1
고령	58	67	9	42	62	20
성주	52	54	2	52	52	0
칠곡	59	67	8	54	58	4
김천	50	58	8	44	52	8
선산	53	57	4	46	54	8
상주	54	54	0	50	51	1
문경	62	62	0	58	57	−1
예천	52	45	−7	57	41	−16
영주	57	57	0	54	52	−2
봉화	59	59	0	58	55	−3
경북	57	56	−1	49	52	3

---

182) 《慶尙北道農務統計》(1920, 1931)를 근거로 작성하였다.

둘째는 논·밭의 소작지율에 거의 변동이 없는 유형이다. 의성·성주·상주 지역이 여기에 속했다. 이 지역들은 다른 지역에 견주어 미작, 면작, 양잠 모두에 적합한 농업환경을 갖고 있었다. 때문에 식민농정에 따른 농업변동이 상대적으로 적었고, 그것이 소작지율에서 큰 변동이 없었던 원인이라 생각된다.

셋째는 논·밭 모두에서 소작지율이 큰 폭으로 증가하였거나, 논의 소작지율은 감소 내지 약간의 증가를 보인 것과 달리, 밭의 소작지율이 큰 폭으로 증가한 유형이다. 달성·경주·영천·청도·칠곡·선산·김천·고령·청송·영양 등이 앞의 경우에 속했고, 군위·영덕·영일 지역이 뒤의 경우에 속했다. 이 유형에 속한 지역들은 대체로 두 가지 공통성을 지닌다. 하나는 1920년의 소작지율이 논·밭 모두에서도 평균 이하의 수준에 머물렀던 것이고, 다른 하나는 청송·영양·영덕 등을 제외하면 나머지는 전부 대구평야 지역(달성·영천), 경주평야 지역(경주·영일)과 경부선 내지 낙동강 인접 지역(청도·칠곡·선산·김천·고령) 등에 속하였으며, 개항 이후 면화보다는 콩의 상품생산을 발전시켰던 지역들이었다. 곧 이 유형에 속했던 대부분의 지역은 개항 이후 농민적 상품생산을 발전시켜 농민경제가 상대적으로 견실하였던 지역이었으나 일제강점 이후 농민적 상품생산이 해체되고 대신 미작, 면작, 양잠 위주의 궁박적 내지 지주적 상품생산이 확대되면서 농민경제가 급속히 몰락하여 그로 말미암아 소작지율이 급증하였던 것이다. 소작지율이 논보다 밭에서 더 큰 폭으로 증가하였다는 사실에서도 이러한 변화는 반영되고 있다.

그러나 청송·영양·영덕 등에서의 변화는 이와는 성격을 달리했다. 1910년대까지도 이들 지역의 농업에서는 상품생산이 거의 발전하지 못했다. 그러나 1920년대에 식민농정이 강요되면서 이 지역들도 상업적 농업권으로 편입되지 않을 수 없었던 것이고, 그 과정에서 농민경제가 급속히 몰락하였던 것이다.

1920년대의 농민층 분해와 소작지율의 변동을 위와 같이 검토하면, 일제에 의한 산미증식계획과 고치 및 육지면의 강제증산정책이 그 변동의 가장 중심요인이라 할 수 있다. 따라서 소작농과 소작지율이 급증하는 변화는 다음과 같은 지역에서 집중적으로 일어났다. 곧 그 이전 시기에 콩의 상품생산이 발전했다가 몰락한 동시에, 지주적 상품생산이 일본인 지주의 진출과 더불어 급속히 확대된 지역과, 교통상의 제약으로 한말까지는 자급경제의 성격을 강하게 띠고 있었으나 강점 이후 식민농정이 강요되면서 상품경제권으로 강제 편성된 지역이다.

셋째, 농민의 토지 상실은, 당연한 결과지만, 자작농의 몰락과 소작농의 급증으로 나타났다. 〈표 4-24〉에서 1920년도 당시 경상북도

표 4-24. 경상북도의 계급·계층별 농가구성의 변동[183](단위: %)

연도	지주(갑)	지주(을)	자작농	자소작농	소작농	화전민
1918	0.2	2.0	14.6	50.1	33.1	
1920	0.3	2.2	14.8	49.4	33.3	
1922	0.3	2.6	16.1	46.4	36.3	
1924	0.3	2.6	16.9	43.9	37.9	
1926	0.4	2.6	20.0	38.8	39.7	
1928	0.5	2.6	19.2	37.8	39.7	0.2
1930	0.7	2.6	19.0	36.3	41.1	0.3
1932	1.4	2.4	17.3	29.8	48.2	0.9

183) 《慶尙北道農務統計》(1932)에서 작성하였다.

의 농민구성을 보면, 자작농이 15퍼센트, 자소작농이 50퍼센트, 소작농이 33퍼센트를 차지한다. 그러나 이후 자작농은 1926년을 분기로 20퍼센트까지 증가하였다가 18퍼센트로 감소하고, 자소작농은 30퍼센트로 무려 20퍼센트나 감소하였으며, 대신 소작농은 48퍼센트로 15퍼센트 증가하였다. '산미증식계획'이 갱신되는 1926년을 분기로 그 이전까지는 자소작농이 자작농과 소작농으로 분해되는 변화가 진행되었고, 그 뒤에는 자작농과 자소작농이 소작농으로 하강하는 변화가 진행되었던 것이다.

이러한 변동경향은 군별 변동에서도 대체로 공통되게 나타난다. 그러나 앞서 보았듯이 지역에 따라 농업변동상황이 달랐기 때문에 구체적인 변동 양상은 큰 차이를 나타냈다. 〈표 4-25〉를 통해 검토하면, 1920년의 통계에서 자작농과 자소작농의 비율이 도 평균 이상으로 높고, 소작농의 비율이 도 평균 이하로 낮은 지역은 군위·의성·청송·영양·영덕·영일·경주·고령·예천 등이었다. 이 지역들의 농가계급 구성비율을 보면, 자작농가의 비율은 20퍼센트 전후였고, 자소작농가의 비율은 55퍼센트 전후였으며, 소작농의 비율은 25퍼센트 전후였다. 이 지역들은 앞서 보았지만 소작지율에서도 대체로 도 평균 이하의 낮은 수준을 나타낸다. 따라서 이 지역들은 경상북도에서 상대적으로 농민경제가 가장 안정되었던 지역이라 할 수 있었다. 여기에 속한 지역들을 특성별로 세분하면 자급성이 높았던 중부 산간지대와, 콩 상품생산이 발전하였던 경주평야 지역, 면작도 발전하고 경지도 상대적으로 넓은 중서부 밭농사 지역으로 나눌 수 있다.

이에 견주어 소작농이 도 평균 이상으로 높은 비율을 차지하는 지역은 대구·달성·안동·경산·칠곡·문경·영주·봉화 등지였다. 이 지역들의 자소작농 비율은 도 평균 수준에 근접하였으나, 자작농의 비

표 4-25-1. 경상북도 군별 농가계급 구성비율의 변동[184] (단위: %)

지역	1920년				1931년			
	지주	자작농	자소작	소작농	지주	자작농	자소작	소작농
대구	14	13	13	60	25	8	1	56
달성	1	10	37	52	2	12	31	55
군위	2	15	59	24	3	20	32	45
의성	4	25	44	27	2	23	31	44
안동	1	12	47	40	4	15	30	51
청송	3	19	57	21	3	22	35	40
영양	3	19	56	22	4	19	27	50
영덕	2	24	53	21	5	36	26	33
영일	2	12	57	29	6	20	31	43
경주	3	11	54	32	3	20	30	47
영천	2	7	56	35	1	13	30	56
경산	2	6	53	39	2	9	28	61
청도	1	8	60	31	2	14	31	53
고령	2	19	50	29	1	14	27	58
성주	1	17	47	35	2	17	31	50
칠곡	2	9	48	41	3	10	27	60
김천	2	14	51	33	3	20	28	49
선산	1	14	52	33	2	22	34	42
상주	3	20	47	30	3	17	34	46
문경	2	17	43	38	2	18	33	47
예천	4	20	53	23	3	21	28	48
영주	3	15	46	36	4	17	23	56
봉화	7	15	34	43	4	18	24	54
경북	3	15	49	33	3	18	30	49

[184] 《慶尙北道農務統計》(1920, 1931)에서 작성하였다.

표 4-25-2. 1920~1931년의 군별 농민구성의 변동(단위: %)

군별	자작농	자소작농	소작농
대구	-5	-2	-4
달성	2	-6	3
군위	5	-27	21
의성	-2	-13	17
안동	3	-17	11
청송	3	-22	19
영양	0	-29	28
영덕	12	-27	12
영일	8	-26	14
경주	9	-24	15
영천	6	-26	21
경산	3	-25	22
청도	6	-29	22
고령	-5	-23	29
성주	0	-16	15
칠곡	1	-21	19
김천	6	-23	16
선산	8	-18	9
상주	-3	-13	16
문경	1	-10	9
예천	1	-25	25
영주	2	-23	20
봉화	2	-10	11
경북	3	-19	16

율이 10퍼센트 전후 수준으로 낮았고, 소작농의 비율은 40퍼센트를 상회하였다. 이 지역들은 소작지율에서도 도내에서 가장 높은 수준을 나타냈다. 따라서 농민층분해가 상대적으로 훨씬 더 진행된 지역으로 볼 수 있다. 이 지역들도 특성별로 세분하면, 경부선을 끼고 미곡의 상품생산을 크게 발전시킨 지역과, 안동·문경·영주·봉화 등 면작이 발전했으나 경지가 협소한 북부 농업 지역들로 나눌 수 있다.

영천·청도·성주·김천·선산·상주 등 나머지 지역들은 도 평균에 근접한 농민구성비율을 나타냈는데, 소작지율에서도 김천과 선산은 낮은 수준을 보였으나 나머지는 대체로 도 평균에 근접하는 특징을 보였다.

다시 〈표 4-25-1〉을 통해 1931년의 농민 구성 비율을 보면 1920년과는 현저히 다른 양상을 나타낸다. 우선 전 지역에서 자소작농이 큰 폭으로 감소하고, 대신 소작농이 급증하였다. 또한 자소작농 비율에서도 1920년도와 대비하면 거의 평준화되었다고 할 수 있을 만큼 지역 사이의 격차가 현저히 줄어든다. 자소작농의 비율이 도 평균을 상회하는 지역은 청송·선산·상주·문경뿐이며, 그 초과비율도 5퍼센트를 넘지 못했다. 그러나 자작농과 소작농의 비율에는 여전히 지역별로 큰 편차가 존재하였다.

1920년에서 1931년 사이의 농민계급 구성비율의 변동을 군별로 검토하고자 작성된 것이 〈표 4-25-2〉이다. 이 기간에 경상북도 전체에서 자소작농이 19퍼센트 감소하였고, 대신 자작농이 3퍼센트, 소작농이 16퍼센트 증가하였다. 급격한 자소작농층의 몰락을 확인할 수 있다. 자소작농의 몰락이 극심하였던 지역은 군위·청송·영양·영덕·영일·경주·영천·경산·청도·고령·칠곡·김천·예천·영주 등지였다. 1920년의 통계에서 자작농 및 자소작농의 비율이 높았던 지역들이 전부 여기에 포함되었고, 소작농의 비율이 높았던 경산, 칠곡, 영주 등도 포함되었다. 특성별로 보면 이 지역들은 대구·경주평야 및 경부선 연변에서 콩의 상품생산을 발전시켰던 지역과, 이전까지는 자급적 농업이 중심을 이루다가 1920년대에 식민농정이 강요되면서 타율적으로 상업적 농업권에 편입된 북부 및 북동부 지역으로 나누어진다. 앞 절에서 검토하였듯이, 이 지역에서는 산미증식과 고치 및 면작 증산을 강요한 식민농정으로 말미암아 상업적 농업의 급속한 재편과 확대가 일어났는데, 그 과정에서 농민경제의 몰락이 격심하게 진행되었다고 할 수 있다. 이들 지역에서 감소한 자소작농은 대부분 소작농으로 전락하였고, 일부만이 자작농으로 전환하였다.

이와 같은 변화를 거쳐 1931년도의 농민구성에서 소작농의 비율이 가장 높은 지역은 콩의 상품생산이 급감했으나 지주적 상품생산의 중심적 발전지가 되었던 대구·달성·영천·경산·청도·고령·칠곡 등지와 북부의 영주·봉화 등지가 된다. 1920년도와 비교하면 안동·문경 등이 빠지고 대신 고령·영천·청도 등이 새로 들어갔다. 또한 자작농 및 자소작농이 상대적으로 다수를 점했던 지역은 군위·의성·청송·영덕·영일·선산·상주·문경 등이었다. 1920년도와 비교하면 영양·경주·고령·예천 등이 빠지고 대신 선산·상주·문경 등이 들어가는 변화가 있었다.

넷째, 농가경영의 영세화가 나타났다. 농가의 경영규모를 파악할 수 있는 자료로는 젠쇼 에이스케善生永助가 조사한 1923년도 통계와 조선식산은행에서 조사한 1938년도의 통계가 있을 뿐이다. 이 두 자료를 이용해 경영규모의 변동을 살피면 〈표 4-26〉과 같다.

이 표를 보면, 1923년에서 1938년 사이에 3정보 이상을 경작하는 대농 또는 부농은 자작농, 자소작농, 소작농 모든 계층에서 대폭 감

표 4-26. 경상북도의 경영규모별 농가호수[185](단위: 호)

경작규모	자작농		자소작농		소작농	
	1923년	1938년	1923년	1938년	1923년	1938년
3정 이상	2,845	1,054	6,563	1,197	4,802	471
1정~3정	14,267	16,941	33,620	26,769	18,086	19,703
1정~3단	24,958	37,792	56,789	69,083	44,909	87,848
3단 이하	18,444	16,237	37,900	22,616	36,973	41,290
합 계	60,523	72,024	134,872	119,665	104,770	149,312

소하고, 그 감소폭은 자소작농, 소작농으로 내려갈수록 더욱 커져 소작농에 이르면 거의 없다고 해도 좋을 만큼 줄어든다. 1정보에서 3정보 사이의 중농은 자작농과 소작농에서 약간 증가하나, 자소작농에서는 큰 폭으로 감소한다. 3단보에서 1정보 사이의 소농은 자작농, 자소작농, 소작농 모두에서 급증하고, 그 증가율은 소작농으로 내려갈수록 더욱 크다. 3단보 이하의 세농細農은 자작농, 자소작농에서 감소를, 소작농에서는 증가를 보이나, 전체로는 감소하고 있다. 곧 3정보 이상 대경영의 급속한 몰락과 3단보~1정보 사이의 영세경영의 급증, 3단보 이하의 탈농증가현상이 일어났고, 결국 1정 이하를 소작하는 과소 영세경영이 전체 농민경영의 7할을 차지하는 변화가 진행되었던 것이다.

　요컨대 종속적 상품생산의 확대는 조선 농민경제를 고리채가 누

---

185) 1923년 통계는 善生永助, 앞의 책, 36쪽에서, 1938년 통계는 《殖産銀行調查月報》 35호, 17~21쪽에서 작성하였다.

증되어 가는 영세소작경영으로 몰락시켰다. 그리하여 농민의 대부분은 채무로 시작하여 결국 "가을 타장打場에서 1년 농사의 전부를 채무상환"으로 내주면서도 부채를 누증해 갈 수밖에 없는 "채금債金노예"186)로 전락하였다. 더욱이 전체 농민층의 약 5할을 점하는 소작빈농-경영규모 3반 이하 자소작농 및 1정보 이하 소작농-은 농업노동자와 조금도 다를 바 없을 만큼 자립적인 경영능력을 상실하였다.187) 따라서 소작권이 박탈되거나 흉년 또는 곡가 폭락으로 농업수입이 격감하게 되면 이들은 곧 유리 도산하지 않을 수 없었다. 그렇게 유리 도산한 농가호 가운데 화전민이 된 자가 1933년 당시 6천여 호에 이르렀고,188) 일본으로 도항한 자가 1930년 이후 3년 9개월 동안만 해도 14만 9천여 명을 넘었으며,189) 걸인이 되거나 북만주로 이주한 자도 부지기수였다.

이와 달리 지주계급은 일제의 정책적인 보호 아래 소작료를 인상하고 고리대 수탈을 확대하면서 그로 말미암아 몰락하는 농민의 토지를 겸병하였다. 물론 토지겸병은 지주가 아닌 고리대금업자나 상인들에 의해서도 광범하게 이루어졌다. 앞서 언급하였듯이, 지주

186) 韓長庚, 〈農民은 果然救濟될가〉, 《第一線》 2-8, 1932.

187) 李晟煥, 〈饑餓線上에 가로노힌 朝鮮의 農業勞動者問題〉, 《開闢》 62, 1925; 李晟煥, 〈小農民과 勞動者와의 關係(上)〉, 《朝鮮農民》 6-3, 1930; 朴心耕, 〈朝鮮農村問題의 現在와 將來〉, 《朝鮮之光》 8, 1928; 津曲藏之丞, 〈朝鮮에 있어서 小作問題의 發展過程〉, 《朝鮮經濟의 硏究》, 京城帝大法文學會, 1929; 久間健一, 앞의 책, 1943, 528~531쪽.

188) 〈慶北道火田民 6,027호〉, 《朝鮮中央日報》 1933년 1월 12일자; 朝鮮總督府, 《朝鮮에 있어 小作에 關한 參考事項 摘要》, 1934, 54~55쪽에 따르면 경상북도의 화전민수는 다음과 같다.

연도	1926	1927	1928	1929	1930	1931	1932
호수	669	381	621	849	1,212	2,325	3,179

189) 〈玄海灘 건너가는 同胞〉, 《朝鮮中央日報》 1934년 11월 3일자.

표 4-27. 경상북도의 지세액별 납부자 통계(단위: 명)[190]

연도	500원 이상	200원 이상	100원 이상	50원 이상	30원 이상	15원 이상
1920	41	185	494	1,358	2,431	10,626
1921	31	195	507	1,599	2,931	12,113
1922	56	290	661	1,874	3,502	14,656
1923	70	311	713	2,156	3,873	16,301
1924	64	308	807	2,351	4,083	15,959
1925	67	448	887	2,755	4,450	15,931
1926	63	326	873	2,257	3,863	15,410
1927	63	341	855	2,448	4,079	15,692
1928	59	296	801	2,234	3,686	14,729

경영은 제반 식민정책의 지원으로 은행이율을 상회하는 높은 수익성을 올릴 수 있었기 때문이다.[191] 농민경제의 몰락과 궤를 같이한 이러한 토지겸병에서 가장 두각을 나타낸 것은 역시 식민지에서 초과이윤의 실현을 노렸던 일본인 투자자들이었다. 토지겸병에는 고리대를 이용해 농민의 토지를 빼앗는 방식이 주로 이용되었고, 토지개량사업지역에서는 수리조합비를 전가하여 농민 몰락을 촉진해 토지를 겸병하는 방식이 이용되었다. 〈표 4-27〉의 지세납부자통계와 〈표 4-28〉의 소유규모별 지주통계는 이와 같은 지주제의 확대양상을 잘 보여준다.

〈표 4-27〉을 보면 먼저 지세 15원 이상-추정 소유규모 3정보

---

190) 慶尙北道編, 《自大正八年至昭和三年慶尙北道統計年報》, 1930, 339~340쪽에 근거하여 작성하였다(이하 《慶尙北道統計年報(1919~1928)》이라 함).

191) 金容燮, 〈日帝의 初期農業殖民策과 地主制〉, 《韓國近現代農業史硏究》, 1992; 鮮于全, 〈朝鮮의 土地兼倂과 其對策〉, 《東亞日報》 1922년 12월 18일자.

이상[192])-을 납부하는 토지소유자수가 1922년 이후 급증하고 있다.
그 변동을 보면 1920년에 15,131명이던 것이 1928년에는 21,805명으
로 증가하였고, 그 사이의 증가율은 무려 43퍼센트로 지세납부자 총
수의 증가율 14퍼센트를 훨씬 앞지르고 있다. 앞서 보았듯이 이 기
간에 자작농 및 자소작농은 1만 5천여 호가 감소하였고, 소작지율이
많은 지역에서 큰 폭으로 증가하였으므로 이러한 증가는 곧 종속적
상품생산이 확대되면서 기생지주층이 증가하고 있음을 나타내는 것
이었다.

다음으로 지세액별 소유자의 시기별 변동을 검토하면, 1920년대
초반에는 지세 50원 이하의 소지주와 50원에서 500원 사이의 중지
주, 그리고 500원 이상의 대지주가 모두 50~100퍼센트에 달하는 증
가추세를 보인다.[193] 중소지주 가운데는 상업이나 고리대업을 본업
으로 하면서 "유자遊資투자"를 목적으로 토지를 겸병한 부재지주가
많았다. 이에 견주어 대지주 가운데 지주경영을 본업으로 하는 자가
상대적으로 많았던 점을 감안하면, 이러한 현상은 곧 지주제가 경영
방식의 차이에 큰 영향을 받지 않고 발전하였음을 나타낸다. 그것이
가능하였던 것은 이 시기에 쌀 가격이 상승하고 소작료가 인상된 데
다 소작쟁의가 미약하였기 때문이다.

---

192) 경상북도의 100평당 평균지가는 논이 15.76원, 밭이 6.26원이었다(《殖銀調査月
報》 11, 28쪽). 논밭을 평균한 11.01원을 평균지가로 계산하면 1정보의 평균지가는
330.3원이 된다. 평균지가와 지세를 이용하여 소유규모를 추정하면 아래와 같다[지
세×1000/(17×330.3)=소유지 면적(정보)].

지세액(원)	500	200	100	50	30	20	10
소유지(정보)	97	35.6	17.8	8.9	5.3	3.6	1.8

193) 1920년에서 1925년까지 소지주는 56%, 중지주는 101%, 대지주는 63%가 증가하
였다.

표 4-28. 경상북도의 지주수 및 민족별 구성194)(단위: 명)

연도	민족별	500정 이상	100정 이상	50정 이상	30정 이상	20정 이상
1912	조선인	–	–	–	–	–
	일본인	1	2	3	1	1
1927	–	3	65	–	–	605
1930	조선인	3	39	90	–	–
	일본인	2	10	19	20	–

그러나 지주수의 변동은 1926년 이후 감소로 돌아서고 있다. 1925년을 기준으로 보면 1928년까지 소지주는 2,236명이, 중지주는 759명이, 대지주는 8명이 감소하였다. 그러나 지주수의 감소에도 불구하고 이 시기에도 앞서 보았듯이 여전히 소작지율은 증가하였고 자작 및 자소작농은 감소했다. 따라서 지주수의 감소는 지주제의 쇠퇴가 아니라 토지소유가 소수 지주에게 집중되어 가는 것을, 달리 말하면 대지주경영의 발전을 중심축으로 지주제 전반이 재편되어 가는 것을 나타냈다. 이러한 변동은 〈표 4-28〉에서 확인된다. 이 표를 보면 500정보 이상을 소유하는 거대지주가 바로 이 시기에 3명에서 5명으로 증가했다.

이러한 변동의 직접적 원인은 1926년 이후의 곡가 하락과 흉년 및 소작쟁의의 격화 등에서 찾을 수 있다.195) 곧 이러한 원인들은 특히 지주경영을 본업으로 하기보다는 투기를 목적으로 농지를 소유한, 따라서 소작지 및 소작농에 대한 관리가 상대적으로 불충분한

---

194) 《勸業統計書》, 1913, 63~64쪽과 朝鮮總督府, 《朝鮮에서 小作에 關한 參考事項摘要》, 1934, 64~66쪽에서 작성하였다.
195) 〈표 4-4〉 참조.

부재지주층에게 큰 타격을 입혔다. 그로 말미암아 이 층은 소유농지를 "차금借金의 저당으로 처분하거나 타인에게 매각"하였던 것이고,[196] 한편 그러한 불리를 지주경영의 전환-소작지 및 소작농의 관리에 근대 기업적 요소를 도입-으로 타개한 일부 지주가 그들의 토지를 매입해 대지주로 성장함으로써 이러한 변화가 생긴 것이었다. 투기 목적의 부재지주가 가장 다수를 차지했던 중지주층에서 지주수가 가장 크게 감소했음이 이를 반영한다. 요컨대 지주제는 1920년대 후반에 대지주경영의 발전을 중심축으로 하는 전반적인 재편을 겪으면서 여전히 확대를 계속하였다 할 수 있다.

셋째로, 이와 같은 지주제의 확대발전과정에서 단연 두각을 나타낸 것은 일본인 지주였다. 먼저 〈표 4-28〉, 〈표 4-29〉를 보면 일본인 지주의 증가가 엄청났음을 알 수 있다. 1912년에 20정보 이상을 소유한 일본인 지수는 8명이었으나, 1928년에 이르면 30정보 이상을 소유한 일본인 지주만 51명에 이르렀다. 다시 지세통계를 보면, 1928년 당시 농지를 소유한 일본인이 8,228명에 달했고, 그 가운데 지세를 15원 이상-추정 소유규모 3정보-을 납부하는 지주가 1,328명이나 되었다. 다음으로 일본인 지주 가운데 대지주로 성장한 자가 급증하고 있다. 지주통계를 보면, 1912년에서 1930년 사이에 500정보 이상을 소유한 거대지주는 1명에서 2명으로, 100정보 이상을 소유한 대지주는 2명에서 10명으로, 30~100정보 사이의 중소지주도 4

---

196) 小野寺二郎,《朝鮮의 農業計劃과 農産擴充問題》, 1943. 96쪽. "이 계급(6정 이상 150정 이하-필자)에 속하는 농지소유자는 농가가 농지를 방매하지 않을 수 없는 시기에 증가하고, 또 자작농수가 비교적 안정된 시기에 감소한다. 따라서 농지를 자작농으로부터 섭취하나, 자작농에게는 환원하지 않는다. 그들은 명백히 농지투자를 본위로 농지를 소유하고, 지주경영이 불리하게 되면 차금의 저당으로 처분하거나 아니면 타인에게 매각하는 무리들이다."

명에서 39명으로 증가했다. 일본인 대지주의 성장은 산미증식갱신계
획기에 더 두드러졌다.

경상북도에서 30정보 이상을 소유한 일본인 지주수는 1925년 말
32인이었다.[197) 따라서 30정 이상의 일본인 지주수는 1913년부터
1925년까지 25명이 증가했음에 견주어, 1926년부터 1930년 사이에
무려 19인이 증가한 것이다. 그리하여 1930년에 전체 대지주 가운데
일본인 지주가 차지하는 비중이 100~500정보 소유층에서는 20퍼센
트를 넘었고, 500정보 이상의 거대지주층에서는 40퍼센트에 달했다.
이러한 사실은 다름 아니라 일본인 지주 내지 투자자들이 토지겸병
에 매우 적극적이었고, 나아가 1920년대 후반의 지주제 재편과정에
서도 주도적이고 중심적인 역할을 담당하였음을 나타낸다.

표 4-29. 1928년 경상북도의 지세액별 납부자 통계[198)(단위: 명)

민족별	조선인	일본인
500원 이상	33	26
200원 이상	236	59
100원 이상	692	105
50원 이상	1,999	228
30원 이상	3,411	272
15원 이상	14,087	638
10원 이상	16,658	488
5원 이상	57,418	999
1원 이상	277,868	2,920
1원 미만	249,310	2,493
합계	571,712	8,228

197) 李誠齋, 〈農地所有狀態로 본 朝鮮(2)〉, 《朝鮮日報》 1927년 8월 11일자.
198) 《慶尙北道統計年報(1919~1928)》, 339~340쪽에서 작성하였다.

이렇게 보면 이 시기 지주제의 확대는 기본적으로는 일본인 농장 지주들이 선도하는 지주적 상품생산의 확대과정이란 성격을 띠었다고 할 수 있다. 지주제의 확대가 이와 같이 일본인 농장지주들이 선도하는 지주적 상품생산의 확대과정과 맞물려 이루어지고 있었기 때문에 소작료 수탈도 따라서 강화되었다. 이 과정을 선도한 일본인 농장지주들은 투하자본에 대해 철저히 식민지 초과이윤을 실현한다는 목적 아래 지주제를 경영하였고, 그러한 목적을 달성하고자 소작료를 최대한 인상하려 하였다. 일본인 지주들은 소작료 인상에 적합한 지대수취법을 도입하고, 통치 당국의 적극적인 지원 아래 소작농에 대한 통제를 강화하면서 공세적으로 소작료를 인상해 갔다. 그들의 소작료 인상은 곧 조선인 지주들에게도 영향을 미쳐 "그 전에는 비교적 후하다고 할 만하던 조선인 지주들도 돌변하여 가지고 소작인에게 대하여 가혹한 태도를 취"[199]하는 변화를 불러왔다.

소작료의 변동은 〈표 4-30〉에서 살필 수 있다. 〈표 4-30-1〉에 따르면, 논 소작에서는 이미 토지조사사업이 진행된 기간에 도내 여러 지역으로 집조법이 확산되고 있었다. 1912년 당시 상주, 칠곡 등지에서만 제한적으로 시행되던 집조법이 토지조사사업 기간 동안 여러 지역으로 확대되어 영양·영덕·영일·영주·봉화 등지를 제외한 모든 지역에서 5~6할 이상의 보급률을 나타내었다. 집조법은 일명 검견법檢見法으로 불렸던 것으로, 지주가 일방적으로 소작료를 결정할 뿐 아니라 조세·종자까지 소작인이 부담하도록 할 수 있어서 소작료를 대폭 인상시켰다.[200]

---

199) 〈隱蔽된 官惡과 民怨(15)-作人의 怨聲과 地主의 橫暴(聞慶郡)〉, 《東亞日報》 1925년 2월 22일자.

〈표 4-30-1〉에 따르면 집조법이 도입된 지역에서는 거의 예외 없이 소작료가 1~2할 인상되어 최고 소작료는 7~8할에 이르렀다. 또한 이 시기에는 밭 소작의 타조법에서도 변화가 일어나고 있다. 먼저 수확물에서 지세와 종자를 공제한 뒤 나머지를 반분하던 관행이 차츰 먼저 수확물을 반분한 다음 소작인에게 지세·공과·종자 등을 부담케 하는 방향으로 바뀌어 간 것이다.[201]

---

200) 〈(경북)小作慣例에 關한 調査〉, 1918. "집조법은 소작료의 표준을 타조와 동일하게 보통 수확고의 약 반액을 표준으로 하나……그 수확고 견적에서 지주와 소작인 사이에 의견의 상이가 적지 않게 있어도 소작인은 도저히 지주에 대항할 수 없고 항상 지주의 견적에 복종하는 것이 부득이한 상태이다. 이와 같이 수확고의 인정에서 지주는 항상 유리한 입장에 있음으로 말미암아 종래의 타조법을 쓰던 자도 점차 집도법으로 개정하여 다소라도 이익을 얻고자 하는 경향이 있고, 조세 및 종자충당액 등에서도 구시에는 타조의 경우와 동일하게 먼저 그 견적을 공제하고 잔액을 절반하는 것을 표준으로 하는 자가 많았으나, 점차 조세 및 종자를 소작인 부담으로 하고 바로 예정수확고에 의해 소작료를 결정하는 자가 많아지고 있다."

201) 〈(경북)小作慣例에 關한 調査〉, 1918. "① 소작인은 토지의 소작 이외에 수입을 얻거나 다른 생계의 방법이 없기 때문에 지주가 가혹한 요구를 하여도 소작권의 상실을 두려워하여 그것에 복종하지 않을 수 없는 상태에 있는 것이 각 군에 공통된 정세이고, ② 따라서 지주는 소작인을 애호하고 토지의 개량, 시비 등에 의한 수확고의 증가에 의해 소작료의 증수를 꾀하는 등의 장래에 대한 계획 없이 단순히 목전의 소작료 증수에 급급한 상황이고, ③ 종래 가장 광범히 행해진 타조는 수확실량에 의해 소작료를 배분하는 까닭에 비교적 공평하다고 인정되었으나, 근래 집도, 즉 검견의 방법에 의한 징수가 증가하고, 수확견적을 과대하게 하여 이를 강제하고, ④ 소작료의 수납에 재래걸在來桀로 결정하고 법정걸法定桀로써 수납하며, ⑤ 재래걸과 법정걸의 환산율을 고의로 할증하고, ⑥ 벼 품질의 선정을 엄중하게 하고 우량품만 수납하며, ⑦ 소작료의 수납지를 지주의 편의대로 지정하여 3, 4리를 떨어져도 소작인에게 운반시키고, ⑧ 종래 타조의 경우에는 세금 외 인부임까지 선취 공제한 것을 최근에는 세금, 인부임, 종자 등 전부 소작인 부담으로 결정하고 절반하는 것이 증가하고, ⑨ 지세 기타 각종의 부가세도 소작인 부담으로 하는 것이 증가하는 등 각종의 방면에서 종합하여 표면에 나타나는 사실에서 지주의 이익과 권력만을 증장하는 경향이 있는 것은 각 지방에 공히 궤를 같이하고 있고……소작인 보호, 토지의 개량 등을 도모하는 지주는 극히 소수의 특수지주에 불과하다."

표 4-30-1. 논의 소작료 수취법 변동[202]

군별	1912년	1918년			1930년		
		타조법	집조법	정조법	타조법	집조법	정조법
대구	타조법	有有	50% 이상	유	50%	35%	15%
달성	타조, 정조	40%	〃	유	10	70	20
군위	정조법	1%	60%	39%	3	70	27
의성	타조, 정조	유	50% 이상	유	5	70	23
안동	타조법	유	〃	유	32	58	10
청송	타조법	40%	60%	0%	34	46	20
영양	타조법	80%	0%	유	72	7	21
영덕	타조법	유	10%	유	57	8	35
영일	타조법	59%	15%	26%	44	40	16
경주	타조법	20%	60%	20%	12	55	33
영천	타조법	0%	50% 이상	유	7	31	62
경산	타조, 집조	0%	60%	40%	15	60	25
청도	–	0%	50% 이상	유	2	46	52
고령	타조법	0%	〃	유	0	75	25
성주	정조법	0%	100%	0%	0	85	15
칠곡	집조, 정조	유	50%	유	0	62	38
김천	정조법	1%	〃	유	3	60	37
선산	정조법	40%	〃	유	결缺	결	결
상주	정조법	유	〃	0%	10	58	27
문경	정조법	유	〃	유	6	53	41
예천	정조법	유	〃	유	20	50	30
영주	타조, 정조	30%	20%	50%	16	17	67
봉화	정조법	40%	30%	40%	56	8	36
경북		20%	60%	20%	20%	50%	30%

202) 《勸業統計書》, 1913, 12~14쪽과 朝鮮總督府, 《朝鮮의 小作慣行(上)》, 1932(이하 《朝鮮
의 小作慣行(上)》) 119~120쪽을 바탕으로 작성. 1912년의 정조법은 도조법을 말한다.

표 4-30-2. 밭의 소작료 수취법 변동[203] (단위: %)

지역	1912년	1930년		
	수취법	타조법	집조법	정조법
대구	정조법	80	5	15
달성	정조법	10	5	85
군위	정조법	4	70	80
의성	정조법	4	27	69
안동	타조법	24	54	22
청송	타조법	45	22	36
영양	타조법	74	4	22
영덕	타조법	82	극소	18
영일	타조법	41	12	47
경주	타조법	9	2	89
영천	정조법	5	11	84
경산	정조법	10	0	99
청도	–	3	10	87
고령	정조법	0	10	90
성주	정조법	0	0	100
칠곡	정조법	0	0	100
김천	정조법	0	19	81
선산	정조법	–	–	–
상주	정조법	10	0	40
문경	정조법	4	3	93
예천	정조법	3	17	80
영주	타조, 정조	24	1	75
봉화	타조법	66	3	31
경북		24	10	66

203) 《勸業統計書》, 1913, 12~14쪽과 《朝鮮의 小作慣行(上)》, 119~120쪽에서 작성.
1912년의 정조법은 도조법을 말한다.

지주들의 소작료 인상은 산미증식계획이 실시되고 지주적 농업 개발 방식이 한층 본격화되면서 더욱 강화되었다. 〈표 4-30-1〉에서 1930년의 경상북도의 소작관행을 보면 논에서는 검견법(=집도법)의 도입이 더욱 증가하고 있다. 달성·군위·의성·고령·성주 등지에서는 집조법이 70퍼센트 이상으로 확대되었고, 안동·칠곡·김천·상주 등지에서도 증가세를 보였다. 일제 당국은 그렇게 된 이유를 몰락하는 농민이 급증하여 "근년에 소작지 쟁탈이 치성해졌기" 때문이라고 하였다.204)

또한 밭 소작에서도 소작료의 인상을 가져온 정조법이 확대되었다. 정조법의 도입은 동양척식회사 등 일본인 농장의 영향 때문이었는데, 지역적으로는 안동·청송·영양·영덕·영일·경주·영주·봉화 등지에서 빠른 확대를 보였다.205)

다시 〈표 4-31〉을 통해 논 소작에서 소작료율의 변동을 보면, 1918년에 견주어 최고 소작료율이 인상된 지역은 집조법에서는 군위·의성·청송·영일·경주·영천·고령·성주·문경·예천·영주·봉화 등지였고, 타조법에서는 영양·영덕·영일·봉화 등지였다. 집조법에서는 최고 소작료율이 인상되었고, 타조법에서는 최저 소작료율과 평균 소작료율이 인상되었다. 또한 정조법이 확대된 지역에서도 소작료는 큰 폭으로 인상되었다. 청송·영덕·경주·영천·성주·상주·영주 등지가 여기에 속했는데, 최고 소작료, 최저 소작료, 평균 소작료율 모두 1~2할 정도 소작료가 인상되었다. 그 가운데서도 문경·영주·봉화·청송·영양·영덕·영일 등 일제강점 이후 농산물의 상품화가 급속히 확대되기 시작한 지역에서 소작료가 더욱 큰 폭으로 인상되었다.

---

204) 《慶尙北道小作慣行調査書》, 50쪽.
205) 《慶尙北道小作慣行調査書》, 51쪽.

표 4-31-1. 경상북도의 논 소작료율 변동[206] (단위: 할)

지역	1912년	1918년			1930년								
					정조			타조			집조		
		고	저	평	고	저	평	고	저	평	고	저	평
대구	5				5.5	4	5.5	5	4.8	5	5.5	4.5	5
달성	4	7	4	6	6	4	5	5.3	4.8	5	6.5	5	5.5
군위	4~3	6.5	3	5	6.7	4	5	6.5	5	5	7	4	5
의성	5~3	6.3	4.7	5.5	6.5	2.3	4	6	3	5	6.5	2	3
안동	5	5.6	4.5	5.0	5.5	4	4.5	5	4	4.5	5.5	4	4.5
청송	5, 5	4	1	3	5.2	4.6	4.9	5.1	4.5	4.8	5.2	4.5	4.8
영양	5	5.7	4.3	5	5.5	4	5	5	4.5	4.8	6	4.5	5
영덕	5	5.5	3.5	4.5	8	4	4.8	5.2	4.5	4.7	7	4	4.5
영일	5	5	4	4.5	6.6	4	5	5.5	4	5	8	4	5.3
경주	5	5	3	4	6	4	5	6	4.2	5	7	4.5	5
영천	5	6.2	4.4	5.3	8	4	6	6.5	4	5	8	4	6
경산	3.5	8	6	7	6	4	5.5	6.5	5.5	6	7	5	5.5
청도	−	8	6	7	7	4	5	5.5	4	5	7.5	3	5.5
고령	5	6	4	5	5.5	4.2	5	−	−	−	6.5	5	5.5
성주	−	4	2	4.3	6.5	4	5				7	4.5	5
칠곡	5, −	7	5	6	6.6	3.5	5				7	3	5.5
김천	6~3	7	5	4.5	5.4	4.5	5	6	5	5.5	6	5	5.5
선산	5	6.5	4.2	5.3	−	−	−				−	−	−
상주	4.5	7	2	4.5	6	4	5	5.3	4.5	5	6.2	4.8	5.3
문경	4.5	7	3	5	7.5	2.5	5	5.5	4.2	5	8	3	5
예천	3	5	3	4	7	2	5	5.1	4	5	6	4	4.5
영주	5, 5~4	4.5	3.5	4	6.5	3	5	6	3	5	7	3	5
봉화	5	5.5	4	5	6	4	5	5.5	4	5	7	4	5
경북		8	1	5	8	2.3	5	6.5	3	5	8	3	5.5

* 고는 최고, 저는 최저, 평은 평균

206) 《勸業統計書》, 1913, 12~14쪽; 〈(경북)小作慣例에 關한 調査〉, 1918; 《朝鮮의 小作慣行(上)》, 174~176쪽에서 작성하였다.

표 4-31-2. 경상북도의 밭 소작료율 변동(단위: 할)[207]

지역	1912년	1918년			1930년								
					정조			타조			집조		
		고	저	평	고	저	평	고	저	평	고	저	평
대구	5				5	4	4.5	5	4	5	5.5	4.5	5
달성	5, 5	7	4	6	6	4.5	5	5	5	5	6.5	5	5.5
군위	5	6.5	3	5	5.5	4	5	6	5	5	6	4	5
의성	5, 5~3	6.3	4.7	5.5	6	1	4	6	3	5	6.5	2	3
안동	5	5.6	4.5	5.0	5.5	4	4.5	5	4	4.5	5.5	4	4.5
청송	5, 5	4	1	3	5.2	4.5	4.8	5.1	4.5	4.8	5	4.5	4.7
영양	5	5.7	4.3	5	5.5	4	5	5	4	4.5	6	4	5
영덕	5	5.5	3.5	4.5	6	4	4.8	5	4	4.7	6	4	4.5
영일	5	5	4	4.5	6.6	3.3	5	5.5	3.8	5	7.5	4	5.3
경주	5	5	3	4	6	4	4.5	6	4.2	5	6.5	4.5	5
영천	5~4, 6	6.2	4.4	5.3	8	2	4.5	6.5	3	4.5	6	3	4.5
경산	5, 4	8	6	7	6.5	5	5.5	6.5	5	6	–	–	–
청도	–	8	6	7	6	3	4.5	5.5	4.5	5	7	4	5
고령	5	6	4	5	5.5	4.2	5	–	–	–	6.1	4.3	5.1
성주	5	4	2	4.3	5.5	3.5	4.5						
칠곡	5,5	7	5	6	6	3	4						
김천	5~4	7	5	4.5	5.8	5	5.5	–	–	–	5.4	5.3	5.3
선산	5	6.5	4.2	5.3	–	–	–	–	–	–	–	–	–
상주	4.5	7	2	4.5	5	4	4	–	–	–	5.5	4.5	5
문경	5	7	3	5	6	4	4	–	–	–	5	3	4
예천	4	5	3	4	6	4	4	5	4	4	6	3	4
영주	5, 4	4.5	3.5	4	6	4.5	4.5	6	5	5	7	4	5
봉화	5	5.5	4	5	6	5	5	5.5	5	5	7	4	5
경북		8	1	5	8	4.5	4.5	6	5	5	7.5	2	5

* 고는 최고, 저는 최저, 평은 평균

207) 《勸業統計書》, 1913, 12~14쪽; 〈(경북)小作慣例에 關한 調査〉, 1918; 《朝鮮의 小作慣行(上)》, 174~176쪽에 근거하여 작성하였다.

표 4-32. 1930년 경상북도의 소작계약 체결방식[208] (단위: %)

군별	소작계약방식		소작계약기간			
	구두 약속	문서 계약	논		밭	
			부정기	정기	부정기	정기
대구	65	35	70	30	60	40
달성	50	50	70	30	90	10
군위	70	30	85	15	85	15
의성	70	30	72	28	72	28
안동	94	6	92	8	92	8
청송	88	12	90	10	91	9
영양	98	2	95	5	97	3
영덕	80	20	87	13	90	10
영일	72	28	90	10	87	13
경주	75	25	85	15	93	7
영천	31	69	38	62	46	54
경산	20	80	40	60	90	10
청도	70	30	73	27	60	40
고령	61	39	57	43	70	30
성주	45	55	70	30	93	7
칠곡	55	45	60	40	65	35
김천	70	30	85	15	91	9
선산	–	–	–	–	–	–
상주	80	20	70	30	78	22
문경	78	22	86	14	88	12
예천	70	30	90	10	90	10
영주	84	16	86	14	92	8
봉화	94	6	96	4	95	5
경북	70	30	77	23	83	17

　　이와 같은 소작료율의 인상에 더해 1920년대에는 논의 이모작에 대해서도 소작료가 징수되었고, 심지어 재해를 입어 파종한 대용작물까지도 소작료를 징수하는 경우가 나타났다.[209] 또한 공조, 공과

208) 《朝鮮의 小作慣行(上)》, 90쪽에 근거하여 작성하였다.

를 소작인에게 전가하는 지주비율도 1918년의 조사에서는 6할 6푼이었으나 1931년에는 8할로 늘어났다.[210] 또한 지주들은 곡물 검사를 구실로 소작료를 인상하기도 하였다. 소작료 수납시 개량 가마니 사용을 의무화하고, 벼의 건조·탈곡·선별·포장을 엄격히 함으로써 실납소작료를 인상시킨 것이었다.[211]

지주들은 이와 같은 소작료의 인상을 위해 문서계약제도를 도입하고 소작계약기간을 설정하기도 하였다. 1918년의 도 당국 조사에 따르면, 지주 가운데서 문서로 소작계약을 체결하는 비율은 12퍼센트를 넘지 못했다.[212] 그러나 1930년에 문서계약비율이 30퍼센트로 증가하였다. 〈표 4-32〉를 보면 문서계약비율은 지역별로 큰 편차를 보였는데, 특히 일본인 지주들이 집중적으로 진출해 지주적 상품생산을 발전시켰던 대구·달성·영천·경산·고령·성주·칠곡 등지에서 도 평균 이상의 높은 보급률을 보였다.

2) 농업생산력 위기와 반제 · 반봉건농민투쟁의 발전

종속적 상품생산의 확대과정은 일제의 조선농업에 대한 수탈과 그 수탈을 매개한 지주제를 확대시켜 갔지만, 동시에 바로 그것으로 말미암아 조선 농업의 위기를 심화시키기도 했다.

종속적 상품생산의 확대가 불러온 농업위기는 먼저 생산력의 위기로 나타났다. 물론 지주들의 생산적 기능이 일제의 식민정책으로 이전보다 다소 늘어난 것은 사실이었다. 일제는 농사개량과 토지개

---

209) 《慶尙北道 小作慣行調査書》, 56쪽.
210) 《慶尙北道 小作慣行調査書》, 124쪽.
211) 《慶尙北道 小作慣行調査書》, 168쪽.
212) 〈(경북)小作慣例에 關한 調査〉, 1918.

량사업에 지주들을 동원하였고, 때문에 수리시설의 신축이나 화학비
료(金肥)의 사용에서 지주들의 역할이 큰 편이기도 하였다. 그러나
그 경우에도 실상을 보면 지주들이 직접 생산적 기능을 담당하는 부
분은 매우 제한적이었고, 그나마도 대부분은 토지투기나 고리대 수
탈에 목적을 두고 그렇게 할 뿐이었다. 가령 당국에서 불하받은 미
간지未墾地를 헐값으로 개간할 목적에서 몽리구역蒙利區域의 관개사
정을 전혀 고려하지 않고 수리조합을 설립하거나,213) 오로지 소작료
인상과 고리대 수탈에만 혈안이 되어 토성土性도 고려하지 않고 무
조건 화학비료 사용을 강요하였던 것이다.214) 지주들의 대부분은 여
전히 "오로지 목전의 소작료 증수에만 급급"215)하였고, "그 수득한
소작료를 농업생산을 위해 투하하지 않고 전연 기생적 불생산적 소

---

213) 영일수리조합이나 경산수리조합이 그 전형적인 경우였다. 경산수리조합을 예로
　　들면, 이 수리조합은 조선흥업과 동척 및 일부 대지주가 자신들이 소유한 280여
　　정보의 밭을 논으로 전환하고자 설립한 것이다. 이들은 관개시설을 자신들의 소유
　　지 위주로 설계하였고, 그로 말미암아 무려 1천여 정보에 달하는 몽리구역의 다른
　　토지는 제대로 수리시설을 이용하지 못한 채 조합비를 물어야 했다. 심지어 이전
　　까지 전혀 관개에 어려움이 없었던 일부 지역이 상습 침수 지역으로 바뀌어 백여
　　호의 농민이 유리遊離하기도 하였다. 이러한 모순에 대해 당시의 농업문제 연구자
　　들은 "조선의 수리조합경영자는 그를 투기사업으로 안다. 따라서 일확천금을 꿈꾸
　　고 금광하는 심정으로 그를 경영한다"(金世成, 〈輓歌를 부르는 水利組合〉, 《彗星》
　　1–2, 1931)고 비판하였다. 이 지역 관련 자료는 다음 기사 참조. 〈迎日水利組合 日
　　人荒蕪地開墾이 設置動機의 중요점－設計不完全 실패가 중첩〉, 《東亞日報》 1927년 11
　　월 5일자; 〈實査技士도 設計缺陷是認－慶山水組問題〉, 《東亞日報》 1928년 1월 19일자;
　　〈全朝鮮水利組合實査－경산수리조합〉, 《東亞日報》 1928년 8월 28일자; 〈安康水利組合
　　創設 5백여 지주가 반대표명－수리조합은 金融閥과 日農場主만을 위함이라고〉, 《中
　　外日報》 1930년 2월 19일.
214) 〈地主의 貪利로 低資가 즉 高利〉, 《東亞日報》 1926년 12월 15일자, 〈金肥使用增加
　　農家의 큰 損害〉, 《東亞日報》 1928년 8월 9일자, 也生, 〈農村金融制度論(6)〉, 《東亞日
　　報》 1929년 7월 5일자.
215) 〈(경북)小作慣例에 關한 調査〉, 1918.

비를 하거나 타 사업에 투자"[216]하려 할 뿐이었다. 그로 말미암아 생산력의 담당주체는 영세소농민경영이 될 수밖에 없었다. 이 점에서는 대농장을 경영한 이른바 기업적 지주 또는 농장지주도 크게 다르지 않았다. 농장지주들이 소작농의 생산과정을 엄격 정치하게 통제하였다고 하나, 그것은 어디까지나 소작료의 안정적 수취를 목적으로 할 뿐이었고, 지주 자신이 자본투하의 책임과 위험부담을 지면서까지 생산적 기능을 확대하려 하지 않았다.[217] 이들이 진보된 기계의 도입으로 경영을 합리화하려 하지 않고 끝끝내 "유주적儒侏的 농구를 기초로 하는 영세경작[218]"의 농업경영 양식을 고수했던 사실은 이를 반증한다.

이로 말미암아 일제하 조선 농업의 생산력은 곧 영세소작농민의 생산력이라 해도 지나친 말이 아니었다.[219] 그러나 종속적 상품생산의 발전 과정은 곧 궁박판매와 고리대 및 소작료 수탈에 바탕을 둔 지주적 상품생산의 확대과정이었고, 따라서 그것의 확대는 소농민경영을, 그 가운데서도 특히 소작경영을 극도로 영세화시키고 빈궁화시켜 "토지의 과학적 개량이나 합법적 관리"는 고사하고 단순한 재생산조차 자립적으로 영위할 수 없게 만들었다.[220] 그로 말미암아 농업생산에 진보된 기계가 도입되기는커녕 전부터 쓰던 "유주적 농구조차도 쉽게 구입해 쓰지 못"[221]할 정도로 생산기반 자체가 공동화되어 갔고, 결국 "농업생산의 발전은 저지되고 생산력이 쇠퇴하는

---

216) 朴用來, 〈朝鮮小作問題와 農地令의 實施〉, 《朝鮮日報》 1935년 1월 1일자.
217) 金容燮, 〈日帝强占期 農業問題와 그 打開方案〉, 《東方學志》 73, 1991.
218) 印貞植, 〈土地占有의 近代性과 封建性─朝鮮農村經濟의 研究(4)〉, 《中央》 4-5, 1936.
219) 光宇(金浩泳 譯), 〈朝鮮에서의 土地問題〉, 《階級鬪爭》 3, 1930.
220) 光宇(金浩永 譯), 위의 글.
221) 印貞植, 위의 글.

농업위기"222)를 맞을 수밖에 없었던 것이다.223) 이러한 위기는 산미
증식계획이 시행되었음에도 쌀농사에서 노동생산성과 토지생산성이
정체 내지 감소하는 형태로 나타났다.

다른 한편 농업생산력의 위기는 쌀·면화·고치 등 수탈자원 위주
로 농업생산 전반이 기형화된 데서도 발생하였다. 앞서 살폈듯이 일
제는 조선 고유의 농업환경이나 농법을 무시하고 오로지 쌀·면화·
고치의 생산에만 최대한의 경지와 노동력을 투입하도록 강제하였
다.224) 일제는 쌀농사를 확대하고자 지목전환을 추진하였고, 그로
말미암아 논은 1931년까지 5,646정보 증가하였지만, 밭은 11,932정
보 감소하였다.225) 또한 면화 재배나 뽕밭을 확대할 목적으로 밭농
사에서 대대적인 경작전환을 강요하였고, 그로 말미암아 콩류의 재
배면적이 같은 기간에 12,960정보나 감소하였다. 또한 강점 이전에
이 지역의 대표적인 상품작물로 전국적인 명성을 얻었던 재래면과
대마의 재배도 급속히 감소하였다. 작물별 경작면적 순위를 조사한
통계에 따르면, 1910년 재래면과 대마는 각각 7위와 9위였으나 1920
년에는 각각 17위와 13위로 하락하고, 다시 1936년이 되면 재래면은
아예 소멸하고 대마는 15위로 하락하였다.226)

---

222) 朴用來, 앞의 글.
223) 이러한 모순관계를 당대의 이론가들은 '영세농적 경영과 자본주의적 영유간의
본질적 모순'으로 파악하기도 하였다. 光宇(金浩泳 譯), 위의 글; 金民友(高景欽),
〈朝鮮에서의 農民問題〉,《朝鮮問題》, 1930; 朴文圭, 〈農村社會分化의 起點으로서의 土
地調査事業에 대해〉,《朝鮮社會經濟史研究》, 1933; 白南雲, 〈朝鮮經濟의 現段階論〉,《改
造》16-5, 1934; 朴文秉, 〈農業朝鮮의 檢討〉,《朝鮮中央日報》, 1936년 6월 8일자~8월
26일자까지.
224) 金容燮, 위의 글(1991); 李鎬徹, 〈植民地時代 農業生産力의 構造와 旱田農法〉,《韓國
近代經濟史研究의 成果》, 형설, 1989.
225)《慶尙北道農務統計》, 1932, 4쪽.
226) 小早川九郎 編,《朝鮮農業發達史-發達篇》, 1944, 540쪽.

뿐만 아니라 일제는 무리하게 책정한 증산목표를 달성하고자 집약 재배를 강요하였다. 이른바 '메이지농법'으로 명명된 '다로다비多勞多肥'의 미작증식정책과 집주지도방식의 면작 강제가 그것이었다. 그로 말미암아 농가의 노동력 배분이 기형화되고 미작·면작·양잠을 제외한 여타 전작농업은 노동력 부족으로 생산이 감소하였다.

전작농업의 기형화는 〈표 4-2〉에서 살필 수 있다. 이 표를 보면 재배면적에서 보리류·면화·소채가 증가한 것과 달리 콩류는 감소하였고, 생산고에서는 보리류와 면화가 증가한 것과 달리 콩류·조·소채는 감소하였다. 따라서 토지생산성에서는 면화만 증가를 보였고 나머지는 모두 감소하였는데, 이는 보리류와 소채에서 더욱 현저하였다.227) 종속적 상품생산의 확대가 불러온 전작농업의 이러한 재편(=기형화)은 수백 년의 오랜 발전을 거쳐 확립된 조선 고유의 한전 작부 체계와 농법을 전면적으로 교란시키는 것이었고, 따라서 결국은 조선 농업의 생산력을 전반적으로 약화시키는 모순을 발생케 하였다.

요컨대 일제가 일련의 식민정책으로 확대한 종속적 상품생산은 한편으로는 농업생산의 주체인 영세소농경영을 몰락시키고, 다른 한편으로는 조선 고유의 합리적 농법체계를 교란시킴으로써 결국 조

---

227) 이러한 농업 재편을 박문병은 다음과 같이 요약한 바 있다. "조선 농산물 1반당 수확지수표는 단순한 수학적 개념으로 대할 때에는 지수의 상향선 이외에 아무것도 없다. 그러나 그를 한층 더 심각하게 분석하여 볼 때에는 그 상향선적 발전의 속에는 확실히 이단성이 꿈틀거리고 있음을 본다.……조선 농업생산물의 발전지수는 거의 자본모국의 공업을 배경으로 한 특용작물과 아울러 白米가 독차지해 있고……조선 민중 자체 내에서 직접 소비를 발견하는 전래 조선농작물의 협착화, 생산성의 저급성 등은……식민지 조선 농업의 평균화한 생산력 발전의 이면에 숨어 있는 조선 농업현실의 우울상이 아니면 안 될 것이다"(朴文秉, 〈農業朝鮮의 檢討〉, 《朝鮮中央日報》 1936년 7월 3일자).

선 농업의 생산력 기반을 급속히 공동화空洞化하는 모순을 가져왔던 것이고, 그로 말미암아 거꾸로 종속적 상품생산 체제가 동요되는 위기를 야기했던 것이다.

이러한 농업위기는 반제·반봉건농민투쟁의 발전을 필연적으로 불러왔고, 나아가 식민지 지배 자체를 전면적으로 동요시켰다. 농민들의 투쟁은 지주의 고율 소작료 수탈에 저항하는 소작쟁의에서 출발하였다. 소작쟁의는 노동공제회지부 또는 조선노농총동맹의 지도로 소작인조합이 조직되면서 시작되었다. 소작인조합은 1920년대 초 중반에 대구·달성·군위·안동·영양·경주·영천·청도·성주·칠곡·선산·김천·상주·예천·문경·영주·봉화 등 주요 농업지대에서 속속 조직되었고, 안동의 풍산소작조합과 대구의 달성소작조합이 활동의 양대 중심을 이루었다. 소작쟁의는 1920년부터 해마다 확대되어 1925년까지 총 54건이 발생하였고, 농민들의 요구사항 또한 소작료 감액과 지세공과금의 지주 부담에서 소작권 이동 반대, 소작료 운반거리의 제한, 마름제도의 폐지까지 다양하게 확대되어 갔다.228) 대표적인 소작쟁의로는 군내 7개의 면 단위 소작조합이 대구노동공제회의 지도를 받아 2년여에 걸친 공동연대투쟁으로 지세전가 반대를 관철시킨 달성군 지세불납투쟁과,229) 소작료 5할로 인하·지세의 지주부담·마름료 및 간평접대 폐지 등을 요구하며 수천 명의 조합원이 일치단결하여 투쟁하였던 안동풍산소작쟁의,230) 지주의 소작권 이동에

---

228) 金度亨, 앞의 글(1992); 李潤甲, 앞의 글(2001).

229) 《東亞日報》 1923년 3월 23일자, 5월 5일자, 10월 11일자, 1925년 1월 25일자, 3월 4일자, 3월12일자, 3월 25일자, 5월 8일자, 1926년 4월 10일자 기사 참조.

230) 《東亞日報》 1923년 11월 18일자, 1924년 4월 14일자, 7월 28일자, 10월 21일자 기사 참조; 강정숙, 〈일제하 安東地方 農民運動에 관한 硏究〉, 《한국근대 농촌사회와 농민운동》, 1988.

맞서 천여 두락을 집단공동경작하면서 전쟁과 같이 격렬한 투쟁을 펼쳤던 풍기소작쟁의 등이 있었다.[231]

농민들의 저항은 수리조합 반대투쟁으로도 나타났다. 산미증식계획이 수리조합의 설립을 추진하자 농민들은 그것이 곧 소작료 인상과 농민의 토지 상실을 불러올 것이라는 이유로 격렬한 반대투쟁을 벌였다. 이러한 투쟁은 수차례의 격렬한 반대시위와, 도청과 조선총독부에 대한 진정서 제출, 수조설립 추진자에 대한 조합인가신청 철회요구 등 다양한 활동으로 수리조합의 설립을 무기한 연기시킨 경주의 안강수리조합 반대투쟁을 비롯하여 약목, 경주 서면, 보문, 경산, 자인, 달성군 해안 등지에서 일어났다.[232]

또한 상주·안동 등지에서는 수천 명의 양잠농민이 특매제도에 반대하는 시위를 벌이는 등 고치·면화의 공판반대투쟁을 펼쳤고,[233] 영천·김천·안동 등지에서는 연초전매제에 항거하는 시위도 발생하였다.[234] 영천의 반대시위는 더욱 격렬해 4, 5백 명의 장정이 경관

---

231)《東亞日報》1923년 3월 16일자, 10월 21일자, 1924년 12월 1일자;《時代日報》1925년 11월 3일자.

232)〈安康水利組合-水源池 住民 極力反對〉,《東亞日報》1924년 10월 4일자;〈數百洞民 示威運動-안강수리조합반대로〉,《東亞日報》1924년 10월 6일자;〈안강수리반대〉,《東亞日報》1925년 4월 10일자;〈安康水利組合 廢止運動 -數百代表 또 會議〉,《東亞日報》1925년 5월 17일자;〈安康水利組合 無期延期키로〉,《東亞日報》1925년 6월 22일자;〈西面水利創立과 地主側의 반대〉,《東亞日報》1927년 11월 16일자;〈西面水組設置反對運動猛烈〉,《中外日報》1928년 6월 18일자;〈若木水利大反對〉,《東亞日報》1924년 2월 19일자;〈3백여농민이 郡廳에 殺到-解顔水組反對運動〉,《東亞日報》1928년 12월 10일자;〈慈仁水組反對次 地主들이 結束〉,《東亞日報》1928년 1월 10일자.

233)〈蠶繭指定販賣에 生産者極反對-安東生産者 대책강구〉,《東亞日報》1927년 5월 16일자;〈蠶繭指定販賣反對生産者大會-數三資本家만옹호한다고-21일 尙州에서 개최〉,《東亞日報》1928년 3월 20일자;〈暴雨中 數百名會集繭特賣反對演說-尙州郡繭生産者 蹶起〉,《東亞日報》1928년 6월 8일자.

234)〈慶北永川郡 農民大示威-警官과 專賣局職員 亂打〉,《東亞日報》1927년 10월 20일자;〈專賣出場所를 洞民이 襲擊〉,《東亞日報》1930년 9월 11일자;〈洞民이 作黨 專賣

과 전매국직원을 폭행하기도 하였다.

다른 한편 농민들은 일본 상인의 유통독점에 저항하는 협동조합 운동도 전개하였다. 이 운동은 일본 유학생들이 결성한 협동조합운동사의 지도로 1926년부터 시작되어 1928년 무렵에 이르면 풍산·김천·함창·예천·영주·안동·의성·군위·대구·영천·경주·포항·영덕·성주·왜관 등지에 협동조합이 설립되었다.235)

조선 농민의 경제적 이익을 수호하려 했던 위와 같은 여러 운동은 비록 그 투쟁대상은 다양했으나 지주제를 농업지배기구로 한 일제의 식민정책에서 비롯되어 발생하였던 점에서 공통성을 지녔다. 그런 까닭에 이 모두는 제국주의 독점자본의 식민지 지배 자체를, 따라서 궁극적으로는 제국주의의 정치적 지배를 타도하는 반제정치투쟁으로 발전할 가능성을 지니고 있었다. 1925년 전위당의 결성으로 본격적인 반제정치투쟁의 막을 올린 사회주의 운동은 그 가능성을 앞당겨 현재화하는 계기를 부여하였다. 사회주의 진영은 일본·일본 자본주의가 조선 경제·조선 농업을 지배하고, 그로 말미암아 구래의 봉건제가 일본 자본주의와 결합하여 온존된 데서 당시의 모든 농업문제가 연유하는 것으로 이론화하였다. 그리고 농업문제를 근원적으로 해소할 투쟁방침으로 일제·일본 자본주의와 봉건적인 지주제의 혁파를 제시하였다. 또한 투쟁의 방법으로 당면과제를 해결하기 위한 일상투쟁=농민운동을 지주·자본가계급·일제에 대해 끊임없이 펼쳐나가는 한편, 나아가 그 운동을 일제에 대한 정치투쟁=민족해방운동으로 고양시켜 농업혁명·토지혁명으로 확대 발전시킬 것

　局員亂打—金泉署에서 9명을 檢擧〉,《東亞日報》1930년 8월 25일자.

235)《高等警察要史》67~70쪽; 김현숙,〈일제하 민간협동조합운동에 관한 연구〉,《한국사회사연구회논문집—일제하의 사회운동》9, 1987.

을 제시하였다. 이를 위해 현재의 다양한 농민운동조직을 단일한 농민조합으로 개편 통합하는 것이 필수라 하였다.[236)

사회주의 진영의 이러한 투쟁방침은 다양하게 전개되었던 이 지역의 농민운동을 농민조합운동으로 수렴시키고, 동시에 단순한 경제투쟁에서 차츰 민족해방운동=민족혁명으로 발전시켰다. 가령 경주 양동농우회 창립총회는 이러한 동향을 반영하는 한 사례가 될 수 있다. 창립총회에서는 농우회 결성에 큰 영향력을 미친 이중근의 초청 연설이 있었는데, 그는 이 연설에서 농민이 당면한 문제를 해결하려면 사회주의를 실현해야 하고, 자본주의를 파괴하려면 노동운동과 농촌에서의 소작쟁의·농민운동을 일으켜야 하며, 이를 위해 농민을 단결시키는 농우회의 임무라고 역설하였다.[237) 1929년에 조사된 자료에 따르면 경상북도에는 이러한 투쟁방침에 직간접적으로 영향을 받으면서 활동한 농민단체가 13개 군에 34개 있었다.[238) 농민운동의 이러한 발전은 소작쟁의를 더욱 고양시켜 1926년부터 1932년 사이에 발생한 쟁의만도 무려 220건에 달했다.[239)

이와 같이 점차 민족혁명의 성격을 강화해 가던 이 지역의 농민운동은 농민경제를 극심하게 몰락시킨 1930년의 대공황과 혁명적 농민조합운동으로의 전면적 전환을 지시한 코민테른의 12월 테제

---

236) 光宇(金浩泳 譯), 앞의 글; 金民友(高景欽), 앞의 글; 金容燮, 앞의 글(1991); 오미일, 〈일제시기 사회주의자들의 농업문제인식〉, 《역사비평》 7, 1989; 하원호, 〈1930년대 사회주의자들의 농업·농민론〉, 《일제말 조선사회와 민족해방운동》, 일송정, 1992.
237) 昭和 5年 豫裁 5号 豫審終結決定(昭和 5年 6月 24日); 昭和 5年 刑公 第1323号(昭和 5年 7月 18日 大邱地方法院刑事部); 昭和 5年 刑公 第579号(昭和 5年 9月 25日 大邱覆審法院刑事部).
238) 《高等警察要史》 62~63쪽.
239) 《慶北의 農業》, 1934, 151쪽.

및 프로핀테른의 9월 테제를 계기로 마침내 일제 타도와 민족해방
및 사회주의를 정면으로 내세우는 반제·반봉건의 부르주아민주주의
혁명운동으로 발전하였다. 혁명적 농민조합운동으로의 전환이 그것
이었다. 그리하여 1930년대 초반 이 지역에서는 달성(현풍)·영천·칠
곡·군위·경산·안동·영양·김천·영주·봉화·의성·경주·예천 등 무려
14개 군에서 혁명적 농민조합이나 혁명운동과 관련된 검거사건이
발생하였다.

여기에 이르러 식민지 수탈이 불러온 농업위기=농민운동은 지
주적 지배 체제에 기반을 둔 농촌사회를 동요시킴은 물론이고, 나아
가 일제의 식민지 지배 체제 전반을 위협하게 되었던 것이다. 1931
년에 조선 총독으로 부임한 우가키 가즈시게宇垣一成가 "사상동요의
방지" 및 "정신생활의 안정과 아울러 물질생활의 안정"을 무엇보다
도 우선하는 것을 제1의 통치방침으로 내걸었던 사실이 이러한 혁
명적 위기의 심각성을 잘 나타내준다.[240]

---

240) 朝鮮總督官房文書課 編, 〈道知事會議에서 總督訓示(宇垣一成)〉, 《諭告·訓示·演說總
   攬》, 1931. 8. 6., 95쪽.

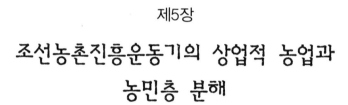

제5장

조선농촌진흥운동기의 상업적 농업과
농민층 분해

1. 일제의 중국 침략과 식민지 농업정책의 전환

1) 대공황기 조선 농촌의 위기와 일제의 중국 침략

1929년에 시작된 경제대공황은 한국의 농업에 일대 변동을 가져온 직접적 계기가 되었다. 먼저 대공황은 농산물 가격을 폭락시켰다. 쌀, 면화, 콩, 고치 등 조선의 주요 농산물 가격은 대부분 절반 이하로 폭락하였다.[1] 이로 말미암아 보통 때도 적자를 면하기 어려웠던 농가경제는 치명적인 타격을 입었다.

결국 절반 이상의 농가가 농업수입으로는 상환할 수 없는 수준의 막대한 부채를 지게 되어 "추수한 것을 지주와 채귀債鬼에게 빼앗기고 적수공권으로 유리의 길을 떠나거나"[2] 야반도주하며, 부채의 강제집행으로 파산하는 사태가 속출하였다.[3]

대공황기 경상북도의 농민몰락상을 살펴보면 1929년에서 1931년 사이에 논에서는 4,505정보, 밭에서는 1,683정보, 도합 약 6,200여 정보의 자작지가 소작지로 전락하였고, 농민층의 구성에서도 같은 기간에 자소작농은 130,678호에서 109,523호로 약 2만 1천 호가 감소하였으며, 소작농은 141,231호에서 179,272호로 약 3만 8천 호가 증가하였다. 비율로는 자소작농이 37.1퍼센트에서 29.6퍼센트로, 소작

---

1) 小早川九郎 編,《朝鮮農業發達史(發達篇)》附錄〈표 26〉. 1931년의 주요 농산품 가격을 1926년과 대비해 보면, 현미는 1석당 31.6원에서 14.7원으로, 대두는 1석당 16.9원에서 9.5원으로, 조면繰綿은 1백 근당 48원에서 33원으로, 고치는 10관당 84.2원에서 18.4원으로 폭락하였다.
2)〈漆谷地方에는 農民의 遊離續出〉,《朝鮮中央日報》1931년 12월 17일자.
3) 林然,〈當面問題片話〉,《農民》1-5, 1930년 9월호.

농이 40.2퍼센트에서 48.4퍼센트로 감소 내지 증가하였다.[4]

1930년 현재 부채농가는 전체 농가의 73퍼센트에 달했고, 보릿고개 2개월여를 곡식 한 톨 없이 오로지 나무껍질과 산나물로만 연명해야 하는 춘궁농가 또한 전체 농가의 42.1퍼센트를 차지했다.[5] 심지어 파산하여 화전민이 된 자가 6천여 호나 되었고,[6] 1930년 이후 4년여 동안 일본으로 일터를 찾아 유리한 농민이 15만여 명에 달했으며,[7] 그 밖에 평안·황해도 일본인 농장의 소작노동자로, 도시의 걸인이나 막노동꾼, 탄광노동자로, 또는 남북만주 등지의 이주민 등으로 밀려간 "농업공황의 참패군"도 수만 명에 달했다.[8]

한편 대공황기 농산물 가격의 폭락은 지주계급에게도 심대한 타격을 입혔다. 지주들은 소작료를 현물로 받았기 때문에 곡가의 폭락은 지주들의 현금수입을 절반 이하로 감소시켰다. 그와 달리 지주들이 현금으로 지출해야 했던 지세와 수리조합비 등의 각종 공과금과 금융이자, 비료대 등은 조금도 줄어들지 않았다. 따라서 지주경영도

---

4) 慶尙北道,《慶尙北道 農務統計》, 1932, 3～5쪽. 이하 '《慶尙北道 農務統計》(1932)'라 한다.

5) 朝鮮總督府,《朝鮮의 小作慣行(下)》續篇, 1932, 112쪽; 朝鮮總督府,《朝鮮에 있어서 小作에 關한 參考事項摘要》, 1934, 54쪽;〈賃銀勞動해야 사는 小作農 3백만〉,《朝鮮中央日報》1933년 2월 5일자;〈醴泉郡에만 孚黃民 2천 4백〉,《中外日報》1930년 4월 18일자;〈高靈郡下 慘狀, 草根木皮먹으려고 男女老少가 滿山〉,《中外日報》5월 8일자;〈靑松郡下 災民慘狀, 木皮와 山采에 中毒 孚黃塞便者續出〉,《中外日報》5월 25일자.

6)〈慶北道內 火田民 6,027호〉,《朝鮮中央日報》1933년 1월 12일자;〈慶北一帶의 火田民 7千餘戶에 3萬餘〉,《朝鮮中央日報》1935년 2월 12일자.

7)〈玄海灘 건너가는 同胞 1년간 10여만 명〉,《朝鮮中央日報》1934년 11월 3일자.

8)〈轉落된 農業勞動者 迎日에 4萬 超過〉,《東亞日報》1932년 8월 26일자;〈都市로! 都市로! 몰려드는 乞食群－農村의 破産者와 공장의 실업자 大邱街頭에 長蛇陳〉,《朝鮮中央日報》1934년 12월 3일자;〈昨年中 慶北流離民 1만 660명, 大都市와 南北滿洲로 밀려간 農業恐慌의 慘敗群〉,《朝鮮中央日報》1935년 2월 8일자;〈西北朝鮮 각탄광에 2백호 천여 移民－慶北道內 罹災民을〉,《朝鮮中央日報》1935년 2월 5일자;〈慶北各地의 罹災民 千五百名 最終輸送－加藤大林等農場으로〉,《朝鮮中央日報》1935년 3월 23일자.

대부분 적자를 면할 수 없었다. 이로 말미암아 평소에도 수지균형을 맞추기가 빠듯했던 중소지주들이 대거 몰락하였고, 심지어 대부 의존도가 높았던 대농장지주들도 금융비용을 감당하지 못하고 파산하였다.

곡가의 폭락으로 지주경영이 악화되자 지주들은 최대한 소작료 수탈을 늘리려 하였다. 그 방법으로 널리 이용된 것이 지세를 소작인에게 떠넘기는 것이었다. 지세는 현금으로 납부해야 했기 때문에, 이를 소작인에게 전가하면 적자요인을 상당히 줄일 수 있었다. 그러나 곡가가 폭락해 있는 상황에서 지세 전가는 소작인에게 엄청난 부담을 가중시키는 것이었다. 이로 말미암아 지세 전가에 반대하고, 지세를 지주가 납부할 것을 요구하는 소작쟁의가 여기저기에서 터져나왔다. 경상북도에서 1929년에 소작쟁의가 발생한 건수는 5건, 참가인원이 106명이었으나, 1930년에는 쟁의건수가 61건에 참가인원도 2,300여 명으로 급증하였다. 소작쟁의를 확대시킨 요인은 단연 지세 전가였다. 이러한 가운데 일제의 탄압으로 해체되었던 소작조합도 1931년 이후 다시 조직되기 시작하였다. 1931년에만 김천(2개)·영천·청도·칠곡(2개) 등지에서 6개의 소작조합이 새로 결성되었고, 그 참가인원만도 2,800여 명을 넘었다.[9] 이들 신규 소작조합들도 지세 전가 반대투쟁을 거치면서 조직되었다.

대공황으로 말미암은 농촌사회의 변화는 혁명적 농민조합운동의 발전으로도 나타났다. 혁명적 농민조합운동은 농민경제의 몰락과 소작쟁의의 확대를 기반으로 태동하였다. 경상북도에서 혁명적 농민조합을 건설하려는 운동은 1930년대 초반 의성(안계)·경주·영주·봉화·

---

9) 慶尙北道農務課, 《慶北の農業》, 1938, 220쪽. 이하 《慶北의 農業》(1938)로 표기한다.

칠곡(왜관)·예천 등지에서 나타났다. 이들 지역에서는 1920년대의 청년운동·농민운동·신간회운동 등으로 성장한 활동가들이 적색농민조합 준비위원회를 결성하고 농민대중 속에 침투하여 "조선 농민의 궁핍과 만주로의 방축은 일제의 착취 및 지주제의 불합리 그리고 일본 이민의 조선으로의 이식"때문이라 폭로하며 사회주의 혁명투쟁을 선동하였다.[10] 이들 지역 말고도 달성(현풍)·영천·군위·경산·영양 등지에서 적색농민조합과 연루된 검거사건이 발생하였다.

나아가 안동·김천·예천 등지에서는 혁명적 농민조합운동을 기반으로 공산당 재건운동이 전개되었다. 이 지역의 사회주의 활동가들은 당 재건조직-안동콤그룹·조공김천그룹 재건협의회·예천 무명당-을 건설하고, 이를 중심으로 적색농민조합, 적색노동조합, 급진적 소부르주아나 청년들로 구성된 반제동맹 등을 조직하여 전면적인 혁명투쟁을 펼치려 하였다. 가령 안동콤그룹은 1933년의 노동절을 기해 20여 개의 세포조직을 통해 농민과 사방인부 3천여 명을 동원하는 대규모의 시위를 벌이려 하였다. 이들 조직이 일제에 적발되면서 피검자수는 예천 무명당無名黨이 500여 명, 김천 재건협의회는 300여 명에 이르렀으며, 그 검거기간도 8개월이나 되었다.[11]

대공황으로 말미암은 조선 농촌의 이러한 변화는 일제의 식민지 지배에도 중대한 변화를 불러왔다. 일제로서는 무엇보다도 급진적으로 혁명화되는 농촌사회를 진정시키고 농민들의 저항을 통제해야

10) 大邱地方法院,〈李七成 등에 대한 判決文〉(慶州赤農事件), 昭和 9년 刑公 제1370호 (義城 安溪赤農事件);〈放火로 地主牽制튼 安溪農組 取調段落〉,《東亞日報》1933년 12월 20일자.

11) 金日秀,〈1930년대 慶北地域의 革命的 大衆運動과 朝共再建運動〉, 1993; 姜貞淑,〈日帝下 安東地方의 農民運動에 관한 研究〉,《한국근대농촌사회와 농민운동》, 열음사, 1988.

했다. 동시에 다른 한편으로 일제는 곡가폭락과 농민운동의 고양으로 와해 위기를 맞고 있는 지주제도 보호할 필요가 있었다. 조선의 지주제는 식민지의 농업수탈기구이자 농촌·농민통제기구로 매우 유용했기 때문이었다. 1930년대 조선의 농업변동에 결정적 영향을 미쳤던 농촌진흥운동은 그 시작단계에 이를 해결하는 데 주안을 두고 입안되었다.

그러나 대공황이 조선의 농촌사회와 농업에 미친 영향은 여기에 국한되지 않았다. 대공황은 일본 제국주의의 재생산구조를 전면적으로 재편하게 만드는 계기로 작용하였다. 군국주의적 침략전쟁을 앞세워 추진된 그 재편작업은 조선 농촌과 농업에 근본적이고도 전면적인 변화를 불러왔다.

대공황이 발생하자 제국주의 열강들은 그 탈출구를 독자적인 경제블록의 구축과 보호무역주의 강화에서 찾았다. 영국은 1931년 9월 금본위제의 중단을 발표하고, 이듬해 7월 캐나다 오타와에서 자치국 식민지령을 망라하는 영제국경제회의를 개최하여 영제국블록을 결성하였다. 이를 통해 제국 내부의 상호 무역에 대해서는 관세를 경감 내지 철폐한 것과 달리, 제국 외부로부터의 수입품에 대해서는 무역장벽을 높이는 방식으로 위기를 타개하려 하였다. 이러한 조치는 즉각 다른 제국주의 국가를 자극하여 유력국가를 중심으로 한 다수의 블록경제권이 형성되었다. 미국은 달러블록을 형성하였고, 프랑스는 벨기에·네덜란드·이탈리아·스위스·폴란드 등을 묶어 금金블록을 형성하였고, 독일은 무역쌍무주의로 동유럽과 남미를 하나의 광역블록으로 결성하였다. 이로 말미암아 세계시장은 보호무역주의를 근간으로 하는 블록경제권으로 분열·해체되었고, 제국주의 국가 사이의 협조 체제가 붕괴되었으며, 대신 평가절하, 관세장벽의 강화,

무역통제, 덤핑 등을 동원해 다른 블록을 공격하고 잠식하려는 블록경제의 대립 체제가 출현하였다.

　세계경제의 이러한 변화는 기간산업의 원료와 생산재를 영·미경제권에서 수입해야 하고, 또한 국제결제를 위해 외자의 도입이 불가피하였던 일본 자본주의에게는 중대한 위협이 되었다. 금본위제의 중단과 블록경제의 강화는 기존 일본 자본주의의 재생산구조를 더이상 유지할 수 없게 만들었다.

　일본 제국주의는 이러한 위기를 재생산구조의 재편으로 돌파하려 하였다. 이는 원료자원을 보유한 주변 국가들을 침략하여 외화지출 없이도 그 자원을 수탈하고 시장을 확보하는 자급적인 재생산구조를 구축하는 것이었다. 다시 말해 원료자원을 보유한 동아시아의 여러 나라를 침략하여 일본 제국주의 경제블록을 구축함으로써 영미의존적인 재생산구조에서 벗어나는 것이었다.[12]

　일본 제국주의의 이러한 전환은 1931년의 만주침략으로 개시되었다. 일본은 만주를 점령하고 일본·조선·만주를 연결하는 독자적 경제권을 구축하는 방식으로 위기를 타개하려 하였다. 그러나 구미 열강은 이를 인정하지 않고 국제연맹 결의로써 일본이 만주에서 철병할 것을 요구하였다. 일본이 국제연맹에서 탈퇴하면서 이를 거부하자, 열강들은 경제제재를 강화하고 워싱턴조약을 앞세워 일본의

---

12) 山崎隆三 編, 《兩大戰間期の日本資本主義》, 1978, 241~247쪽; 小林英夫, 〈東アジアの
　　經濟圈−戰前と戰後〉, 《近代日本と植民地》 1, 岩波書店: 東京, 1992, 36~38쪽. 김광진
　　은 제국주의 블록경제의 성격을 다음과 같이 정의하였다. "뿔럭經濟의 運動은 단순
　　한 經濟同盟이 아니고 한 개의 强大한 資本主義國이 자기의 經濟的 政治的 勢力圈을
　　一層强力으로 지배하고 확보함으로써 對外的 勢力을 강화하려는 의도를 가진 것이
　　다.……뿔럭經濟의 運動은 다못 旣得市場의 防衛만이 목적이 아니고 外部에 까지 될
　　수 잇는데 까지 그 勢力을 페일라고 하는 意圖를 갓고 잇다"(〈뿔럭經濟의 動向−自
　　由貿易主義의 解體와 國民主義의 强化〉, 《朝鮮日報》 1935년 1월 1일자).

군비확대에 제동을 걸었다. 이에 일본은 1934년 12월 워싱턴조약을
폐기하고 군비확대로 맞섰다. 그리하여 결국 일제는 서구 열강과 중
국, 소련에 정치적·군사적·경제적으로 대립하면서 군국주의적 침략
전쟁을 통한 독자적인 재생산구조를 구축하는 방향으로 나아가게
되었다. 일본의 군국주의적 침략노선은 1936년 8월 7일에 히로다広
田 내각의 수상, 외무, 대장, 육군, 내무상 등이 5상회의를 개최하여
만주점령을 넘어 "외교와 국방 모두 동아東亞대륙에서 제국의 지위
를 확보함과 함께 남방해안으로 진출, 발전"13)한다는 이른바 '국책
國策의 기준'을 결정함으로써 본격화된다. 이 기준에 입각해 일제는
1937년 중국에 대해 전면전을 개시하고, 1941년에는 동남아시아로
침략을 확대하는 태평양전쟁으로 나아갔다.

이와 같이 일제는 대공황을 계기로 만주를 침략하여 독자적인
재생산권 구축에 시동을 걸고, 나아가 1930년대 후반에는 중국 전역
으로 침략을 확대하여 이른바 '일日·만滿·지支블록'을 구축하고자 했
으며, 1940년대에는 에너지 자원이 풍부한 동남아시아 지역을 침략
함으로써 독자적인 경제블록을 더욱 확대, 강화하고자 하였다.

일본 제국주의의 이와 같은 재생산구조 재편은 조선에 대한 식
민지 지배에도 중대한 변화를 불러왔다.14) 1930년대의 조선총독부
는 한편으로는 대공황으로 말미암아 해체 위기를 맞고 있던 조선사
회를 진정시키고 반제혁명운동을 진압하는 것이 시급했지만, 동시에
더 근본적으로는 일본 제국주의의 구조 재편과 군국주의적 침략전

---

13) 1936년 8월 7일 히로다 내각의 수상·외무·대장·육군·내무의 5상회의에서 결정
된 '국책의 기준'이다. 이후 일본의 대외침략정책, 즉 일본이 이른바 "동아의 안정
세력"으로서 "동아공영권"의 맹주가 되는 구상과 소련 공격, 중국 침략과 더불어
남방 침략은 전부 이 기준에 근거해 추진되었다(遠山茂樹 外, 《昭和史》, 1959 참조).
14) 山崎隆三, 앞의 책(1978), 제5장 〈資源問題と植民地政策の轉回(川北昭夫)〉.

쟁에 부합하도록 조선을 재편할 필요가 있었다. 경제적으로 보면, 그것은 조선을 일본과 만주·중국을 잇는 새로운 일제의 블록경제권 운영과 연계시켜 종래의 산업정책 전반을 갱신, 전환하는 것이었고, 정치·사회적으로는 조선인을 군국주의적 침략정책에 총동원할 수 있도록 민족의식을 철저히 말살하고 황국신민화에 더욱 박차를 가하는 것이었다. 1930년대 조선 농업과 농촌사회의 변동에 가장 큰 영향을 미친 것은 바로 이러한 식민정책의 전환이었다.

2) 농촌진흥운동의 전개와 '생업보국'정책으로의 전환

대공황을 계기로 야기된 안팎의 변동요인에 대처하고자 수립되어 1930년대 조선의 농업변동에 지대한 영향을 미친 일제의 식민정책으로 제일 먼저 1931년 조선 총독으로 부임한 우가키 가즈시게宇垣一成가 직접 입안하고 추진하였던 농촌진흥운동을 들 수 있다. 우가키 총독은 이른바 "조선인에게 적당한 빵을 주는 정책"으로 입안한 농촌진흥운동을 통해 대공황의 피해로 해체 위기를 맞고 있던 조선 농촌을 진정시키고 급속히 고조되고 있던 반제혁명운동을 근절하며, 나아가 일제의 블록경제 구축에 필요한 정신총동원 체제를 구축하고 농업생산을 재편하려 하였다.[15] 우가키가 조선 총독으로 부임하면서 바로 입안에 들어간 농촌진흥운동은 1년여의 준비기간을 거쳐 1932년부터 착수되었고, 1933년 봄에 그 중핵사업인 농가경제 갱생계획이 시작되면서 본격적으로 실시되었다.

---

15) 池秀傑, 〈1932~1935년간의 朝鮮農村振興運動〉, 《韓國史研究》 46, 1984; 정태헌, 〈1930년대 식민지농업정책의 성격 전환에 관한 연구〉, 《일제말 조선사회와 민족해방운동》, 일송정, 1991.

경상북도의 농촌진흥운동은 이 운동의 실행주체가 될 농촌진흥
조합을 부락별로 조직하는 것부터 시작되었다. 농촌진흥조합은 도·
군·읍면 농촌진흥위원회의 지도 아래 1932년 가을부터 조직되기 시
작하여 도내 거의 모든 자연부락에 만들어졌고, 그 수가 5,300개에
이르렀다. 농촌진흥조합은 부락공동사업을 중심으로 부락주민에게
'춘궁퇴치(식량충실)·부채근절·부채예방(현금수지균형)'에 필요한 "생
활개선과 농경개량" 등을 여러 분야에서 지도하면서 농촌진흥운동의
핵심 목표인 '근검절약'에 의한 자력갱생과 황국신민정신을 고취하
였다.16)

농촌진흥운동의 중핵은 농가경제갱생계획이었다. 농가경제갱생
계획은 농촌진흥회의 활동이 우수한 부락을 1개면에 1곳씩 선정하
여 실시하였다. 일반 부락의 농촌진흥운동은 농촌진흥회가 주체가
되어 부락자조적인 공동사업을 중심으로 진행되었다. 이에 견주어
농가경제갱생계획이 실행되면 농촌진흥회 차원의 부락공동사업에
더해 개별 농가 단위로 농가현황조사가 이루어지고, 5개년 경제갱생
계획이 수립되어 담당 군직원과 부락진흥조합위원의 감시와 통제
아래 실행되며, 자작농지 창설자금이나 고리채 정리자금 등 정책자
금의 혜택이 우선적으로 배정되었다. 따라서 다른 농촌에 견주어 농
촌진흥운동의 성과를 실질적으로 낼 수 있었다. 경상북도에서 농가
경제 갱생대상으로 설정된 부락과 농가수는 1933년에 108개면 108
개 부락의 2,365호였고, 1934년과 1935년에는 각 379개 부락의
7,408호였다. 농촌진흥운동이 '농가갱생'에서 '생업보국'운동으로 전
면 개편된 1936년부터는 향후 9개년 동안 매년 508부락씩 돌아가며

---

16) 朝鮮農會, 〈農村振興會の勃興〉, 《朝鮮農會報》, 1933, 108쪽에는 경상북도 농촌진흥회
   의 개황이 소개되어 있다.

선정하는 것으로 변경되었다.[17]

일제는 농촌진흥운동과 결합해 1932년부터 자작농지 창설유지사업과 고리채 정리사업을 실시하였다. 자작농지 창설유지사업은 "소작농에게 토지를 갖게 하여 이들을 중핵으로 사상과 경제가 모두 불안정한 농촌의 갱생을 도모하고 이촌移村 부랑의 폐단을 방지"[18]할 목적에서 실시되었다. 이 사업은 이른바 '중견中堅인물'이 될 소질이 있는 자소작 또는 소작빈농층을 대상으로 호당 5단보 안팎의 자작지를 소유할 수 있게 평균 660원의 저리자금을 대부하는 사업이었다. 고리채 정리사업은 농가경제에 심각한 위협이 되고 있던 고리채를 완화하고자 실시되었다.[19] 1930년의 조사에 따르면, 전체 농가의 7할이 고리채를 지고 있었고, 그 부채액도 농가총수입의 70퍼센트에 육박할 정도였다. 따라서 농가경제를 개선하고 안정시키려면 고리채 정리가 필수였다. 고리채 정리사업은 금융조합을 앞세워 심각한 농가의 고리채를 금융조합의 대부로 전환시켜 농가부담을 덜어줄 목적으로 시행된 사업이었다.

1933년에 시행된 '조선소작조정령'과 1934년에 공포된 '조선농지령'도 처음부터 농촌진흥운동과 밀접한 연관 속에서 입법이 추진되었다. '조선소작조정령'은 소작쟁의를 소작위원회의 조정이나 권해를 통해 개별권익분쟁으로 해결하는 방안을 제도화한 법령이었고, '조선농지령'은 소작쟁의를 해결하는 법적 근거를 마련한 것이었다. '조선농지령'에서는 소작인에게 일반농사 3년, 특수농사 7년의 경작권

---

17) 達捨藏, 《慶北大鑑》, 1936, 64~66쪽.
18) 朝鮮總督府農村振興課 編, 《朝鮮農村振興關係例規》, 1939, 576쪽.
19) 鄭然泰, 〈1930년대 '自作農地設定事業'에 관한 연구〉, 《韓國史論》 26, 1991; 鄭文鍾, 앞의 글(1993).

을 보장하고, 소작인의 '배신행위'가 없거나 소작조건을 변경하지 않을 경우 지주가 소작계약의 갱신을 거절할 수 없게 하였다. 또 자연재해시 소작료의 경감과 면제를 신청할 수 있게 하고, 마름의 월권과 부정을 규제할 방도를 마련했다.[20]

농가갱생계획 및 그와 결합된 자작농지 창설유지사업, 고리채 정리사업과 '조선소작조정령', '조선농지령' 등 우가키 총독이 부임 직후부터 진두지휘를 하며 추진하였던 농촌진흥운동은 대공황으로 말미암아 극도로 피폐해진 농가경제를 안정시키고, 동시에 혁명운동의 고조로 동요하던 농촌사회를 진정시키고자 구상된 정책이었다. 우가키 총독의 표현을 빌리면, 농촌사회의 동요를 진정시키고자 "조선인에게 적당한 빵을 주는" 방안으로 강구된 것이었다.

그러나 이러한 정책들이 농민경제 안정에 미친 실질적인 영향력은 제한적이었다. 농촌진흥운동의 "중추시설"이자 "생명"으로 중시된 농가경제갱생계획은 그 사업규모가 매우 작았다. 경상북도에서 갱생 대상으로 설정된 농가수는 1933년도에 2,365호였고, 1934년과 1935년에 각 7,408호였다.[21] 1930년대 초반 경상북도의 총농가호수는 36~7만 호 정도였으므로, 1933년부터 농촌진흥운동이 농가경제갱생 운동에서 '생업보국'운동으로 전환하기 직전인 1935년까지 농가경제 갱생계획의 대상이 된 농가는 고작해야 전체 농가수의 5퍼센트 미만이었다.

자작농지 창설유지사업도 경상북도가 주관한 사업은 1932년과

20) 鄭文鐘, 〈1930년대 朝鮮에서의 農業政策에 관한 硏究-農家經濟安定化政策을 중심으로-〉, 서울대 박사논문, 1993; 鄭然泰, 〈일제의 조선농지 정책〉, 서울대 박사논문, 1994; 이윤갑, 〈농촌진흥운동기(1932~1940)의 조선총독부의 소작정책〉, 《大丘史學》 91, 2008.
21) 達捨藏, 앞의 책(1936), 64~66쪽.

1933년에는 매년 2백 호 안팎이었고, 1934년부터는 매년 250호였으며, 호당 대부금도 660원 내외였다.[22] 자작농지창설유지사업에는 금융조합도 1933년부터 본격적으로 참여하였고, 그 규모는 경상북도의 사업보다는 월등히 컸다. 하지만 1936년까지 금융조합의 지원을 받아 자작농지를 구입한 농민의 수는 32,884명이었고, 호당 대부금 규모는 경상북도가 주관한 조선총독부 지원금의 절반 수준이었다.[23]

자작농지 창설유지사업은 이와 같이 대상농가와 지원자금의 규모가 매우 작았다. 그에 더해 지원대상이 대부분 '중견인물'이 될 소질이 있는 자소작 또는 소작빈농들이었는데, 그들의 농가경제에 가장 큰 부담이 되었던 고율소작료에 대해서는 아무런 규제를 하지 않았다. 이 때문에 자작농지 창설유지사업이 농가경제 개선에 기여한 효과는 매우 제한적일 수밖에 없었다. 금융조합의 지원을 받아 자작농지를 구입했던 농가 가운데 32,888호 가운데 무려 42퍼센트에 해당하는 13,699호가 3년을 못 넘기고 다시 그 토지를 방매한 것을 볼 수 있다.[24]

고리채 정리사업은 다른 사업에 견주어 그 규모가 컸다. 이 사업은 금융조합의 대부가 조합원에게만 허용되었기 때문에 조합원 또는 식산계 확대를 통해 시행되었다. 조합원의 확대는 1933년부터 본격적으로 추진되었고, 신용이 낮은 소작하층이나 빈농층을 계로 조직해 금융조합에 가입시키는 식산계도 1935년부터 설립이 확대된다. 그리하여 1937년에 이르면 금융조합 가입자수가 경상북도 전체 농가호의 절반 수준인 18만여 명으로 늘어난다. 이에 따라 금융조합의

---

22) 《朝鮮總督府調查月報》 15-2, 1944년 2월, 33~38쪽.
23) 《慶尙北道農會報》, 1937년 7월호, 94~95쪽.
24) 《慶尙北道農會報》, 1937년 7월호, 94~95쪽.

표 5-1. 경상북도의 촌락금융조합수, 조합원수, 대부금의 변동[25]

연도	촌락조합수(개)	조합원수(명)	대부금(천 원)
1929	62	58,213	9,003
1930	62	63,979	10,443
1931	66	68,457	10,483
1932	70	76,433	11,265
1933	72	90,742	12,292
1934	74	113,032	13,315
1935	74	139,929	16,531
1936	75	166,162	20,639
1937	75	180,707	22,858
1938	76	188,298	24,076

대부금 액수도 증가하였는데, 1929년에 9백만 원이던 것이 1936년 이후가 되면 2천만 원을 웃도는 수준으로 늘어난다.

금융조합의 고리채 정리사업은 부동산 담보가 있을 경우 1천 원까지, 담보가 없을 경우는 2백 원까지 중장기 연부상환식의 저리자금을 대부하는 사업이었다. 〈표 5-1〉을 보면, 1930년대 초에 호당 대부금이 평균 160원 정도였던 것이 1930년대 후반으로 가면 130원 이하로 감소한다. 이러한 변화는 부동산을 담보할 수 없는 소작빈농층이 상당수 이 사업에 참여하고 있음을 나타낸다. 토지담보가 가능한 자작농·자소작농층이 거의 전부 조합원이 되었을 것이고, 그들의 대출규모가 상대적으로 컸다는 점을 감안하면 소작빈농층의 대출액은 평균 대부액보다 적었다고 보아야 한다.

---

25) 慶尙北道, 《昭和 15年 道勢一斑》, 1941, 141쪽에 근거하여 작성.

사업규모에서 다른 사업에 견주어 가장 많은 농가를 포괄할 수 있었던 고리채 정리사업이 농가경제에 미친 영향은 어느 정도였을까? 농업경제학자였던 인정식은 1938년 경상북도 달성군 월배면 도원리에서 농가경제실태를 조사하였다. 그 조사에 따르면 전체 57호 농가 가운데 자작농 및 자소작농 4호와 가난으로 아예 부채를 질 수조차 없던 소작농 8호를 제외한 46호가 부채농가였고, 그 부채총액은 3,870원이었으며, 농가 호당 평균부채액은 68원이었다. 그 가운데 4할이 연 이자 15퍼센트의 금융조합부채였고, 나머지 6할은 연 이자 3할을 상회하는 고리채였다.[26]

우선 주목되는 것은 금융조합의 이자율이 결코 낮지 않다는 점이다. 이자 부담액을 계산해보면 고리채가 금융조합 대부보다 최소 3배 이상 더 많았으므로, 이 수준의 금융조합 대부로는 농가경제를 고리채의 지배로부터 보호하는 데 절대적으로 한계가 있었다. 따라서 고리채 정리사업이 실질적으로 농가경제 개선에 기여하려면 소작농 대부분을 망라할 수 있는 조합원 확충과 대부액의 상향이 절대적으로 필요하였다. 고리채 정리사업이 효과를 낼 수 없었던 또 다른 이유로 고리채 발생의 근본 원인이 된 고율소작료에 대한 규제가 없었던 점을 지적할 수 있다. 고율소작료를 유지하는 한 고리채는 확대될 수밖에 없었는데, 이런 요인을 그대로 두고 고리채의 일부를 금융조합 대부로 대체하는 것으로 농가경제의 개선을 꾀하는 방식은 애초부터 한계를 지닐 수밖에 없었다.

'조선소작조정령'과 '조선농지령'이 농가경제에 미친 효과도 제한적이었다. 이들 소작법령은 소작분쟁을 해결할 제도와 절차를 만들

---

26) 印貞植, 《朝鮮의 農業地帶》, 1940, 111쪽.

고, 제한된 기간 동안에라도 소작권을 보장하였으며, 마름제도의 폐
단을 시정할 길을 열었다는 점에서는 농가경제의 개선과 안정에 도
움이 될 수 있었다. 그러나 소작인의 단체교섭권을 일절 불허하고,
핵심 조항이라 할 소작권 보장기간을 지주의 입장을 배려해 3년으
로 단축한 데다, 소작료에 대한 의미 있는 규제를 전혀 하지 않는
등 지주의 기득권 침해를 최소화하는 방식으로 제정되었기 때문에
실질적으로 농가경제의 안정이나 개선에 기여하기는 어려웠다.[27]
이들 소작법령의 현실적 의미는 1920년대를 통해 강화될 대로 강화
된 소작조건을 지주가 더 이상 악화시키지 못하도록 통치당국이 개
입해 억제하는 정도였다.[28] 조선총독부는 이를 통해 소작쟁의가 반
제혁명운동으로 발전할 소지를 선제적으로 차단하고, 한계에 도달한
소작지의 생산력 퇴화를 조금이나마 개선할 최소한의 소작조건을
확립하려 하였다.[29]

　　소작법령의 내용이 이러하였던 까닭에 법령 시행 이후에도 소작
조건의 개선은 거의 이루어지지 못했고, 따라서 현행 소작제도에 대
한 소작농민들의 저항은 갈수록 확대되었다. 〈표 5-2〉를 보면, 경상
북도의 소작쟁의는 '조선농지령'의 시행을 계기로 폭발적으로 증가
하고 있다. 이 법의 시행 첫 해인 1934년에 537건이었던 소작쟁의는
1937년에 이르면 무려 4천여 건에 육박할 정도로 폭증하였다. 소작
쟁의가 폭발적으로 늘어난 원인은 당국자의 평가대로 "법에 의지하
여 자기의 권익을 옹호"[30]하려는 의식이 소작농민들 사이에서 급속

---

27) 이윤갑, 앞의 글(2008).
28) 慶尙北道農務課, 《小作慣行調査書》, 1931, 164쪽.
29) 近藤康男, 〈朝鮮農地令の役割〉, 《大學新聞》, 1935년 10월 28일자(《日帝下 朝鮮關係新
　　聞資料集成》, 永進 5, 193~194쪽); 久間健一, 〈農政の矛盾と課題〉, 《朝鮮農政の課題》,
　　1943, 59쪽.

표 5-2. 경상북도의 소작쟁의 발생건수[31]

연도	1931	1932	1933	1934	1935	1936	1937
소작쟁의 건수	15	6	77	537	2,514	3,355	3,984

히 확대된 점도 있으나, 그만큼 소작조건이 열악하였고, 이 법령들이 시행되었음에도 소작조건에서 의미 있는 개선이 이루어지지 못했기 때문이었다.

이상에서 보듯이 농촌진흥운동이 조선 농업과 농가경제에 미친 실질적 영향력은 그리 크지 않았다. 그것은 농촌진흥운동이 주로 조선 농민의 근검절약을 강요하는 방식으로 정책목표를 달성하려 하였기 때문이었다. 일제는 농업과 농촌사회에 실질적으로 변화를 일으킬 수 있는 정책자금의 지원이나 소작제도 개선 등을 오로지 농촌진흥운동에 농민을 끌어들이는 유인 내지 선전수단으로만 제한적으로 도입하였을 뿐이었다.

그에 견주어 농촌진흥운동은 조선 농민과 농촌사회를 이데올로기적으로 통제하여 황국신민화를 강화하고, 나아가 일제가 추구하는 군국주의적 블록경제 구축에 필요한 정치적·군사적·경제적 동원 체제를 구축하는 정책으로서 상당한 효과를 내었다. 우가키 총독이 농촌진흥운동을 조선 통치의 '근간'이라 치켜세우며 중시했던 것은 이런 맥락에서였다. 우가키 총독은 농촌진흥운동을 "조선인에게 적당

---

30) 〈小作爭議地位逆轉〉, 《京城日報》 1934년 5월 29일자; 〈爭議의 爆發的 增加 小作階級 權益主張證左〉, 《朝鮮日報》 1936년 3월 14일자; 〈自覺해 가는 小作階級 權益擁護에 邁進〉, 《東亞日報》 1935년 3월 15일자.

31) 《慶北의 農業》(1938), 211쪽에 근거하여 작성.

한 빵을 주는"정책으로 입안하였다. 그러나 그는 출발부터 조선 농촌의 농가경제갱생을 이 정책의 궁극적 목표로 삼지는 않았다. 그가 목표한 것은 이 정책을 매개로 황국신민정신을 고취하는 "국본國本의 배양"이었다. 이는 곧 천황 숭배를 정점으로 하는 군국주의적 이데올로기 통제 체제와 일사불란한 정신총동원 체제를 구축하는 것이었다. 우가키는 1933년도 도지사회의 석상에서 "국본의 배양"이 조선 통치의 기조가 된다고 천명하고, 모든 정책을 이 목표에 맞게 기획하고 추진할 것을 요구하였다.

우가키 총독이 "국본의 배양"으로 노린 것은 당장 "국체國體와 상용相容되지 않는 사상을 가진 자와 반동적으로 폭력적인 직접 행동에 나서고자 하는 자들을 근절"시키는 것이었다. 곧 대공황을 배경으로 발전하던 반제혁명투쟁을 탄압하고 근절하는 것이었다. 그러나 우가키 총독의 목표는 여기에 그치지 않았다. 그는 "국본의 배양"으로써 궁극적으로는 일제가 군국주의적 방식으로 구축하려 했던 독자적인 경제블록의 구축을 뒷받침하고자 하였다. 그것은 블록경제 구축에 필요한 조선 농업의 재편과 이른바 "국책자원國策資源"의 증산을 농촌진흥운동의 동력으로 추진하는 것이었다.[32]

우가키 총독은 1934년부터 농촌진흥운동과 면화, 양모 등 국책자원의 증산정책을 결합하기 시작하였다. 농가갱생계획의 생산지도목표였던 "영농조직의 복식화와 종합화"를 앞세워 "국책상 가장 긴요한"면양 사육과 면화 재배를 집중 강요하는 방식이었다.[33] 우가키 총독은 1935년에 이를 더욱 확대하여 농촌진흥운동의 목표를 '생업보국生業報國'과 자력갱생으로 바꾸고, '생업보국'에 초점을 맞추어

---

32) 이윤갑, 앞의 글(2007).
33) 朝鮮總督府, 〈道知事會議における政務總監訓示(1934)〉,《諭告·訓示·演說總攬》, 119쪽.

농촌진흥운동의 내용과 전개방식을 전면적으로 개편하였다. 이를 계기로 이후 농촌진흥운동은 급속히 일제의 블록경제 체제 구축에 필요한 농업재편과 '국책자원' 증산정책으로 전환해 갔다.[34)

3) 블록경제 구축을 위한 농업재편정책의 전개

일제는 만주 침략으로 말미암아 열강들과 첨예하게 대립하게 되고, 결국 1934년 하반기가 되면 국제사회로부터 정치적·군사적·경제적 제재를 받으며 고립된다. 이에 따라 일본도 독자적인 재생산기반을 구축하기 위해 적극적으로 나서지 않을 수 없게 되었고, 조선에서도 식민지 지배정책의 전면적인 변화가 일어났다.[35) 그 전환은 일본·조선·만주, 나아가 중국을 연결하는 일본 제국주의의 새로운 경제권의 편성과 연계하여 기존의 식민지 산업정책을 전면적으로 갱신하는 것이었고, 농업에서는 "자급자족의 국책國策"에 따라 "제국의 식량"과 다른 블록으로부터의 수입을 대체할 면화·양모 등 "제국 판도의 다른 지방에서 산액이 적은 물자"를 최대한 개발하고 증산할 새로운 생산 체제를 수립하는 것이었다.[36) 식민지 지배 정책에서 이

---

34) 宮田節子, 〈1930年代日帝下朝鮮における農村振興運動の展開〉, 《歷史學研究》 297, 1965; 富田晶子, 〈戰時下朝鮮の農村振興運動〉, 《歷史評論》 377, 1981; 富田晶子, 〈農村振興運動下の中堅人物の養成‒準戰時體制期を中心する〉, 《朝鮮史研究會論文集》 18, 1981; 이윤갑, 앞의 글(2007).

35) 山崎隆三, 앞의 책(1978), 제5장 〈資源問題와 植民地政策의 轉回(川北昭夫)〉.

36) 朝鮮總督府, 〈제14회 中樞院 會議에서 總督訓示〉, 《諭告·訓示·演說總覽》, 17쪽. "최근의 國際經濟 추세를 보면 각국은 더욱 관세장벽을 높이고, 金本位制를 정지하고, 母國과 植民地 간에 경제블록을 조직하는 등 세계의 經濟戰이 날로 심각해지고 있다. 帝國으로서는 滿洲問題와 관련해 聯盟을 이탈하는 중대변국에 직면하여⋯⋯日本과 滿洲의 연쇄의 지위에 위치한 朝鮮에서는⋯⋯따라서 지금 從來의 産業政策을 재검토하여 時勢의 중대한 추이에 비추어 更新 轉換을 꾀할 시기가 되었다⋯⋯産業 振

러한 전환은 조선의 농업변동을 가져온 더 직접적 요인으로 작용하였다. 이러한 산업정책의 전환에 따라 일제는 농촌진흥운동을 기반으로 삼아 더욱 강박적으로 조선 농업에서 주요 농산자원의 증산과 상품화 확대를 추진하였다. 1930년대 일제가 조선에서 증산에 주력했던 농산물은 쌀·육지면·고치·양모·아마 등이었다. 경상북도에서는 쌀·고치·육지면의 증산과 상품화 확대에 주력하였다.

먼저 쌀 생산에서는 1920년대부터 추진해 왔던 산미증식계획을 농사개량사업 위주로 재편하였다. 대공황으로 쌀값이 폭락하고 공급과잉 사태가 발생하자, 조선총독부는 산미증식계획을 통해 대대적으로 추진하였던 토지개량사업을 1934년부터 전면적으로 중단하였다. 그러나 조선미에 대한 수요가 만주침략 등으로 말미암아 계속 증대되었기 때문에 쌀의 증산정책 자체를 멈추진 않았다. 조선총독부는 토지개량사업을 중단하는 대신 농사개량사업을 강화하였다.

1930년대의 농사개량사업에서는 화학비료의 사용을 대대적으로 확대하였다. 농사개량으로 단기간에 증산을 이루려면 화학비료 사용을 확대할 필요가 있었고, 또한 그것은 중화학공업의 시장을 확대하는 방안이 될 수 있었기 때문이었다. 조선총독부는 화학비료의 사용을 확대하고자 저리로 비료자금 공급을 대폭 늘렸다. 경상북도에서 농회 주선으로 대부된 비료자금은 1930년에 45만 7천여 원이던 것

興과 資源 開發은 현시 조선에서 가장 긴요한 문제이다. 세계의 경제경쟁이 날로 치열해지고 있는 현상에서 아국의 경제산업의 진흥 발달을 이루고자 하면 重要産業을 統制하고 國內資源을 개발하여 自給自足의 國策을 수행함으로써 세계 경제 불안에 수반하는 제종의 영향에 대해 우리 산업을 옹호함과 아울러 나아가 通商上의 장애를 제거하여 무역의 유지발달을 꾀하지 않을 수 없다. 조선은 산미증식계획의 실시에 의해 帝國의 식량정책에 기여한 바 크고, 시세의 추이에 비추어 금후 다시 棉花 羊毛 기타 輕金屬 등 우리 版圖의 타지방에서 産額이 적은 물자의 공급을 풍부하게 하여 제국의 경제기구에 대해 주요한 공헌을 한 사명을 띠고 있다."

이 1934년부터 증가하기 시작해 1935년에는 그 배가 넘는 97만 9천여 원으로, 1936년에는 156만 원으로 증가하였다. 이에 따라 단보당 투입된 화학비료 비용도 1930년 48전이던 것이 1935년에는 1원 27전으로 늘어났다.[37] 이에 더해 일제는 1931년부터 '자급비료장려 5개년계획'을 실시하였다. 이 계획은 풋거름(綠肥) 재배를 3만 5천여 정보로 확대하여 최소 2만 3천여 정보의 농지에 단보당 2백에서 2백 5십 관의 풋거름을 시비하고, 또 퇴비를 개량 증산하여 34만 5천여 정보의 농지에 반당 2백 관씩 시용하게 하는 것을 목표로 삼았다.[38]

　일제의 쌀 증산정책은 중일전쟁의 도발을 계기로 한층 강화되었다. 일제는 중국을 침략하면서 조선에 "일·만·지 자급권의 식량기지" 구실을 담당시켰고,[39] 개별농가에 화학비료와 자급비료의 사용량을 할당하는 방식으로 확대하도록 강요하였다. 곧 군청과 농회가 농지 면적에 따라 화학비료 사용 목표량을 설정한 다음, 지주에게 그 구입에 소요되는 농사개량 저리자금을 식산은행이나 금융조합에 신청하게 하고 현금 대신 비료를 배부하는 방식이었다. 이로 말미암아 경상북도의 화학비료 사용량은 1934년 말 9백여만 관이던 것이 불과 4년만인 1938년에는 두 배가 넘는 1,940만 관으로 늘어났다. 이에 더해 일제는 1936년에 '제2차 자급비료증산계획'을 실시하였다. 이 계획은 경상북도에서 향후 10년 동안 풋거름 외 두엄 등 자급비료 총 11억 4천여만 관을 생산하여 단보당 299관을 사용하게 하는

---

37) 《慶北의 農業》(1938), 131쪽.
38) 《慶北의 農業》(1938), 128~129쪽.
39) 〈戰時下朝鮮における米穀政策の展開〉, 《殖銀調査月報》 64, 1943년 9월호, 21쪽; 國經濟調査機關聯合會朝鮮支部 編, 《朝鮮經濟年報》, 1939, 105쪽.

것이었다. 일제는 이 계획을 농촌진흥운동과 결합하여 추진하였다. 곧 1935년 이후 농촌진흥운동의 기본단위가 된 부락공려조합을 '퇴비장려지도구'로 설정하여 자급비료 생산목표량을 할당하면, 공려조합담임기관(산업조합 또는 금융조합 등) 및 군청, 군농회가 책임지고 부락공려조합을 지도하여 그 목표량을 달성하게 하는 것이었다.[40]

고치의 증산정책과 관련해서는 1930년에 잠견증수10개년계획蠶繭增收十個年計劃을 갱신하였다. 이 계획은 1925년부터 시행에 들어간 것인데, 대공황을 계기로 갱신이 이루어졌다. 갱신은 고치증산목표를 상향 조정하는 내용으로 이루어졌다.[41] 곧 경상북도에서 양잠호를 3천 호 더 증가시켜 18만 3천 호로 늘리고, 뽕밭을 4천 3백 정보 더 늘려 1만 8천 3백여 정보로 확대하는 한편, 고치 생산액을 7만 석 더 늘려 1939년까지 23만여 석으로 증가시키는 것이었다. 공황이 가져온 일본의 고치 생산 감소를 한국에서의 증산으로 보충하려는 것이었다. 일제는 갱신된 증산목표를 달성하고자 추잠秋蠶을 장려하고, 농회를 앞세워 할당식으로 잠종蠶種을 배부하고 뽕나무 식수를 강요하였다.

이 계획이 끝나자, 일제는 1936년부터 다시 10개년갱신계획을 실시하였다. 이 계획은 뽕밭을 1만 8천여 정보로, 양잠호를 18만 호로, 고치 생산액을 200만 관으로 증가시킬 것을 목표로 하였다. 1936년에 시작된 갱신계획은 농촌진흥운동과 더욱 밀접히 결합되었다. 증산목표액을 농촌진흥계획에 의거해 양잠장려 대상농가에게 개별적으로 할당하여 달성하게 하였고, 경상북도에서 활동하던 제사업자, 잠종업자, 상묘桑苗업자들을 소집해 잠업약진회蠶業躍進會를 조직하고

---

40) 《慶北의 農業》(1938), 96~104쪽.
41) 《慶北의 農業》(1932), 121쪽.

잠업장려비를 조성하게 하는 등, 이 계획을 적극적으로 지원하게 하였다.[42]

국책자원으로 중시된 육지면에 대해서는 특별한 증산정책이 실시되었다. 경상북도에서 육지면 증산정책은 1929년에 시작된 '제3기 면작장려계획棉作奬勵計劃'에서 이미 크게 강화되고 있었다. '제3기 면작장려계획'은 개별 농가를 상대로 생산량을 할당하고 집약 재배를 강요해 목표량을 달성하게 하였다. 보다 구체적으로는 1개면에 1동리씩 면작지정동·리를 설치하고 생산목표량을 배정한 다음, 전속 직원을 배치해 면화 재배의 확대를 강요하는 것이었다.[43] 도 당국은 1933년 제3기 장려계획을 더욱 확대, 강화하여 '제4기 면작장려계획'을 수립했다.

'제4기 면작장려계획'은 일본이 만주를 침략하여 열강의 견제를 받고 국제적으로 고립되어 가던 시점에 수립되었다. 일제로서는 전략적으로 면화 자급률을 최대한 높일 필요가 있었고, 이에 조선총독부는 '제3차 육지면재배계획'을 수립하였다.[44] 경상북도의 제4기 장려계획은 조선총독부의 '제3차 육지면재배계획'의 일환이었다. 제4기 계획은 1933년부터 10개년 동안 경북 지역의 면작 재배지를 1만 2천 정보에서 5만 3천 정보로, 생산고를 1천만 근에서 6천 625만 근으로, 판매고를 2천 5백만 근으로 증가시키는 것을 목표로 삼았다.

---

42) 《慶北의 農業》(1938), 191쪽.

43) 《慶北의 農業》(1932), 79쪽. "3. 第3期 計劃, 第1 計劃要綱 昭和 5年度 이후에 있어서 陸地棉의 奬勵는 集注的 方法에 따라 販賣棉花의 增産을 主眼으로 郡棉作指定里洞 및 指導面 등 특수시설구역에서 1호당 反別의 增加와 反當收量의 向上을 꾀함으로 昭和 7年을 期限으로 현재 作付反別 1만 7,700 정보를 2만 5천 정보로 하고 그 生産高 921만 근을 2천 4백만 근으로 하고, 그 販賣高를 1천만 근에 도달케 한다."

44) 權泰檍, 〈제3장 日帝의 陸地棉栽培强制와 韓國産綿 收奪〉, 《韓國近代綿業史研究》, 일조각, 1989.

도 당국은 "국내 면화 자급자족의 근본방침"에 따라 책정된 이 목표를 기필코 달성하고자 대상농가에게 생산량과 공판량共販量을 강제 할당하는 방식으로 육지면의 증산을 추진하였다.[45]

한편 일제는 면화증산계획과 결합해 '전작개량증식田作改良增殖 12개년 계획'(1931)을 실시하였다. 이 계획은 전략자원인 면화와 쌀을 증산하고자 전작농업田作農業 전반을 재편하는 정책이었다. 이 계획은 겉으로는 '중소농가의 식량 충실을 꾀하기 위한 것'이라 내세웠으나,[46] 실제로는 보리의 재배면적을 19만 7천 정보에서 21만 8천 정보로 늘리고, 면화의 대항작물인 콩의 재배면적을 9만 9천 정보에서 7만 8천 정보로 약 2만여 정보 감소시킴으로써 결국 쌀과 면화의 상품생산을 확대하려는 것이었다.[47] 이 계획의 본질은 "총독부 당국이 잡곡 대신에 면작을 강제적으로 장려"하는 정책이었고, 그리하여 결국 "종래 전작田作의 잡곡물로서 콩을 경작하여 부식물로 삼아오던 농가"가 "지금에 와서는 밭에 전부 면작을 하는"[48] 변화를 불러왔다. 그 결과 1938년에 이르면 맥류의 수확은 50만 석 이상 증가하였고, 콩의 파종면적이 1만여 정보, 수확고가 25만여 석 감소하였으며, 대신 면화의 재배면적이 1만여 정보, 수확고가 1,500여만 근 증가하였다.[49]

한편 일제는 위와 같은 농업정책에 더해 농촌의 과잉인구를 만주 및 서북 지방으로 이민 또는 이주시키는 정책을 실시하였다.[50]

45) 《慶北의 農業》(1938), 147~148쪽; 〈九年度棉花獎勵 八百萬斤 必收計劃−慶尙北道의 大增産方針〉, 《朝鮮中央日報》 1934년 2월 6일자.
46) 《慶北의 農業》(1934), 54쪽.
47) 《慶北의 農業》(1934), 54쪽.
48) 〈金泉, 尙州, 慶山등지 蟲害로 棉作全滅?−當局의 强制獎勵로 被害多大〉, 《朝鮮中央日報》 1935년 6월 12일자.
49) 《慶尙北道 農務統計》(1938), 8~14쪽.

우가키 총독은 '조선 농민의 빈궁은 만몽滿蒙과 공업화에서 근본적
으로 구제 개선될 수 있다'고 보고, 매년 3만 호 15만 명의 농민을
15년에 걸쳐 만주로 이주시키는 만주이민계획을 구상한 바 있었
다.[51] 또 총독부는 만주국이 세워진 1932년부터 동아권업주식회사東
亞勸業株式會社, 선만척식회사鮮滿拓殖會社 등에 재정을 보조하며 만주
이민을 정책적으로 장려하였다. 그리고 매장자원의 개발과 만주 진
출의 발판 형성을 목적으로 중부이남 지역의 농촌 과잉 인구를 서북
지역으로 이주시키는 서북지역이주정책도 1935년에 농지이주장려보
조규칙農地移住獎勵補助規則을 제정하여 본격적으로 추진하였다.

이에 따라 경북 지역의 농촌에서도 상당수의 소작빈농이나 파산
한 농가가 서북조선이나 만주 지역으로 이주했다. 1934년 한 해 동
안만 경상북도에서는 2천 1백여 명이 남북만주로 이주하였고, 1천 2
백여 명이 서북조선의 탄광과 일본인 개척농장으로 이주하였으
며,[52] 1935년에도 도 당국은 파산한 소작농 200호 1천여 명을 서북
조선의 탄광으로 보낼 계획을 수립하였다.[53] 1931년 이후 1938년까
지 경상북도에서 이농 또는 탈농하여 다른 지역으로 이주·이민하였
던 농가호수는 15,794호에 달했고, 더욱이 대구·달성·안동·청송·영
양·경주·고령·봉화 등지에서는 그 수가 각 지역 총농가호의 10퍼센

---

50) 鈴木正文,《朝鮮經濟の現段階》, 1938; 依田憙家,〈滿洲における朝鮮人移民〉,《日本帝國
主義下の滿洲移民》, 1976.
51)《宇垣一成日記》2, 834~839쪽.
52)〈昨年中 慶北流離民 1만 660명, 大都市와 南北滿洲로 밀려간 農業恐慌의 慘敗群〉,
《朝鮮中央日報》1935년 2월 8일자;〈西北朝鮮 각 탄광에 2백호 천여 移民－慶北道內
罹災民을〉,《朝鮮中央日報》1935년 2월 5일자.
53)〈最終으로 黃海道에 2百戶 千名移民－故鄕뜨는 慶北災民〉,《朝鮮中央日報》1935년 3
월 3일자;〈慶北各地의 罹災民 千五百名 最終輸送－加藤大林等農場으로〉,《朝鮮中央日
報》1935년 3월 23일자.

트 안팎을 차지할 정도로 다수였다.[54] 농업인구의 이러한 이농은 그 자체가 농업변동의 결과이자 동시에 농업변동의 새로운 원인으로 작용하였다.

---

54)《慶尙北道 農務統計》(1920, 1931, 1938)

2. 농업생산의 변동과 수탈적 상품화의 확대

1) 농업생산의 재편과 상품화의 확대

만주사변 이후 경상북도의 농업생산에서 우선 주목되는 변화는 쌀·보리·면화·고치 등의 생산이 급속히 확대되는 것과 달리 조·콩류·완초·대마 등의 생산은 큰 폭으로 감소하는 현상이다. 이는 조선총독부가 일본과 조선, 만주·중국을 잇는 블록경제 구축을 위해 농촌진흥운동과 결합해 추진한 증산정책 때문에 일어난 것이다.

작물별로 살피면 쌀의 생산은 그 변동 폭이 상대적으로 크지 않으나, 1930년대 후반으로 갈수록 증가세가 뚜렷하다. 대공황을 계기로 토지개량사업이 중단됨에 따라 생산의 증가세가 다소 주춤하였다가, 농사개량사업이 대대적으로 추진되면서 차츰 상승세를 회복한

표 5-3. 1930년대 경상북도의 주요 농산물의 생산고 변동[55]

연도	미곡 (천 석)	보리류 (천 석)	콩류 (천 석)	조 (천 석)	면화 (천 근)	고치 (천 kg)	대마 (천 관)	완초 (천 관)
1918	2,144	1,379	848	338	8,212	727	716	295
1930	2,614	1,880	688	330	16,497	3,052	576	200
1932	1,657	1,998	626	412	10,042	3,773	560	189
1934	1,692	1,941	544	246	14,682	4,448	537	199
1936	2,374	1,796	422	191	14,667	4,454	542	205
1938	2,783	2,460	365	265	31,826	3,882	531	198

55) 《慶尙北道 農務統計》(1938), 6~20쪽에 따라 작성하였다.

것이다. 1930년대 일제의 농사개량사업은 매우 강압적이었다. 비료 사용을 확대시키고자 농사개량 저리자금제도를 이용, 지주를 통해 화학비료를 강제로 분배하여 사용하게 했고, 자급비료증산 등의 농사개량사업도 농촌진흥운동과 결합시켜 강압적으로 추진하였다. 일제는 자급비료의 증산을 농촌진흥조합의 업무로 만들었고,56) 피 뽑기, 적미赤米 제거작업 등도 농촌진흥조합의 사무로 편입시켜 보통학교 생도까지도 동원하는 방식으로 실시하였다.57) 또한 개량묘대改良苗代와 정조식正條植을 보급하고자 지시에 따르지 않는 농가를 상대로 "군 농회 역원役員이 3, 4인 또는 5, 6인씩 작대作隊하여 이미 심어놓은 모(苗稻)를 함부로 발취하여 다시 심도록 강요"하기도 하였다.58) 이 같은 강요로 자급비료 증산계획이 목표를 달성하고, 개량묘대나 정조식의 보급률도 각 100퍼센트와 70퍼센트로 확대되었다.59) 이러한 강압적 농정은 중일전쟁 도발 이후 조선에 "일·만·지 자급권日滿支自給圈의 식량기지"의 구실이 떠맡겨지면서 더욱 심해졌다.60) 그러나 이러한 강압에도 쌀의 증산은 기대한 만큼의 성과를 내지 못했다. 증산의 주된 수단이던 화학비료가 땅의 성질(土性)과 맞지 않는 경우가 많았기 때문이다. 조선총독부는 이 문제를 해결하고자 1936년부터 10개년 계획으로 토성조사사업土性調査事業을 시작

---

56)《慶北의 農業》(1938), 128~129쪽.

57)《慶北의 農業》(1938), 43~44쪽.

58)〈正條植과 民怨 -永川〉,《東亞日報》1931년 7월 8일자;〈正條植强勸指導員逢變-慶州〉,《東亞日報》1931년 7월 11일자;〈指導員行事에 激憤 30여 農夫가 暴行-慶北達城郡城北面의 突發事〉,《東亞日報》1933년 6월 21일자;〈苗板指導面書記가 農民을 毆打 昏倒-慶北漆谷郡下의 事件〉,《東亞日報》1935년 6월 14일자.

59)《慶北의 農業》(1938), 43~44쪽.

60)《慶北의 農業》(1938), 43~44쪽;〈戰時下 朝鮮에 있어서 米穀政策의 展開〉,《殖銀調査月報》64, 1943년 9월호, 21쪽; 國經濟調査機關聯合會朝鮮支部 編,《朝鮮經濟年報》, 1939, 105쪽.

하였다. 이 계획으로 화학비료 사용이 기대한 효과를 낼 수 있게 된 것은 빨라도 1942년부터였다.[61]

쌀에 견주어 국책자원으로 중시된 면화의 생산은 1930년대에 증가세가 매우 현저하였다. 경상북도의 면작농가와 재배면적은 1928년에 15만 5천 호, 18,706정보였던 것이 1938년에는 18만 1천 호, 30,631정보로 증가한다. 같은 기간에 면화 생산량과 단보당 생산량은 각각 1,249만 근과 68근에서 2,948만 근과 92근으로 더 큰 폭으로 증가하였다.[62] 면화의 생산이 양적인 측면에서뿐만 아니라 질적으로도 향상되었다.

면작의 이러한 확대는 시장 수요가 증가함에 따라 자연스럽게 이루어진 것은 아니었다. 만주사변 이후 면화 가격은 얼마간의 상승에도 여전히 생산비에 미달하는 수준에 머물렀다.[63] 면작이 급속히 확대된 것은 이를 "내외정세에 비추어" "국책상 가장 긴요한"[64] 급무로 규정하였던 조선총독부의 강압적인 면작확대정책의 결과였다.

---

61) '토성조사사업'은 1936년부터 10개년 계획으로 실시되었고, 원지原地의 토지성질 및 환경을 조사하고, 토양의 이화학적 성질理化學的性質을 검정하는 한편, 참고농사조사參考農事調査 및 원지재배시험原地栽培試驗 등을 실시하여 토양별, 작물별로 증산에 가장 적합한 표준시비량標準施肥量 및 배비재배상配肥栽培上의 개선점을 알아내는 것이었다. 토성조사는 수리안전지역水利安全地域의 논과, 대맥大麥·소맥小麥·면화가 재배되는 밭으로 대상을 한정하였다. 따라서 그것은 어디까지나 식량 및 원료자원의 증산과 연관된, 바꿔 말하면 쌀과 면화의 증산에, 또 그를 위해 불가결한 보리의 증산에 필요한 토양별 시비처방전施肥處方箋을 얻기 위한 조사일 뿐이었다. 이 사업은 면을 조사단위로, 군을 조사성적의 취합단위로 하여 1936년부터 1941년까지 토양의 채취분석을 진행하였고, 1938년부터 1945년까지 원지재배시험原地栽培試驗을 실시하였으며, 1942년부터 이후 영구히 활용할 토성도土性圖와 시비처방전을 작성하고 일정에 따라 추진되었다(〈土性調査施行計劃과 施行方法〉, 《慶尙北道 農會報》, 1937년 7월).

62) 《慶尙北道 農務統計》(1938), 13쪽.

63) 權泰檍, 앞의 책, 184쪽.

64) 朝鮮總督官房文書課, 〈中樞院會議에서 總督訓示(1933)〉, 《諭告·訓示·演說總攬》, 17쪽.

면작의 확대를 강요하는 농정은 1929년에 개시된 경상북도의 '제
3기 면작장려계획'에서 이미 본격화되고 있었다. 가령 달성군은 면
작기수들을 각 면으로 파견하여 일방적으로 면작지를 선정하고, 자
신들의 지시에 따르지 않는 농민들을 면사무소로 소환하여 일일이
징벌까지 가하면서 면화를 재배하도록 강제하였다.[65] 의성군에서도
군의 면작계원이 면과 혼작한 깨나 팥을 뽑아버리는 방식으로 철저
히 면화의 단작을 강요하였다.[66]

면작을 강요하는 농정은 경상북도의 제4기 면작장려계획에서 더
욱 확대, 강화되었다. 경상북도는 제4기 면작장려계획을 농촌진흥운
동과 결합해 추진하였다. 농가갱생계획의 대상 농가로 선정되면 반
드시 다각형 농업조직의 일환으로 면화를 재배하게 하였고, 갱생농
가의 면작을 지도하기 위한 집단지도구 165개소를 설치하였다. 또한
공려조합 조직부락에는 반드시 집약재배지도포를 설치하게 하고, 공
려조합의 간부 또는 독농가篤農家에게도 '면작지도모범포'를 설치하
여 이웃에 시범을 보이게 하였다. 부락진흥운동의 일환으로 부인면
작공동작포, 청년공동경작포, 공려조합공동경작포를 지도 대상이 된
군에 면당 각 2개소씩, 기타 군에는 면당 각 1개소씩 설치하게 하였
다.[67] 나아가 경상북도는 군, 면, 동리를 거쳐 개별 농가에게까지 경
작면적을 배정하는 면작할당제를 실시하고, 대상농가에게는 할당면
적에 면화 재배를 지시하는 면작고지서를 발급하였다.

　　　본도本道 면작장려방침棉作奬勵方針에 기基하야 기본조사를 한 결과 귀전

---

65) 〈郡面吏員이 木棉耕作을 强制〉, 《中外日報》 1930년 5월 24일자.
66) 〈一萬四千棉作家 手操機封印沒收―義城棉作係의 處事〉, 《東亞日報》 1930년 11월 2일자.
67) 《慶北의 農業》(1938), 147~153쪽.

貴殿의 전경면적田耕面積은 ( )평坪이므로 그 가운데 전기前記 ( )평坪은 면작
예정지棉作豫定地로 결정하였으니 내춘來春 면작棉作에 대한 제반諸般 준비準
備를 진행할 사事.68)

이 고지서가 발급되면 당해 지역의 농회기수, 관리, 경찰관 등은
농촌으로 직접 나가 그 이행실태를 점검하고 "본래 지정한 밭의 평
수에 부족하게 되면 추수기의 보리라도" 갈아엎고 강제로 면화를 심
게 하였다. 한 예로 1936년에 영일군 신광면에서는 무려 천여 두락
이나 되는 보리밭을 강제로 갈아엎었고, 1938년에 영주에서도 면작
지도원이 추수기 보리밭의 지정평수가 미달되었다는 이유로 전부
강제로 갈아엎게 했다.69) 면작을 강요하는 이와 같은 강압적 농정은
농민들의 저항을 야기하였다. 1935년 안동군 풍산면에서는 "면작지
도원의 강제 면작을 이유삼아 동민 1백여 명이 궐기하야……십육 명
의 지도원에게 폭행"당하는 유혈충돌이 발생하였다.70) 농민들은 면
화를 심더라도 최대한 팥이나 소채류 등의 자급용 작물을 간작間作
하여 손해를 줄이려 하였다.71)

---

68) 慶山郡農會, 〈棉作告知書〉 1933년 12월부(朴文奎, 《朝鮮土地問題論考》, 1946, 84쪽에
     서 재인용).
69) 權泰檍, 앞의 책(1989), 116~117쪽; 〈每戸 耕地三分一에는 陸地棉强制獎勵-慶北 迎
     日郡〉, 《東亞日報》 1935년 5월 7일자; 〈무럭무럭 發育하는 麥田을 棉作하라고 强制耕
     作, 千餘斗落이나 되는 보리밭을-迎日郡 神光面의 怪處事〉, 《東亞日報》 1936년 4월
     26일자; 〈棉田指導員出張하야 發穗麥田을 변경-榮州郡의 棉作獎勵策〉, 《東亞日報》
     1938년 5월 17일자.
70) 〈棉作强勸하는 指導員에 百餘洞民暴行-主動者 5명은 被檢(안동)〉, 《東亞日報》 1935
     년 5월 9일자.
71) 權泰檍, 앞의 책(1989), 116~119쪽; 〈棉田에 間作했다고 指導員이 地主毆打-榮州郡
     下 不祥事〉, 《東亞日報》 1937년 9월 21일자; 〈棉田指導員出張하야 發穗麥田을 변경-
     榮州郡의 棉作獎勵策〉, 《東亞日報》 1938년 5월 17일자.

경북 지역에서 1930년대 농업생산에서 가장 큰 성장을 보인 것은 고치였다. 춘잠호와 추잠호를 합친 양잠농가수와 고치 생산액은 1930년에 20만 4천여 호, 9만 8천여 석이던 것이 1938년에는 27만 3천 호, 12만 2천여 석으로 증가하였다. 이 기간에 춘잠호는 2만 4천여 호, 추잠호는 4만 5천여 호가 증가하였다.72) 양잠의 급속한 증가 또한 조선총독부가 강압적으로 추진한 고치증산계획의 결과였다.

일제의 양잠 강요는 1930년에 잠견증수10개년계획蠶繭增收十個年計劃이 갱신되면서 두드러졌다. 이 갱신은 대공황으로 고치생산이 급감할 것에 대비해 고치 생산목표를 대폭 확대한 것이었다. 일제는 이 목표를 달성하고자 잠종을 강제로 할당하고, 뽕나무 심기를 강요하였다. 가령 안동에서는 군 농회가 개별 농가를 상대로 잠종을 할당하여 강제 배부하였고,73) 의성에서는 면 직원 백여 명에게 1인당 1단보씩 책임지고 뽕밭을 늘리도록 행정지도책임을 할당하였다.74) 영주에서도 농회원이 군의 지시를 앞세워 지주나 작인의 승낙도 받지 않고 임의로 뽕나무를 심고 강제로 재배하도록 강요하였다.75) 이러한 사태가 빈번히 일어나자 경상북도평의회에서 한 도의원은 "도민에게 다 상묘를 강제로 주어 심으라 함은 부당하며, 잠종대금을 징수하면서 기한이 지나면 벌금을 받는 것에 대해 민간에서 불평이 많으니 벌금제도를 폐지"할 것을 요구하기도 하였다.76)

농촌진흥운동이 시작되자 도 당국은 잠견증수계획을 농가갱생계

---

72)《慶尚北道農務統計》(1938), 13쪽.
73)〈蠶種을 强制로 安東農會에서 配付〉,《朝鮮日報》1931년 5월 19일자.
74)〈百餘名面職員에게 責任植桑實施-義城郡의 栽桑奬勵〉,《東亞日報》1930년 9월 26일자.
75)〈地主, 作人의 承諾없이 農會에서 强制植桑〉,《東亞日報》1933년 11월 23일자.
76)〈各地道評議會 日續-蠶種强制配付와 棉作共販을 攻擊(慶尚北道議會續會)〉,《朝鮮中央日報》1932년 3월 3일자.

획과 결합시켰다. 그리하여 농촌진흥사업으로 경산군 조영동에서는 농가마다 집안에 뽕나무를 심고 양잠을 하게 하였고, 영천군 삼창동에서도 농촌부인회에게 양잠을 하게 하였다. 영천군 청통면 호당동의 경우도 종전까지는 양잠을 하지 않았으나, 농촌진흥운동의 일환으로 부락 단위의 양잠5개년계획이 수립되어 양잠이 시작되었다.[77]

보리류의 생산도 경상북도에서는 1930년대 내내 꾸준히 증가하였다. 1930년에 188만 석이었던 보리류의 수확고는 이후 지속적으로 증가하여 1938년에는 246만 석으로 늘어났다. 보리류는 조선 농가에서는 대부분 자급하는 식량으로 소비되었다. 따라서 보리류 생산이 늘어날수록 농가식량은 늘어나고, 쌀을 상품화할 여력이 커지는 것이었다. 이에 일제는 1931년에 전작개량증식계획을 세워 보리류 생산을 확대하도록 장려하였다. 보리류 생산은 농촌진흥운동이 시작되면서 농가식량을 충실하게 한다는 목적에 따라 더욱 장려되었다.

그러나 쌀, 면화, 고치, 보리류와는 대조적으로 콩이나 조, 대마, 완초 등의 생산은 1930년대 내내 지속적으로 감소하였다. 대마나 완초 생산은 1920년대 큰 폭으로 감소하였고, 1930년대에는 감소폭이 비교적 완만하였다. 그에 견주어 콩류나 조의 생산은 1930년대에도 감소 추세가 현저하였다. 그 이유는 콩류나 조가 면화의 대항작물이기 때문이었다. 일제는 1931년에 전작개량증식계획을 수립해 향후 12개년 동안 콩류의 재배면적 가운데 2할을 줄이고, 대신 면작지를 확대하는 사업을 추진하였다. 그 결과 콩류의 생산은 더욱 현저하게 줄어들었다.

농업생산에서 보이는 위와 같은 변화는 조선의 농업이 1930년대

---

77) 慶尙北道, 〈附錄-自力更生하고 있는 部落團體〉, 《慶尙北道農村振興施設要項》, 1933, 1~22쪽.

들어 더욱 일제를 위한 식량 및 원료공급지로 재편되고 있음을 보여
준다. 그러나 그러한 재편이 확대되고 심화될수록 식료나 생활자료
를 직접 조달해야 했던 대다수의 조선 농민의 생활은 더욱 열악해질
수밖에 없었다. 더욱이 조선 농가에서 중요한 식재료였던 콩류나 조
의 생산이 면작의 확대로 크게 감소한 것은 심각한 문제였다. 콩류
와 조 생산의 감소는 그만큼 조선 농가의 식생활이 매우 나빠졌음을
나타낸다. 농업생산액 구성에서 이러한 변화와 연관해 1930년대 농
업변동에서 주목되는 또 다른 변화는 농산물상품화의 급속한 확대
다. 농산물의 상품화는 쌀, 면화, 고치 등 조선총독부가 증산정책을
추진한 작물에서 집중적으로 확대되었다.

〈표 5-4〉를 보면, 쌀의 판매량은 경상북도에서 1920년대 후반
43만 석이었던 것이 1937년에는 72만 석, 1938년에는 109만 석으로
증가하였다. 같은 시기 쌀의 증산은 10만 석 안팎이었지만, 판매량
은 무려 30만 석에서 60만 석까지 증가하였다. 전국 판매량을 보더
라도 1920년대 후반 617만 석이던 것이 1934년에 950백만 석으로,
1938년에는 1,100만 석으로 증가하였다. 다시 경상북도의 미곡 검사
량을 이용해 상품화된 미곡량을 산출하면, 1920년대 후반에는 70만
2천여 석 안팎으로 총생산고의 40.2퍼센트를 차지했다. 그 가운데
도외반출량은 43만 2천 석이었고, 일본으로 직접 수출된 양은 27만
석 정도였다.[78] 이에 견주어 1930년대 후반의 쌀 도외반출량은 약
89만 2천여 석으로 무려 두 배 이상 증가하였다. 도외반출고와 수출
고의 비율에 변동이 없다고 가정하면, 1930년대 후반의 직접수출고
는 55만 7천여 석으로 추산된다. 따라서 총상품화량은 이 둘을 합친

---

78) 《慶尙北道 農務統計》(1926~1929)의 〈米·大豆 檢査表〉에 근거하여 조사하였다.

표 5-4. 1930년대 경상북도의 쌀·고치·면화의 상품화량 변동[79]

연도	쌀 판매량			고치 판매량		면화 판매량	
	판매량 (천 석)	가액 (천 원)	전국 (천 석)	판매량 (천kg)	가액 (천 원)	판매량 (천 근)	가액 (천 원)
1926~29 평균	432	12,441	6,169	1,010	1,621	1,241	135
1930	-	-	5,433	2,054	1,429	5,778	428
1931	-	-	8,412	2,241	1,079	2,513	120
1932	-	-	7,586	2,354	1,374	3,647	469
1933	-	-	8,074	3,206	3,660	5,416	689
1934	-	-	9,501	2,575	2,127	7,031	1,124
1935	-	-	9,001	-	-	16,333	2,791
1937	718	21,540	7,201	2,908	3,079	16,587	1,290
1938	1,086	34,752	10,996	2,197	1,828	21,893	2,243

144만 9천 석 정도가 될 것이며, 이 분량은 미곡 총생산량의 50.5퍼센트에 해당한다. 상품화의 절대량에서도, 쌀 총생산고에 대한 비율에서 모두 큰 증가율을 보였다고 할 수 있다.

국책자원으로 분류된 면화의 판매량은 무려 18배나 증가하였다. 1920년대 후반 120만 근이었던 판매량은 1930년대에 매년 큰 폭으로 증가하여 1938년에는 2,189만 근에 이르렀다. 면화의 판매량은 1935년을 경계로 비약적으로 늘어났다. 같은 기간에 면화 생산량이 3배 정도 증가하였음에 견주어 판매량은 18배나 증가하였다. 면화의

79) 쌀 판매량에서 경북은 도외 반출량이고, 전국은 수이출량이다. 《朝鮮米穀要覽》, 6쪽, 71쪽에서 인용. 고치 판매량은 《慶尙北道 農會報》(1937년 1월), 26~29쪽과 《慶北의 農業》(1938) 188쪽에서, 면화 판매량은 《慶尙北道 農務統計》(1938) 13쪽에서 인용 작성하였다.

상품화율을 살펴보면, 1920년대 후반 총생산량의 10퍼센트였던 것이 1938년에는 총생산량의 69퍼센트를 점유할 정도로 상승하였다. 1920년대의 면작은 자급생산의 성격이 강했다면, 1930년대의 면작은 완전히 상품생산으로 전환했다고 할 수 있었다.

고치 판매량도 1920년대 후반에 견주면 2~3배 증가하였다. 1920년대 후반 1천 톤 안팎이던 고치 판매량은 1930년대 후반이 되면서 2,200~2,900톤으로 늘어났다. 같은 기간에 고치 생산이 1,900톤에서 3,800톤으로 2배 증가한 데 견주어 판매량은 평균 2.5~3배 증가하였다. 고치의 상품화율을 비교하면 1920년대 후반 총생산량의 53퍼센트이던 것이 1930년대에는 60퍼센트를 크게 상회하였다.

이상의 보았듯이, 1930년대 경상북도의 농업에서는 일제가 블록경제를 구축하고자 추진한 쌀, 면화, 고치의 증산정책이 농촌진흥운동과 결합하며 대대적으로 추진되면서 이들 농산품의 생산이 증가하고, 동시에 생산의 증가를 훨씬 앞지르는 속도로 상품화가 급속히 확대되었다. 그와 달리 농가 자급용 식량과 의료, 생활용품 원료 등으로 소비되었던 콩류, 대마, 완초 등의 생산은 계속 감소하거나 정체하였고, 다만 보리류의 생산만 미곡 상품화 확대와 연계해 다소 증가하였다.

이와 같이 농촌진흥운동기의 조선 농업은 조선총독부의 식민농정에 추동되면서 일본 제국주의에 종속된 식량공급지이자 공업원료 공급지로 더욱 심하게 재편되어 갔다. 그에 따라 농업생산의 파행성과 단작화 경향이 심화되었으며, 농업경영의 성격 또한 지주경영부터 아래로 소작빈농에 이르기까지 전면적으로 자급농업에서 상업적 농업으로 전환해 갔다.

2) 농산품의 수탈적 유통구조와 상품화의 주체

1930년대에 조선에서 쌀, 면화, 고치 등의 농산품 상품화를 급속히 확대한 동력은 무엇이었을까? 이와 관련해 우선 주목되는 사실은 이들 농산품의 판매가격이 1920년대와 비교할 때 변동이 없거나 크게 하락하고 있다는 것이다. 〈표 5-5〉에서 보듯이 쌀값은 1935년과 1936년에 다소 오르지만 곧 다시 내리는 등 1920년대의 가격에서 거의 변동이 없다. 그러나 면화나 고치의 가격은 1920년대에 견주어 1930년대에 크게 하락한다. 면화 가격은 1930년대 초반 다소 오르나 1937년 이후 뚝 떨어진다. 고치의 가격은 1930년대 내내 1920년대 가격보다 낮고, 1938년에는 3분의 1 수준으로 떨어졌다.

농산품의 가격이 이처럼 큰 변화가 없거나 하락한 것은 생산자

표 5-5. 농산물 가격변동[80] (단위: 원)

가격 \ 연도	1929	1930	1931	1932	1933	1934	1935	1936	1937	1938
현미 1석	12.2	12.3	9.9	13.2	12.0	12.7	14.5	14.9	13.9	12.6
면화 1근	0.79	-	0.34	0.92	0.81	1.06	0.96	0.85	0.69	0.54
고치 1근	0.77	0.38	0.40	0.40	0.67	0.28	0.47	0.46	0.51	0.25

80) 현미 가격은 《朝鮮米穀要覽》(1940), 74~79쪽, 91쪽에서 조사한 각 해의 쌀 가격에 해당 연도의 연평균 서울 쌀 가격률과 기준가격(1910년 7월 서울 현미 가격: 석당 9.3원)을 곱해 산출한 실질 쌀 가격이다. 고치가격은 《慶尙北道農會報》(1937년 1월호)와 《朝鮮總督府調査月報》(1931~1943)에서 조사하였고, 면화 가격은 《慶尙北道 農務統計》(1938) 13쪽에서 조사하였다. 고치 가격과 면화 가격도 현미 가격 산출방식과 같은 방법으로 물가지수를 이용해 1910년의 실질 가격으로 환산한 수치이다.

표 5-6. 1933년도 경상북도의 현미 1석의 생산비[81] (단위: 원)

	자작농	소작농	평균
종인비	0.32	0.34	0.33
노임·축력비	6.94	7.18	7.15
비료대금	3.29	2.96	3.25
재료비	0.61	0.92	0.77
농사비용	1.07	0.99	1.01
농구비용	0.43	0.45	0.44
조세공과금	2.66	0.74	1.65
소계	15.32	13.58	14.60
토지자본, 소작료	5.11	8.98	7.13
도정비	0.50	0.50	0.50
합계	20.93	23.06	23.23

농민에게는 심각한 문제였는데, 바로 판매가격이 생산비를 밑돌았기 때문이다. 〈표 5-6〉에서 나타나듯이, 경상북도에서 조사한 바에 따르면, 1933년도 현미 1석의 생산비는 농경비용과 조세공과만을 계산할 경우 자작농은 15.3원, 소작농은 13.6원이었다. 여기에 토지자본 비용이나 소작료를 합산하고 현미 도정비를 추가하면 현미 1석의 생산비는 자작농이 20.9원, 소작농이 23원이었다. 당시 대구시장에서 거래된 현미 1석의 연평균 가격은 19.98원이었다. 따라서 이 가격을 다 받는다 해도 소작농은 적자를 면할 수 없었다. 그런데 농민들이 추수기에 곡물수집상들에게 파는 현지가격은 통상 시장가격보다 35

---

81) 凌本長次, 《朝鮮米の研究》, 1938, 東京千倉書房, 228~234쪽, 248~250쪽에서 작성.

퍼센트 정도 낮았다. 농가경제가 어려워 자작농, 소작농 할 것 없이 추수기에 곡물을 홍수 출하했기 때문에 농민의 현지판매가는 통상 연평균 쌀 가격의 65퍼센트 수준에 머물렀다. 따라서 시장가격을 그대로 다 받아도 소작농은 적자를 면할 수 없었다. 추수기에 현지가격으로 판다면 적자폭은 더욱 확대되어 소작농은 현미 1석당 9원, 자작농도 7원씩 적자를 보았다.

더욱이 1933년 이후 농사개량사업이 강화됨에 따라 쌀 생산비에서는 비료대금이 3배 증가하였다. 이로 말미암아 비료 구입비에서 현미 1석당 6원 안팎의 가격 인상 요인이 발생하였지만, 쌀값은 고작 2~3원 인상되는 수준에 그쳤다. 따라서 화학비료 사용이 확대될수록 농가 생산비와 판매가 사이의 적자폭은 더욱 커졌다고 할 수 있다.

판매가가 생산비보다 낮은 것은 면화와 고치 가격도 마찬가지였다. 조선에서 면화나 고치는 공동판매방식으로 매입되었다. 공동판매의 가격은 생산비와는 무관하게 일제의 면방적자본과 생산자본의 이윤을 보장하는 방식으로 결정되었다. 조선의 공판시장에서 면화 가격은 오사카 원면시장의 미국산 면화 미들링 가격에서 조면비와 오사카까지의 운송비, 공동판매 수수료 등을 뺀 나머지 금액으로 결정되었다.[82] 고치의 공판 가격도 일본 요코하마橫浜 시장의 생사 가격에서 조선의 구매자로 지정된 제사공장의 제사비, 이윤, 잡비 등을 빼는 방식으로 결정되었다. 따라서 면화나 고치가격은 면방적자본과 제사자본의 이윤 실현에 주안을 두고 애초부터 생산농민의 생산비와는 관계없이 결정되는 가격구조를 가지고 있었다.[83] 그렇게

---

82) 權泰檍, 앞의 책(1989), 146~154쪽.
83) 鄭寅寬, 〈蠶繭共販制의 缺陷과 그 對策〉,《朝鮮農民》6-4, 1930년 6월. "원래 모든

책정된 공판 가격은 면화나 고치 모두 생산비에 미달하였고, 생사나 면화의 국제거래가가 하락하는 해는 노무비는 물론이고 생산에 투입된 뽕잎 비용이나 비료대금도 보상받을 수 없었고, 면작으로 얻는 수익이 조 농사로 얻는 수익의 10분의 1에 불과할 때도 있었다.[84]

일제는 1930년대에 면화와 고치의 공동판매를 더욱 확대하였다. 면화 공판에서는 재래면在來棉도 공판대상에 포함시키고, 공판구역을 남부 6도에서 평북·함남·강원도를 제외한 모든 지역으로 확대하는 등 공판제도의 적용범위를 대폭 확대하였다.[85] 또한 일부 지역에서 시행되었던 선물경쟁입찰제도를 완전히 폐지하고, 대신 도장관道長官 (도지사)이 단일 매수인을 지정하는 지정공판제로 공판방식을 단일화하였다. 지정공판제는 매수인이 일방적으로 매입가격을 결정하는 방식이었다. 이 때문에 공판에서 면화 매수가격은 철저히 매수자인 일본 면방적자본에 유리하도록 결정되었다. 경상북도에서는 조선방적주식회사가 단일 매수인으로 지정되었다.[86] 1930년대에 면작에서도 화학비료 사용이 강제로 확대됨으로 말미암아 생산비가 계속 상승하고 있었다. 그럼에도 공동판매가격이 도리어 하락하는 것은 이

상품의 가격은 原價를 중심으로 하야 결정되는 것이니 生絲도 원칙상 繭價와 生産費를 합한 原價에 의하야 결정되여야 할 것임에 불구하고 반대로 生絲價格에 의하야 原料代金이 좌우되고 있다.……지금에는 일반으로 비록 生絲價格이 低落되였다 하더라도 生産費와 利潤率이 低落되지 아니하야 결국 絲價低落에 의한 損失 전부가 養蠶家에게 도라가고 만다."

84) 〈蠶繭共同販賣〉, 《東亞日報》 1927년 6월 17일자. "繭代價가 너무 低廉함으로 一般當業者들은 飼育桑葉代에도 不足하다 하야"; 〈蠶繭共同販賣〉, 《東亞日報》 1927년 6월 19일자. "軍威……蠶繭 共同販賣를 개시하였는데 금년은……예년에 비해 그 가격이 低廉함으로 飼育桑價도 不足하다."; 〈强制栽培된 棉作不良 迎日郡農民의 悲境〉, 《朝鮮中央日報》 1932년 1월 19일자.

85) 權泰檍, 앞의 책(1989), 〈제3장 日帝의 陸地棉栽培强制와 韓國産綿 收奪〉 참조.

86) 〈慶尙北道의 棉作에 對해〉, 《慶尙北道農會報》(1938년 1월).

러한 가격 결정구조 때문이었다.

고치 유통에서도 공동판매는 1930년대에 크게 강화되었다. 조선총독부는 경성과 대구에서 허용하였던 자유시장을 폐지하고 고치 판매방식을 특매제도特賣制度에 의한 공동판매로 단일화하였다. 특매제도는 수의계약제라고도 하는데, 지정된 기간 동안에는 고치를 오로지 농회가 지정한 매수인에게만 판매할 수 있게 하는 제도였다.[87]

고치의 자유시장은 1926년 조선총독부가 고치 판매를 수의계약제도에 의한 공동판매로 단일화하면서 고치 매입이 부진해지자 이를 보완할 목적으로 공판기간이 끝난 이후 경성과 대구에 한정해 개설을 허용했던 시장이다. 자유시장의 고치 가격은 공판가격보다 1할가량 높았기 때문에 고치 생산자들은 자유시장을 선호하였다.[88] 자유시장은 고치의 공판가격이 하락할수록 더욱 활기를 띠었다. 고치 가격이 폭락한 1932년에 경북양잠조합연합회가 나서 조합원의 고치를 대구 자유시장에서 공동으로 판매한 것이나,[89] 1934년에 공동판매가 매우 저조했던 것과는 대조적으로 대구자유시장의 거래가 왕성했던 것,[90] 그리고 1935년 봄에 고치의 공판가가 하락하자 군위군에서 생산된 고치의 6~7할이 대구 자유시장으로 반출된 것 등이 그 예다.[91] 그리하여 고치유통에서 자유시장이 차지하는 비중은 평균

---

87) 鄭寅寬, 〈蠶繭共販制의 缺陷과 그 對策〉, 《朝鮮農民》 6-4, 1930년 6월호; 張元俊, 〈繭共同販賣와 自由市場問題〉, 《朝光》 10, 1936년 8월호; 金惠水, 〈日帝下 養蠶農民의 社會的 存在形態〉, 《經濟史學》 13, 1989.

88) 1930년, 1931년, 1932년의 고치 1석당 공판가격은 각 22.38원, 15.25원, 17.86원이었음에 견주어 개인 판매가격은 23.61원, 17.15원, 21.03원으로 개인 판매가격이 1.3원~3.2원 높다(《朝鮮總督府調査月報》 1931~1933년 각 3월호의 〈家蠶繭販賣狀況〉에서 조사함).

89) 高在旭, 〈朝鮮의 經濟界〉, 《新東亞》 2-12, 1932.

90) 〈繭價慘落으로 共販場은 極閑散, 大邱선 自由賣買旺盛〉, 《朝鮮中央日報》 1934년 6월 15일자.

25퍼센트를 넘었고, 1932년에는 37퍼센트에 육박하기도 하였다. 자유시장은 공동판매와 일종의 경합관계에 있었고, 공동판매제도가 지나치게 악화되는 것을 일정하게 견제하는 구실을 하였다.[92]

비록 고치 매입의 차질을 줄이려 개설했다고는 하나, 자유시장의 이러한 확대는 공판에서 매수인으로 지정된 제사자본에게는 결코 환영할 일이 못 되었다. 자유시장이 확대되면 원료가격이 상승하고, 자칫하면 원료난에 봉착할 수도 있었다. 실제 자유매매가 매우 활발하였던 1934년 대구에서는 경상북도의 지정 고치 매수인이었던 가타쿠라제사片昌製絲·대구제사大邱製絲·조선생사朝鮮生絲 등이 원료 고치를 충분히 구매하지 못해 휴업하는 사태가 일어났다.[93] 이에 대제사자본은 조선총독부에 고치 자유시장의 폐지를 강력히 요구하였고, 그 요구가 받아들여져 1936년 11월에는 경성의 자유시장이, 그 다음해에는 대구의 자유시장이 폐지되었다.[94] 이로써 고치의 유통은 오로지 공판으로만 이루어지게 되고, 고치 가격을 제사자본가들이 일방적으로 결정하게 되어 결국 1938년의 공판가격은 사상 최저 수준으로까지 하락하였다. 1938년의 공판가격은 1929년의 고치 가격과 대비하면 3분의 1 수준이었다.

이상에서 보았듯이 1930년대 조선의 쌀, 면화, 고치의 가격결정

---

91) 〈軍威 共販繭價 低廉, 生産者는 他處로 搬出 生繭 6, 7할이 大邱行〉, 《東亞日報》 1935년 6월 25일자.
92) 張元俊, 앞의 글(1936). "從來 自由市場이 있슴으로 해서 共販이 牽制되고 共販이 있기 때문에 自由市場이 牽制되어 온 것이 사실이어서……自由市場에서 거래한 繭價를 보면……공판가격에 비하여 더 高價로 매수하기 때문에 共販價를 견제해왔고, 자유시장에서는 買繭의 等級及計量에 있어서 不公正하든 것이 공판의 예에 견제되야 수정되는 등 右記共販自由兩取引制의 竝行은 繭生産者에게 절대로 有利한 것이라 보지 않을 수 없다."
93) 〈原料不足으로 各製絲場休業決定〉, 《朝鮮中央日報》 1934년 9월 30일자.
94) 金惠水, 앞의 글(1989).

구조와 가격수준은 농가의 생산비와는 무관하게 결정되었고, 그 가격은 생산비에 훨씬 미달하는 수준에 머물렀던 데다, 그나마도 시간이 흐를수록 하락하였다. 그럼에도 1930년대에 쌀, 면화, 고치의 상품화는 지속적으로, 그것도 비약적으로 확대되었다. 1930년대에 이들 농산품의 상품화를 확대시킨 주체는 누구였고, 상품화 확대 기제는 무엇이었을까?

쌀의 상품화를 확대시킨 주체는 지주들이었다. 지주들은 1930년대에도 고율소작료를 유지하는 데 아무런 규제를 받지 않았다. 일제는 '조선소작조정령'과 '조선농지령'을 제정하여 소작쟁의를 해결하려 나섰지만, 고율소작료에 대해서는 조금의 제재도 가하지 않았다. 우가키 총독은 일관되게 '소작료를 규제하는 것은 지주의 정당한 권익을 침해하는 것이므로 허용될 수 없다'는 입장을 고수하였다. 그 덕분에 지주들은 쌀값이 낮고, 화학비료 사용 증가로 생산비 부담이 늘어나더라도 충분히 이윤을 실현할 수 있었다. 1936년도에 식산은행이 조사한 농장형 지주의 현미 1석당 생산비는 토지자본 이자가 5.21원, 공과 및 부담금이 1.18원, 관리비가 0.47원으로 총 6.86원이었다. 지주들의 생산비가 이 정도라면 쌀 가격이 비록 자작농이나 소작농이 적자를 보는 수준에서 결정되더라도 충분히 이윤을 올릴 수 있었다.[95]

1930년대에 조선의 지주들은 시장경제에 적응하면서 능동적인 미곡상품자로 변신하고 있었다. 지주들은 대공황을 거치면서 시장변동에 기민하게 대처하지 못할 경우 심각한 타격을 입을 수 있음을 깨닫게 되었다. 또한 1930년대의 조선총독부의 미곡농정이 화학비료

---

95) 鄭然圭, 《朝鮮米の資本主義生産對策》, 滿蒙時代社, 1936, 146쪽.

사용을 강제하는 농사개량사업 위주로 전환하면서 지주제에서도 상
업적 경영을 발전시킬 필요가 높아졌다. 그에 더해 만주침략으로 미
곡시장이 확대됨에 따라 지주경영도 새로운 성장 가능성을 맞고 있
었다. 이러한 가운데 지주들은 능동적인 시장참여자로 변신해 갔고,
이에 따라 이들이 주체가 된 미곡상품화도 더욱 증가해 갔다.

이에 더해 화학비료 사용의 확대가 정책적으로 강요됨으로 말미
암아 농민들의 궁박 판매도 빠르게 증가하였다. 〈표 5-7〉을 보면
농가의 영농비 가운데 현금지출액은 비료대금의 증가로 1933년에
견주어 1938년에 크게 늘어난다. 비료 구입에 지출된 현금은 이 기
간에만 자소작농가가 4.20원, 소작농가가 3.31원 증가하였다. 현금지
출액 총액에서도 소작농가는 이 기간에 무려 8.57원 증가하였고, 이
는 1933년에 견주면 56퍼센트나 늘어난 금액이다. 결국 그만큼 농민
층의 미곡 궁박판매도 늘어날 수밖에 없었다.

그러나 쌀과는 달리 면화와 고치는 지주와 같은 능동적인 상품
생산자가 없었다. 지주들은 면화나 고치 생산에 거의 관심을 보이지

표 5-7. 경상북도 자소작 및 소작농가의 영농비 현금지출[96] (단위: 원)

연도	자작겸소작농				소작농			
	비료비	고용비	기타	합계	비료비	고용비	기타	합계
1933	9.09	9.85	11.05	30.80	6.93	2.30	6.01	15.24
1938	13.29	8.23	7.92	29.43	10.24	3.41	10.16	23.81

96)《農家經濟槪況調査-自作小作農家》, 84쪽;《農家經濟槪況調査-小作農家》 84쪽에서 작
성. 1938년의 금액은 물가인상률을 적용하여 1933년도 금액으로 환산한 액수.

않았다. 또한 생산자인 농민들은 면화나 고치 가격이 생산비를 밑돌았기 때문에 능동적인 상품생산자가 될 수 없었다. 면화나 고치의 상품생산을 급속히 확대시킨 원인은 생산과 판매의 확대를 강제하였던 일제의 식민농정이었다.

면화의 상품화에 대해 살펴보면, 일제는 앞서 보았듯이 도에서 군, 면, 동리를 거쳐 개별농가까지 생산할당량을 배정하는 방식으로 생산을 확대하였고, 그 할당량의 일정 비율을 공동판매하도록 강요하였다. 생산된 면화는 판매되지 않고 농가에서 베를 짜는 원료로 사용될 수도 있었다. 당시 조선 농가에서는 현금지출을 줄이고자 집안에서 부녀자들이 베틀로 무명베를 짜기도 했다. 농가에서 베를 짜는 일이 늘어날수록 공판 목표량을 달성하기가 어려웠다. 따라서 공동판매량을 늘리려면 농가의 자가직조를 금지할 필요가 있었다. 이에 일제는 면화 공동판매 목표량을 달성하기까지 농가의 베틀을 압수하였다. 상주군에서는 농가 호당 공판량을 배정하고 공판을 시작했으나 실적이 부진하자 군 면작계원을 파견해 농촌의 물레와 베틀을 전부 몰수하는 조치를 취했고,[97] 의성군에서도 60만 근의 공판목표를 책정하고 그 목표액을 달성할 때까지 면작농가의 물레를 전부 몰수 봉인하는 조치를 취했다.[98] 경주군과 김천군에서도 공판장려주간을 설정하여 목표량을 달성하기까지는 면화의 개인 판매나 자가 사용을 일절 금지하였다.[99] 이러한 할당식 공동판매 강제는 '제4기 육지면장려계획'이 실시되면서 면작지도군棉作指導群, 면작지도면

---

97) 〈尙州郡에서는 織造機도 沒收〉, 《東亞日報》 1930년 11월 5일자.
98) 〈一萬四千棉作家手繰機封印沒收 공동판매하지 안코 베낫는다고－義城郡棉作係의 處事〉, 《東亞日報》 1930년 11월 2일자.
99) 〈手繰機沒收코 共賣를 强制－慶州棉作家의 怨聲藉藉〉, 《東亞日報》 1930년 11월 7일자; 〈棉花强制共販 生産者怨高－金泉郡〉, 《東亞日報》 1930년 11월 8일자.

棉作指導面, 면작고지서 등으로 심화되고 더욱 강화되었다. 면작지도 군제도는 지도대상으로 선정된 군에 면작기수와 지도원을 상주시키면서 면작농가를 상대로 집약재배와 생산된 면화의 공동판매를 집중적으로 지도하는 것이었다. 면작지도면 제도는 이를 더욱 발전시킨 것으로, 지도대상을 면 단위로 좁혀 면작농가를 보다 더 철저히 관리, 통제하는 것이었는데, 지도면에서는 반드시 생산된 면화의 5할 이상을 공판하도록 강요하였다. 면작고지서는 개별농가에게 생산할 면화량과 공판에 판매할 면화량을 할당해 통고하는 고지서였고, 당해 지역의 농회기수, 관리, 경찰관 등은 이 고지서를 근거로 면작과 공판의 확대를 압박하였다.[100]

고치의 상품화 또한 양잠의 확대를 강요하는 식민농정으로 확대되었다. 고치도 면화와 마찬가지로 농가에서 명주를 짜는 원료로 사용할 수 있었다. 그러나 면화와 달리 고치를 가공해 명주를 짜는 기술은 전문성이 높아 일부 지역에 제한적으로 보급되어 있었고, 명주의 수요 또한 무명과 같이 크지 않았다. 따라서 고치의 경우는 생산만 강제로 확대해 놓으면 굳이 판매를 강제하지 않아도 농민들이 이를 시장에 출하하게 되어 있었다. 적자 가계에 현금수입이 늘 부족했던 농민들로서는 아무리 고치 가격이 낮아도 이를 판매하지 않을 수 없었다.

고치 판매에서는 면화 공판과는 달리 상품화의 확대를 강요하는 강제조치도 없었고, 자유시장이 폐지되어 고치 가격이 하락하고 있음에도 생산량이 증가할수록 그 판매량도 증가하였으며, 총생산량에 대한 상품화율도 60~70퍼센트에 이른다.[101] 양잠기술의 미숙으로

---

100) 《慶北의 農業》(1938), 148~150쪽.
101) 고치 판매고는 공판고와 개인 판매고를 합산한 것이다. 고치의 총생산고에 대한

생산된 고치 가운데서 원료로 사용할 수 없는 불량고치가 적지 않았음을 감안하면, 이 상품화율은 매우 높은 것이라 할 수 있다.

고치판매고의 비율, 즉 고치 상품화율은 1930년에는 65%, 1932년에는 60%, 1936년에는 68%, 1938년에는 57%였다. 고치 생산고는 《慶尙北道 農務統計》(1938), 13쪽에서, 고치 공판고와 개인 판매고는 《慶尙北道農會報》(1937년 1월호), 25~31쪽에서 조사하였다.

3. 농민경제의 몰락과 지주제의 변동

1) 농민경제의 몰락과 농가경영의 전층적 하강분해

일본 제국주의는 대공황을 계기로 중국과 동남아시아를 침략하여 독자적인 경제블록을 구축하는 군국주의의 길로 나선다. 이에 따라 조선에서도 산업정책 전반에 변화가 일어나고, 농업에서도 공산자원의 증산이 대대적으로 추진되었다. 이로 말미암아 조선 농업에서는 일제 강점 초기부터 발달하였던 지주적 상품생산이 그대로 유지되는 가운데 농민을 상대로 공산원료를 목표할당식으로 증산하고 상품화할 것이 대대적으로 강요되었다. 이 시기에 일제는 조선에서 면화와 고치의 공급을 대폭 확대할 것으로 요구하였고, 그 상품들을 공판제도를 통해 자국의 면방적자본과 생사자본의 이윤을 최대한 보장하는 가격으로 판매하도록 강제하였다. 면화와 고치의 가격은 항상 농민의 생산비를 밑돌았고, 따라서 면작과 양잠에서 상품생산이 확대될수록 농민경제는 더욱 몰락할 수밖에 없었다.

한편 이 시기에 일제는 조선에서 농촌진흥운동을 실시하였다. 농촌진흥운동은, 이를 입안한 우가키 총독이 "조선인에게 적당한 빵을 주는 정책"이라 표방했듯이, 일정하게 조선의 농민경제를 안정시키는 정책들을 포함하고 있었다. 그러나 그 정책들은 자체의 한계로 말미암아 미봉적인 효과를 제한적으로 낼 수 있었을 뿐이었다. 곧 '조선농지령'은 소작료를 규제하지 않아서 결국 분배정책을 결여한 증산정책이 되고 말았고, '자작농지 창설유지사업'은 그 규모 자체가 작을뿐더러 지가 앙등과 토지소유에 따른 무거운 지세·공과 부담을 고려하지 않고 추진되어 소작경영을 보완할 수 없었다.[102] 또한 '고리채 정리사업'도 고리채의 "결정적 원인"이 되었던 고율소작료를 그대로 유지했기 때문에 "그 성적이 볼만한 것이 없었고", 금융조합의 자금융통 확대는 도리어 "농·산·어촌 고리대금업자들의 자금을 공급하여 일반 농·산·어촌의 고리채만 증가케 하는" 부작용을 불러오기도 하였다.[103]

만주사변 이후의 농민경제의 몰락상은 농업경제학자 인정식이 1938년 경상북도 달성군 월배면 도원리에서 실시한 농가경제 현황 조사에서 생생하게 파악할 수 있다. 이 부락의 전체 농가호수는 57호였는데, 농촌진흥운동이 진행된 기간에 일어난 농가계급별 구성의 변동을 보면 자작농 12호 가운데 5호가 자소작농이나 소작농으로 전락하였고, 자소작농 30여 호 가운데 8호가 소작농 내지 피용호로 전락하였으며, 그 나머지도 자작농지 소유규모가 4~5반에서 0.5~1반으로 감소하여 거의 소작농과 다를 바 없이 몰락하였다. 결국 농촌진흥운동이 진행된 기간에 순소작농가가 전체 농가의 70퍼센트를 넘어설 정도로 증가하였고, 탈농상태에 있었던 피용호도 많이 생겨나 9퍼센트를 차지할 정도가 되었다.[104]

---

102) 〈朝鮮에 있어 自作農創設維持事業〉, 《殖産銀行調査月報》 55, 1942년 12월호; 岩田龍雄, 〈自作農 創定을 둘러싼 諸問題〉, 《朝鮮總督府調査月報》 14-8, 1943년 8월호; 〈自作農創定案에 重大暗影을 發見－地税등 負擔이 小作人의 7倍〉, 《朝鮮中央日報》 1933년 4월 7일자; 〈地價四五割暴騰으로 自作農創定에 支障－豫定面積의 半分을 購入〉, 《東亞日報》 1935년 10월 10일자.

103) 社說, 〈朝鮮農村의 負債問題〉, 《朝鮮中央日報》 1935년 2월 22일자; 金明植, 〈農民負債의 支拂猶豫問題〉, 《批判》 11-1, 1940년 1월호.

104) 印貞植, 《朝鮮의 農業地帶》, 1940, 98~99쪽. 피용호는 농업노동만으로는 생계를 유지할 수 없었다. 그들은 소작권 쟁탈에서 밀려난 자들로서, 농번기에는 농경일고 農耕日雇가 되기도 하나 주로 땔감을 모아 대구시장에 내다 팔거나 사방공사砂防工事 내지 토목공사에 고용되어 간신히 생계를 이어갔다. 따라서 농업노동자라기보

조사에 따르면 농가경제를 몰락시킨 주요한 요인은 두 가지였다. 하나는 고율소작료였다. 이 부락의 소작지는 전부 대구의 지주들이 소유하였는데, 순수한 소작료만 총수확의 6할이었고, 그 위에 지세·운반비·가마니값·벼검사 비용·비료대금·농구대금·종자대금 등이 더해져 소작료 총액은 총수확의 7할 5푼에 달했다.105)

다른 하나는 매년 늘어나는 고리채였다. 이 마을 전체농가 57호 가운데 부채가 없는 농가는 자작농과 자소작농호 4호뿐이었다. 소작농 8호는 경제력이 너무 취약해 부채조차 얻을 수 없었다. 이들을 제외한 나머지 농가는 모두 금융조합 대부금과 고리채를 가지고 있었고, 그 부채가 해마다 늘어났다. 부채를 증가시킨 요인은 현금으로 지출되는 농경비와 생계비의 증가였다. 곧 "농·공산품의 협상가격차鋏狀價格差의 증대, 공판제의 강화, 여러 부담 증대, 만성적인 가뭄(旱)·수해水害의 연속"106) 등이 원인이 되어 농경비와 생계비의 현금지출이 해마다 늘어났기 때문이었다. 이 마을의 부채농가 46호의 부채총액은 3,870원이었으며, 농가 호당 평균 부채액은 68원이었다. 그 부채를 이식별로 분류하면 그 가운데 4할만 연 이자 15퍼센트의 금융조합 부채였고, 나머지 6할은 연 이자 30퍼센트를 상회하는 고리채였다.107) 이 마을의 실태를 보면, 고리채 정리사업에도 불구하고 고리채는 여전히 농가경제를 몰락시키는 주요한 요인으로 작용하고 있었다.

도원리의 소작농가들은 전부 고율소작료와 고리채로 말미암아 농가경제가 적자였다. 7명의 가족노동력을 보유하고 일반 소작농보

다는 탈농층에 가까운 존재들이었다.
105) 印貞植, 위의 책, 103~105쪽.
106) 印貞植, 위의 책, 100쪽.
107) 印貞植, 위의 책, 111쪽.

다 두 배나 넓은 토지를 소작하여 이 마을의 최대 '광농廣農'자였던 소작농조차도 현금수지에서는 67.7원의 적자를 보았다.108) 이로 말미암아 자작농가는 소작농으로, 소작농은 피용호 내지 탈농호로 몰락해 갔다. 이 마을의 경우 농가경제의 몰락은 중일전쟁 이후 "면화의 자가소비가 엄금되는 등 공판제가 강화"109)됨으로써 더욱 촉진되고 있었다.

이 부락에서 살필 수 있었던 변동은 다소 정도의 차이는 있으나 경상북도에서, 나아가 조선 농촌 전반에서 거의 비슷하게 일어났다. 〈표 5-8〉은 1929년 이후 경상북도에서 자작지가 감소하고 대신 소

표 5-8. 경상북도 자작농 소유의 자작지 면적 변동110)(단위: 정보)

연도	자작농소유		자소작농소유		합계	
	논	밭	논	밭	논	밭
1929	39,262	45,341	45,922	51,637	85,184	96,976
1932	38,989	44,599	43,876	51,637	82,865	90,681
1933	38,006	43,678	43,536	45,511	81,542	89,189
1935	38,048	42,762	44,288	46,082	82,336	86,771
1938	39,675	42,070	44,449	44,009	84,124	84,604

108) 印貞植, 위의 책, 105~110쪽에 따라 작성한 소작농(갑)의 수지내역은 다음과 같다.

	현물	현금
수입	벼 6.1석, 보리 6.3석 기타	연초판매 223.5원
지출	영농비, 식량, 구장수당 등으로 전부 지출	영농비　　24원 조세공과　44.4원 생계비　222.8원
수지	보리 9석 부족	−67.7원

109) 印貞植, 위의 책, 112쪽.
110) 《慶尙北道農務統計》(1938), 5쪽에서 작성하였다.

작지가 증가하는 양상을 보여주고 있다.

1929년과 1938년 사이의 자작지 면적의 변동을 보면 논에서는 1,060정보가 감소하고, 밭에서는 12,375정보가 감소하여, 전체적으로 13,435정보의 자작지가 감소하였다. 논의 경우 자작지가 1933년 이후 다소 증가하는 것으로 나타나지만, 그것은 통계방식의 변화로 1933년 이후 소유지의 일부를 자작했던 지주(을)을 자작농에 포함시킨 데 따른 것일 뿐이다. 농민층의 자작지는 논에서도 현저한 감소 추세를 보였다. 자작농의 자작지만 계산한 1932년 통계와 지주(을)의 자작지까지 합산한 1933년의 통계를 대비해보면, 자작농의 호수는 11,103호 증가하나 논의 자작지는 도리어 983정보나 감소하였다. 자소작농의 자작지 소유변동은 이 기간에 진행된 농민몰락상을 보다 정확히 보여 주는데, 논과 밭에서 각각 1,473정보와 9,103정보, 그리하여 총 10,576정보가 감소하였다.

다시 농민층의 토지 상실을 군 단위로 파악하고자 작성한 것이 〈표 5-9〉와 〈표 5-10〉이다. 이 표를 보면, 소작지율의 변동은 전체로는 증가하고 있지만 지역 사이의 편차가 크고, 증감이 동시에 나타나는 등 매우 복잡한 양상을 띠고 있다. 그 변동을 1920년대의 소작지율 및 1930년대의 농업생산의 변동에 연계시켜 파악하면 크게 세 유형으로 나누어진다.

첫째, 소작지율이 전반적으로 감소하거나 변동폭이 크지 않은 유형으로, 달성·군위·의성·청송·칠곡·문경군 등이 여기에 속한다. 의성·문경을 예외로 하면, 이 지역들에서는 1920년대에 소작지율이 급증하였고, 1930년대에 면작호가 현저히 증가하나 콩 수확고의 감소가 상대적으로 크지 않은 등의 공통점이 보인다. 이들 지역에서는 1920년대 말에 이미 면작이 강요되는 등 여러 요인으로 농민경제가

표 5-9. 경상북도의 소작지율과 농업생산의 변동[111] (1930~1938년, 단위: %)

군별	소작지율 증감(1)		농업생산의 증감(2)			
	논	밭	미반수 米反收	면작지	양잠호	콩 수확고
대구	+11	-9	-16	0	+498	-59
달성	+1	-1	+4	+68	+42	-59
군위	0	0	+3	+47	+6	-18
의성	0	+1	+20	+2	+34	-31
안동	+7	+9	+12	+63	-3	-44
청송	-5	-4	+14	+195	-3	-38
영양	+3	+5	+10	+234	+36	-30
영덕	+3	-1	+83	+1,181	+40	-26
영일	+4	+5	+27	+382	+29	-50
경주	+1	-1	+42	+46	+79	-31
영천	+2	+2	+15	+97	+55	-57
경산	+2	+2	+36	+177	+84	-68
청도	-2	+12	-12	+125	+42	-66
고령	+4	-10	+46	+109	+49	-41
성주	+3	+9	+20	+164	+80	-23
칠곡	-1	-7	+50	+91	-6	-22
김천	-3	+3	+11	+205	+63	-11
선산	+3	-3	+13	+87	+30	-7
상주	0	+5	+32	+78	+48	-71
문경	-3	-6	+52	+51	+16	-74
예천	+4	+5	+16	+47	+48	+2
영주	+6	+3	+36	+194	+12	-24
봉화	+8	+3	+13	+1,543	+31	-42
경북	+2	+1	+24	+86	+34	-43

111) 《慶尙北道 農務統計》(1928, 1930, 1931, 1937, 1938)에서 작성. ① 소작지율의 증감은 1938년의 소작지율에서 1931년 소작지율을 감한 것, ② 농업생산의 변동 가운데 미반수는 1930~31년의 평균반수를 100으로 한 1938년의 증감률, 면작지는 1928년의 육지면 경작면적을 100으로 한 1938년의 증감률, 양잠호는 1930년의 양잠호를 100으로 한 1938년의 증감률, 콩 생산고는 1931년의 콩 생산고를 100으로 한 1938년의 증감률을 나타낸다.

한계선까지 몰락하였고, 1930년대에는 그에 대한 반동으로 지주들이
자작지 경영을 확대하였다고 생각된다. 앞서 예외 지역으로 분류하
였던 의성·문경도 이 점에서는 공통되는데, 다만 소작지율이 한계점
에 도달하는 시기가 1920년대 초반이었던 점이 다르다.

둘째, 논의 소작지율이 증가한 것과 달리 밭의 소작지율이 감소
하는 유형으로, 대구·경주·고령·선산군 등지가 여기에 속했다. 이러
한 변화는 1920년대에는 발견되지 않던 새로운 특징이었다. 대구를
예외로 하면 이들 지역은 공통적으로 1920년대에 논과 밭 모두에서
소작지율이 급증하고, 1930년대에는 면작호나 양잠호가 크게 증가하
지 않았음에도 콩 생산고가 현저하게 감소하였으며, 쌀의 생산성이
도 평균을 크게 상회하는 성장세를 보였다. 또한 1930년대에 밭의
면적이 현저히 감소하였다.

밭의 면적과 소작지율이 감소하고 대신 논의 소작지율이 증가하
는 이러한 변화는 이들 지역에서 일제가 콩 농사를 면작으로 전환하
도록 강요하자 농민들이 밭의 소작을 포기하고, 그로 말미암아 지주
들 또한 관개시설을 하여 밭을 논으로 반답反畓시킴으로써 일어났다.

셋째는, 밭이나 논 또는 양자 모두에서 소작지율이 증가하였던
유형으로, 안동·영양·영덕·영일·영천·경산·청도·성주·상주·예천·영
주·봉화군 등이 여기에 속했다. 이 지역들에서는 공통적으로 1930년
대에 면작호가 급증하고, 대신 콩 또는 조의 생산이 급감하는 변화
가 나타났다. 말하자면 1930년대에 면화의 증산이 강요되면서 농가
경제의 몰락이 급속히 일어난 지역들이었다. 다시 〈표 5-10〉과 관
련해 검토하면, 이전에 콩류를 재배했으나 전부 면화나 벼를 재배하
는 농지로 전환된 지역은 영일·영덕·성주·상주·봉화 등지였고, 그
가운데 일부만 전환된 지역은 영양·영천·경산·청도 등지였다. 나머

표 5-10. 경상북도의 면화·콩류의 재배면적 및 논밭 면적의 변동[112]
(1930~1938년, 단위: 정町)

군별	두류	면화	논	밭	총경지 면적 증감
대구	+891	+96	−54	−27	−81
달성	−2,753	+45	+598	−571	+27
군위	−164	+410	+399	−209	+110
의성	−677	+230	+675	−1,573	−862
안동	−951	+1,391	+366	−157	+209
청송	−662	+526	+175	−488	−313
영양	−133	+424	−61	−295	−356
영덕	−126	+352	+111	−240	−129
영일	−1,152	+799	+157	−442	−124
경주	−1,895	+335	+1,281	−1,225	+56
영천	−907	+480	+295	−920	−625
경산	−2,710	+770	+300	−424	−124
청도	−2,092	+1,035	+172	−385	−213
고령	−1,079	+291	−531	−947	−1,478
성주	−780	+291	+228	−362	−134
칠곡	−337	+304	−93	−802	−895
김천	−1,164	+370	−730	−764	−1,494
선산	−432	+161	+456	−889	−433
상주	−4,046	+520	+1,187	−1,200	−13
문경	−254	+279	+255	−530	−275
예천	−1,274	+1,013	+210	+681	−471
영주	−281	+812	−234	−334	−568
봉화	−446	+525	+155	−209	−54
경북	−23,374	+12,600	+5,176	−13,847	−8,671

112) 《慶尙北道 農務統計》(1930, 1938)에서 작성.

표 5-11. 경상북도의 농가계급별 호수 및 구성비율[113]

호수\연도	지주	자작농	자소작농	소작농	피용호	합계
1929	11,794	67,572	130,678	141,231	−	351,275
1931	12,689	66,311	109,523	179,272	−	367,795
1933	−	72,557	104,395	168,371	11,653	356,976
1935	−	76,396	107,779	167,109	12,407	363,691
1937	−	73,729	108,184	160,584	13,241	355,738
1938	−	74,175	107,419	160,321	12,411	354,326
비율\연도	지주	자작농	자소작농	소작농	피용호	합계
1929	3.2	19.2	37.1	40.4	−	100
1931	3.5	18.0	29.8	48.7	−	100
1933	−	20.3	29.2	47.2	3.3	100
1935	−	21.0	29.6	45.9	3.4	100
1937	−	20.7	30.4	45.1	3.7	100
1938	−	21.1	30.3	45.2	3.5	100

지 지역에서는 경작조건이 맞지 않아 면작지로 전환되지 못하고 폐경된 것이라 보인다.

이처럼 1930년대는 모든 지역에서 농민경제의 몰락과 토지상실이 일어나고 있고, 그 변동 폭은 이 시기에 면작과 미작이 확대된 지역일수록, 그에 따라 콩의 생산이 급감한 지역일수록 더욱 컸다.

---

113) 《慶尙北道農務統計》(1938)와 《朝鮮小作年報》(1938)에서 작성. 지주수는 지주(갑)과 지주(을)을 합친 수다. 1933년 이후는 자작농호수에 합산된다.

　　농민경제의 몰락은 농민의 계급구성 변동에서도 찾아 볼 수 있었다. 〈표 5-11〉을 통해 1929년과 1931년을 대비하여 경상북도의 농민계급구성의 변동을 살펴보면, 이 사이에 자작농이 1,200여 호, 자소작농이 21,000여 호 감소하고, 대신 소작농이 48,600여 호 증가하였다. 다시 1931년과 1938년을 대비하면, 통계작성방식에서 지주(을)이 자작농에 합산되는 변화가 일어나 자작농수에는 거의 변화가 없었지만, 자소작농은 2,100여 호, 소작농은 약 18,950호가 감소하였고, 대신 피용호가 12,400여 호, 탈농호가 8,600여 호로 증가하였다. 탈농호는 자소작농과 소작농의 감소호수에서 피용호를 뺀 농가호로, 이들은 국내 다른 지역으로 이주하거나 만주, 일본으로 이민하였다. 1920년대에는 자작, 자소작농이 소작농으로 몰락하는 변화가 진행되었음에 견주어, 1930년대에는 이에 더해 자소작농 및 소작농의 하층이 탈농하는 새로운 변화가 진행되었던 것이다. 1931년의 총농가호수에 대비하여 1938년까지 탈농한 농가호수-피용호도 탈농호와 크게 다를 바 없었으므로 합산한다-가 차지하는 비율은 5.7퍼센트나 되었다. 앞의 변화를 농민구성비율의 변동으로 살펴보면, 1929년과 1938년 사이에 자소작농은 37.1퍼센트에서 30.1퍼센트로 감소하였고, 소작농의 비율은 40.2퍼센트에서 44.9퍼센트로 증가하였다.

　　게다가 1930년대에는 소작농가가 증가하는 것과 나란히 농가경영이 영세화되는 변화도 일어났다. 〈표 5-12〉를 보면 1923년과 1938년 사이에 경상북도에서 3정보 이상을 경작하던 농가는 12,210호에서 2,722호로 약 1만 호 정도 감소하였고, 1~3정보를 경작하는 농가수는 65,982호에서 63,413호로 약 2천 5백 호 줄었다. 또 1정보에서 3단보 사이를 경작하는 농가수는 126,656호에서 194,723호로 무려 약 6만 8천 호가 증가하였으며, 3단보 이하를 경작하던 극빈농

표 5-12. 경상북도의 경영규모별 농가 구성[114](단위: 호)

경작규모	자작농		자소작농		소작농	
	1923	1938	1923	1938	1923	1938
3정 이상	2,845	1,054	6,563	1,197	4,802	471
1정~3정	14,267	16,941	33,620	26,769	18,086	19,703
1정~3반	24,958	37,792	56,789	69,083	44,909	87,848
3반 이하	18,444	16,237	37,900	22,616	36,973	41,290
합계	60,523	72,024	134,872	119,665	104,770	149,312

가수는 93,317호에서 80,143호로 1만 3천여 호 감소하였다. 곧 농가 경영 전반이 대경영→중경영→소경영으로 하강하며 경영규모가 영세해지고, 경영규모가 극단적으로 영세하였던 3단보 이하 빈농들이 급속히 탈농하는 전층적 하강분해양상을 보이고 있다.

이러한 변화를 다시 자작농, 자소작농, 소작농별로 나누어 검토하면, 먼저 3정보 이상의 대경영, 즉 부농경영의 감소는 모든 농민층에서 공통적으로 나타나지만, 자작농보다는 자소작농에서, 자소작농보다는 소작농에서 훨씬 더 두드러진다. 다음으로 1~3정보의 중경영의 변동을 보면, 자작농과 소작농에서는 증가가, 자소작농에서는 감소가 확인된다. 이러한 현상은 중경영층에서 자작농 및 자소작농(자작지 비중이 큰 자소작농)으로, 대경영 자작농의 중경영으로 하강과, 소자작농(소작지 비중이 큰 자소작농) 및 소작농 대경영의 소작농 중경영으로의 하강이 중첩적으로 진행되었음을 나타내며, 전체로 보면

---

114) 1923년 통계는 善生永助,《朝鮮の小作慣習》, 36쪽에서, 1938년 통계는《殖産銀行調査月報》35호, 17~21쪽을 토대로 작성하였다.

후자의 경향이 우세하다. 소경영에서는 세 계층 모두에서 증가하였
으나, 소작농의 증가가 더욱 뚜렷하였다. 소경영으로의 하강과 소작
농 전락이 동시 진행되었음을 반영하는 변화였다. 마지막으로 3단보
미만의 영세경영의 변동을 보면, 자작농에서는 증가가, 자소작농과
소작농에서는 감소가 나타났다. 영세경영의 탈농화는 다름 아닌 소
작농 최하층에서 일어났다.

이상의 검토를 종합하면, 만주사변 이후 조선 농촌에서는 고율소
작제가 그대로 유지되는 가운데, 일제의 블록경제정책에 따라 쌀·면
화·고치의 상품화가 확대됨으로 말미암아 자작농 및 자소작농이 소
작농으로 전락하고, 대경영 내지 부농경영은 물론이고 중경영조차도
영세소경영으로 몰락하면서 소작빈농층이 대거 탈농하는 전층적 하
강분해가 진행되었다.115) 그리하여 경상북도에서 해마다 늘어가는
상환 불가능한 부채로 파탄지경에 내몰린 영세소경영 농가의 비율
은 1938년 현재 낮게 잡아도 전체농가의 8할을 차지할 정도로 증가
하였다.116)

---

115) 농민층 분해의 이러한 특징이 전국적인 현상이었음은 다음의 연구를 통해 확인
할 수 있다. 張矢遠, 〈日帝下 農民層 分解의 樣相과 그 性格〉, 《일제의 한국식민통
치》, 1985; 姜泰勳, 〈日帝下 朝鮮의 農民層 分解에 관한 硏究〉, 《한국근대농촌사회와
농민운동》, 열음사, 1988.
116) 인정식의 달성군 농가경제조사에서는 1.3정을 소작하는 소작농의 경우 매년 69
원에 달하는 상환 불가능한 부채를 누증해갔다. 이를 기준으로 삼으면 3정 이하의
소작농과 1정 이하의 자작농 및 자소작농이 전부 여기에 해당한다. 참고로 1935년
도에 경상북도에서 조사한 통계에 따르면, 경작면적 5반 이하의 세농호수는 총농
가호수의 7할을, 총인구의 8할을 차지했다(〈慶北道內의 細農 總人口의 약 8할〉, 《朝
鮮民報》 1935년 4월 2일자; 〈全農家에 대한 細農戶數 약 7할-慶北道의 分類調查 終
結〉, 《朝鮮民報》 1935년 4월 24일자).

2) '농지령'의 제정과 지주경영의 변동

일제는 조선의 지주제를 일본이 필요로 하는 쌀을 낮은 가격에 대량으로 공급할 수 있는 농업수탈기구로서 육성하고 보호하였다. 조선에서 쌀을 조달할 필요성은 1930년대에 더욱 늘어났다. 이에 조선총독부는 '조선소작조정령'과 '조선농지령' 등의 소작법령을 제정하면서도 소작료에 대한 규제조항을 두지 않는 등 일본 민법이 보장하는 지주의 권익을 최대한 보장하여 지주제가 미곡수탈기구로서의 기능을 충분히 발휘하게 하였다. 실제 조선의 소작조건은 '조선농지령'이 시행되었음에도 일반 농사의 경우 3년, 특수작물의 경우 7년 동안 경작권을 보장하게 된 것 말고는 특별히 달라진 것이 없었다. 일반 농사 3년이라는 경작권 보장기간은 지주 측의 요구를 조선총독부가 수용한 것으로, 지주경영에 불리함이 없는 조건이었다.[117] 이와 달리 소작료는 도리어 '조선농지령'의 제정을 전후해 다소 인상되기까지 하였다. 지주들이 '조선농지령'의 시행 이후에는 소작조건의 변동이 어려워질 것이라 우려하며 소작료를 인상하였기 때문이다. 조선총독부는 소작료 인상을 지주의 정당한 권리행사로 옹호하며 이에 대해 아무런 제재를 하지 않았다. 그 결과 1930년대 말 소작인이 실제로 지주에게 납부한 소작료는 총수확고의 75퍼센트에 달했다.

지주들은 또한 경제가 취약한 자작농이나 소작농을 상대로 고리대를 운영하여 수입을 늘리기도 했다. 신용이 취약해 금융조합에서 대부할 수 있는 금액이 적었던 소농들은 농경비나 생계비에 지출해

---

117) 이윤갑, 〈농촌진흥운동기(1932~1940)의 조선총독부의 소작정책〉, 《대구사학》 91, 2008 참조.

야 할 현금을 조달하려면 지주에게 고리채를 빌릴 수밖에 없었다. 고리채는 1930년대에도 여전히 지주가 손쉽게 농민들의 토지를 겸병하는 수단이 되었다.

그리하여 1930년대에도 조선의 지주는 농민경제의 급속한 몰락과는 대조적으로 토지겸병을 확대하는 등 성장세를 이어갔다. 앞서 보았듯이 1929년에서 1938년 사이에 경상북도에서는 무려 1만 3천여 정보나 되는 토지가 지주들 손아귀로 들어갔다. 이 토지들은 대부분 자소작농들이 소유하였던 토지였다. 1930년대에 지주의 토지겸병은 논보다는 밭에서 많이 이루어졌다. 논의 소작지는 1,060정보 증가하였던 데 견주어 밭의 소작지는 12,375정보 증가하였다. 이것은 논의 경우 1920년대에 이미 이윤을 내기에 적합한 농지 대부분이 지주에게 집적되어 더 이상 겸병하기 어려운 한계에 도달해 있음을, 그리하여 지주들이 1930년대에는 농민 소유의 밭 가운데서 논으로 개간하기 유리한 위치에 있는 토지를 주된 겸병대상으로 삼았음을 보여준다. 경상북도에서는 1930년대에 개답 또는 반답으로 5천여 정보의 논이 증가하였고, 이 현상은 지주제와 미곡상품화가 발달한 달성·의성·경주·상주·선산 등지에서 더욱 두드러졌다.

그러나 다른 한편 이 시기에는 대공황이 일어나고, 토지개량사업이 중단되는 한편, 소작관계법령 등이 새로 제정되는 등 지주경영에 불리하거나 변화를 불러오는 중대한 요소들이 생기고 있었다. 먼저 대공황으로 말미암은 곡가의 폭락은 지주경영에도 중대한 타격을 가했다. 이는 특히 부채가 많았던 지주나 다른 산업에 자본을 투자했던 지주들에게 치명타가 되었고, 이들 가운데서 몰락하는 지주들이 속출하였다. 대공황을 거치면서 지주들은 경기변동을 고려하고 대비책을 세워야 했다. 다른 한편 조선총독부가 농사개량사업에 주력하면서 화학비료 사용을 적극적으로 확대한 것도 지주경영에서 수익성에 관심을 가지게 만든 요인으로 작용하였다. 그리하여 금융업이나 곡물유통업에 진출하는 지주도 있었고, 비농업부문으로 적극 진출해 지주경영에서 발생할 수 있는 위험을 분산하기도 했다.

다른 한편 지주들은 소작쟁의가 확대되는 가운데 조선총독부가 추진하였던 '조선소작조정령'과 '조선농지령' 등의 소작입법에도 대비하여야 했다. 조선총독부가 일방적으로 지주를 옹호하였던 1920년대와 달리, 일제는 1930년대 중반부터 '조선소작쟁의조정령'과 '조선농지령'을 제정하고 이 법령에 따라 지주들을 규제하기 시작하였다. 이 법령들은 비록 소작조건을 개선하기에 절대적인 한계가 있었지만, 소작농민들이 지주에게 대항할 수 있는 일정한 법적 근거를 마련하였다. 따라서 지주들이 이러한 변화에 대처하지 못할 경우 소작농민의 저항을 받아 지주경영에 차질을 빚고 위기를 맞을 수 있었다. 더욱이 마름에 의지해 지주경영을 하던 조선인 지주의 경우 그럴 위험성이 높았다.

지주제를 둘러싼 이와 같은 환경의 변화는 지주제 내부의 변화를 불러왔다. 1930년대 지주제 내부에서 일어난 변화를 살펴보면, 첫째, 지주의 민족별 구성에서 일본인 지주가 급증한 것과 달리 조선인 지주는 감소하였다. 〈표 5-13〉을 보면, 1930년에서 1938년 사이에 일본인 지주는 100정보 이상 소유자가 12명에서 20명으로, 30정보 이상 100정보 미만은 39명에서 139명으로 증가하였으나, 한국인 지주는 100정보 이상이 42명에서 6명으로, 50정보 이상 100정보 미만이 90명에서 70명으로 감소하였다. 일본인 지주는 특히 100정보 이상의 대지주와 50정보 이상의 중지주층에서 현저하게 증가하였다. 이러한 변화는 〈표 5-14-1, 2〉의 지세납부자 통계에서도 확인된다.

표 5-13. 경상북도의 지주수 및 민족별 구성[118](단위: 명)

연도	민족별	500정 이상	100정 이상	50정 이상	30정 이상	20정 이상
1930	조선인	3	39	90		
	일본인	2	10	10	20	
1936	조선인		6	70	266	853
	일본인		20	48	91	267

일본인 지세납부자는 모든 층에서 급증하나, 한국인 지세납부자는 100~200원층과 30~50원층에서만 약간의 증가를 보일 뿐, 다른 층에서는 전부 감소하였다. 따라서 1930년대의 지주제를 확대, 발전시킨 주체는 변화된 생존환경에 잘 적응하였던 일본인 지주들이었다고 할 수 있다. 그와 달리 변화된 환경에 쉽게 적응하지 못했던 조선인 대지주나 중소지주들은 더 이상 성장하지 못하고 정체하거나 몰락해 갔다.

둘째, 지주경영 규모에서 대지주가 감소하는 대신 중소지주가 증가하였다. 100정보 이상의 대지주는 1930년과 1938년 사이에 54명에서 26명으로 감소하였으나, 100정보에서 50정보 사이의 중지주는 109명에서 118명으로 증가하였다. 중소지주층의 증가는 〈표 5-14-2〉에서 더 정확히 파악되는데, 30~500원 사이의 납부층(추정 소유면적 5정보 이상 100정보 이하)을 보면, 1928년에 7,002명이던 것이 1938년에는 7,514명으로 512명 증가하였다. 512명을 민족별로 구분하면 조선인은 77명으로 15퍼센트, 일본인은 435명으로 85퍼센트를 차지

118) 1930년 통계는《朝鮮에서 小作에 關한 參考事項摘要》(1934) 64~66쪽에서, 1936년 통계는《慶尙北道 農會報》, 1937년 7월호, 88~89쪽을 바탕으로 작성하였다.

표 5-14-1. 경상북도의 지세액별 납부자수 변동[119] (단위: 명)

연도	500원 이상	200원 이상	100원 이상	50원 이상	30원 이상	15원 이상	10원 이상
1928	33	236	692	1,999	3,411	14,087	16,658
1938	17	205	742	1,916	3,552	12,255	14,921
증감	-16	-31	+50	-83	+141	-1,832	-1,737

표 5-14-2. 경상북도의 일본인 지세액별 납부자수 변동[120] (단위: 명)

연도	500원 이상	200원 이상	100원 이상	50원 이상	30원 이상	15원 이상	10원 이상
1928	26	59	105	228	272	638	488
1938	33	78	193	337	491	1,245	832
증감	+7	+19	+88	+109	+219	+607	+344

했다. 이 시기에 새로운 중소지주층으로 등장한 일본인들은 주로 도시의 상공업이나 고리대업으로 자본을 축적한 이들이었다.

셋째, 일본인 지주, 더욱이 상공업이나 고리대업을 겸영하는 자가 대지주층과 중소지주층 모두에서 급증하면서 지주경영 또한 보다 영리적·투기적 성격을 띠어 갔다. 도시에서 상공업이나 고리대업을 하면서 지주가 된 자들은 오로지 투기를 목적으로 토지에 투자하고 있었다. 이들이 증가하면서 부재지주의 비율이 높아지고, 지주경영에서도 전반적으로 기생적·영리적 성격도 더욱 강화되어 갔다.[121]

119) 1928년 통계는 《自大正八年 至昭和三年 慶尙北道 統計年報》(1930) 339~340쪽에서, 1938년 통계는 《殖産銀行 調査月報》 53호, 14쪽을 바탕으로 작성하였다.
120) 〈표 5-14-1〉과 동일한 자료를 바탕으로 작성하였다.

이러한 변화는 지주제가 농업생산력을 황폐화시키는 요인이 되는 모순을 가져왔다.[122]

지주구성과 지주경영에서 이와 같은 변화는 조선 농촌에서 계급적·민족적 갈등을 더욱 확대시켰다. 지주경영 전반에서 기생적·영리적·투기적 성격이 높아짐에 따라 소작료 수탈은 더욱 교묘해지고, 지주-소작의 대립관계는 더욱 첨예해져 갔다. 경상북도의 소작쟁의는 '조선농지령'의 실시를 계기로 그 발생 건수가 시행 첫 해인 1935년에 2천 5백여 건으로 증가하였고, 이후에도 매년 7~8백 건씩 지속적으로 늘어났다. 소작쟁의 발생이 증가한 원인은 우선 소작법령의 시행을 계기로 소작쟁의가 개별화된 데서 찾을 수 있다. 그러나 소작쟁의가 확대되는 과정을 살펴보면 쟁의 개별화 때문에 쟁의건수가 증가한 것은 아니다. '조선농지령' 시행을 전후해 소작쟁의를 확대시킨 요인에는 이 법령을 무력화시키려 한 지주들의 대응도 한몫을 하고 있다.

---

121) 1942년에 실시한 조선총독부의 조사에서도 부재지주는 중소지주층에 가장 많았다. 이 조사결과를 보면, 5정보 이상의 총 7만 8천여 호 부재지주 가운데서 5~10정보 미만의 중소지주가 무려 절반이 넘는 4만 7천 8백 호를 차지했다.

122) 중소부재지주층이 농업생산에 미치는 악영향에 대해 1930년대 후반에 경상북도 농무과장을 지냈던 오노데라小野寺二朗는 다음과 같이 비판하였다. "이 계급(6정 이상 150정 이하. 실제 분포를 보면 거의가 6~20정 사이였다-필자)에 속하는 농지소유자는 농가가 농지를 방매하지 않을 수 없는 시기에 증가하고, 또 자작농수가 비교적 안정된 시기에 감소한다. 따라서 농지를 자작농으로부터 섭취하나, 자작농에게는 환원하지 않는다. 그들은 명백히 농지투자를 본위로 농지를 소유하고, 지주경영이 불리하게 되면 차금의 저당으로 처분하거나 아니면 타인에게 매각하는 무리들이다. 이 계급의 호수증가가 가장 불건전한 부분으로……때문에 지주가 토지를 겸병하여도, 농사개량에 힘을 다하는 지주가 겸병하면 농업증산상 별로 나쁠 일은 없을 것이지만, 그것을 오로지 투자의 대상으로 여기는 이 계급의 증가는 농업황폐의 온상으로 되는 것이다."(小野寺二郞, 《朝鮮의 農業計劃과 農産擴充問題》, 1943, 96쪽)

지주들은 '조선농지령'이 시행되면 소작조건을 강화하기가 어려울 것이라 우려하여 선제적으로 소작료를 올리고 소작조건을 강화하는 한편, 소작인을 대대적으로 교체하였다. 나아가 '조선농지령'이 제정되자 지주들은 이 법령의 규제를 회피하거나 역이용할 방도를 찾아 나섰다. 소작법령의 내용을 잘 알지 못하는 소작농들에 대해서는 법령을 무시하고 소작권을 이전하였고,[123] '조선농지령'에 소작료 제한규정이 없는 점을 악용해 무리하게 소작료를 인상하는 방식으로 소작인을 교체하였다. 지주들의 이러한 공세는 도처에서 소작쟁의를 발생시켰다. 그로 말미암아 일부 지역에서는 '조선농지령'이 시행된 다음 해에 소작쟁의가 무려 3배까지 격증하기도 하였다.[124]

말하자면 소작법령의 시행으로 소작농의 권리의식은 "해마다 밝아갔던"것과 달리 소작조건은 더욱 악화되어 농민경제의 몰락이 더욱 빨라졌다. 이에 따라 "지주와 마름에 대한 울분이 폭발"하여 소작권에서나마 "법에 의지하여 자기의 권익을 옹호"하려는 노력이 확대되면서 소작쟁의 발생이 지속적으로 증가하였던 것이다.[125] 1930년대 후반이 되면 소작쟁의는 이전에 농민운동이 발전했던 지역은 물론이고 그렇지 않았던 지역까지 확대되었다. 소작쟁의가 발전하면서 농민들의 저항은 '조선농지령'의 테두리 안에만 머물지 않았다. 농민들은 소작료를 법적으로 규제하고 인하할 것을 요구하였다.[126] 이로

---

123) 〈1월중의 소작쟁의 작년 동기의 7배〉, 《朝鮮日報》 1935년 2월 8일자.
124) 〈농지령의 역이용, 소작쟁의가 3배로 격증〉, 《釜山日報》 1935년 2월 20일자.
125) 〈小作爭議地位逆轉〉, 《京城日報》 1934년 5월 29일자; 〈爭議의 爆發的 增加 小作階級權益主張證左〉, 《朝鮮日報》 1936년 3월 14일자; 〈自覺해 가는 小作階級 權益擁護에 邁進〉, 《東亞日報》 1935년 3월 15일자; 〈年年히 밝아가는 小作農의 權利意識〉, 《朝鮮中央日報》 1936년 4월 1일자; 〈明朗한 春光도 朦朧—咸南·江原 小作關係 漸惡化〉, 《東亞日報》 1936년 3월 8일자; 〈爭議의 爆發的 增加 小作階級權益主張證左〉, 《朝鮮日報》 1936년 3월 14일자.

말미암아 소작법령을 제정하여 소작쟁의를 개별분산적인 권리분쟁으로 전환시킴으로써 지주-소작 사이의 대립을 완화하고 소작쟁의가 계급혁명·민족혁명으로 발전하지 못하도록 차단하려 하였던 조선총독부의 정책도 차질을 빚을 수밖에 없었다. 소작법령의 시행으로 집단적 소작쟁의를 개별적 쟁의로 분산시킬 수는 있었지만, 지주-소작관계는 조선총독부가 당초 기대했던 것과는 달리 소작법령 제정 이후에 오히려 더욱 첨예하게 대립하였던 것이다.

다른 한편 지주구성과 지주경영에서 기생적·영리적·투기적 성격이 강화됨에 따라 농업생산력 위기가 고조되었다. 지주 가운데 오로지 소작료 수입에만 관심을 갖는 기생성이 높은 투기적 부재지주가 증가함에 따라 소작경영의 생산력이 저하되었고, 농업 전반에서 "토지의 풍도豊度를 손상하고, 농지를 황폐화시키고, 약탈농업"이 만연하여 갔다.[127] 그리하여 결국 "농업생산의 발전이 저지되고 생산력이 쇠퇴"하게 되는 농업위기가 발생하였다.[128] 1930년대 말이 되면 조선에서는 휴경 내지 폐경되는 농지가 대량으로 속출하였다. 〈표 5-10〉을 보면 1930년에서 1938년 사이에 경상북도의 논 면적은 5,176정보가 증가하였으나, 밭 면적은 13,847정보가 감소하여 전체

---

126) 경상북도의 소작쟁의 가운데 소작료와 관련한 분쟁은 1931년에는 9건이었으나, 1934년에는 169건으로, 다시 1937년에는 420건으로 급증하여 총쟁의건수의 1할을 웃돌았다〔《慶北의 農業》(1938), 211쪽〕. 고율소작료의 통제를 요구하는 소작농민층의 구체적 동향에 대해서는 다음 자료 참조. 〈農令不備改定코 高率小作料를 改定하라—全北道會에서 金議員 痛論〉, 《東亞日報》 1938년 3월 8일자; 〈小作調整願還至 小作料가 너무 비싸다고 申請 益山農村 不安 莫甚〉, 《東亞日報》 1938년 11월 9일자; 〈作料高率을 반대 小作委員會에 調整申請—竹山 三百作人蹶起〉, 《東亞日報》 1938년 12월 21일자.

127) 桐生一雄, 〈朝鮮における適正小作料の問題〉, 《朝鮮總督府調査月報》 12-8, 1941년 8월호.

128) 朴用來, 〈朝鮮小作問題와 農地令의 實施〉, 《朝鮮日報》 1935년 1월 1일자.

로는 8,671정보의 농지가 휴경 내지 폐경되었다. 이러한 사태는 일제의 면작강요와 지주들의 고율소작료 때문에 적자를 면할 수 없게 되었던 농민들이 소작을 포기하면서 일어났다.

소작농에 대한 과도한 수탈로 농업생산력이 전반적으로 쇠퇴하는 농업위기는 일제가 중일전쟁 이후 본격적으로 추진하고 있던 전쟁총동원 체제의 구축에도 심각한 장애가 되었다. 일제는 침략전쟁을 뒷받침하고자 조선에서 농업생산력을 향상시킬 필요가 있었다. 조선에서 농업생산성을 향상시키려면 소작지의 생산력을 끌어올려야 했다. 소작지의 생산력을 향상시키자면 지주의 생산적 기능을 확대해야 하고, 다른 한편 소작료를 낮추는 등 소작경영의 생산능력을 높여야 했다.

조선총독부가 제정한 '조선농지령'은 이를 주요한 목적 가운데 하나로 삼고 있었다. 이 법령은 지주가 소작지의 농사개량에 관심을 기울이도록 유도함으로써 "지주와 소작인의 협조, 융화 아래 농업의 발달, 농촌의 진흥을 도모"하려 하였고,[129] 이를 통해 일본 제국주의의 독자적인 경제블록 구축과 침략전쟁 확대에 부응하여 총동원 체제 구축에 기여하려 하였다. 그러나 1930년대의 지주경영은 일제가 소작정책을 통해 우회적으로 추구한 목표와 배치되게 수탈성과 기생성을 강화하면서 농업생산력을 황폐화시키는 방향으로 나아가고 있었다. 이러한 변동은 소작농민에게는 물론이고 전쟁총동원 체제를 구축해야 하는 일제에게도 심각한 모순이 아닐 수 없었다.

---

129) 朝鮮總督府(일본문화연구회편), 《朝鮮施政に關する論告·訓示並に演說集》 中, 167~168쪽.

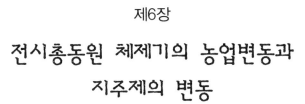

제6장

전시총동원 체제기의 농업변동과
지주제의 변동

1. 일제의 중국 침략과 전시농업통제정책으로의 전환

1) 생업보국운동과 전시 생산력 확충정책

일제는 세계대공황을 계기로 아시아의 인근 국가를 침략하여 자립적인 경제블록을 구축하는 군국주의적 침략정책으로 전환했는데, 그 시발점이 1931년 만주 침략이었다. 일본이 만주를 점령하자 구미 열강은 정치·군사적으로 일본을 견제하고, 경제적 제재와 봉쇄를 강화하였다. 만주 점령만으로 자급적 블록경제를 구축할 수 없었던 일본은 결국 1937년 중국 전역으로 침략을 확대하였다. '자영자족自營自足'의 블록경제를 구축하려면 광대한 자원과 시장과 노동력을 지닌 중국을 점령할 필요가 있었기 때문이다.

중일전쟁은 만주사변과는 애초부터 성격이 다른 대규모 전쟁이었다. 만주 침략은 일본이 국가 체제를 재편하지 않고서도 감당할 수 있었다. 그러나 중일전쟁은 국민 대다수가 전쟁에 동원되는, 이른바 총력전 체제를 구축해야만 수행할 수 있는 것이었다. 이에 따라 일제는 중일전쟁을 도발하면서 국민정신총동원운동을 일본 전역에서 실시하고, 이듬해 4월에는 국가총동원법을 공포하였다. 일본의 전쟁총동원 체제는 태평양전쟁을 시작하면서 더욱 확대되어 국민총력운동체제로 발전하였다.

이에 따라 조선에서도 국가총동원법이 실시되고 국민정신총동원운동이 전개되는 등 전쟁총동원 체제가 구축되었다. 조선에서 전쟁동원 체제를 구축하기 위한 준비 작업은 일본보다 앞서 우가키 총독 재임 때 이미 시작되었다. 만주사변 이후 국제정세의 동향을 주시하던 우가키 총독은 일본이 중국이나 미국, 영국, 소련 등 구미열강과 전쟁을 벌이는 것은 피할 수 없는 일이라 판단하였다. 이에 그는 일본의 전쟁수행을 뒷받침할 수 있는 동원 체제를 조선에 구축할 필요가 있다고 생각하고 농촌진흥운동의 재편을 추진하였다.

당초 조선의 농촌진흥운동은 농가경제갱생사업으로 시작되었다. 그러나 1935년 우가키 총독은 농촌진흥운동을 생업보국운동으로 전환하였다. 이 전환에서 우가키 총독은 농촌진흥운동의 목적을 '농가의 갱생'에서 '제국의 흥륭'으로 대치하였다. 이에 따라 농촌진흥운동과 농가갱생계획의 궁극적 목표는 '조선의 갱생'이나 '농가갱생'이 아니라 "내외의 정세에 대응하여 중대 시국을 타개하는 방도"를 확립하는 것으로 바뀌었다.

우가키 총독은 농촌진흥운동의 사업방식도 변경하였다. 호별농가 갱생을 위주로 했던 사업방식을 부락단위의 갱생지도를 중시하는 방향으로 전환하고, 10개년 계획으로 모든 자연부락에 '생업보국'운동의 주체가 될 공려조합을 조직하게 하였다. 이에 따라 매년 선정되는 농촌진흥운동의 지도부락수도 종전에 견주어 2~3배로 확대되었다. 부락 단위의 갱생에서 중시된 것은 부락 단위로 산업장려계획을 수립해 주요 농산물을 증산하는 것이었다. 농가경제갱생계획도 이러한 목적에 부합하도록 '농가갱생'보다는 '생업보국'을 더욱 중시하는 방향으로 개편되었다.[1] 농촌진흥운동은 이제 부락갱생운동과 농가갱생계획을 통해 자영자족의 블록경제 구축과 열강과의 전쟁에 필요한 '국책자원國策資源'을 증산하는 사업, 달리 말해 "내외의 정세에 대응하여 중대 시국을 타개하는 방도"로 전환해 갔던 것이다.

---

1) 김영희,《일제시대 농촌통제정책 연구》, 2003, 101~106쪽.

　　우가키 총독은 이와 함께 농촌진흥운동에서 다가올 전쟁에 대비해 "국체관념", 즉 황국신민정신을 더욱 강화할 것을 지시하였다. 농촌진흥운동은 애초에 '심전心田 개발'을 중시한 황국신민화정책이었던 바, 우가키 총독은 이 기회에 이를 열강과 결전에 임하는 수준으로까지 강화할 것을 지시한 것이다. 요컨대 그는 일제가 구미 열강과 결전을 치르는 상황을 전제로, 농촌진흥운동의 재편을 통해 물질적으로는 '국책자원'을 증산하고, 정신적으로는 황국신민정신을 고취하려 하였다.[2] 그러나 우가키 총독은 자신의 구상대로 농촌진흥운동의 개편을 완성하지 못한 채 1936년 7월 조선 총독에서 물러났다.

　　우가키의 뒤를 이어 조선 총독이 된 인물은 관동군사령관으로 만주 침략의 선봉대 역할을 담당하던 미나미 지로南次郎였다. 미나미 총독은 일본의 군국주의적 침략을 선도했던 인물이었던 까닭에, 조선 총독으로 임명되자마자 전쟁총동원 체제의 구축을 서둘렀다. 그는 농촌진흥운동을 개편해 전쟁총동원 체제를 수립하려 했던 우가키 총독의 정책을 계승하였다. 미나미 총독은 부임 다음 해인 1937년 5월, '조선통치5대강령'을 발표하였다. 이 5대강령은 전쟁에 대비해 황국신민화 정책을 대폭 강화하는 '국체명징國體明徵'과 '교학진작教學振作', 자급자족의 일제 경제블록을 구축하는 '선만일여鮮滿一如'와 '농공병진農工竝進', 그리고 이를 위해 사회 모든 방면에 대해 통제를 강화하는 '서정쇄신庶政刷新'이었다. 5대강령은 조선에서 전쟁총동원 체제를 구축하는 기본 방침이었다.

　　미나미 총독은 이 방침에 입각해 중일전쟁이 발발하자 즉각 전쟁총동원 체제를 구축하는 작업을 본격화하였다. 먼저 그는 농촌진

---

2) 이윤갑, 〈우가키 가즈시게 총독의 시국인식과 농촌진흥운동의 변화〉, 《大丘史學》 87, 2007 참조.

흥운동을 전면적으로 재편하여 전시동원운동으로 전환시켜갔다. 농촌진흥운동은 갱생계획을 매개로 "군수품 국민생활필수품 등의 원료를 증산"[3]하는 '생업보국生業報國'운동으로 바뀌었으며, 1938년에는 부락을 생산단위로 하여 할당된 전략물자를 생산하는 '부락갱생'운동, 즉 "전쟁을 위한 국력증진운동"[4]의 성격이 더욱 강화되었다.

이에 더해 미나미 총독은 중일전쟁 발발 1년이 되는 1938년 7월을 기해 조선에서도 일본에서 시행되던 국민정신총동원운동을 실시하였다. 국민정신총동원운동은 천황제 이데올로기로 사상적 통합과 단결을 도모하여 국민들을 전쟁에 협력하고 참가하게 만드는 관제 정신운동이었다. 이 운동의 지도방침은 '거국일치擧國一致·진충보국盡忠報國·견인지구堅忍持久'였고, 단순한 선전교화활동을 넘어 '국방' 체제화 방침에 따라 지역단위로 국민을 조직하고 전쟁에 동원하였다. 조선총독부는 이 운동의 중앙기관으로 국민정신총동원조선연맹을 설립하고 그 산하에 도-부·군·도-읍·면-정·동·리에 이르는 계통적 연맹을 조직하였다. 또한 부·읍·면의 관공서, 학교, 회사, 은행, 공장, 대상점 등에 대해서도 그 소속 인원으로 각종 연맹을 구성해 관할 부·읍·면 연맹에 가입하게 하였다. 그리고 정·동·리 연맹은 10명 단위로, 각종 연맹은 적당 인원으로 애국반을 조직하여 국민정신총동원운동의 모든 세부적 지침을 실행하는 실천단위로 활동하게 하였다. 미나미 총독은 국민정신총동원운동을 통해 조선인의 정신상태를 전쟁동원에 적합하게 개조하려 하였다. 이 운동을 통해 조선

---

3) 〈時局關係全鮮農山漁村振興關係官會同二於ケル大野政務摠監訓示要旨〉(1937. 9. 23), 《通報》 6, 1937. 9. 27, 13쪽.
4) 八尋生南, 〈朝鮮にぉける農村振興運動を語する〉, 《資料選集 朝鮮における農村振興運動》, 友邦協會, 1983, 24쪽.

인을 ① 황국신민화하여 내선일체화를 강화하고, ② 일제의 전시국
책사업에 협력하게 만들고, ③ 전시 체제에 맞게 조직하고 훈련시키
려 한 것이다.[5]

조선총독부는 기존의 농촌진흥운동과 국민정신총동원운동을 표
리관계로 설정하고 두 운동을 나란히 추진하면서 전쟁총동원 체제
를 수립해 갔다. '국책자원'의 증산과 전시 농업생산력 확충은 농촌
진흥운동으로써 추진하고, 전시 체제에 부합하게 황국신민화를 강화
하고 조선인을 동원, 조직하는 것은 국민정신총동원운동으로써 추진
하는 방향으로 두 정책을 결합시켰다.

이와 같이 조선에서 전시총동원 체제가 구축되어 감에 따라 농
업에서도 변화가 일어났다. 가장 주목되는 변화는 일제가 전략자원
으로 중시한 쌀, 면화, 고치, 양모 등의 생산에서 전시 생산력 확충
을 목표로 증산이 한층 강력하게 추진된 것이었다.

먼저 쌀 농사를 보면, 일제는 중일전쟁에서 조선의 역할을 "일
日·만滿·지支자급권의 식량기지"로 설정하였다.[6] 이에 따라 조선에
서는 쌀을 증산하는 정책이 대대적으로 실시되었다. 조선총독부는
조기에 쌀의 증산을 달성하고자 화학비료와 자급비료의 사용을 늘
리는 방법을 택했다.

일제는 화학비료의 사용을 늘리고자 지주를 앞세워 소작농의 화
학비료 사용을 강제하였다. 그 구체적 방법은 군청과 농회가 증산에
필요한 화학비료 사용량을 산정하여 개별 지주에게 그 구입비만큼
농사개량 저리자금을 신청하게 한 다음, 현금 대신 비료를 지급하면

---

5) 崔由利, 《日帝末期 植民地支配政策 研究》, 1997, 86~91쪽.
6) 岩田龍雄·金子永徹, 〈戰時下朝鮮に於ける米穀政策の展開〉, 《殖銀調査月報》 64, 1943년 9
  월호, 21쪽; 全國經濟調査機關聯合會朝鮮支部 編, 《朝鮮經濟年報》, 1939, 105쪽.

지주가 소작인들에게 그 비료를 사용하도록 강제하는 것이었다. 당
시는 소작료가 높고, 쌀 판매가격이 낮아 자작농이든 소작농이든 화
학비료 사용은 수지가 맞지 않았고, 화학비료를 사용할수록 농가수
지의 적자가 커졌다. 따라서 행정당국이 농가를 상대로 다량의 화학
비료를 구입하도록 강요할 경우 전시상황에서 매우 위험한 집단적
인 저항이 발생할 수 있었다. 이에 일제는 소작농에게 절대적인 영
향력을 행사하는 지주를 앞세워 화학비료 투입을 늘리도록 강요한
것이다. 이 방법으로 경상북도의 화학비료 사용량은 1934년 말 약 9
백여만 관, 금액으로는 280만여 원이던 것이 1938년에 이르면 약
1,940만 관, 금액으로는 762만여 원으로 2배 이상 증가하였다.[7]

일제는 화학비료 사용량을 확대하는 한편, 화학비료의 효능을 높
이고자 토성조사사업과 '배합비료 5개년계획'을 실시하였다. 이 사업
은 농지의 토양성분과 작물의 특성을 조사해 농지별, 작물별로 시비
처방전을 작성하고, 그 처방전에 따라 도농회에서 비료를 배합하여
군·도농회나 금융조합을 통해 개별농가에 배부하는 것이었다.[8]

---

7) 《慶北의 農業》(1938).
8) 1936년에 개시된 '배합비료 5개년계획'은 종래의 화학비료에 질소, 인산, 가리
   등을 적절히 배합함으로써 단비單肥 사용의 부작용을 최소화하려는 사업이었다.
   이 계획은 조선농회가 농사개량저리자금으로 비료를 공동구입한 다음, 각 농사
   시험장이 작성한 시비처방전에 따라 도 단위로 설치된 배합소에서 비료를 배합,
   조제하여 농회를 통해 개별농가에 배부하는 사업으로, 1940년까지 공동구입량
   은 조선 내 화학비료 총소비량의 5할까지, 공동배합량은 구입량의 6할까지 높인
   다는 목표를 세웠다. 이 계획에 따라 경상북도에서는 김천·포항에 비료배합소를
   설치하였다. 일제는 배합비료 보급에 철저를 기하고자 식산은행의 농사개량저리
   자금의 대부자격을 농회에서 비료를 공동구입하는 자로 한정하는 방침을 수립
   하였다(竹內淸三, 〈農事改良低利資金의 貸付에 對ヘ〉, 《殖産銀行調査月報》 8).
   '토성조사사업'은 1936년부터 10개년 계획으로 실시되었고, 원지原地의 토성 및
   환경을 조사하고, 토양의 이화학적 성질을 검정하였다. 또 참고농사조사參考農事調
   査 및 원지재배시험原地栽培試驗 등을 실시하여 토양별, 작물별로 증산에 가장 적

표 6-1. 1930년대 경상북도의 농업생산액의 변동[9]

연도	미곡 (천 석)	맥류 (천 석)	대두 (천 석)	조 (천 석)	면화 (천 근)	고치 (천kg)
1930	2,691	1,880	681	330	16,497	3,052
1932	1,709	1,796	600	412	10,042	3,773
1934	1,739	1,941	521	246	14,682	4,448
1936	2,414	1,796	405	191	14,667	4,454
1938	2,842	2,457	347	265	31,826	3,882
1939	750	2,217				

이에 더해 일제는 자급비료의 증산도 대대적으로 추진하였다. 1936년부터 10개년 계획으로 '제2차 자급비료증산계획'을 실시한 것이다. 이 계획은 경상북도에서 향후 10년 동안 풋거름 약 1억 5,700여만 관과 퇴비 6억 8,300여만 관 등 자급비료 총 11억 4천여만 관을 증산하고, 단보당 자급비료 사용량도 299관으로 늘리는 것이었다. 도 당국은 자급비료증산계획을 농촌진흥운동과 결합해 추진하였다. 이 계획을 농가갱생계획과 부락 단위의 산업장려계획과 결합시켜 개별농가별, 부락별로 자급비료 증산량을 할당하고 그 목표를 달

合한 표준시비량 및 배비 재배상의 개선점을 알아내는 것을 목표로 했다. 토성조사는 수리안전지역水利安全地域의 논과, 대맥·소맥·면화가 재배되는 밭으로 대상을 한정하였다. 따라서 그것은 어디까지나 식량 및 원료자원의 증산과 연관된, 바꿔 말하면 쌀과 면화의 증산에, 또 그 증산을 위해 불가결한 보리의 증산에 필요한 토양별 시비처방전을 얻기 위한 조사일 뿐이었다. 이 사업은 면을 조사단위로, 군을 조사성적의 취합단위로 하여 1936년부터 1941년까지 토양의 채취분석을 진행하였고, 1938년부터 1945년까지 원지재배시험을 실시하였으며, 1942년부터 이후 영구히 활용할 토성도土性圖와 시비처방전을 작성해 가는 일정으로 추진되었다 [〈土性調査施行計劃と施行方法〉, 《慶尙北道 農會報》(1937. 7.)].

9) 《慶尙北道 農務統計》(1938), 6~20쪽에 바탕하여 작성하였다.

성하도록 강요하는 방식이었다. 당국은 부락공려조합을 퇴비장려지 도구로 설정하고, 산업조합이나 금융조합 또는 군청, 군농회로 하여 금 부락공려조합이 증산목표량을 달성하도록 책임지고 지도하게 하였다.[10]

이러한 정책으로 화학비료와 자급비료의 사용이 증가하면서 〈표 6-1〉에서 보는 바와 같이 경상북도의 미곡 생산고와 단보당 수확고 는 1930년대 말 다소 증가하였다. 1930년대 초 경상북도의 미곡 생 산고는 270만 석, 단보당 수확고는 1.12석 정도였다. 그에 견주어 1930년대 말 미곡 생산고는 280만 석, 단보당 수확고는 1.4석에서 1.5석까지 증가하였다.[11] 이에 따라 도외로 판매되는 미곡량도 2배 이상 증가하였다. 〈표 6-2〉에서 보듯이, 1930년대 초반 약 43만 석 내외였던 미곡의 도외 미곡판매량은 1930년대 말 1백만 석을 웃돌 정도로 증가하였다.

면작에서도 증산정책이 중일전쟁 이후 대폭 강화되었다. 일제는 1920년대부터 면화를 국책자원으로 분류하고 면작장려계획을 수립 해 조선에서 증산을 추진하였고, 나아가 1930년대에는 면작을 농가 갱생계획에 포함시키거나 면작을 강제하기 위한 면작고지서 제도를 실시하는 등 면작 확대에 더욱 박차를 가했다. 중일전쟁 이후 영국 과 미국으로부터 원면수입이 어려워지자 일제는 '원면자급'을 목표 로 내세우고 부락별, 개별 농가별로 증산면적과 증산량을 할당하는 등, 면화 재배를 강제 확대하는 증산정책을 더욱 강화하였다. 이에 더해 화학비료나 자급비료의 사용을 확대하여 단위면적당 면화생산

---

10) 《慶北의 農業》(1938), 96~104쪽.
11) 1928년에서 1930년까지의 연 평균 쌀 수확고는 207만 4천 석이었다(〈4.米作付反 別及收穫高〉, 《慶尙北道農務統計》, 1930).

표 6-2. 1930년대 경상북도의 주요 농산물 판매량[12]

연도	쌀 판매량		고치 판매량		면화 판매량	
	판매량 (천 석)	가액 (천 원)	판매량 (천kg)	가액 (천 원)	판매량 (천 근)	가액 (천 원)
·1926~29 평균	432	12,441	1,010	1,621	1,241	135
1930	−	−	2,054	1,429	5,778	428
1932	−	−	2,354	1,374	3,647	469
1934	−	−	2,575	2,127	7,031	1,124
1937	718	21,540	2,908	3,079	16,587	1,290
1938	1,086	34,752	2,197	1,828	21,893	2,243
1939			2,314			

고를 높이는 증산정책도 실시하였다. 경상북도에서는 단보당 면화생산고를 77근에서 230근으로 높이는 목표를 세우고, 비료 사용을 강제로 늘려갔다.[13]

도 당국은 면작을 확대하고 단위면적당 생산고를 높이는 데 농촌진흥운동을 이용하였다. 신규로 면화를 재배할 지역을 선정해 면작집단지도구를 설치하고 공려조합을 조직, 농가갱생계획을 실시하였으며, 군 농회의 면작기수나 지도원을 파견하여 갱생지도 대상농가나 공려조합을 집중적으로 지도해서 할당된 증산목표와 공판율을 달성하도록 강요하였다.[14] 면작의 할당식 증산은 1936년 영일군 신광면의 경우나 1938년 영주의 경우에서 보듯이 당해 지역의 농회기

12) 쌀 판매량은 도외반출량이며 《朝鮮米穀要覽》 6쪽, 71쪽을 바탕으로 작성했고, 고치판매량은 《慶尙北道農會報》, 1937년 1월호, 26~29쪽과 《慶北의 農業》(1938), 188쪽을 근거로 하였다. 면화판매량은 《慶尙北道農務統計》(1938), 13쪽에서 작성했다.
13) 棉作系, 〈慶北棉花의 反當增收에 就해〉, 《慶尙北道農會報》, 1937년 1월호, 8~11쪽.
14) 《慶北의 農業》(1938), 145~154쪽.

수, 관리, 경찰관 등이 나서 "본래 지정한 밭의 평수에 미달하면 이미 이삭이 핀 보리밭이라도" 전부 갈아엎고 면화를 심도록 강요하는 폭압적 방식으로 추진되었다.[15]

그 결과 1930년대 말에 이르면 경상북도의 면화 재배면적은 〈표 6-1〉에서 보듯이 1930년대 전반에 견주어 1만 정보 이상 증가하고, 증산량 또한 1,500만 근을 상회하였다. 면화 공판량 또한 급증하여 1930년대 초반 3백만 근 안팎이던 것이 1930년대 말에는 1,600~2,200만 근으로 증가하였다(〈표 6-2〉).

고치 생산에서도 증산정책은 강화되었다. 일제는 1925년에 착수한 고치증산계획이 1935년으로 끝나자 이를 갱신해 1936년부터 10개년 계획으로 다시 증산에 박차를 가했다. 갱신계획은 뽕밭을 1만 8천여 정보, 양잠호를 18만 호, 고치 생산액을 200만 관으로 증가시키는 것이었다. 농촌진흥운동은 고치 증산에도 이용되었는데, 농가갱생계획이나 부락생산장려계획에 그를 포함시키고 공려조합과 농촌진흥운동의 지도기관을 통해 개별농가에게 할당된 증산목표액을 달성하도록 강요하는 방식이었다. 또한 당국은 도내에서 영업하는 제사업자, 잠종업자, 상묘업자들로 잠업약진회를 조직하고 잠업장려비를 조성하여 고치 증산을 지원하게 하였다.[16] 그 결과 1937년 경상북도의 고치 공판량은 〈표 6-2〉에 나타난 것처럼 1920년대 후반에 견주어 3배가량 증가한 2,900여 톤에 이르렀다.

---

15) 權泰檍, 〈제3장 日帝의 陸地棉栽培强制와 韓國産綿 收奪〉, 《韓國近代綿業史硏究》, 1989, 116~117쪽; 〈每戶 耕地三分一에는 陸地棉强制獎勵—慶北 迎日郡〉, 《東亞日報》 1935년 5월 7일자; 〈무럭무럭 發育하는 麥田을 棉作하라고 强制耕作, 千餘斗落이나 되는 보리밭을—迎日郡 神光面의 怪處事〉, 《東亞日報》 1936년 4월 26일자; 〈棉田指導員出張하야 發穗麥田을 변경—榮州郡의 棉作獎勵策〉, 《東亞日報》 1938년 5월 17일자.
16) 《慶北의 農業》(1938), 191쪽.

2) 지주경영에 대한 규제와 '소작료통제령'

중일전쟁 발발 이후 전시 생산력을 확충하는 농정이 강요되면서 이와 같이 미작, 면작, 양잠에서 생산이 증가하고, 쌀, 면화, 고치의 상품화량이 크게 늘어났다. 그러나 이러한 변화로 농민경제가 나아진 것이 아니라 도리어 더욱 빈궁해졌다. 미작과 면작에서 화학비료 사용이 강요되면서 농가수지에서 적자가 늘었고, 그에 더해 지주들이 행정당국의 요구를 받아들여 비료 사용을 늘리면서 소작료 인상으로 그 부담을 농민들에게 전가하였기 때문이었다. 그러나 이러한 방식으로 전시 생산력을 확충하는 것은 한계가 있었다. 고율소작료와 생산비에 미치지 못하는 낮은 농산물 가격으로 말미암아 당시 농가경제는 자작농과 소작농 모두 단순재생산조차 곤란할 정도로 빈약하였다. 따라서 이들 농가에게 경제적 부담을 가중시키는 방식으로 생산력을 확충하는 것은 일시적으로는 가능할지 몰라도, 결코 지속가능한 방법은 아니었다. 이러한 한계는 총독부 당국자도 잘 알고 있었다. 이에 조선총독부는 지주들을 전시 생산력 확충에 참여시키는 방안을 강구하기 시작하였다. 그것이 전시농업 체제 아래에서 농업에 일어난 또 다른 변화였다.

조선총독부가 전시 생산력 확충에 지주들을 동원하는 정책은 농림국에서 1936년 3월에 완미지주頑迷地主에 대한 규제책을 마련하면서 시작되었다.

본부 농림국에서는 조선 내의 농사개량의 보급에 철저를 기함에 있어 대지주大地主의 각성을 촉구하는 것이 가장 중요한 문제이기 때문에 각 도지사를 통해 재삼통달再三通達하였으나, 근년 농산물자의 앙등에 수반해 농업경영의 채산이 좋은 것을 틈타 당국의 지시 주의사항 등을 무시하는 자조차 증가하는 경향이 있어 지주의 각성을 다시 일단 촉구할 필요에서 농림국에서는 지난 10개년간의 실적에 대해 50정보 이상의 대지주에게 농사개량에 유의한 자와 그렇지 않은 자의 농업수익상태의 전반적 조사를 행해 이 실례에 기초해 …… 그렇지 않은 자에 대해 …… 각성을 촉구하는 양으로 경고하려는 것이다.[17]

농림국의 조치는 농사개량에 무관심하거나 경제성이 낮다는 이유로 농사개량을 회피하는 이른바 '완미지주'를 대상으로 각성을 촉구하고 농사개량에 적극 나서도록 종용하는 것이었다. 물론 농림국의 이러한 조치는 강압적이거나 일방적인 것은 아니었다. 50정보 이상의 대지주 가운데서 지난 10년 사이에 농사개량에 적극적이었던 지주와 그렇지 않은 지주의 농업수익상태를 조사하여 농사개량에 투자하는 것이 수익성을 높이는 유익한 방도임을 알리는 방식으로 지주의 각성을 촉구하고 투자를 유도하는 것이었다. 그러면서도 농림국은 농사개량에 무관심한 지주를 '완미지주'로 규정하고, 이들이 이 조치를 발표한 뒤에도 농사개량에 협조하지 않으면 조만간 규제 조치를 마련하겠다고 명시적으로 경고하였다.

농림국이 이 조치를 발표하자 각 도 차원에서도 지주의 농사개량참여를 독려하는 대책을 실시하였다.[18] 경상북도에서는 도 당국

---

17) 〈頑迷地主에 警告-블랙리스트를 작성하여 농사개량에 유의하려〉, 《釜山日報》 1936년 7월 18일자.

18) 도별 지주대책에 관해서는 다음 기사 참조. 〈地主教育에 의해 農家更生의 새로운 指導法-地主와 小作人의 關係를 再檢討하여 因習을 打破(咸興)〉, 《京城日報》 1936년 10월 15일자; 〈小作爭議의 緩和에 各郡에서 地主懇談-積極的 農事指導(春川)〉, 《朝鮮新聞》 1937년 1월 15일자; 〈自給肥料增施와 優良品種의 장려 春川郡地主懇談會〉, 《朝

이 1937년에 도·군단위로 지주간담회를 개최하고, 시국의 요구에 지주가 앞장서 협력해야 한다는 당위론으로 압력을 가하는 한편, 농사개량이 지주경영의 수익성을 향상시킨 사례를 소개하며 농사개량에 참여할 것을 촉구하였다. 나아가 지주들을 농사개량에 참여시키는 실질적 방안으로 1937년부터는 '지주의 영농개선 5개년계획'을 실시하였다. 이 계획은 농사개량에 소극적이었던 대지주 가운데서 대상자를 선정해 지주에게 비료와 농구를 전부 부담하게 하고, 아울러 소작인들에게 농사개량을 지도할 기술원을 채용하게 하여 향후 5개년 안에 단보당 수확을 5할 증산하게 만들어 지주와 소작인이 투자비율에 따라 그 증수분을 분배하는 것이었다. 이 계획의 최초 대상자로는 대구의 대지주 이상악이 선정되었다.[19]

지주를 농사개량에 참여시키려는 도 당국의 활동은 이후 더욱

鮮新聞》 1937년 2월 11일자; 〈空論에서 實行으로 地主懇談會 奮發(沙里院)〉, 《朝鮮民報》 1937년 6월 3일자; 〈水利改修와 農糧供給 地主의 奮起要望－旱害克服과 食糧增産에 不在地主도 動員－〉, 《京城日報》 1939년 9월 4일자; 〈地主懇談會에 本府의 要望 7項目〉, 《京城日報》 1939년 9월 13일자.

19) 〈地主의 營農改善 5個年 計劃을 樹立－最終年에는 反當 5할 增收. 慶北當局 農事經營 合理化를 圖謀－〉, 《朝鮮民報》 1937년 6월 10일자. "경상북도에서는 영농개선의 정신을 지주에 주입시키고자 다방면으로 노력해 왔으나, 요컨대 과거, 현재에 이르는 대다수의 지주는 경작 기타를 소작인에 맡기고 그 영농을 개선하여 반당수량을 증가시킬 생각은 않고, 실로 무관심하게 오로지 소작인에게서 소작료를 타조법에 따라 착취하기에만 여념이 없는 상태에 있었으나, 이러한 상태를 그대로 방임할 시에는 영농의 개선은 기대할 수 없어, 농무당국에서는 지주의 영농개선 5개년계획을 수립하여 철저하게 농사경영개선을 추진하는 것으로 하고, 이미 보도한 바와 같이 100정보 이상의 지주 가운데 전형 중이었던 것이나, 대구 이상악 씨를 선정하여 지난 4월부터 실행에 들어가 계획 최종연도인 41년에는 평균 반당 5할의 증수를 이루고자 하는 것으로, 실행에서는 농회기술원農會技術員과 동양同樣의 대우 아래 지주 스스로 기술원을 두고 비료 농구 등은 전부 지주가 부담하여 소작인으로 하여금 기술원의 지도 아래 영농의 개선을 이루어 수확량 가운데 증수에 대해서는 양자의 투자율에 의해 분수한다."

확대되어 1939년 지주생산보국회地主生産報國會 결성으로 발전하였다.
지주생산보국회는 산미증식에 필요한 농사개량에 지주들을 적극적
으로 참여시킬 목적으로 도 산업부장 주도 아래 경상북도 4백여 명
의 지주를 조직해 만든 단체였다. 지주보국회는 회원들로부터 5만
원을 갹출하여 농촌 중견청년을 대상으로 한 농업기술양성소를 지
원하였고, 대지주 출신의 보국회 간부들이 직접 지방농촌을 순회하
면서 지주좌담회나 지주소작인 연락타합회連絡打合會 등을 개최하며
산미증식을 위한 농사개량에 지주와 소작인이 적극적으로 참여할
것을 촉구하였다.[20]

　　지주를 농사개량이나 토지개량에 참여시키려는 조선총독부의 정
책은 1939년 '소작료통제령' 제정으로 나아갔다. '소작료통제령'을
제정하게 된 직접적 계기는 1939년의 대흉작이었다. 이 해에는 큰
가뭄이 들어 농업 전반에 심각한 피해를 입었다. 1938년 경상북도의
쌀 생산량은 284만 석이었는데, 1939년에는 그 4분의 1인 75만 석에
지나지 않을 정도로 대흉작이었다. 가뭄은 모든 농작물에 피해를 입
혔고, 이러한 상황은 전국 공통이었다. 이런 흉년에는 지주와 소작
인 사이에 분쟁이 크게 일어나기 마련이었다. 지주들이 조금이라도
손실을 만회하려고 무리하게 소작료를 징수하면서 분쟁이 발생하는
것이다. 그러나 평시와는 달리 전시상황에서 소작료를 둘러싸고 계
급갈등이 폭발하는 것은 매우 위험했다. 뿐만 아니라 대흉작은 이보
다 더 심각한 문제를 불러일으켰는데, 경제적으로 빈약한 자작농이
나 소작농에게 부담을 가중시키면서 농업생산력을 확충해 왔던 일
제의 전시 농정을 더 이상 지속할 수 없게 만든 것이다. 이러한 문

---

20)〈産米增殖目標로 地主報國會 自奮-小作人 地主連絡打合會와 生産報國座談會 開催〉,
　　《朝鮮民報》1939년 4월 13일자.

제들의 해결대책으로 서둘러 제정된 것이 '소작료통제령'이었다.

조선총독부는 '소작료통제령'을 공포하면서 이 법령의 제정 취지를 "일반 물가, 특히 농산물의 가격등귀를 억제하고, 농업생산력의 확충을 기함과 아울러 총후銃後(전장의 후방, 또는 후방 국민을 가리킴-필자) 농민생활의 안정을 기도"하는 것이라 하였다. 이 법령으로써 농산물 가격등귀를 통제하고 농업생산력을 확충하는 것을 주요 목표로 하고, 부수적으로 "총후 농민생활의 안정"도 도모한다는 것이다. '소작료통제령'의 내용을 살피면 이러한 입법취지는 더 명확하게 드러난다.

'소작료통제령'은 그 통제대상을 경작을 목적으로 임차-영소작도 포함-된 농지의 소작료로 규정하고, 통제범위를 소작료의 액 또는 율·수취법·감면조건·각종의 부가금으로 하였다. 그러나 이 법령은 이미 한계수준으로까지 인상된 당시의 고율소작료에 대해서 어떠한 규제도 가하지 않았다. 이 법령이 규제대상으로 삼은 것은 법 시행일 이후 소작료를 인상하는 부분뿐이었다. "총후 농민생활의 안정"이 '소작료통제령'의 주된 목적이 아니었음을 명확히 보여주는 대목이다. 이 법령이 규제대상으로 삼은 것은, 그 운용과정에서 보다 명확하게 드러났듯이, 지주가 공조공과금·종곡비·비료대·경우비 耕牛費·농구대금·토지개량비·관리인의 보수 등의 명목으로 소작료를 신규 인상하는 부분이었다.[21] 규제대상이 된 부분들은 대부분 일제가 전시 생산력 확충을 위해 농사개량을 추진하면서 새로 늘어난 비용들이었다. 일제는 이 법령을 제정하기 전까지 이러한 비용들을 지주가 소작인에게 전가할 수 있도록 보장하거나 허용하였다. 그러나

21) 鄭然泰, 앞의 글(1992), 881쪽.

'소작료통제령'을 실시하면서 법령 시행일을 기점으로 이 비용을 추가로 소작료에 포함시키는 것을 금지했다. 이를 위반할 경우 도지사 또는 부·군·도소작위원회가 지주를 상대로 소작료 변경을 명령할 수 있게 하고, 따르지 않을 경우 처벌할 수 있게 하였다.[22] 달리 말하면 '소작료통제령'은 신규로 증가하는 농사개량비나 토지개량비를 지주가 부담하도록 규제한 것이다.

이러한 내용에서 '소작료통제령'은 전시 생산력 확충을 목적으로 제정되었다고 할 수 있다. 중일전쟁 이후 일제는 지주들을 상대로 시국에 협조할 것을 요구하며 농사개량에 투자하도록 유도하고 있었다. 상황이 악화되면서 유도는 요구로 바뀌어 갔고, 전시 상황에서 지주들이 이를 거절하는 것은 사실상 불가능하였다. 거부할 경우 시국에 협조하지 않는 불량지주로 낙인찍혀 제재를 받을 것이 명확했기 때문이다. 종전까지 지주들은 이러한 요구를 받으면 일제에 협조하면서 그 부담을 소작농에게 떠넘겨 왔다. 그러나 1939년 대흉작이 덮치면서 부담 전가가 더 이상 불가능한 상황이 도래했다. 이런 상황에서 농사개량으로 전시 생산력을 계속 확충하자면 그 부담을 지주에게 지울 수밖에 없었다. '소작료통제령'은 이러한 사태에 대한 비상대책으로 마련되었다. 곧 대흉작의 피해로 소작농이 더 이상 농사개량을 감당할 수 없게 된 비상상황에서 전시 생산력을 확충하고자 농사개량에 지주의 경제력을 동원할 목적으로 만든 법령이 '소작료통제령'이었다. 그런 만큼 이 법령은 지주가 능동적으로 토지개량을 실시해 수확을 증가시킬 경우 도지사의 허가를 얻어 소작료를 인상할 수 있도록 허용하는 조항도 두었다.

---

22) 〈小作料統制令において農林局長談〉, 《殖銀調査月報》 22호, 1940년 1월호, 80~83쪽.

2. 태평양전쟁 시기의 전시농업정책과 지주제의 변동

1) '부락생산확충계획'의 전개와 농민경제의 빈궁화

중일전쟁 개시 이후 조선에서도 전쟁총동원 체제가 구축되면서 쌀·면화·고치·양모 등 전략자원의 증산이 강요되고, 지주들의 농사개량참여를 적극적으로 유도하는 지주통제정책이 실시되는 등 농업에서 생산력을 확충하는 전시농업정책이 실시되었다. 그러나 이러한 변화에도 불구하고 그 정책들은 정도나 강도의 차이가 있을 뿐, 농촌진흥운동 시기의 식민농정과 질적으로 다른 것은 아니었다. 그러나 일제가 태평양전쟁을 일으키게 되자 농업생산조건에서 근본적인 변화가 생겨났고, 따라서 전시농정 또한 불가피하게 이전과는 내용이나 성격을 달리하게 되었다.

1940년 유럽전선에서는 독일이 총공세를 펼쳐 승기를 잡았다. 독일의 승리에 고무되어 일본과 독일, 이탈리아는 삼국동맹을 체결하였고, 그 여세를 몰아 일본은 구미 열강이 식민지로 지배하고 있던 동남아시아로 침략을 확대하였다. 일본이 태평양전쟁을 일으키면서 전선은 중국을 넘어 동남아시아 지역으로 광범하게 확대되었고, 전쟁 상대도 중국과 미국 그리고 영국·프랑스 등으로 늘어났다. 이에 따라 전쟁에 동원되는 인력이나 물적 자원은 이전에 견주어 비약적으로 증가하였고, 군수물자 조달에 주력하였던 조선에서도 대규모의 인력동원이 불가피해졌다. 대규모의 전쟁동원은 조선사회 전반에, 특히 가장 많은 자원이 동원되었던 농촌사회에 심각한 변화를 불러왔다. 그 변화 가운데서 특히 심각한 문제는 일본의 전쟁수행에 큰 차질을 가져올 농업생산력의 급격한 저하였다. 따라서 일제는 태평양전쟁을 도발하기에 앞서 이러한 사태에 대한 대책을 강구하지 않을 수 없었다.

그 대비책으로 일제가 마련한 것이 국민총력운동이었다. 일제는 태평양전쟁을 도발하기 위한 준비로 일본주의 국체론을 전면에 내세운 대정익찬회大政翼贊會를 출범시켜 기존의 정당이나 사회단체를 전부 해체하고 일국일당적 체제를 수립하였다. 대정익찬회는 '대동아공영권'의 건설을 추구한 파쇼적 정치 체제의 중심 조직으로, 일본 사회의 모든 인적, 물적 자원을 구미열강과의 전쟁에 총동원하는 국민총력운동을 펼치면서 총력전 체제를 구축해 나갔다. 대정익찬회가 국민총력운동을 실시하면서 국민정신총동원운동은 국민총력운동에 흡수되었다.

이러한 변화에 따라 조선총독부도 1940년 10월 기존의 농촌진흥운동과 국민정신총동원운동을 국민총력운동으로 전환하였다. 조선의 국민총력운동은 일본과는 달리 국민정신총동원조선연맹을 개편해 만든 국민총력조선연맹이 이끌었다. 국민총력조선연맹은 그 산하에 도 연맹-부·군·도 연맹-읍·면 연맹-정·동·리 연맹-애국반에 이르는 계통적 조직망을 갖추고 있었다. 이 조직들은 조선에서 전개된 국민정신총동원운동의 조직을 재편한 것으로, 각급 행정기구의 장이 각급 연맹의 장을 맡는 등 행정조직과 국민운동조직을 일체화한 강력한 전쟁동원조직이었다. 국민총력운동의 목표는 고도국방국가 체제의 확립과 '동아신질서의 건설'이었다. 이를 위해 국민총력연맹은 ① 황국신민화를 더욱 강화해 국민정신을 통일하고, ② 상시적인 국민 총훈련과 조직화로 전쟁에 대처하고, ③ 전쟁을 뒷받침하는 최고도의 생산력을 확충하는 것 등을 구체적인 활동목표로 설정하였다.

조선총독부는 국민총력운동을 통해 조선에서 전쟁총동원 체제를 확고히 구축하고자 하였다.[23]

국민총력운동은 전시 농촌사회에 일어날 변화에 대비하여 '농산촌생산보국운동'을 펼쳤다. '농산촌생산보국운동'은 전쟁동원정책으로 발생할 문제에 대처하는 전시 생산력확충책이었다. 이 운동은 1940년 12월 국민총력연맹 농림부에서 '농산촌생산보국지도요강안'을 제안하면서 그 전모를 드러냈다. 이 요강에 따르면, '농산촌생산지도보국운동'의 목표는 '멸사봉공'의 정신으로 전쟁 수행에 필요한 농림생산력을 확충하도록 조선 민중을 동원하는 것이었다. 이 목표를 실현하는 구체적인 방법은 기존의 농촌진흥운동과 농가갱생계획을 폐지하고 대신 '농산촌생산보국운동'과 '부락생산확충계획'을 실시하였다. 농촌진흥운동과 농가갱생계획은 비록 중일전쟁 이후 생산보국운동의 성격을 강화하고 공려조합의 생산적 역할을 확대하였지만, 개별농가의 생활안정과 향상이라는 목표에서 자유로울 수 없었고, 생산의 기본단위 또한 개별 농가에 두고 있었다. 따라서 대량으로 노동력을 징발해야 하는 전시상황에서는 농촌진흥운동으로 전쟁에 필요한 생산력을 확충하기에는 한계가 있었다. 이에 일제는 농촌진흥운동을 '농산촌생산보국운동'으로 전환시키고, 부락을 생산의 기본단위로 하는 '부락생산확충계획'을 실시하였다. 이러한 전환에 대해 조선총독부는 "종래 '농·산촌 민중생활의 안정 향상을 목표로 하는 개인 본위"와 "자유주의적 관념에 기초한 자의적 경영"을 배제하고 "국방국가 체제의 완성을 위해 생산력 확충을 계획하는 국가본위"와 "생산 보국 구현에 철저를 기하도록 지도하는 국가적 경영으

---

23) 國民總力聯盟, 《國民總力讀本》, 1941, 16쪽.

로"이행하는 것이라 설명하였다.[24]

'부락생산확충계획'은 조선총독부의 방침에 따라 도 단위로 수립된 전쟁 동원물자 증산계획에 따라 마을 단위로 증산목표를 설정하고, 목표 달성을 위해 전시상황에서 조정이 필요한 농지분배, 소작조건 조정, 농업노동력 조달, 집하배급集荷配給, 마을협동시설 확충 등에 관한 대책을 수립하여 실행하는 것이었다. 증산 대상품목은 쌀, 잡곡 등의 식량류, 면·마 중심의 의료작물, 자급비료, 군수용 축산물 및 임산물, 마약류 등이었다. 조선총독부는 이 작물들에 대해 각각의 증산계획을 수립하였는데, 그 계획에 따라 부락별 증산목표가 할당되면 '부락생산확충계획'으로 그것을 달성해야 했다. '부락생산확충계획'에서도 증산은 개별농가 단위로 이루어지는 것이었지만, 부락 단위로 연대책임을 지워 보다 효율적으로 그 목표를 달성하게 하였다. '부락생산확충계획'의 실행주체는 국민총력운동의 부락연맹이었고, 부락의 구장이 부락연맹의 이사장을 맡았다. 이 계획은 1942년 1월 현재 농산촌 총 74,000여 부락 가운데 97퍼센트에 해당하는 70,611개 부락에서 수립되었다. 이 계획에 따라 증산에 참여하는 농가는 2,822,824호로 당시 전체 농가의 92.4퍼센트에 이르렀다.[25]

이 시기 '부락생산확충계획'에 포함시켜 추진한 증산계획으로 주목할 만한 것은 1940년에 시작된 '조선증미계획朝鮮增米計劃'과 1941년에 시작된 '식량전작물증산계획食糧田作物增産計劃'이다. '조선증미계획'은 1939년 대흉작을 계기로 전시상황에 쌀을 안정적으로 공급하고자 6개년계획으로 수립되었다. 증산목표는 조선 전체에서 1945년까지 510여만 석이었고, 그 가운데 380만 석은 농사개량으로, 나

---

24) 國民總力朝鮮聯盟,《朝鮮に於ける國民總力運動史》, 1945, 52쪽.
25) 이송순,《일제하 전시 농업정책과 농촌경제》, 2008, 89쪽.

머지는 토지개량으로 달성하는 것이었다. 증산방법은 단기간에 효과를 낼 수 있는 농사개량을 위주로 하였고, 토지개량은 전시 물자부족 등을 감안하여 소규모 관개배수시설을 구축, 기존 논의 관개를 개선하는 범위에서 사업을 제한하였다. 농사개량도 화학비료의 생산이 제한된 까닭에 경종법의 개선과 자급비료 증산에 치중하였다. 또한 징용에 따른 노동력 부족을 감안해 부락 공동작업도 계획하였다.[26] 그러나 '조선미증식계획'은 그 시작부터 농사개량에 의존해 증산목표를 달성하기는 어려우며 토지개량사업을 확대해야 한다는 비판이 제기되었다. 그리하여 조선총독부는 1942년에 '조선증미계획'을 '조선증미개정계획'으로 수정하였다. 개정계획에서는 토지개량사업을 확대하고, 사업연도를 1952년까지 12년으로 늘렸는데, 개정계획의 사업도 그 규모가 크지 않았다. 경상북도의 경우 1943년과 1944년에 할당된 토지개량사업의 면적은 소지구 개량사업이 각각 1천 정보와 1,919정보, 소규모 개량사업이 각각 360정보와 700정보에 지나지 않았다.[27] 이 계획으로 경상북도의 미곡생산고는 〈표 6-3〉에서 보이듯 1941년에 290만 석을 웃돌 정도로 증가하였다.

'식량전작물증식계획'은 대량의 쌀 공출을 뒷받침하고자 실시되었다. 쌀을 대량으로 공출하려면 이를 대신할 식량작물을 조선에서 증산할 필요가 있었다. 1942년에 수립된 '식량전작물증식계획'은 보리류, 조, 고구마, 감자 등의 식량작물을 증산할 목적이었다. 일제는 이 계획에 앞서 1931년부터 '전작개량증식계획'을 12개년 계획으로 조선에서 실시하였다. '전작개량증식계획'은 보리류를 증산해 쌀 수출을 확대하고, 콩의 재배면적을 줄이는 대신 육지면 재배를 확대하

---

26) 이송순, 위의 책, 119~124쪽.
27) 朝鮮銀行調査部, 《朝鮮經濟年報》, 1948.

표 6-3. 태평양전쟁 시기 경상북도의 쌀과 고치 공판량[28]

연도	쌀(천 석)			고치(천kg)		
	생산량(a)	공판량(b)	(b/a)%	생산량(a)	공판량(b)	(b/a)%
1938	2,842	1,086	38	3,882	2,197	57
1939	750				2,314	
1940	2,672	907	34		2,342	
1941	2,901	1,904	66		2,310	
1942	1,376	741	54		1,619	
1943	2,036	1,192	59		1,721	
1944	782	321	41	2,721	1,768	65

여 실시하였으며, 이 계획이 종료되자 이에 이어 '식량전작물증식계획'을 실시하였다. '식량전작물증식계획'은 '전작개량증식계획'과는 달리 밭에서 생산할 수 있는 식량작물을 단기간에 증산할 목표로 실시되었다. 증산방법은 다른 작물이 재배되던 논밭을 최대한 보리, 밀, 쌀보리, 조의 재배지로 전환하고, 벼논에서 이모작을 더욱 확대하는 한편, 새로 민유民有임야를 개간하는 등 식량전작물의 재배면적을 확대하는 것과, 경종법을 개선하고 자급비료 투입을 늘리는 농사개량을 하는 것이었다.[29]

일제는 전략적으로 필요한 농산자원을 '부락생산확충계획'을 통해 강제 증산시키고, 그 생산물을 최대한 전쟁에 동원하고자 공출제

---

28) 1938년도의 미곡 공판량은 공판량과 자유판매량을 합친 액수이다. 미곡 생산량과 공판량 통계는 朝鮮銀行調査部,《朝鮮經濟年報》, 1948, Ⅰ-43쪽과 地-37쪽을 근거로, 고치공판량 통계는《朝鮮總督府調査月報》(1931~1943)을 따라 작성했다. 1944년도 고치생산량과 공판량 통계는 朝鮮銀行調査部,《朝鮮經濟年報》, 1948, Ⅰ-69쪽을 근거로 하였다.
29) 이송순, 앞의 책, 143쪽.

도를 확대하였다. 공출제도는 국가가 공정가격을 정하고, 그 가격으로 일정량을 사들이는 유통통제제도였다. 조선총독부가 쌀 유통에서 가격과 거래행위를 전면적으로 통제하기 시작한 것은 대가뭄이 닥친 1939년부터였다. 물론 쌀 유통에 제한을 가하는 공판제도가 조선에 처음 도입된 것은 1934년이었으나, 당시의 공판제도는 미곡출하가 추수기에 집중되는 문제를 해결하고자 도입된 것으로, 가격 통제 없이 판매출하시기만 제한할 뿐이었다.[30] 그리하여 쌀 총판매량에서 공판량이 차지하는 비중도 크지 않았다.[31] 그러나 1939년에 실시된 공판제도는 이와는 달리 가격과 거래행위를 전면적으로 통제하는 것이었다. 이 해에는 일본의 서부 지방과 조선의 가뭄이 혹심하여 쌀 생산이 평년 수확고의 4분의 1 수준으로 감소하였다. 이로 말미암아 전쟁상황에서 쌀 가격이 폭등하는 비상사태가 발생하게 되자, 일제는 '조선미곡주식회사령', '조선미곡배급조정령', '미곡배급통제에 관한 건'(조선총독부 부령 제226호) 등을 공포하고, 미곡유통 전반에 대해 전시통제정책을 실시하였다. 이 법령들은 기존의 미곡거래 시장을 폐지하고 당국의 허가를 받은 업자만이 쌀을 거래할 수 있게 하였으며, 수출미의 매상을 미곡시장주식회사가 독점하게 하였다. 또한 총독부가 정한 쌀 최고판매가격 이상으로 매매하는 것을 금지하였다. 나아가 총독이나 도지사가 미곡업자나 쌀 소유자 또는 점유자를 상대로 보유곡을 최고판매가격으로 판매하도록 조치할 수 있게 하였다. 곧 공출을 강제할 수 있게 한 것이다. 이로써 쌀의 자유

---

30) 菱本長次, 《朝鮮米의 研究》, 1938, 475~479쪽, 731~763쪽.
31) 경상북도의 경우 농회가 공판 확대를 위해 적극 활동하였던 1937년조차도 벼 공판량은 총 40만 석으로, 도외반출량의 약 37%, 수출까지 합친 도외판매량의 22.6%에 머물렀다[《慶北의 農業》(1938), 56쪽].

매매는 금지되고, 가격과 판매를 국가가 직접 규제하는 통제매매로 전환되었다. 조선총독부는 이 법령을 시행하면서 정무총감의 통첩으로 각도에 식량배급조합을, 부·군·도에는 그 하부조직을 설치하고 농회, 식산계, 부락공려조합의 '공출필행회供出必行會' 등을 동원하여 미곡 공판을 확대해 나갔다.[32]

쌀 공출제도는 해마다 강화되어 갔다. 1941년에는 쌀 공판제도가 전면적으로 실시되었으나, 공출은 '과잉지역의 과잉수량'을 통제하는 원칙에 따라 실시되었다. 곧 쌀 과잉지역의 과잉수량에 대해 강제 공출이 시행된 것이다.[33] 통제대상이 아닌 쌀의 경우 할당량의 공출이 끝날 때까지는 자유판매가 금지되었으나, 공출 이후에는 가능하였다. 그러나 1942년부터는 공출 종료와 무관하게 쌀의 자유판매가 금지되었다. 공출대금을 지불하는 방식도 강제공제저축('天引貯蓄')을 확대하는 방향으로 강화되어 갔다.[34] 1941년도에는 공출대금총액에서 10퍼센트의 강제공제저축과 비료대금, 조합비, 차금借金을 제한 나머지를 생산농가에 지불하였다. 그러나 강제공제저축이 법제화되면서 1942년부터는 "농촌에서 부동구매력을 흡수"한다는 구실로 저축률을 5퍼센트 이상 인상하고,[35] 기존의 공제항목에 더해 비행기헌납금, 각종 협회비, 금융조합수수료, 곡물검사수수료 등도 공출대금에서 공제하였다.[36] 조선총독부는 1941년부터 미곡 공출을 확대하고자 공출미의 생산자에게는 생산장려금을, 공출자에게는 출하장려

---

32) 岩田龍雄·金子永徽, 〈戰時下 朝鮮に於ける米穀政策の展開〉, 《殖産銀行調査月報》 64, 65호, 1943년 9, 10월.

33) 이송순, 앞의 책, 156쪽.

34) 權大雄, 〈日帝末期 朝鮮貯蓄運動의 實體〉, 《民族文化論叢》 7, 영남대 민족문화연구소, 1986.

35) 朝鮮金融組合聯合會, 〈籾天引貯蓄實施要綱決定〉, 《調査彙報》 22, 1941년 11월, 25~26쪽.

36) 下脇光夫, 〈籾の供出を現地へ觀る－殖産契を中心に〉, 《金融組合》 171, 1943년 2월, 96쪽.

금을 교부하였다. 그러나 1942년에 인상된 강제저축액만도 장려금을 상회하였다. 공출은 갈수록 강화되었지만 농가의 현금수입은 도리어 줄어들어갔다.

공출제도는 미곡뿐만 아니라 면화·고치·대마·보리·밀·밤 등 주요 작물 전반으로 확대되었다. 면화와 고치의 공판과 할당식 강제공출은 미곡보다 앞서 1930년대 후반부터 실시되었는데, 1941년 이후 더욱 강화되었다. 면화는 더욱 공출이 강화되었다. 일제는 태평양전쟁의 도발로 면화를 수입할 수 없게 되자 부락별, 개별농가별로 증산목표를 할당하고 그 할당량 전부를 공출하였다. 일제는 공출량을 확충하고자 면화의 밀매매를 철저히 단속하는 한편, 농가의 수방직용구手紡織用具를 몰수하고 가내직조업을 금지시켰다.[37] 이로 말미암아 농민들은 생산한 면화를 전량 싼 값으로 공출하고, 자가용 면포나 면화를 고가로 배급받아야 하는 모순에 처했다. 이에 더해 일제는 식량배급통제를 위해 1941년부터 보리·밀·쌀보리에 공출제를 실시하고, 1942년부터는 귀리·조·수수·옥수수·기장·메밀 등 식량 전작물 전반으로 공출제를 확대하였다. 이로써 농민들은 "애써 지은 농산물을 추수가 끝나면 바로 먹을 양식도 남기지 못하고 전부 공출"[38]당하는 처지로 전락하였다. 밭작물의 공출도 미곡의 경우처럼 강제공제저축이 실시되었다.

일제는 공출을 강화하고자 식량수집기구도 정비하였다. 기존의 도道 식량배급조합과 부·군·도의 하부수집조직을 1941년에 도 양곡배급조합과 부군도 배급조합으로 재편하고, 1942년에는 조선양곡주

---

37) 印貞植, 《朝鮮の農業地帶》, 1940, 23~28쪽.
38) 권귀선權貴善(1989~) 옹의 증언을 《慶尙北道史(中)》(慶尙北道史編纂委, 1983), 142 쪽에서 재인용했다.

식회사를 설립해 각급 양곡배급조합을 조선양곡주식회사와 조직 및 자금면에서 연계되는 도 양곡주식회사 및 부·군·도 지점 또는 출장소로 개편하였다. 1943년 9월에는 이를 재편하여 식량관리영단食糧管理營團을 설립하고, 지방의 각급 양곡주식회사 조직을 영단의 지부로 흡수하여 중앙에서 말단까지 체계화된 식량 수집 및 배급기구로 만들었다.[39]

일제의 전시 농업통제정책은 쌀, 잡곡 등의 식량류, 면·마 중심의 의료작물, 군수용 축산물 및 임산물, 마약류 등을 최대한 전쟁에 동원할 목적으로 실시되었던 까닭에 농가의 지출을 확대시켰지만, 반대로 공출이 확대되면서 농가수입은 도리어 감소하였다. 일제는 이들 품목의 증산과 공출을 확대하고자 농민들에게 생산장려금과 공출장려금을 지급하고, 공출가격을 인상하는 등의 유인책을 썼다. 그러나 동시에 전시 인플레를 억제한다는 구실로 강제공제저축을 확대하고, 비행기헌납금과 각종 수수료 등을 공출대금에 더하였고, 이로 말미암아 농가의 수입은 갈수록 감소하였다. 이 때문에 농가경제는 더욱 빈궁해졌고, 그것은 결국 급격한 농가 자작지의 감소와 소작지의 증가로 귀결되었다(〈표 6-4〉).

농가 자작지는 농촌진흥운동이 펼쳐졌던 1930년대의 경우 논에서는 다소 증가세를, 밭에서는 일관된 감소세를 보였다. 그러나 이 시기에는 밭의 면적이 절대적으로 감소하면서 논으로 개간되는 면적이 증가하였고, 이에 따라 소작지에서 논 면적이 증가하면서 전체로 보면 논 소작지는 2,200여 정보 증가하였다. 그러나 전시농업동원정책이 실시되면서 자작지는 논밭 모두 감소세로 돌아섰고, 더욱

---

39) 朝鮮食糧營團 編, 《朝鮮食糧營團》, 1944, 5쪽.

표 6-4. 경상북도의 자작지 및 소작지 변동[40](1938~1944년, 단위: 정町)

연도	자작지		소작지		합계
	논	밭	논	밭	
1932	82,865	90,681	112,765	97,727	384,038
1938(a)	84,118	84,590	116,263	96,037	381,008
1942	84,473	81,846	118,076	94,028	378,423
1944(b)	75,024	81,267	129,980	81,944	368,274
a-b	-9,094	-3,323	13,717	-14,093	-12,734

이 논의 자작지는 급감하는 양상을 보였다. 1938년과 1944년을 비교
하면 논의 자작지는 9천여 정보가 감소하였고, 밭의 자작지는 3천 4
백여 정보 감소하여 전체 1만 2천여 정보가 감소하였다. 농촌진흥운
동이 벌어진 시기와 비교하면 전시 체제 아래에서 무려 2배 이상의
자작지가 감소하였다. 그와 달리 논의 소작지는 1만 3천 7백여 정보
증가하였고, 전에서는 폐경되는 자작지나 소작지도 속출하였다. 전
시 체제 아래에서 농민경제가 급속히 빈궁해지고 있음을 반영하는
변화였다.

2) '조선농업계획'의 실시와 지주제 통제정책

1941년 12월 7일 일제가 하와이의 진주만을 기습하면서 시작된
태평양전쟁은 그 이듬해 6월 미드웨이 해전까지 일본이 승승장구하
였다. 일본군은 진주만 공습을 시작으로 빠른 속도로 남하하여 필리

---

40) 1938년 통계는 《慶尙北道 農務統計》(1938), 5쪽에서, 1942년 통계는 《朝鮮總督府調
査月報》 15-4, 1944년 4월, 48쪽에서, 1944년 통계는 朝鮮銀行調査部 編, 《朝鮮經濟年
報》, 1948, 38~39쪽을 근거로 작성했다.

핀, 미얀마, 말레이반도, 자바섬을 점령하고 동남아시아 일대를 자신의 세력권 안에 넣었다. 그러나 일본의 진격은 1942년 6월 미드웨이 해전에서 미군에 패배하면서 막을 내렸다. 미드웨이 해전에서 일본 해군은 주력 항공모함 4척과 가장 우수한 항공조종사 대부분을 잃었고, 이로 말미암아 전력 면에서 연합군보다 일본군이 우세했던 국면도 사실상 끝났다. 이후 연합군의 반격이 개시되어 1943년 1월에 벌어진 과달카날 전투에서 일본이 패배하였고, 이를 계기로 전세가 역전되어 일본이 수세에 몰렸다. 전세는 중국 전선에서도 불리하게 전개되었는데, 중국 국공합작군의 반격이 강화되었기 때문이다.

전세가 뒤바뀌게 되자, 일제는 이를 만회하고자 일본과 조선에서 전쟁동원을 더욱 강화하였다. 민수산업을 군수산업으로 최대한 전용하고, 산업자재를 군수산업에 우선적으로 배당하였다. 대량의 노동력을 징발해 군수산업과 군사시설축조에 투입하는 한편, 전사자와 부상자가 속출함에 따라 부족한 병력을 보충하고자 조선에서도 징병제를 실시하였다.

이에 따라 조선의 전시농업정책도 1943년 8월을 즈음해 다시 재편되었는데, 그 원인은 두 가지였다. 하나는 민수산업 및 산업자재를 대거 군수산업으로 전용함에 따라 농업자재, 특히 화학비료의 생산이 급감한 것이다. 일제는 전세가 불리해지자 질소비료의 생산설비를 대거 폭약 생산설비로 바꾸었다. 다른 한편 전쟁으로 말미암아 인광석이나 염화가리 등의 비료 원료의 수입도 대폭 감소하거나 두절되었다. 이로 말미암아 〈표 6-5〉에서 보이듯, 화학비료의 공급은 1943년부터 급격히 감소한다. 질소비료는 1942년까지는 비교적 완만한 감소폭을 보였으나, 1943년 이후 공급량은 1939년의 64퍼센트 수준에 미치지 못할 정도로 격감하였다. 인산과 가리의 공급은 더욱

표 6-5. 화학비료 단보당 사용량 변동[41](단위: kg)

연도	경북			전국		
	질소	인산	가리	질소	인산	가리
1939	2.8	1.1	0.1	2.8	1.1	0.1
1940	2.6	1.1	0.1	2.6	1.1	0.1
1941	2.5	0.9	0.1	2.5	0.9	0.1
1942	2.5	0.5	0.1	2.5	0.5	0.1
1943	1.6	0.3	–	2.0	0.2	–
1944	1.8	0.2	–	1.8	0.2	–

심하게 줄어들어 1943년 이후가 되면 가리는 아예 공급이 두절되고 인산의 사용량도 20퍼센트 이하로 줄어든다.

화학비료의 공급 감소는 농업생산력에 치명적인 타격을 주었다. 가령 미작의 경우 1934년 산미증식계획이 중단되면서 증산은 거의 농사개량에 의존하였다. 농사개량사업에 가장 큰 역할을 한 것은 특히 화학비료였고, 이에 따라 벼의 품종 또한 1930년대 중반 이후 거의 비료반응성이 뛰어난 종으로 교체되었다. 그리하여 결국 쌀 생산량이 화학비료 사용량에 비례할 정도로 미작의 생산력은 화학비료 의존도가 높았다. 이런 상황이었으므로 화학비료의 공급이 격감하면 미작의 생산력도 저하될 수밖에 없었다. 실제 〈표 6-6〉을 보면, 쌀의 생산고는 화학비료 공급이 급감하는 1942년 이후 1940년대 초반에 견주어 절반 내지 4분의 1 이하로 급격히 줄어든다. 쌀농사뿐만

---

41) 경상북도 통계는 朝鮮銀行調査部,《朝鮮經濟年報》, 1948, 地-38쪽에 근거하여 작성했다. 전국 통계는 이송순, 앞의 책, 264쪽에 근거한다.

표 6-6. 태평양전쟁 시기 경상북도의 농업생산액 변동[42]

연도	미곡 (천 석)	맥류 (천 석)	대두 (천 석)	조 (천 석)	면화 (천 근)	고치 공판량 (천kg)
1938	2,842	2,457	347	265	31,826	2,197
1939	750	2,217				2,314
1940	2,672	2,600			26,679	2,342
1941	2,901	2,348	315	198	21,695	2,310
1942	1,376	1,602	81	299	21,238	1,619
1943	2,036	1,165	207	246	40,574	1,721
1944	782	2,372	88	291	23,994	1,768

아니라 당시 농업생산 전반이 화학비료에 의존해 전시 생산력을 확충하고 있었기 때문에 생산력 저하는 농업 전반으로 확대되지 않을 수 없었다. 〈표 6-6〉에서 보듯이 생산 저하는 보리류, 콩류, 면화, 고치 등 거의 모든 작물에서 급격히 일어나고 있다. 전시 상황에서 조선 농업의 생산력이 급감하는 것은 일제의 전쟁능력을 저하시키는 중대한 문제였다. 조선 농업의 현실을 누구보다도 잘 알고 있었던 조선총독부의 농정당국자들로서는 이러한 사태가 바로 일어나리라는 것을 분명히 예견할 수 있었고, 따라서 이 사태에 대한 대책을 시급히 마련하지 않을 수 없었다.

전시농업정책을 재편하게 만든 또 다른 요인은 대규모의 징용·

---

42) 작물별 생산액 통계는 朝鮮銀行調査部, 《朝鮮經濟年報》, 1948, Ⅰ-43~49쪽에 근거하였다. 고치는 생산량 통계가 없어, 고치 공판량 통계로 대체하였다.

표 6-7. 조선의 전시 노무자 동원수[43](단위: 명)

	조선 내				일본
	총독부 주선	도내 동원	징용	합계	
1938	39,860	74,194		114,054	
1939	45,289	113,096		158,385	53,120
1940	61,527	170,644		232,171	81,119
1941	46,887	313,731		360,618	126,092
1942	49,080	333,976	90	383,146	248,521
1943	58,926	685,733	648	745,307	300,654
1944	76,617	2,454,724	19,655 (153,850)	2,704846	379,747
1945	44,263	－	23,286 (106,295)	173,844	329,889
합계	422,497	4,146,098	43,679 (260,145)	4,872,419	1,519,142

징병으로 말미암은 농업노동력 부족이었다. 일제는 중국과 미얀마, 필리핀, 말레이반도, 자바섬에 이르는 광대한 지역으로 진격해 전선을 형성해 놓은 상태에서 1943년 들어 전세가 역전되자 노무자나 군속, 군인으로 동원할 노동력을 조선의 농촌에서 대대적으로 징발하였다. 조선에서 전시 노무자로 동원된 인원은 〈표 6-7〉에서 보듯이 1943년부터 급속히 증가하였다. 1943년 1년 동안에 동원된 인원수는 조선 내 동원과 일본 징용을 합쳐 1백만 명을 넘었고, 1944년에는 그 수가 3백만 명으로 증가하였다.[44]

43) 이송순, 앞의 책, 215쪽에서 인용.
44) 박경식, 《조선인 강제연행의 기록》, 1965(고즈윈출판사, 2008년 재간행본), 17쪽;

경북 지역은 일본과 지리적으로 가까웠기 때문에 상대적으로 더 많은 인원이 전쟁에 동원되었다. 경상북도의 자체 조사에 따르면, 1947년 5월 현재 해외에서 귀환한 전재자戰災者 수는 489,173명에 달했다.[45] 이들 대다수는 중일전쟁 이후 징용이나 징병으로 강제동원되었던 자들이었다. 당시 경상북도의 인구가 417만 명이었으므로 노무자나 군인, 군속으로 일본 등 해외로 동원된 인원만 전체 인구의 1할을 상회하였다. 국내에서 동원된 인원수는 해외로 동원된 인원의 3~7배 정도였으므로, 그 수 또한 적게 잡아도 147만여 명 이상이었다. 이를 합치면 태평양전쟁 시기에 전체 인구 가운데 약 4할이, 그것도 노동력 가운데 가장 우수한 20~40세의 남자 성인 노동력이 전쟁에 동원된 것이다. 이들 대부분은 농촌에서 징발되었기 때문에 전쟁이 지속될수록 농촌은 농업노동력 부족으로 고통을 겪어야 했다. 일제강점기 조선의 농업생산력은 다량의 노동력과 화학비료 투입에 의존하는 이른바 '다로다비多勞多肥' 생산력이었기 때문에, 비료에 더해 노동력마저 부족하게 되면 농업생산력은 급전직하할 수밖에 없었다. 〈표 6-4〉에서 보듯이, 실제 1942년에서 1944년 사이에 무려 12,800여 정보의 농경지가 휴경되는 사태가 야기되었다. 일제 또한 이 점을 충분히 예견하고 있었기 때문에, 전쟁동원이 본격적으로 확대되는 때를 맞아 노동력 부족에 대한 별도의 대책을 강구하지 않을 수 없었다.

이러한 필요에서 1943년 7월 조선총독부는 그때까지 전시농업정책으로 실시하던 '농산촌생산보국운동'의 '부락생산확충계획'을 대신하는 새로운 전시농업정책으로 '조선농업계획'을 발표한다. '조선농

김민영, 《일제의 조선인노동력수탈 연구》, 한울아카데미, 1995, 76~79쪽.
45) 嶺南日報社, 《1947년판 慶北總鑑》, 1948, 338~339쪽.

업계획'은 전쟁 동원에서 비롯된 비료와 노동력 부족으로 농업생산력의 저하가 명확히 예견되는 상황에서 수립된 전시 이데올로기 통제정책이자 식량 증산 및 공출확대정책이었다. 이 계획은 "황국농민도의 확립, 농업생산구조 정비(농촌노동력 조정, 경영규모 적정화, 소작관계 적정화), 농업생산과 유통 체제의 정비"를 기축으로 하는 조선 농촌의 재편성 계획이었다.[46] 이 계획의 요강 목차는 다음과 같다.

〈조선농업계획요강〉

요령

제1. 황국농민도의 확립

제2. 농촌생산체제의 정비

　　① 농지의 확충 및 확보 ② 농지의 개량-토지개량 ③ 농지의 적정이용 ④ 자작농촌의 유지 및 창설 ⑤ 소작관계의 조정 ⑥ 농촌노무의 공출 및 조정 ⑦ 협동사업의 확충 ⑧ 개척사업의 촉진 ⑨ 농업금융의 확립

제3. 농림축산물의 종합생산

　　① 작물의 적지 재배 ② 자급비료의 증산 ③ 농기구의 개량 충실 ④ 유축농업의 촉진 ⑤ 기술지도의 철저 ⑥ 농산가공의 정비 확충

제4. 농업시험기관의 정비 충실

제5. 농업단체의 조사

제6. 농산물 가격의 조정

제7. 지주의 활동 촉진

요강 목차에서 확인할 수 있듯이 일제는 '조선농업계획'을 실시

---

46) 《殖銀調査月報》 64호, 1943년 9월, 31~33쪽.

하면서 '황국농민도皇國農民道의 확립'을 가장 우선적인 목표로 내세웠다. '황국농민도'란, 중세적 농본주의에 입각하여 일본제국과 천황을 위해 봉사한다는 관념을 가지고 농업에 종사하는 자세를 뜻하였다. 일제는 '황국농민도'와 가장 배치되는 관념이 농업을 자본주의 아래의 산업으로 취급하여 영리적 타산으로 생산과 유통을 지향하는 것이라 보았다. 말하자면 영리적 타산을 배제하고 오로지 일본제국과 천황을 위해 봉사하는 일념으로 전쟁의 승리를 위해 온갖 희생을 감내하는 것이 '황국농민도'였다.[47]

'조선농업계획'이 '황국농민도의 확립'을 다른 사업보다 우선한 것은 이 계획이 이전 계획보다 훨씬 수탈성이 강했기 때문이었다. '조선농업계획'은 전쟁동원으로 말미암아 농업생산력의 급락하고 이를 만회하는 것이 거의 불가능한 상황에서 부락 단위로 연대 책임을 지워 공출을 극대화하는 목적에서 세워졌다. 이 계획은 농민은 물론이고 지주에게도 일방적인 희생을 강요하며 전쟁동원을 극대화하였다. 따라서 이 계획에 대한 농촌사회의 반발이 클 수밖에 없었는데, 이를 선제적으로 봉쇄하고 억압하고자 '황국농민도의 확립'을 앞세웠던 것이다.

일제는 이 계획에 착수하면서 '황국농민도'를 고취하는 선전과 교육을 대대적으로 실시하였다. 먼저 농민들 가운데서 여론 형성을 주도할 중견인물과 중견부인, 농업보국정신대원들을 선정해 조직적으로 '황국농민도'를 교육하고, 이들을 앞세워 농민들에게 '황국농민도'를 고취하였다. 일제는 '황국농민도'를 앞세우며 부락의 구장과 중견인물을 주축으로 '부락계획' 아래 농민을 조직하고 증산과 공출

---

47) 이송순, 앞의 책, 110쪽.

을 강요하였다. 이러한 특징에서 잘 드러나듯이 '조선농업계획'은 생
산력의 한계로 물적·인적 자원의 동원이 어렵게 된 상황에서 이데
올로기적 교육과 선전, 강제적 조직화로써 이를 확보하고자 한 전시
농업정책이었다.[48]

'조선농업계획'은 농업생산자재와 노동력이 모두 부족한 전시상
황에서 군수품, 특히 식량을 최대한 증산하는 방향으로 수립된 생산
정책이다. 조선의 농업생산력은 화학비료와 집약적인 노동력 투입이
라는 양대 요소에 의존해 왔다. 그러나 전쟁동원으로 화학비료의 공
급이 격감하고, 자급비료의 생산도 감소할 수밖에 없는 상황이었으
므로 비료에서 생산력을 확충하는 것은 불가능하였다. 따라서 농업
생산력의 저하를 막을 수 있는 현실적 방안은 농촌노동력을 조정하
고, 경영규모를 적정화하는 것이었다. 당시 농촌에서는 전쟁동원으
로 노동력이 줄어들어 영농에 곤란을 겪는 농가가 속출하였다. 따라
서 공동노동을 확대하는 등 농촌노무를 조정하는 방법으로 노동력
부족을 보완할 수 있다면 감산을 줄이는 효과를 낼 수 있었다. 이에
'조선농업계획'은 종전의 '부락생산확충계획'을 '부락계획'으로 변경
하고, 마을 단위의 공동작업반을 설치하는 등 노무조정을 실시하였
다. 곧 부락연맹의 애국반을 기본단위로 공동작업반을 편성하여 운
영하고, 농구, 가축 등도 공동으로 이용하게 하는 등 부락단위로 생
산을 책임지게 하는 방식을 도입한 것이다.[49] 이러한 조정으로 노동
력을 집중적으로 투입해야 하는 농번기의 농작업은 전부 공동작업
반이 담당하게 되었다. '조선농업계획'은 이와 결합해 지역별 특수계
획으로 농업생산력을 높일 수 있도록 경영규모를 적정화하는 방안

---

48) 이송순, 위의 책, 110~111쪽.
49) 久間健一, 《朝鮮農政의 課題》, 1943, 380~381쪽.

도 추진하였다.

그러나 화학비료의 공급이 격감하고 있는 상황에서 이러한 방법으로 농업생산력의 급락을 진정시키는 것은 한계가 있었다. 그럼에도 '조선농업계획'은 조선 농촌에서 식량 공출을 더욱 강화하였다. 이 계획은 애초 개선 여지가 크지 않았던 농업생산력의 확충보다는 전쟁에 동원할 식량 공출을 극대화하는 데 주안점을 두고 있었다. 조선총독부는 '조선농업계획'을 실시하면서 기존의 공출제도를 부락책임공출제로 전환하였다. 부락책임공출제는 도道에서 부府·군郡·도嶋로, 부·군·도에서 읍·면으로, 읍·면에서 부락으로 사전에 공출량을 할당하면, 부락이 공동으로 그 할당량을 책임 공출하는 제도였다. 물론 부락에서는 그 할당량을 다시 농가별로 배분하였지만, 각 농가의 공출여부와 상관없이 부락이 공동책임을 지고 할당량을 공출해야 하는 것이 부락책임공출제였다.50)

일제는 전시 생산력 확충과 부락책임공출제의 성과를 높이고자 '조선농업계획'에서 농촌사회의 실력자인 지주들을 전면적으로 동원하였다. '조선농업계획'은 이 점에서 이전의 전시농업정책과는 뚜렷한 차별성이 있었다.

물론 전시 생산력 확충과 공출 확대를 위해 지주를 규제한 일은 이전에도 있었다. 가령 1939년에 도입한 '소작료통제령'이나 1941년에 실시한 '임시농지가격통제령'이 그것이었다. '소작료통제령'은 1939년을 기준으로 하여 농사개량비 명목으로 소작료를 인상할 수 없게 규제하였고, '임시농지가격통제령'은 농지가격 허가제를 도입하여 투기적 이익을 노린 농지매매를 규제하였다.51) 또한 조선총독부

---

50) 岩田龍雄·金子永徽, 〈戰時下朝鮮に於ける米穀政策の展開〉, 《殖産銀行調査月報》 64·65, 1943년 9·10월; 下脅光夫, 앞의 글, 93쪽.

는 조선에 미곡공출제도를 전면적으로 도입하면서 지주 소작료를
우선적으로 공출하는 조치를 취하기도 하였다. 그러나 이러한 규제
들은 지주를 상대로 전시 생산력 확충이나 공출확대를 직접 강요하
는 것은 아니었다.[52] 다만 지주들의 영리활동이 조선총독부의 전시
생산력 확충정책을 저해하지 않도록 규제할 뿐이었다.

그러나 '조선농업계획'은 이전의 법령들과는 달리 지주를 상대로
생산력 확충과 공출확대를 직접적으로 강요하였다. 지주에 대한 정
책이 이렇게 전환된 이유는 그동안 전쟁 동원으로 농민에게서 조달
할 수 있는 물적 자원이 거의 고갈되었기 때문이었다. 따라서 전쟁
을 계속 뒷받침하려면 이제 지주들이 보유한 자원이나 재산을 동원
할 필요가 있었다. 일제가 '조선농업계획'을 실시하면서 '황국농민도'
를 우선적으로 주창한 것은 농민은 물론이고 지주들도 전면적으로
전쟁에 동원하려는 의도였다. '황국농민도'가 반시국적이라 지탄한
'자본주의적인 영리타산'은 농민의 것이라기보다 오히려 지주의 경
제관념이었다.

'조선농업계획'의 지주정책은 우선 생산적 기능을 전혀 하지 않
는 '불로기생지주不勞寄生地主', 특히 부재不在지주들을 규제하는 데서
출발한다. '불로기생지주'란 오로지 투기적 이윤과 소작료 수탈에만

---

51) 〈臨時農地價格統制令의 倍率實施〉,《殖銀調査月報》36호, 1941년 5월, 78~79쪽. '임
   시농지가격통제령'은 법정지가가 있는 농지를 거래할 경우, 도지사의 특별허가가
   있는 경우를 제외하고는, 그 매매가가 법정지가에 조선 총독이 정한 배율을 곱해
   산출된 금액을 초과할 수 없게 하였고, 법정지가가 없는 농지의 거래는 반드시 도
   지사의 인가를 받아야만 거래할 수 있게 하였다.
52) '소작료통제령'은 일제가 전시 생산력 확충을 위해 정책적으로 화학비료 사용을
   확대시킬 경우 지주에게 생산비 투자를 강제할 소지가 있었지만, 이 법령 시행 이
   후 전쟁동원으로 화학비료 공급 자체가 급감하였기 때문에 그러한 사태는 일어나
   지 않았다.

혈안이 되어 농업을 황폐화시키는 지주들로서, 그 대표적인 존재가
부재지주들이었다. 당시 조선총독부가 파악한 바에 따르면, 조선의
'불로기생지주'는 10만 4천 호였고, 그들이 보유한 소작지는 약 2백
만 정보에 달했다. 일제는 이들을 생산적인 지주로 전환시키면 전시
생산력 확충에 크게 이바지할 것으로 보았다.[53] '불로기생지주'에
대한 '조선농업계획'의 대책은 이들을 생산적 기능을 하는 지주, 즉
'동태적動態的 지주'로 전환시키는 것이었다. '동태적 지주'란 "소유지
또는 소작인에 대해 농지의 개량, 기술지도원의 설치, 소작인의 계
도, 종곡의 확보, 비료, 농기구, 역축 기타 농약용 자재의 공급, 영농
자금의 융통, 각종 경려회競勵會 등의 개최 등의 증산시설을 실시하
여" 소작지의 생산력 향상에 기여하는 지주였다.[54]

　'불로기생지주'를 '동태적 지주'로 전환시키려는 정책은 '완미지
주에 대한 경고'조치와 같이 이전에도 있었다. 그러나 그것은 권장
내지 유도하는 수준을 넘지 않았다. 이에 견주어 '조선농업계획'은
지주의 생산적 기능을 확대하는 강제조치를 실시하였다. 이 계획은
"소작관계를 농업증산에 부응하도록 조정하여 경작자가 그 경영에
전심정려하도록 방도를 강구하는 것이 조선 농촌의 현상에 비추어
가장 긴요한 사항"이라 규정하였다. 곧 지주를 생산력 향상에 기여
하도록 '동태화'하는 것, 달리 말해 "지주가 농지의 개량, 소작인에
대한 연성지도, 기술원의 설치 등을 적극적으로 실시하도록 조치함
으로써 농업의 속급速急 증산을 도모"하게 만드는 것을 목표로 하였
다.[55] '조선농업계획'은 이를 달성할 구체적 방법으로 '동태화'에 협

---

53) 鈴木武雄, 《朝鮮의 經濟》, 1942, 262~263쪽.
54) 〈不在地主의 認定〉, 《殖銀調査月報》 78호, 1944년 11월, 27~28쪽; 小野寺二朗, 앞의
　　책, 124쪽.

조하는 지주에게 세제상 특혜를 부여하고 소작료의 인상을 허용하였다. 그러나 "경영상 특별한 시설을 강구하지 않는 지주"와 "경작에 전심정려를 결여한 소작인"에 대해서는 그 소유지를 위탁관리시키거나 소작권을 박탈하는 등의 규제를 가했다.

　　전시 생산력 확충과 공출 확대에 지주를 동원하는 정책은 1944년에 '농업생산책임제'가 실시되면서 더욱 구체화되었다. '농업생산책임제'는 지주를 '부락계획'의 생산책임자로 하여 마을 공동으로 할당된 생산량을 달성하는 것이었다. '농업생산책임제'의 구체적 추진방안으로 마련된 것이 '농업증산강화 3요강'이었다. 이 요강은 농업생산책임제의 실시와 관련하여 지주의 적극적 농사지도를 촉진하고자 마련된 것으로 '지주활동촉진요강',[56] '농지관리실시요강', '타농자惰農者조치요강'으로 구성되었다. 그 가운데서 지주에 관한 사항을 정리하면 다음과 같다.

　　1. 지주에게 부과된 중책을 완수하려면 지주가 우선 농촌에 복귀하고, 농촌
　　　의 중심이 되어 경작자를 진두지휘하는 임무를 맡는 것이 긴요하다. 지주

---

55) 〈朝鮮農業計劃要綱〉, 《殖銀調査月報》 64호, 1943년 9월, 31~33쪽.
56) 《朝鮮年鑑》, 京城日報社, 1945, 107쪽.
　　1. 지주의 농촌복귀: 부재지주의 농촌복귀를 종용하여 경작자의 진두지휘를 담당하게 한다. 복귀할 수 없는 자에 대해서는 농업증산상 필요한 지도기관을 설치 강화한다.
　　2. 지주에게 조치할 수 있는 사항 : ① 토지개량시설에 대한 적극적 실시 ② 지도원의 설치 및 그 자질 향상 ③ 경작자의 계몽 연성鍊成 ④ 종자, 종묘 확보 ⑤ 역출, 비료, 농구 등에 대한 공급 및 사용 관리 지도 ⑥ 영농자금의 저리 융통 및 알선 ⑦ 증산관련 각종 경진회 개최
　　3. 지주활동 촉진상 특히 채용할 수 있는 조치: ① 지주보국회 등의 활동 촉진 ② 농업 증산 상 적절한 조치를 하는 경우 영농상 필요한 비료, 농구 등을 지주를 통해 배급, 소작료의 종별·액·율의 변경을 인정 ③ 농업증산을 지도하지 못하는 지주의 소유농지에 대해서는 적당한 기관이 관리토록 한다.

가운데는 부득이한 사정으로 복귀가 불가능한 자도 있을 것이다. 그러나
이들도 항상 현지에서 그 책임을 담당할 수 있는 자를 엄선해야 하고, 증
산지도가 충실히 이루어지도록 지도기관을 정비하고 강화하는 일에 용의
해야만 한다. 지주는 증산을 위해 필요한 농지의 개량, 농사지도원의 설치,
각종 증산장려시설의 강화, 영농자재의 공급보존, 영농자금의 융통 주선
등을 철저하게 조치하여야만 한다.

2. 농사지도에 전념하고 증산의 성과를 올린 지주에 대해서는 당국에서도 비
료 기타 영농자재를 배급할 때 특별히 배려할 것이고, 더불어 증산상 필요
한 한도에서 소작료의 종별, 액 또는 율에 대해 변경을 인정할 방침이다.

3. 증산에 열의가 없고, 경작지의 생산력 발휘에 게으른 경작자에 대해서는
다른 적당한 자로 대체하여 경작시키는 방도를 강구하고, 모든 경작자가
일치 협력하여 농민도農民道에 철저한 근로관에 입각하여 모든 능력을 발
휘하도록 조치한다.

4. 시국인식의 철저를 결하고, 자기사명을 각성하지 못하고 농사지도를 하지
않는 부재지주에 대해서는 도의적·사회적 책임을 묻고, 필요한 경우는
적당한 관리기관에 소유농지의 관리를 종용하며, 농지의 생산력 발휘에
유감없도록 한다.[57]

이 요강에 따르면, 전시에 지주에게 부여된 임무는 농촌으로 복
귀해 농지를 개량하고, 농사지도원을 설치하며, 각종 증산장려시설
을 강화하고, 영농자재를 공급하고 보존하며, 영농자금을 융통 또는
주선하는 등 농사지도에 전념하면서 경작자를 직접 진두지휘하는
것이었다. 그것이 곧 지주의 '황국농민도' 실천이자 시국에 협력하는

---

57) 〈農業增産强化 3要綱 發表〉, 《殖銀調査月報》 72호, 1944년 5월, 37~38쪽.

길이었다.

이 요강은 이러한 지시에 순응하고 협조하는 지주에 대해서는 당국에서 비료 및 기타 영농자재를 배급할 때 특별히 배려하게 하였고, 증산에 필요한 한도에서 소작료의 종별, 액 또는 율을 변경하거나 인상할 수 있게 하였다. 또한 지주가 농사개량을 위해 내리는 지시에 순응하지 않는 소작인에 대해서는 '타농자조치요강'에 따라 교체할 수 있도록 보장하였다.58) 이에 더해 이들의 공출미에 대해서도 부재지주에 대해서는 일절 불허하였던 보장금報獎金과 장려금을 농민과 같은 수준으로 지급하게 하였다.59) 당국의 지시에 협조하면 그에 대한 경제적 보상을 장려책으로 보장한다는 것이었다.

그러나 이 요강은 이러한 지시에 비협조적인 지주들에 대해서는 그 소유 농지를 적당한 관리기관-농장, 수리조합, 농지관리조합 등-에 위탁시켜 관리하도록 조치하였다. 조선총독부는 이런 종류의 지주, 다시 말해 "미곡의 증산 및 공출에 무관심한 지주"를 거주지 여부에 상관없이 일괄해서 '부재지주不在地主'로 규정하였다.60) 말하

---

58) 《朝鮮年鑑》, 京城日報社, 1945, 107쪽.
　　〈타농자조치요강〉
　　1. 타농자의 인정: 자소작, 전겸업을 불문하고 게으른 자의 인정은 다음의 기준에 따르고, 하급관리의 의견을 듣는 일은 신중을 기할 것. ① 농업생산에 관해 명확히 그 할당수량을 생산할 전망이 없는 자 ② 경작지 수확이 부근에서 동일조건의 경작에 견주어 현저히 낮은 자 ③ 사익에 따라 관이 지정하는 작물 이외의 것을 재배하는 자
　　2. 조치: 〈임시농지관리령〉 제8조에 따라 ① 도지사는 부윤 또는 읍·면장에게 타농자에 대해 그 농지의 경작에 대한 권고를 하며 ② 권고에 응하지 않는 경우 도지사는 토지소유자 또는 경작자에게 적당한 농가 또는 부락연맹, 청년단 등에 경작에 관한 임대 또는 전대 등의 조치를 강구하게 한다.
59) 〈不在地主의 認定〉, 《殖銀調査月報》 78호, 1944년 11월, 27~28쪽.
60) 〈不在地主의 認定〉, 《殖銀調査月報》 78호, 1944년 11월, 27~28쪽. "부재지주는 어떠한 자를 가리키는가? 총독부에서는 9월 29일 정보과장 담談으로 부재지주 인정

자면 이 요강은 '부재지주'의 소작지 경영권을 박탈한 것이다. '부재지주'의 농지를 위탁관리하는 방안은 '농지관리실시요강'에 따르면 다음과 같다.

1. 관리대상: 도부군도 농촌대책위원회에 자문을 얻어 도지사 또는 부윤, 군수, 도사가 결정한다.

2. 관리기관: ① 증산사명을 완수하고 관리상 여력이 있는 농장 ② 해당 구역 농지에 대해서는 해당 수리조합 ③ 기타 농지로서 조합 조직에 의해 관리하는 것이 적당한 경우 농지관리조합을 조직 또는 지주보국회 등에서 관리

3. 관리내용: ① 위임계약 형태로 소작계약 체결 및 해제, 소작료 징수 및 처분 등 ② 관리수수료는 원칙적으로 관리에 의한 징수부분으로 충당하는 것이 원칙, 소작료에 대해 일정비율(대개 20%)로 결정[61]

위탁관리를 명령하는 주체는 도지사나 부윤府尹, 군수郡守, 도사嶋

문제에 대해 다음과 같이 발표하였다. 지주로서 소유지 또는 소작인에 대해 농지의 개량, 기술지도원의 설치, 소작인의 계도, 종곡의 확보, 비료, 농기구, 역축 기타 농약용 자재의 공급, 영농자금의 융통, 각종 경려회 등의 개최 등의 증산시설을 실시하지 않는 자이나, 이것은 단순한 형식상의 문제는 아니고, 지주가 강구하는 바의 제시책이 미곡의 증산 및 공출에 실효를 거둘 수 있을 것이 요청되는 것이다. 다음으로 지주로서 그 거주지가 소유지 또는 소작인의 거주지와 동일 부·읍·면 또는 인접 부·읍·면에 있는 자, 지주로서 농장을 설치하고 전임직원을 둔 자, 지주로서 수리조합, 농장 등 관청에서 적당하다고 인정한 기관에 대해 농지의 관리위탁한 자는 일단 부재지주는 아닌 것이다. 그러나 이 경우에도 거주지가 소작인의 거주지와 동일하여도 미곡의 증산 및 공출방면에 무관심한 지주는 부재지주로 인정한다. 이처럼 지주의 거주지가 어디든지 자기의 소유지 또는 소작인에 대해 각종 증산의 시책을 강구하여 미곡의 증산 및 공출에 기여하는 지주는 부재지주는 아니지만, 이것에 반하는 자는 부재지주로 인정하는 것이다."

61)《朝鮮年鑑》, 京城日報社, 1945, 107쪽.

司였고, 위탁을 담당하는 기관은 증산에 적극 협력하는 농장 또는 관할 수리조합, 농지관리조합, 지주보국회 등이었다. 위탁관리사항은 소작계약 체결 및 해제권, 소작료 징수 및 처분권 등 소작경영에 관한 전권이었고, 위탁관리의 대가는 위탁관리기관이 취득한 소작료에서 20퍼센트의 관리수수료를 공제한 나머지를 지급하는 것이었다. 이로써 모든 소작지는 전시 생산력 확충과 공출에 협조적인 '동태적' 지주가 관리하게 되었다.

전시농업정책의 종착점이라 할 '조선농업계획'과 농업생산책임제는 결국 지주에게 전시 생산력 확충에 참여할 것을 요구하며 부락주민 전체를 인솔하여 '부락계획'의 생산목표와 공출목표를 책임지고 달성하도록 강요하였다. 그러나 당시와 같은 전시상황에서 이러한 조치로 농업생산력의 향상을 기대하는 것은 애초부터 무리였다. 생산력 확충의 양대 요소라 할 화학비료와 농업노동력이 절대적으로 부족한 상황이었기 때문에 지주가 생산적 역할을 확대한다 하더라도 농업생산력을 향상시킬 수는 없었다. 앞서 〈표 6-3〉에서 보았듯이, 농업생산책임제가 실시된 1944년의 쌀 생산고는 1939년의 대흉작에 버금갈 정도의 대흉작이었다. 그러나 이러한 정책이 의미 없는 것은 아니었다. 생산력 확충에는 거의 성과를 낼 수 없었지만, 농산물 공출량을 확대할 수 있었기 때문이다. 일제는 '황국농민도'를 앞세워 시국에 협조할 것을 요구하며 부락생산책임자인 지주들에게 공출목표 달성을 압박하였고, 결국 지주들은 그 요구에 따르지 않을 수 없어 사재출연도 감내해야 했다. 그리하여 1944년 쌀 생산고가 평년의 4분의 1에서 3분의 1 수준으로 격감해 공출이 거의 불가능했음에도 총수확의 40퍼센트를 웃도는 미곡이 공출되었다.

일제가 조선에서 실시한 전시 지주제 통제정책은 어디까지나 지주경영의 '동태화', 곧 지주의 생산적 역할과 투자를 확대시키는 데 목적을 두었을 뿐, 결코 지주제의 해체를 지향하지는 않았다. 그 점은 '소작료통제령'이나 농업생산책임제의 농업증산 3요강이 토지개량이나 농사개량지도에서 성과를 올린 지주에게 "증산을 위해 필요한 한도에서 소작료의 종별, 액 또는 율에 대해 변경을 인정"한 사실에서 확인된다. 일제가 전시지주제 통제정책을 통해 달성하고자 한 목표는 전쟁동원에 비협조적인 '불로기생지주'를 전쟁동원에 협력하는 '동태적' 지주경영으로 전환시키는 것이었다. 일제가 설정한 전시 지주경영의 이상적 모델은 전쟁동원에 능동적으로 협조하는 일본인 농장회사였다.

일제가 목표로 삼은 농장회사의 지주경영은 다음 두 가지 점에서 '불로기생지주'의 경영과 뚜렷한 차이를 보였다.[62] 첫째, 농장회사들은 전시 농업생산력 확충이라는 정책목표에 부합하게 농사개량이나 토지개량에 적극적이었다. 일본인 농장들은 시험포試驗圃를 설치하여 가장 적합한 품종과 시비법을 채택하고, 화학비료·농구·농우 구입에 필요한 저리자금을 공급하고, 수리조합을 설립하여 관개시설을 확충하였다. 또 농무원·사무원·지도원 등을 배치하여 소작농의 생산과정 전반을 지도하고 감시하는 등 지주가 '수확증진'을 위해 적극적으로 노력하였다. 가령 동척 다음가는 대지주로 농장식 경영을 대표하였던 조선흥업주식회사朝鮮興業株式會社를 보면, 농장별로 우량품종과 시비처방전을 개발하고자 전문기술원 및 시험전試驗田을

---

62) 久間健一, 〈巨大地主の農民支配〉, 〈地主的 職能の調整〉, 《朝鮮農政の課題》, 1943; 洪成讚, 〈日帝下 企業家的 農場型 地主制의 存在形態－同福 吳氏家의 東皐農場 經營構造 分析〉, 《經濟史學》 10, 1986; 洪成讚, 〈日帝下 企業家的 農場型 地主制의 歷史的 性格〉, 《東方學志》 63, 1989; 張矢遠, 〈大地主의 農民支配의 構造와 性格－소작농의 '사실상의 임노동자화' 문제를 중심으로－〉, 《日帝下 大地主의 存在形態에 관한 硏究》, 1989.

설치하였고, 수리조합을 설립하였으며, 농사자금을 저리로 대부하고, 화학비료와 농구를 생산공장에서 직도입하도록 주선하였다. 또한 소작계약서에 "임차지는 항상 배비培肥, 경운耕耘하고, 작물의 종류, 품종 및 농사개량 기타에 대해서는 귀사 및 흥농회의 지도사항을 반드시 준수, 실행"한다는 조항을 두어 소작인이 농장의 농사개량 지시를 철저히 이행하도록 통제하였다.63) 뿐만 아니라 농장회사들은 소작지의 생산성을 높이기 위해 동리의 총대總代를 통해 소작농가의 노동력 다과나 이동을 파악하고 소작지 대여규모를 조정하였다.

둘째, 농장회사들은 조밀한 소작인 관리망을 구축해 분쟁이 발생할 소지를 사전에 제거하고 소작쟁의를 봉쇄하는 등 이른바 '총후농촌사회의 안정'에 기여하였다. 농장회사들은 '군대식으로 편성된 정치한 농장관리조직'을 구축하고 생산과정에서 분배·유통과정에 이르기까지 소작인을 철저히 감시, 통제하였다.64) 조선흥업의 농장관리망은 이러한 소작인관리조직의 대표가 될 만하였다. 그 관리망의 기본단위는 소작계약에 대해 연대책임을 지는 소작인 '5인조합'이었다. 소작인은 '5인조합'에 가입할 의무가 있었고, 그 조합에서 배제되면 소작계약을 해제당했다. '5인조합'은 상호연대보증으로 타농자나 계약을 위배하는 자, "불온한 언동을 하는 자"를 자체적으로 도태 내지 배제시켜야 했다. 조선흥업은 이 '5인조합'을 기본으로 하여 동리 단위로 소작인 총대를 두고, 다시 면 단위로 감독사원을 파견하여 "군

---

63) 《朝鮮興業株式會社 30周年記念誌》, 1936(이하 '《記念誌》'라 함), 66~69쪽, 92~100쪽; 〈朝鮮興業 土地賃借證〉, 《慶尙南道小作慣行調査書》, 27~29쪽; 淺田喬二, 〈제3장 제3절 財閥地主의 存在構造−朝鮮興業株式會社의 事例分析〉, 《日本帝國主義と舊植民地地主制》, 1968; 윤수종, 〈일제하 일본인 지주회사의 농장경영분석−조선흥업회사의 사례−〉, 《한국사회사연구회논문집》 12, 1988.
64) 久間健一, 앞의 글.

대적으로 편성된"치밀한 통제망을 구축하였다.[65] 조선흥업은 또한
이러한 통제망을 보완하는 조직으로 흥농회興農會를 운영하였다. 흥
농회는 '5인조합'을 5호계로, 농구農區를 지부로 하여 조직되었고, 동
리의 소작인 총대가 회원총대와 평의원을, 농무원이 지부장 및 이사
를, 사원과 점장이 각각 간사와 회장을 맡는 방식으로 구성되었다.
흥농회의 조직은 농장관리조직과 중복되었지만 그 역할은 차이가
있었다. 농장관리조직이 '5인 조합'의 상호감시망과 군대식 통제로
소작인 선정·소작지 관리·소작료 수납·소작분쟁의 조정과 통제 등
을 담당하였다면, 흥농회는 농사개량·저리자금 대부·소작인 표창·
강연회 개최 및 농사시찰·경조재해시의 부조·오락제 개최 등으로
소작인을 회유하는 역할을 담당하였다.[66] 말하자면 전자는 강압적
통제조직이었고, 후자는 온정주의적 회유조직이었다. 조선흥업은 이
양자를 교묘히 결합시킴으로써 분쟁의 소지를 사전에 제거하고 소
작농의 저항을 봉쇄하였던 것이다.

일제는 조선 농업을 침략전쟁에 효과적으로 동원하려면 이와 같
은 일본인 농장회사의 지주경영을 지주제 전반으로 확산할 필요성
이 절실하다고 판단하였다. 일제는 그 가운데서도 특히 10만 4천 호
에 달하는 '부재지주'의 이른바 '정태적' 경영을 개선할 수 있다면
그것만으로도 생산력을 크게 확충할 수 있고, 아울러 전쟁동원에 대
한 농민의 불만과 저항도 진정시킬 수 있을 것으로 보았다. 이에 일

---

65) 《記念誌》 80쪽, 104~105쪽; 久間健一, 앞의 글(1943).
66) 흥농회의 업무를 보면, ① 생산품의 개량증식 ② 종묘의 개량 갱신 ③ 비료 및
경우耕牛의 보급 ④ 개량농구의 보급 장려 ⑤ 부업 장려 ⑥ 공동판매 및 공동구입
⑦ 저리자금의 융통 ⑧ 품평회의 개최 ⑨ 근면 독행회원의 표창 ⑩ 강습회, 강연
회의 개최 및 농사시찰 ⑪ 근검저축의 장려 ⑫ 경조재해, 의료구제, 위생시설 ⑬
육영 ⑭ 오락 위안 등이었다(《記念誌》, 105쪽).

제는 지주회를 통해 '부재지주'들의 농장회사 견학을 대대적으로 주선하고,[67] 지주경영 '동태화'에 협력하지 않는 '부재지주'의 농지를 이들 농장회사에 위탁관리시키기도 하였다.

그러나 이러한 경영방식의 차이에도 농장회사는 소작인과의 생산관계에서 '부재지주'와 본질적으로 다르지 않았다. 농장회사는 노동자를 고용해 생산을 조직하고 영리를 추구하는 농업자본가라기보다 소작료 수탈을 통해 영리를 추구하는 기생지주에 지나지 않았다.[68] 가령 조선흥업은, 생산의 모든 과정을 통제하고 감시하면서 소작농을 마치 농업노동자와 같이 부렸지만, 농사개량에 소요되는 임금이나 농구·비료·경우耕牛 등 생산자재의 구입에 소요되는 비용은 물론이고, "경작상 필요한 관개수로의 준설 및 보수 기타의 수리비" 전부를 소작농에게 부담시켰다.[69] 또한 농사개량도 소농경영의 생산력을 향상시키는 수준을 결코 넘지 않았다. 조선흥업은 소작인을 비록 생산·유통과정에서는 노동자와 다를 바 없이 통제하였으나,

---

67) 〈空論에서 實行으로 地主懇談會 奮發－農業報國의 大願成就에〉, 《朝鮮民報》 1937년 6월 3일자. 이 기사는 황해도의 대지주들로 구성된 농우회가 자치적 농사의 개량발달을 목적으로 간담회를 개최한 뒤 도 당국의 안내를 받아 조선흥업, 선만척식, 동척 등의 농장을 방문해 농사개량실적을 견학하는 내용을 싣고 있다.

68) 張矢遠, 앞의 글(1989); 金容燮, 〈日帝强占期의 農業問題와 그 打開方案〉, 《韓國近現代農業史研究》, 1991, 393~395쪽; 金容燮, 〈朝鮮信託의 農場經營과 地主制의 變動〉, 같은 책, 346쪽.

69) 히사마 겐이치久間健一의 앞의 글 가운데 〈朝鮮興業 黃州農場 小作契約書〉 참조.
제3조 임차 토지에 대해서는 매년 퇴비 반당 150관 이상을 시용함은 물론 화학비료 등도 자기의 부담으로 사용하고 항상 지력의 유지 증진에 노력할 것.
제6조 경작상 필요한 관개수로의 준설 및 보수 기타의 수리비는 졸자拙者의 부담으로 행할 것.
제7조 지세 수리조합비 그 밖의 공과는 귀사의 부담으로 할 것. 단 귀사에서는 전항 이외 특별히 지출하게 되는 수리비水利費·보조합비 등은 그 절반액을 졸자에게 부담시켜도 하등 이의를 제출하지 못함.

분배관계에서만은 생산비 일체를 책임지는 소경영의 주체로 남을 것을 강요하였고, 스스로도 기생지주의 위치를 고수하였다.

그런 까닭에 조선흥업의 소작료 수취방식이나 수취율은 지주제 일반과 대동소이하였다. 소작료는 회사가 일방적으로 결정하였고,[70] 당시 관행대로 총 수확의 5할을 순소작료로 징수하였으며, "경작상 필요한 관개수로의 준설 및 보수 기타의 수리비"와 보洑조합비의 절반을 부과하였다. 이에 더해 종자·비료·농구·경우 등 생산재 구입을 위해 흥농회에서 차입한 대금과 이자·소작적립금(흥농회비) 및 구제비 등도 소작료와 함께 납부하도록 하였다. 이로 말미암아 소작농은 매년 총 수확의 7~8할을 조선흥업에 내야 했다.[71] 조선흥업은 자연재해로 수확이 급격히 줄어든 경우에도 계약을 구실로 감면을 거부하였고, 그로 말미암아 1929년 경산농장에서는 2천여 명이 참여하는 대규모 소작쟁의가 일어나기도 하였다.[72]

농장회사의 지주경영은 금융착취와 결합한 봉건적 생산관계를 본질로 하였고, 지주가 앞장서 농사개량을 추진한 것은 어디까지나 소작료 수탈을 극대화하기 위한 방법 가운데 하나였을 뿐이었다. 농장회사의 지주들은 초과이윤을 획득하려 식민지에 진출한 철두철미

70) 앞의 〈小作契約書〉제12조. "임차기간이 만료하여 계약을 갱신할 때에는 회사의 정조액 개정 또는 조법租法의 변경에 따를 것. 단 임차기간 내에 새로 토지개량 관개개선 등 특수시설을 행할 경우는 어떤 때라도 정조액의 개정 또는 조법의 변경을 이의 없이 승낙할 것."

71) 〈琴湖面의 小作爭議—會社의 不誠意로 惡化〉,《大邱日報》1929년 12월 20일자. "현재 회사(조선흥업)의 소작조건은 그 분배를 5푼 내지 그 이상으로 정하고, 그것에 부수해 소작적립금, 구제비 등을 각 1할 내외로 부과하여 결국 7, 8할 내외의 소작료를 납시納時에 징수하고, 그 때문에 소작인 손에 들어가는 소작료(수입)는 총 수확고의 2, 3할에 불과하다."

72) 〈朝鮮土地興業小作人 二千五百名騷動〉,《東亞日報》1929년 12월 29일자;〈旱害 餘波로 마침내 小作爭議 勃發—慶山 朝鮮興業 不作人들이〉,《大邱日報》1929년 11월 29일자.

한 자본가들이었다.[73] 그럼에도 자신의 농장을 자본제적 방식이 아니라 임대차계약으로 위장한 봉건적인 소작제로 경영한 이유는 일제의 독점자본이 한국 농업을 지배하던 당시의 조건에서는 이 방식이 가장 높은 수익성을 보장하였기 때문이다.[74]

그것을 잘 보여주는 예가 앞서 자본제적 경영을 지향했던 부농층의 농업경영 대부분이 몰락한 것이나, 수리사업과 개간으로 농장을 조성한 까닭에 자본제적 경영에 더 가까울 수밖에 없었던 불이흥업不二興業이 대공황기의 쌀 가격 폭락을 감당하지 못하고 파산한 것,[75] 불이흥업과는 대조적으로 '숙전熟田'과 '양전良田'만을 매수하고 "토지매도인이나 매수지의 소작인을 계승 안주"시키면서 기존의 소작제도를 더욱 정치하게 강화시켜갔던 조선흥업朝鮮興業이 대공황기에도 큰 기복 없이 20퍼센트를 상회하는 수익률을 올린 사실이다.[76]

---

73) 久間健一, 《朝鮮農政의 課題》(1943), 14쪽; 淺田喬二, 〈제3장 朝鮮에 있어 日本人大地主階級의 存在構造〉, 앞의 책(1968).
74) 張矢遠, 〈日帝下 '經營型地主'範疇의 設定을 위한 問題提起〉, 《韓國放送通信大學論文集》 1, 1983; 金容燮, 〈日帝強占期의 農業問題와 그 打開方案〉, 《韓國近現代農業史研究》, 1991, 393~395쪽.
75) 洪性讚, 〈日帝下 金融資本의 農企業支配-不二興業(株)의 經營變動과 朝鮮殖産銀行-〉, 《東方學志》 65, 1990.
76) 《朝鮮興業株式會社 30周年記念誌》, 64~68쪽에 근거하여 작성하였다.

연도	소유 면적(정)	소작료(석)	수익률(%)
1925	14,514	51,593	25.3
1927	15,789	61,480	26.0
1929	17,229	60,198	21.6
1930	17,431	80,659	16.7
1931	17,552	78,642	21.0
1932	17,567	78,216	20.2
1933	17,424	90,822	22.1
1934	17,390	87,017	35.4
1935	17,291	93,544	24.1

　요컨대 일제가 조선에서 실시한 전시 지주제 통제정책은 어디까지나 지주제의 본질을 온존시키면서 지주경영을 전시동원에 적합하게 '동태화'시키는 정책이었다. 그러므로 전시지주정책을 통해 생산력을 향상시킨다 하나, 그것은 곧 강압적으로 소작농의 농경비 지출을 증가—전시농업정책은 동태적 지주의 소작료 인상을 허용하였다—시켜 생산력을 증진시키는 방안에 지나지 않았다. 따라서 이 방식 자체는 처음부터 한계가 명백하였다. 설령 그 방식에 따라 일시적으로 생산력을 향상시키더라도, 이를 지속시킬 수는 없었다. 그 방식은 결국 소작농 경제를 더욱 빈궁하게 만들어 생산력의 발전을 정체시키거나 도리어 쇠퇴시킬 것이고, 소작관계를 둘러싼 계급갈등도 해결할 수 없었다.

결 론

조선 후기에 농업과 수공업, 광업에서 생산력이 발전하고 사회적 분업이 발달하였다. 이에 따라 상품화폐경제가 발전하게 되자 농업에서는 상업적 농업이 성장하였다. 삼남 지방 가운데서도 농업생산력이 선진적으로 발전하고, 낙동강이 중앙을 관류하여 수운을 이용하기 편리했던 경상북도에서는 18세기 말에 이르러 상업적 농업이 크게 발달하였다. 경상북도에서 상업적 농업의 중심지가 되었던 지역은 수운을 쉽게 이용할 수 있었던 낙동강 연변 지역이었다. 상업적 농업에서 중심이 되었던 것은 미작과 면작이었다. 쌀의 상품생산은 상주·의성·선산·인동·성주·대구·경산·영천 등 낙동강과 금호강을 이용해 배로 운송이 가능하였던 지역에서 발전하였고, 면화의 상품생산은 군위·의성·상주·김천·안동·예천·청도 등 면화 재배에 적합한 토양을 갖춘 지역에서 발전하였다. 그 밖에도 지역별로 고치, 대마, 인삼, 지황, 담배, 감, 대추 등이 상품으로 생산되어 인근 시장은 물론이고 멀리 서울 시장에까지 판매되었는데, 안동 지방의 용수와 마포, 신령초로 명성을 얻었 영천의 연초, 상주의 곶감 등은 전국적인 명물이 되었다.

상업적 농업이 발전한 지역에서는 농민층 분해도 빠르게 진행되었다. '겸병광작兼幷廣作'하는 부농이 성장하는 한편, '실업失業', '유산流散'하는 빈농층이 속출하였다. 성장하는 부농층은 재력을 이용해 자신의 신분을 상승시켰고, 이러한 움직임은 몰락양반층의 증가와 맞물려 향촌사회의 신분제적인 지배질서를 동요시켰다. 신분제의 동요와 몰락농민층의 유망은 총액제로 운영되던 부세제도에 심각한 모순을 야기했다. 과세총액은 변함이 없었으나 담세자가 줄었고, 그로 말미암아 삼정三政의 문란이 발생하게 된 것이다.

한편 유통경제가 발달하였던 지역에서는 봉건관료층의 가렴주구도 더욱 심해졌다. 상품유통경제의 발달은 그들이 부를 쌓을 수 있는 길을 넓혀 놓았다. 부정하게 수탈한 재물을 화폐로 바꾸거나 증식하는 것이 훨씬 쉬워졌을 뿐 아니라, 법정세액을 징수하더라도 지역별 곡가의 차이를 이용하기만 하면 얼마든지 부를 늘릴 수 있게 되었다. 이러한 조건을 이용해 유통경제가 발달한 지역에서는 관료층들이 전세, 군역, 환곡에 부가세를 더하거나, 여러 명목의 잡세를 신설하기도 하고, 도결제都結制를 도입하거나, 개별 부호를 상대로 권력형 약탈을 자행하는 등의 방법으로 농민·상인·수공업자들에 대해, 나아가 요호·부농들에게까지 수탈을 확대해 갔다.

농민층 분해와 신분제의 동요로 삼정이 구조적으로 문란해지는 조건 속에서 강화된 봉건관료층의 가렴주구는 농촌사회를 해체로 몰아가는 결정적인 계기가 되었다. 봉건관료층의 수탈로 증폭된 삼정문란은 처음에는 '잔민殘民'을 유망시켰고, 다음에는 '중호中戶'를 망하게 하였으며, 끝내는 '요민饒民'도 지탱하지 못하게 하였다. 이러한 모순이 임술농민항쟁을 폭발시킨 직접적인 원인이 되었다. 경상북도에서 임술농민항쟁은 상주·비안·선산·개령·인동·성주·현풍 등 전부 낙동강 연안의 상품유통경제가 발달한 군현에서 집중적으로 발생하였다. 임술농민항쟁에는 '대소민인大小民人'이 참여하여 수령과 향리층을 공격하고 관아를 점령하여 삼정개혁을 요구하였다.

임술항쟁을 계기로 봉건적인 부세제도는 차츰 개혁되어 갔다. 부세제도의 개혁이 본격적으로 추진된 것은 대원군 정권에서였다. 대원군 정권은 전정田政에서 부분적이나마 양전을 실시하였고, 환정還政에서 취모보용取耗補用하는 고리대 기능을 축소시키는 대신 지대를 위주로 하는 사창제를 확대하는 개혁을 실시하였다. 또한 군정軍政에서 양반부터 노비까지 모두 군역세를 부과해 상민의 군역 편중을 시정하는 호포법을 도입하였다. 대원군의 삼정 개혁은 신분제적 부세수탈원칙에서 벗어나 부세의 전세화를 통한 균부균세를 달성하려는 방향이었고, 이후 갑오개혁에 이르는 부세제도 개혁은 기본적으로 이 방향을 따라갔다. 이러한 부세제도의 개혁은 상업적 농업이 발전할 수 있는 유리한 조건을 조성하였다.

한편 임술농민항쟁과 대원군의 호포제 실시를 계기로 이후 향촌사회에서는 신분제가 더욱 빠른 속도로 해체되어 갔다. 신분제가 약화됨에 따라 양반지주의 농민 지배력도 약화되어 갔고, 거꾸로 소작농민층의 항조투쟁은 더욱 강화되었다. 이로 말미암아 소작지에서는 소작농민에게 유리한 소작관행이 확대되었다. 소작 농민에게 농업경영의 자유를 보장하는 도조법이 확대되고, 소작료가 인하되었으며, 상품 작물을 재배하여 수익성이 높아지더라도 일반 곡물 재배를 기준으로 한 소작료 이상을 수취하지 못하게 하는 지대 수취 관행이 확립되어 갔다. 이러한 변화는 농민들의 상품생산을 발전시키는 촉진제가 되었다.

이러한 가운데 1876년 일본의 침략을 받고 개항이 이루어졌다. 개항으로 외국 자본주의 상품이 국내 시장에 침투했지만, 동시에 조선의 농산물을 일본으로 수출하는 길도 열어 놓았다. 일본은 농민 수탈을 기반으로 위로부터 식산흥업정책을 추구했던 까닭에 산업혁명이 본격화된 1880년대 후반부터는 쌀·콩·면화 등의 농산물을 항상 외국에서 수입하지 않을 수 없었다. 일본은 자국의 식량으로 사용할 쌀과 콩을 주로 조선에서 수입하였다. 이를 위해 많은 일본 상인이 개항장으로 진출하였고, 내륙지방으로의 행상이 허락된 1885년 이후에는 해마다 방곡령이 공포될 정도로 활발하게 곡물 매집 활동을 벌였다. 일본 상인의 곡물 매집 활동은 개항장인 부산으로 손쉽게 곡물을 운송할 수 있는 경상도의 낙동강 연안 지역에서 특히 활발하였다. 그로 말미암아 이 지역에서는 곡물의 상품생산이 급속히 확대되었고, 종전까지는 주로 자급작물이었던 콩도 새로 수익성 높은 상품작물로 재배되기 시작하였다.

한편 개항 이후 기선 등의 근대적 선박이 연안무역에 도입된 것도 상업적 농업을 발전시키는 유리한 조건이 되었다. 근대적 선박의 도입은 원격지 사이의 상품유통을 가능하게 하였다. 함경도는 쌀과 면포를 다량 생산하는 경상도의 훌륭한 상품시장이 될 수 있었다. 그러나 동해안 해로가 험하여 재래 판선板船으로는 제대로 상품을 수송 판매할 수 없어 교역이 원활히 이루어지지 못했다. 하지만 근대 선박이 연안무역에 도입되면서 그러한 장애가 해소되었고, 경상도에서 함경도 시장을 겨냥한 상품생산도 급속히 발전할 수 있었다.

이와 같은 요인들로 말미암아 개항 이후 경상도 지역에서는 상업적 농업이 더욱 확대 발전하였다. 이 지역의 상업적 농업은 곡물

생산 부문과 의료 생산 부문을 양대 축으로 하여 발전하였다. 곡물 생산 부문에서는 쌀의 상품생산이 더욱 확대되었다. 쌀의 상품생산을 확대시킨 주된 요인은 개항 후 일본으로 쌀을 수출할 수 있게 된 것과 근대적 선박의 도입으로 함경도 시장에도 쌀을 판매할 수 있게 된 것이었다. 쌀의 상품화는 1880년대 후반 일본 상인들이 내륙으로 행상할 수 있게 되면서 더욱 증대되었다. 일본 상인들이 내륙으로 진출하게 되면서 낙동강 연안 지역에서는 종곡種穀마저 구하기 힘든 사태가 빈번히 발생하였고, 이로 말미암아 여러 차례 방곡령이 공포되기도 하였다. 이 시기 경상북도에서 쌀의 상품생산이 활발하였던 지역은 대구·경산·영천·칠곡·선산·상주·성주 등 낙동강 연변 지역이었다.

다음으로 곡물 생산 부문에서는 콩의 상품생산이 새로 발전하였다. 콩은 재배가 쉬워 자급하는 농가가 많았던 까닭으로 개항 전까지는 상품화율이 극히 낮았다. 그러나 개항 후 일본에서 대량으로 조선 콩을 수입하게 되면서 콩의 상품생산은 급속히 성장하였다. 콩의 상품생산은 특히 경상도 지역에서 발전하였다. 곡물상들이 운송 사정을 고려해 주로 경상도 지역에서 수출 콩을 매입하게 되었기 때문인데, 경상북도 지역에서 콩의 상품생산이 본격적으로 확대되는 시기는 1889년 이후였다. 이 지역은 면작에 부적합한 토양을 갖고 있으나 교통이 편리해 곡물 운송이 쉬워 콩의 상품생산이 발전하였는데, 낙동강변의 고령·성주·현풍·대구·인동·상주·선산 등지와 영천·경주·영일 등지였다.

다음으로 의료 생산 부문에서는 면포 및 면화의 생산에서 상업적 농업의 발전이 두드러졌다. 개항 후 이 지역에서 면화 및 면포의 상품생산을 확대시킨 요인은 운송사정이 개선되어 함경도 시장으로

면포 판매가 가능하게 된 것, 그리고 비면작 지역에서 새로 콩을 상
품화할 수 있게 되면서 면포나 면화의 구매력이 높아진 것이었다.
1890년대 초반 대구 사문진에서 함경도 지역으로 판매되어 나간 면
포량만 매년 46만 필에 달했다. 면화나 면포의 상품생산이 발전했던
지역은 자인·의성·군위·안동·상주·함창·풍기·김천(김산·개령)·예천
등지였다. 이 부문에서는 대마나 마포 및 생사나 견포의 상품생산도
발전하였다. 대마나 마포는 주로 안동·경주·상주·영천 등지에서 상
품으로 생산되었는데, 이 지역들에서는 매년 1만 필 이상의 마포를
부산·서울 등의 역외 시장으로 판매했다. 생사와 견포의 주산지는
안동·영주·함창·상주 등지였고, 상주에서는 견포를 부산, 경기도, 충
청도 등지까지 이출했으며, 나머지 지역에서는 인근 지역이나 대구·
안동 등으로 판매했다.

　개항기 경상북도의 상업적 농업은 몇 개의 상품생산지대로 구분
할 수 있었다. 첫째는 쌀의 상품생산을 위주로 하는 상업적 미작지
대이다. 대구·경산·영천·칠곡·선산·상주·성주 등 낙동강 수운을 이
용하기 편하거나 대도시 대구에 인접한 평야 지역이 여기에 속한다.
둘째는 콩의 상품생산을 위주로 하는 상업적 대두작지대이다. 낙동
강 수운을 이용하기 편한 고령·성주·현풍·대구·인동·상주 등지의
한전 지역과 동해안을 이용해 수송이 가능한 영천·경주·영일 등지
의 한전 지역이 여기에 속한다. 셋째는 의료 생산을, 그 가운데서도
면포의 생산을 위주로 하는 상업적 면작지대이다. 면포는 곡물과 같
은 운송상의 애로가 거의 없는 편이다. 따라서 농업환경이 면작에
적합한가가 면포의 상품생산 여부를 결정짓는다. 상업적 면작지대는
자인·의성·군위·안동·상주·함창·풍기·김천(김산·개령)·예천 등지를
중심으로 형성되었다. 이와 같이 구분하면 쌀과 콩 내지 쌀·콩·면화

가 동시에 상품으로 생산된 대구·선산·상주·경산 등지를 제외하면 상업적 농업지대는 대체로 작목에 따라 지역별로 분화하면서 형성되었다고 할 수 있다. 곧 상업적 미작지대는 낙동강 수운을 직접 이용할 수 있는 상주·선산평야와 대구평야를 중심으로, 상업적 대두작지대는 고령·성주·현풍·칠곡 등 낙동강 연변의 밭농사 지역과 경주·영일·영천 등 동해안의 밭농사지역을 중심으로, 상업적 면작지대는 의성·군위·안동·예천·상주·영주 등 중북부 및 서북부 밭농사 지역을 중심으로 형성되었다.

상업적 농업의 발전은 농촌사회와 농민층 분해에 변동을 가져왔는데, 작목에 따라 성격이나 양상이 달랐다. 쌀의 상품화에 주축이 된 계층은 봉건관료층과 지주층이었다. 봉건관료층은 현물로 징수한 부세를 유통시켰고, 지주층의 소작미를 상품화하였다. 쌀을 상품화하는 데는 농민층의 일부도 참가하였다. '광작농민'으로 불리던 자소작 상농층이 중심이 된 부농층이 그들이었다. 이들은 쌀의 상품생산을 목적으로 임노동을 고용하여 경영규모를 확대하였던 농민들인데, 1912년의 농업 통계를 바탕으로 추정해 보면, 한말 상업적 미작지대에서는 최소한 전체 농가의 3~4퍼센트에 해당하는 농가가 이 계층으로 분류될 수 있었다. 그러나 전체적으로 쌀의 상품화에서는 봉건관료층과 지주층의 비중이 컸기 때문에, 상품화가 진전될수록 그 지역에서는 소·빈농층에 대한 부세나 소작료 수탈이 강화되는 경향이 있었다. 그로 말미암아 두 집단 사이의 계급적·사회적 대립도 다른 지역보다 더욱 첨예하였고, 농민층 분해도 다른 지역에 견주어 전반적으로 하강분해하는 경향이 있었다.

그와는 대조적으로 콩과 면포의 상품생산에서는 봉건지배층보다는 농민층이 주축을 이루었다. 그러면서도 둘 사이에는 일정한 차별성이 있었다. 콩은 재배가 쉬워 부농에서 빈농에 ·이르기까지 모든 농민층이 상품생산에 참여할 수 있었고, 상품생산형태에서도 소상품 생산이 지배적이었다. 콩과는 달리 면화나 면포의 상품생산에는 소 농이나 빈농이 참여하기 어려운 제약이 있었다. 면화는 연작이 곤란 하여 일정 규모 이상의 경작지를 보유하고 있어야 하고, 또한 노동 을 집약적으로 투입해야 재배가 가능하기 때문에 면작을 하려면 상 대적으로 많은 자본이 필요하였다. 면화의 상품생산은 중농과 부농 층이 주축을 이루었고, 더욱이 면포의 상품생산에서는 부농층이 주 축을 이루었다. 일반 농가가 부녀 노동력을 이용해 자가 생산할 수 있는 면포의 양은 최대한으로 잡아도 1년에 20필을 넘지 못한다. 따 라서 1년에 20필 이상을 생산하는 농가는 임노동을 고용한 상품생 산, 즉 부농경영으로 볼 수 있는데, 1887년에 경상도 지역을 조사한 마쓰다松田行藏의 보고에 따르면, 자인·의성·풍기·상주·함창 등지에 서는 면업호의 연평균 생산량이 호당 20필을 넘는 경우가 대부분이 었고, 30~40필에 달하는 사례도 여럿 있었다. 비교하자면 부농경영 의 성장도에서 상업적 면작지대가 대두작지대를 훨씬 앞선다고 할 수 있다. 그러나 이 두 지대는 공통적으로 상업적 미작지대에 견주 어 농민경제가 안정되어 있었고, 소작지율도 상대적으로 낮았다. 자 작·소작 여부와 경영규모를 기준해 농민층 구성을 분류해 보면 중 농층으로 볼 수 있는 자작 및 자소작농층이 훨씬 큰 비중을 차지하 였다. 또한 봉건지배층과 농민층 사이의 사회적·계급적 갈등도 이러 한 농민경제의 성장을 반영하여 상대적으로 적게 나타나는 특징을 보였다.

개항 이후 이와 같이 상품생산이 확대, 발전하면서 그에 따라 상 품경제의 주도권 장악을 위한 계급·계층 사이의 대립도 더욱 격화되었다. 그러한 가운데 봉건사회의 전면적 해체와 근대사회의 수립을 목표로 한 반봉건 근대혁명운동이 발전하고 있었다. 지주적·부농적 근대개혁을 추구한 갑신정변 및 갑오개혁과, 농민적 근대변혁을 쟁취하려 한 갑오농민전쟁이 그것이었다. 농업근대화 방안과 관련해 살펴보면, 전자는 기존의 지주적 토지소유를 근대적 토지소유로 개혁하고, 그 위에서 자본주의적 농업경영을 발전시키는 개혁안을 추구하고 있었다. 이에 견주어 후자는 기존의 지주적 토지소유를 전면적으로 개혁해 근로농민적 토지소유를 확립한 다음, 두레제도를 이용해 협동조합적 경영을 발전시키는 개혁안을 실현하려 하였다.

이와 같이 조선 후기 이래 갑오농민전쟁에 이르는 시기의 농업변동은 곧 상업적 농업의 확대 발전 과정이었고, 그 성격을 보면 부농적 내지 농민적 상품생산이 반봉건투쟁의 발전과 궤를 같이하면서 성장 확대되는 변동이었다. 곧 그것은 농업에 대한 자본의 지배확대가 자본주의적인 상업적 농업의 발전과 경향적으로 같은 궤도를 그리며 진행되는 근대농업으로의 이행과정이었고, 따라서 상업적 농업의 확대 발전 과정은 곧 근대적인 농업개혁의 과정이자 농민해방의 과정이기도 하였다.

그러나 이와 같이 발전하던 조선의 상업적 농업은 1894년의 농민전쟁이 관군과 일본군에 패배하고, 이후 일본의 경제적 침략이 확대되는 과정에서 큰 변동을 겪게 되었다. 그 변동은 세 가지로 정리될 수 있다. 첫째, 상업적인 면작과 면업이 급속히 몰락하였다. 이러한 변동은 1895년 이후 일본의 경제적 침략이 본격화되면서 일본산 백목면이 빠른 속도로 한국의 면포(=토포)시장을 침탈하였기 때문에 일어났다. 부산항을 통해 함경도로 이송되었던 토포출하량의 변동을 보면, 1894년에는 34만 필에 달하던 것이 1895년부터 급감하기 시작

하여 1899년에는 5만 8천 필에 지나지 않았다. 이후 일시적으로 한
전韓錢 시세가 하락하여 일본산 목면의 가격이 상승하게 되자 토포
이출이 1904년경에 21만 필까지 회복세를 보였지만, 다시 시세가 회
복되자 이출량은 다시 격감하여 1907년부터는 마침내 완전히 중단
되어 버리고 말았다. 부산항을 통해 원산으로 이출되던 면포의 6할
여가 의성과 대구에서 집하된 것임을 감안하면, 이러한 변동 추세는
곧 경상북도의 상업적 면업의 몰락 추세와 궤를 같이하였다고 볼 수
있다.

경상북도의 상업적 면작지대에서 면포의 상품생산이 급속히 몰
락하고 있음은 1887년과 1912년의 호당 평균 생산고를 대비하면 명
백히 드러난다. 1887년의 조사에서는 호당 면포 생산고가 중심 면업
지였던 자인·의성·풍기·함창·상주 등지에서는 20필을 상회하고
30~40필에 이르는 경우도 적지 않았으나, 1912년이 되면 호당 생산
고는 2~3필을 넘지 못해 대부분이 자급생산으로 후퇴하고 있는 것
을 볼 수 있다. 상업적 면작지대에서 상품생산의 담당층이 된 것은
중농·부농이었으므로 이러한 변동과정에서 집중적인 타격을 입었던
것 또한 이 두 계층이었다.

둘째, 상업적 미작지대가 경부선의 개설로 더욱 확대되고, 봉건
관료와 지주층의 미곡 유통이 더욱 확대되었다. 일본 상인들의 미곡
매입은 1894년 이후 일본의 침략이 본격화되면서 더욱 적극성을 띠
었고 그 범위도 확대되고 갔다. 1898년의 상주군수의 보고에 따르
면, 상인들은 군 전역에 미곡매입자금을 살포하고 있었고, 시세보다
높은 가격으로 쌀을 매집하여 읍내에서 양식을 팔아먹고 사는 사람
들은 끼니를 잇기 어려운 지경에 이를 정도였다. 또한 1904년 경부
철도가 개통되면서 도내에서 쌀을 수출할 수 있는 지역이 크게 확대

되었다. 종전까지는 낙동강의 배편을 이용할 수 있는 지역에서만 쌀의 상품화가 가능하였으나, 경부선이 개통되면서 철도 연변 지역에서도 쌀을 수출할 수 있게 되었다. 경부선을 통해 새로 쌀을 판매할 수 있게 된 지역은 김천과 상주 및 선산의 내륙지방과 경산·청도·영천 등지였다. 그 가운데서도 경산·영천은 넓은 수전평야지대를 끼고 있어 이후 경상북도에서는 가장 중심된 상업적 미작지대로 성장하였다.

한편 1894년의 농민전쟁이 패배하면서 농촌사회의 계급관계도 지주나 관료 등 봉건지배층에게 유리한 방향으로 기울어졌다. 한국에서 정치적·군사적 영향력을 급속히 확대해 갔던 일본 제국주의 또한 일본인들의 토지 침탈을 보장할 필요에서, 나아가 한국에서 종속적 동맹세력을 확보할 의도에서 봉건지배층을 보호하는 정책을 폈다. 이러한 상황을 배경으로 봉건관료층들은 부세를 남징하고 잡세를 신설하거나 징수한 세곡稅穀 또는 세전稅錢을 유용하는 방식으로 유통경제에 참여하였다. 봉건관료층의 쌀 수탈이나 유통은 특히 낙동강 연안의 상업적 미작지대에서 증가하였다. 지주들 또한 1904년 이후 일제 침략이 본격화하면서 소작료 수탈을 강화해 갔다. 그에 따라 지대수취법이 타조법에서 도조법 내지 집조법으로 변경되었고, 지주와 소작인이 반분하던 조세와 종자를 전부 소작인의 부담으로 전가하였으며, 소작료도 4할 내지 3.5할 징수하던 데서 5할로 인상하였다. 요컨대 상업적 미작지대에서는 쌀의 상품화가 확대되었을 뿐 아니라 봉건관료나 지주층 등 봉건지배층이 한층 더 유통의 주도권을 장악하였고, 이에 따라 소작료가 인상되는 등 농민경제의 몰락도 더욱 가속화되었다.

셋째, 콩의 상품생산이 경부철도의 개설로 더욱 확대되었다. 콩의 상품생산이 새로 가능하게 된 지역은 쌀과 마찬가지로 김천과 선산 및 상주의 내륙 지역과 하양·영천·경산·자인·청도 등지였다. 그 가운데서도 영천·경산·자인·청도 등지에서 콩의 상품생산은 크게 발전하였다. 이 지역은 토양조건이 면작에 적합하지 않은 곳이 많아 주변적인 면작지대 내지 비면작지대에 속했다. 그러한 가운데 철도가 개설되어 콩의 판매가 가능하게 되자 판매를 위한 콩 재배가 급속히 늘어나게 된 것이다. 따라서 이들 지역에서는 면작이나 면업이 급속히 몰락한 지역이나 쌀의 상품화 급속히 확대된 지역에 견주어 식민지화 과정에서 농민경제의 몰락은 상대적으로 적을 수 있었다.

위와 같은 변화는 1895년 이후, 특히 러일전쟁 이후 한국이 일본의 식민지로 전락해 감에 따라 한국 농업이 일본 제국주의 경제의 종속적 한 부분으로 재편되어 가는 과정에 다름 아니었다. 그 변화의 기본 방향은 일본 제국주의에 종속된 식민지 상업적 농업 체제로의 재편이었다. 다시 말해 일본은 구미 제국주의 열강이 침략하고 근대산업이 발달하지 못한 불리한 내외적 조건 속에서 국가권력이 주도가 되어 근대화를 추진하였다. 그로 말미암아 일본 자본주의는 강권적인 조세금융정책으로 농업을 수탈해 산업자본을 형성하고 서구에서 생산력을 수입하여 저임금을 무기로 수출산업을 발전시키는 후진적인 자본축적구조를 가지고 있었다. 이러한 축적구조는 농업을 낙후시킬 수밖에 없었고, 따라서 일본은 '낮은 쌀 가격=저임금' 체제를 유지하고 자국 농업을 보완할 식량공급지를 찾아 나서지 않을 수 없었다. 그런 이유로 이 시기 한국에 대한 일본의 경제적 침략은 농업 부문에서 특히 확대되었고, 농업 부문에 대한 침략은 낮은 가격으로 쌀·콩 등의 곡물을 수탈하는 것에 목적을 두었으므로, 그것은 애초 지주적 상품생산을 보호 육성하는 방향으로 진행되었다.

일제는 갑오농민전쟁에서 농민들에게 결정적 타격을 가함으로써 지주제가 강화될 수 있는 계기를 마련하였고, 러일전쟁 이후 한국 내정을 장악할 수 있게 되면서부터는 지주제를 보호하는 치안 및 조세정책을 실시하였고, 또한 자본수출을 정책적으로 주선하여 주요 곡창지대에 지주적 상품생산을 적극적으로 선도할 일본인 농장을 대규모로 설치하고 있었다. 이러한 침략정책은 면포·면사의 무제한적인 수출정책과 결합해 부농적 상품생산을 급속히 몰락시켰으며, 상업적 농업을 대일종속적인 것으로 재편되지 않을 수 없게 하였다.

그러나 이러한 재편은 적어도 1910년에 이르기까지 제한된 범위 안에서만 진행될 수 있을 뿐이었다. 일제 침략에 저항하여 조선 농민들은 폭동(=민란)으로, 활빈당 투쟁으로, 나아가 의병항쟁으로 일제와 봉건지주층에 저항하였다. 이로 말미암아 일제 또한 민족적 저항을 억누르는 데 주력할 수밖에 없었고, 따라서 한국 경제 전반이나 농업을 일본에 종속시키는 재편작업은 아직 본격적으로 추진될 수 없었다. 실제 이 기간에 추진된 식민지 농업정책은 농업생산조사, 토지소유관행조사, 지세수취기구와 개편과 수취대장의 정비, 일본인 지주들의 토지소유권 보호 등 식민지 농업구조로의 전면적 재편을 위한 기초적인 예비조사 이상이 되지 못했다. 상업적 농업 전반이 일본 제국주의에 의해 실질적인 지배를 받게 되는 것은 4년여에 걸친 의병전쟁이 진압되고 결국 한국이 정치·군사적으로 완전히 일본에 강점되면서부터였다.

일제는 1910년 한국을 병합하자 그 직후부터 한국 농업을 일본 자본주의의 수탈에 적합하도록 전면적으로 재편하는 체계적인 식민정책을 실시하였다. 제일 먼저 실시된 정책이 토지조사사업이었다. 토지조사사업의 핵심은 기존의 토지소유권을 근대법적 소유권으로 법인하는 사업이었다. 소유권 법인은 일반 토지의 경우 기존 소유권이나 점유권을 존중하는 방식으로 이루어졌지만, 영소작권과 같은 소작농민의 권리는 전혀 인정하지 않았다. 이를 통해 결국 지주의 소유권은 이전보다 훨씬 강화되었고, 따라서 상업적 지주경영을 보다 안정적으로 펼칠 수 있게 되었다. 일제는 또한 1912년 '조선민사령'을 공포해 일본 민법을 조선에 적용함으로써 종래 관습적 관계로 운영되던 지주소작관계를 민법의 근대적인 임대차관계법에 의해 보호받는 식민지지주제로 법제화하였다. 이 조치는 토지소유권의 근대법적 법인에 더해 지주적 상품생산이 발전할 수 있는 좋은 조건을 조성하였다. 실제 토지조사사업 기간에만 전반적으로 소작료율이 1할 정도 인상되었다. 일제는 이에 더해 지주들을 지주회나 농회 등으로 조직하여 식민농정의 별동대로 활용하였다. 지주들은 지주회나 농회 등을 통해 식민지 농업개발의 특혜를 손쉽게 획득할 수 있었고, 관권의 지원을 받으며 농민들에게 군림할 수 있었다.

다음으로 일제는 수탈대상이 되는 농산자원의 품종을 교체하고, 그 증산을 강요하는 '산미증식계획', '육지면장려계획', '고치증수계획' 등을 실시하였다. '산미증식계획'은 일본의 식량문제 해결을 주목적으로 1920년에 시작되었으나, 본격적으로 추진된 것은 1926년부터였다. 1926년부터 실시된 갱신계획은 향후 12개년 동안 토지개량사업과 농사개량사업을 실시해 820만 석의 쌀을 증산하고, 1천만 석의 쌀을 일본으로 수출할 목표로 실시되었다. 경상북도에서도 이 계획에 따라 토지개량사업과 농사개량사업이 추진되었고, 1933년까지 비안·동부·연호제·서면·안강·금호·해안·인동·팔달·청하 등 10개 수리조합이 설립되었다. 면작 확대와 증산을 목표로 한 '육지면장려계획'은 1919년부터, '고치백만석증수계획'은 1925년부터 본격화되었

다. 육지면과 고치의 증산농정은 계획된 재배면적 확장을 달성하고
자 이삭이 팬 보리밭도 가차 없이 갈아엎는 강압적인 방식으로 추진
되었다.

일제는 수탈대상자원의 증산정책과 결합해 유통확대 및 가격통
제정책도 실시하였다. 쌀·고치·면화의 증산은 궁극적으로는 일본 자
본에게 식민지 초과이윤을 실현할 수 있도록 상품화하는 데 목적이
있었다. 쌀은 일본의 자본축적의 지렛대가 되는 '저임금=저미가' 체
제를 유지하기에 적합한 가격과 충분한 양으로, 고치나 면화는 일본
의 생사자본이나 방적자본이 초과이윤이 실현될 수 있는 가격으로
상품화되어야 했다. 이러한 가격 수준은 한국 농민의 생산비와는 처
음부터 무관하게 결정되는 것이었고, 실제 쌀 가격이나 면화와 고치
의 공판 가격은 항상 생산비보다 낮았다. 추수기에 농민들이 빚에
쫓겨 방매하는 산지 쌀값은 생산비의 65퍼센트 수준에 머물렀고, 평
시가격조차도 농민생산비에 미치지 못했다. 고치의 공판 가격은 일
본 요코하마 시장의 생사 가격에서 제사공장의 공장생산비, 이윤,
잡비 등을 빼는 방식으로 결정하였고, 면화 공판 가격도 미국 면화
미들링의 오사카 시세에서 조면비, 공판소에서 조면소 및 오사카까
지의 운임 및 하역비, 군 농회의 공판수수료, 기타 비용 등을 공제하
는 방식으로 결정하였다. 이로 말미암아 고치나 면화의 공판 가격은
생산비의 절반에도 미치지 못하는 경우가 허다하였다.

일제는 쌀·고치·면화의 상품화를 정책적으로 확대해 갔다. 일제
는 쌀의 상품화를 확대하고자 소작료의 인상을 보장하고 소작쟁의
를 탄압하는 등 최대한 지주 수중에 쌀이 모일 수 있게 지원하였다.
지주가 소작료를 인상할수록 상품생산비는 낮아지고, 지주에게 집적
된 쌀의 대부분은 상품으로 판매되기 때문이었다. 일제의 이러한 정

책은 산미증식계획에서 전형적으로 나타났다. 일제는 지주들로 하여 금 수리조합의 설립 및 운영자가 되게 하고 수리조합비 분담이나 소 출 증대를 핑계로 소작료를 인상할 수 있게 보장하였다. 또한 비료 자금을 지주 위주로 대부하여 농사개량을 빌미로 한 고리대 착취와 소작료 인상을 뒷받침하였다. 그 결과 경상북도에서는 산미증식계획 이 거의 증산효과를 내지 못했음에도 쌀의 판매고는 30~40만 석으 로, 총생산고에 대한 상품화 비율은 20퍼센트에서 40퍼센트로 상승 하였다. 일제는 고치와 면화에 대해서는 공동판매제도를 강요하여 상품화를 확대하였다. 고치의 공동판매는 1918년부터 도입되었고, 1926년부터는 공동판매를 확대할 목적으로 자유판매가 엄격히 제한 하였다. 면화의 공판제도는 1913년부터 도입되었고 도지사가 가격, 판매장소, 매수인 등을 결정하는 지정공판제도로 운영되었다. 공판 제도를 통해 고치와 면화의 독점적인 구매자가 된 것은 조선에 진출 하였던 일본인 제사자본가와 방적자본가들이었다.

일제가 조선을 병합한 이후 시행한 위와 같은 식민정책에 따라 조선의 상업적 농업은 일본의 금융독점자본주의에 전면적으로 종속 된 식민지 상업적 농업으로 재편되었다. 그리하여 강점 이전 조선의 사회적 분업과 대외무역에 기반을 두고 미작과 면작을 양대 축으로 하여 다각적으로 발전하였던 상업적 농업은 1920년 이후가 되면 오 로지 일제 금융독점자본의 자본축적에 직접 기여하는 벼 농사 위주 의, 거기에 부차적으로 양잠과 면작을 결합시킨 모노컬처적인 상품 생산으로 급속히 재편된다. 상품생산의 확대 또한 생산자 농민의 이 윤동기에 따른 것이 아니라, 금융독점자본의 농업수탈기구로 기능하 였던 지주의 이윤동기와 식민지 권력의 강제에 의해 이루어졌다.

조선 농업에서 상품생산은 그에 대한 일제의 금융독점자본의 지배가 강화될수록 확대되었다. 일제의 금융독점자본이 조선 농업을 본격적으로 지배하게 되는 1920년대가 되면, 조선에서는 농산물의 상품화가 비약적으로 확대된다. 경상북도의 시장 매매고의 변동을 보면, 먼저 농산물 거래액은 1912년에서 1928년 사이에 무려 207배나 증가하였고, 축산품의 거래액도 같은 기간에 약 15배가 증가하였다. 농산물 거래액은 1910년대에는 큰 변동이 없다가 '산미증식계획', '고치증수계획', '육지면장려계획' 등이 실시된 1920년대에 들어 비약적으로 증가하였다. 경상북도의 쌀은 판매량이 1917년에 37만 7천 석이었으나, 1920년대 후반에 가면 최고 99만 석까지 두 배 이상 증가하였고, 총생산량에 대한 상품화율도 18퍼센트에서 40퍼센트로 증가하였다. 고치 또한 판매고가 1921년 5천여 석에 지나지 않던 것이 1929년에는 약 4만 석으로 무려 8배의 증가를 보였고, 따라서 상품화율도 24퍼센트에서 56퍼센트로 상승하였다.

농산물 상품화를 확대시킨 요인은 지주제의 강화와 면화나 고치 공판의 강제 확대가 주된 것이었지만, 다른 한편 농민들의 궁박판매가 증가한 것도 원인이 되었다. 일본에 병합되는 과정에서 조선 농민들은 생산재나 소비재의 상당 부분을 구매하지 않을 수 없게 되었고, 또한 현금으로 납부해야 하는 지세·수리조합비·농회비 등 각종의 공과금도 증가하였다. 그리하여 "농업생활에 있어서는 농산물의 상품화는 피할 수 없는 현상"이 되고, "1정보 미만의 토지소유자와 영세 소작인"조차도 "처음부터 먹기 위해서가 아니라 팔기 위해서 쌀을 산출"할 수밖에 없었다. 농민들은 추수기에 "시급히 제반의 생활비와 부담공과를 지불해야 하는 강압적 사정" 때문에 시세를 생각할 겨를도 없이 그해 생산한 쌀의 대부분을 "무리하게 염가방매"했고, 고치의 "공판 가격이 작년 가격의 삼분지 일도 못" 되지만 "여름 동안 연명할 양식이 없거나", "빗에 부닥기여 부득이" 하루라도 빨리 팔기에 급급했다. 또 면화의 공판 가격이 평상가격에서 3분의 1 내지 3분의 2 수준으로 낮게 책정되어도 지세납입 또는 "결제자금의 급急에 절박되야 필경은 부득이 투매"하지 않을 수 없었다.

1920년대의 상품생산은 결국 반봉건적인 소작제도에 기반을 둔 지주적 상품생산의 확대와, 농민들의 궁박판매에 기인해 급속히 확대되었다. 그런 까닭에 상품생산이 확대될수록 농민경제는 몰락하고, 대신 토지겸병을 확대하는 등 지주경제가 더욱 비대해졌다. 그러한 변동을 농민층 구성비를 통해 살피면, 농산물의 상품화가 비약적으로 확대된 1920년대에 농민적 상품생산의 주력 담당층이었던 자소작농이 큰 폭으로 감소하고, 대신 빈궁한 소작농이 증가하였다. 1920년에 각각 49퍼센트와 33퍼센트를 차지했던 경상북도의 자소작농과 소작농의 비율은 1931년에는 30퍼센트와 49퍼센트로 변화하였다. 자소작농이 19퍼센트 감소한 것과 달리 소작농은 16퍼센트가 증가한 것이다. 이러한 변동을 군별로 살피면 그 특성이 보다 명확하게 드러나는데, 경상북도에서 농민층의 몰락이 가장 격심했던 지역은 영일·경주·영천·경산·청도·고령·칠곡·김천 등 대구·경주평야 및 경부선 연변에 위치한 지역들과 군위·청송·영양·영덕·예천·영주 등지였다. 앞의 지역들은 일제강점 이후 지주적 상품생산이 급속히 확대되었으나 콩의 상품생산은 급감했던 지역들이고, 뒤의 지역들은 한말까지 자급적 농업지역이었으나 1920년대에 들어 식민농정이 강요되면서 타율적으로 상업적 농업권에 편입된 지역이었다.

상품생산과 토지소유의 상관성을 살피기 위해 1920년대의 소작지율의 변동을 검토해보자. 논과 밭 모두에서, 또는 밭에서 소작지율이 큰 폭으로 증가하였던 지역은 달성·경주·영천·청도·칠곡·선산·김천·고령·청송·영양·군위·영덕·영일 등지였다. 이 지역들은 대구평야나 경주평야 내지 경부선 또는 낙동강과 인접하여 지주적 상품생산의 발전이 현저했던 지역과 한말까지 자급경제권에 머물다가 강점 이후 상품경제권으로 편입된 지역들이었다. 자소작농이 급감하고 소작농이 급증한 변화도 주로 이 지역에서 일어났다. 이들 지역에서는 1920년대에 논과 밭에서 소작지율이 최고 17퍼센트까지 증가하였다.

농민경제의 몰락은 지주제의 확대로 귀결되었다. 지주의 토지겸병은 농민경제가 가장 격심하게 몰락했던 지역에서, 그리고 일본인 지주가 집중적으로 진출하는 등 상업적 지주 경영이 선도적으로 발전했던 지역에서 가장 확대되었다. 지주제는 대구평야 지역(달성·영천), 경주평야 지역(경주·영일)과 경부선 내지 낙동강 인접지역(청도·칠곡·선산·김천·고령) 등에서 급속히 확대되었다. 지주제가 확대되면서 소작료 수탈도 강화되었다. 소작료 인상을 선도한 것은 일본인 농장지주들이었다. 일본인 지주들은 통치 당국의 적극적인 지원 아래 소작농에 대한 통제를 강화하면서 지대수취법을 변경하고 공조·공과를 소작인에게 전가하거나 논의 이모작에 대해서도 소작료를 징수하는 등 공세적으로 소작료를 인상해 갔고, 그들의 소작료 인상은 곧 한국인 지주들에게도 영향을 미쳐 "그전에는 비교적 후厚하다고 할 만하던 조선인 지주들도 돌변하야 가지고 소작인에게 대하여 가혹한 태도를 취"하게 되었다.

일제강점 이후 만주사변 직전까지 한국 농업에서의 변동은 요컨대 일제의 식민농정에 의해 위로부터 일본 자본주의의 수탈에 적합한 종속적인 식민지 상업적 농업이 체계적으로 형성되는 과정이었다. 그 변동은 반봉건적인 소작제에 기반을 둔 지주적 상품생산의 발전 과정이었고, 동시에 농민층의 궁박판매가 확대되는 과정이었다. 따라서 상품생산이 확대될수록 심각한 모순이 생겨났다. 지주층의 상품생산과 농민층의 궁박판매가 확대되면 결국 농업생산의 기반을 이루는 소작경영이 빈궁해져 농업생산기반 자체가 공동화空洞化되는 위기를 맞게 되는 것이었다. 대공황기 곡가 폭락은 그 위기를 격증시켰다. 또한 이러한 모순은 소작쟁의·수리조합 반대투쟁·공동판매 반대투쟁 등의 반제반봉건 농민투쟁을 발전시키는 원인이 되었다. 농민투쟁은 사회주의운동의 지도 아래 경제투쟁에서 정치투쟁으로 성장하였고, 농업위기가 격화된 대공황기에 이르면 혁명적 농민조합운동으로 전환하여 토지개혁·농업혁명을 쟁취하려는 민족해방운동=민족혁명으로 발전하고 있었다.

1930년 대공황은 두 가지 측면에서 일제의 식민지 농업정책을 조정 혹은 재편하지 않을 수 없게 하였다. 그 하나는 대공황이 종속적·상업적 농업의 확대로 말미암아 발생한 농업위기를 격화시켜 일제로 하여금 부득이 "사상동요의 방지" 및 "정신생활과 물질생활의 안정"을 첫 번째 통치방침으로 내걸지 않을 수 없게 만들었다. 조선의 농민경제와 농촌사회를 진정시킬 특단의 대책을 마련하지 않고는 혁명적 위기를 수습하기가 어렵게 된 것이다. 다른 하나는 구미 열강이 대공황에서 벗어나고자 경쟁적으로 블록경제권을 구축하고 보호무역주의를 공세적으로 강화한 것이다. 이에 일제 또한 동아시아를 침략하여 독자적인 블록경제-'일·만블록', '일·만·지블록', 대동아공영권-를 구축하는 방향으로 재생산구조의 재편을 추구하게 되었고, 그에 따라 식민지 농정도 재편이 불가피했던 것이다.

1931년 대공황의 소용돌이 속에서 조선 총독으로 부임한 우가키 가즈시게는 새로운 식민농정으로 농촌진흥운동을 구상해 이 두 가지 과제를 추구하려 하였다. 농촌진흥운동은 당초 우가키 총독이 "조선인에게 적당한 빵을 주는" 방도로 구상한 것으로 1932년 10월에 착수하였다. 농촌진흥운동은 농가경제갱생계획(1932)을 중심시설로 하고 자작농지설정 유지사업(1932)과 고리부채 정리사업(1932), 그리고 '조선소작관계조정령'·'조선농지령' 등과 결합하여 추진되었다. 물론 농촌진흥운동은 처음부터 블록경제체제로의 재편정책으로 구상된 것은 아니었다. 우가키 총독은 농촌진흥운동과는 별도로 미작농사개량사업, '면작장려계획', '누에고치증수 10개년계획', '전작개량증식 12개년계획' 등의 쌀, 면화, 고치의 증산 및 상품화 확대정책을 추진하였다. 이 증산계획들은 대공황 이후 보호무역주의의 강화로 말미암아 일제가 중국을 침략하여 독자적인 경제블록 구축으로 나아가는 데 발맞춰 조선총독부가 그 정책의 일환으로 추진한 것이었다. 일제는 행정력과 경찰력을 동원해 강압적으로 이 정책들을 추진하였다. 벼농사에서는 단보당 시비량의 목표를 설정해 화학비료와 퇴비의 사용을 강요하였고, 면작과 양잠에서는 군, 면, 리를 거쳐 개별농가에 이르기까지 증산목표를 할당하고 이를 달성하도록 강요하였다.

이와 같이 목적을 달리하며 병렬적으로 추진되던 농촌진흥운동과 농산물의 증산정책은 1935년 우가키 총독이 농촌진흥운동을 '생업보국'운동으로 재편하면서 하나로 결합한다. 우가키 총독은 1935년 농촌진흥운동과 농가갱생계획의 궁극적 목표를 '조선의 갱생'이나 '농가갱생'이 아니라 "내외의 정세에 대응하여 중대 시국을 타개하는 방도"를 확립하는 것으로 전환시켰다. 이에 따라 사업방식도 호별 농가갱생지도에서 부락 단위의 갱생지도로 변경되었다. 부락 단위의 갱생에서 중시된 것은 부락 단위로 산업장려계획을 수립하여 전략적으로 중요한 농산물을 증산하는 것이었다. 농촌진흥운동은 부락갱생운동과 농가갱생계획을 통해 자영자족의 블록경제 구축과 열강과의 전쟁에 필요한 '국책자원國策資源'을 증산하는 사업, 달리 말해 "내외의 정세에 대응하여 중대 시국을 타개하는 방도"로 전환해 갔다. 이러한 전환을 통해 농촌진흥운동은 '국책자원'의 증산정책을 적극적으로 뒷받침하게 된 것이다.

이로써 조선 농업에서는 상품생산이, 특히 양잠과 면작의 생산이 대폭 확대되었다. 먼저 농업생산의 변동을 보면, 농촌진흥운동기 경북 지역에서는 쌀·보리·면화·고치 등의 생산이 급속히 증가했으나, 조·콩류·완초·대마 등의 생산은 큰 폭으로 감소하였다. 1920년대 후반과 1930년대 후반을 대비하면 면작농가는 15만 호에서 19만 호로, 경작면적은 1만 8천 정보에서 3만 4천 정보로 증가하였고, 양잠농가는 20만 4천 호에서 27만 3천 호로, 고치 생산액은 9만 7천 석에서 12만 2천 석으로 늘어났다. 농산물의 상품화는 증산보다 더욱 빠른 속도로 증가하였다. 1920년대 후반에 견주어 쌀의 판매량은 두 배 이상 증가하였고, 면화는 18배, 고치는 3배가 증가하였다. 쌀과 면화, 고치의 상품화가 확대됨에 따라 경상북도의 경우 지주경영은 물론이고 대부분의 소농경영도 자급적 생산에서 상품생산으로 전환하였다.

그러나 블록경제 체제로의 전환과 그에 따른 상품생산의 확대는 농민경제를 더욱 빈궁하고 영세하게 만들었다. 그 전환이 일제 금융독점자본의 조선 농업 지배와 수탈 체제를 더욱 확대하는 방향으로 추진되었기 때문이었다. 경상북도에서는 농촌진흥운동이 실시된 1930년대에 농민들의 자작지 13,400여 정보가 감소하였고, 대신 지주의 소작지가 1만 4천여 정보 증가하였다. 소작지의 증가는 면작과 미작이 확대되고 그에 따라 콩의 생산이 급감한 지역에서 현저하였는데, 논에서는 최고 8퍼센트까지, 밭에서는 최고 12퍼센트까지 증가하였다. 농민층 몰락도 계속되어 같은 시기에 자소작농은 37퍼센트에서 30퍼센트로 감소하였고, 소작농은 40퍼센트에서 45퍼센트로 증가하였으며, 피용호도 새로 3.5퍼센트가 생겨났다. 이 기간에 농업경영에서 탈락한 농가의 비율은 피용호를 포함해 전체 농가의 5.7퍼센트에 달했다. 농가경영 전반이 대경영→중경영→소경영으로 영세화되어 갔고, 경영규모가 극단적으로 영세해진 농민층이 탈농하는 등 전층적 하강분해가 더욱 심화되었다. 경상북도에서 해마다 늘어가는 상환 불가능한 부채로 파탄지경에 내몰린 영세 소경영 농가의 비율은 1938년 현재 전체 농가의 8할을 차지할 정도로 증가하였다

그러나 이 시기에도 지주제는 성장세를 유지하였다. 대공황이 일시적으로 지주경영에 타격을 입혔지만 지주경영에 유리한 환경은 1930년대에도 큰 변화가 없었다. '조선농지령'이 시행되어 지주소작 관계를 규제했지만, 지주의 권익을 보장하고 그들의 요구를 최대한 수용하는 방식으로 입법이 되었던 까닭에 타격은 크지 않았다. '조선농지령'의 시행을 전후해 오히려 소작료는 더욱 인상되었고, 지주경영은 여전히 높은 수익을 올릴 수 있었다. 이 시기에 소작지의 확대가 이전 시기에 견주어 둔화되었던 것은 경제성 있는 농지가 1930년대 초까지 대부분 지주 수중에 집적되어 토지겸병의 여지가 크지 않았기 때문이다. 그러한 가운데 이 시기 지주 구성에서 조선인 지주가 감소하고 일본인 지주가 증가하며, 100정보 이상을 소유한 대지주가 줄어드는 대신 중소지주가 늘어나는 변화가 일어났다. 시장경제와 경기변동에 민감하게 대처한 지주는 성장했지만 그렇지 못한 지주는 몰락한 데 따른 현상이었다. 이 시기에 새로 중소지주로

성장한 자들 가운데 다수는 상공업과 고리대업으로 부를 축적한 일본인 자본가들이었다.

일제의 식민지 농정은 태평양전쟁을 도발하는 1940년대에 들어서면서 전쟁총동원정책으로 전환하였다. 전쟁총동원정책은 국민총력운동으로 전개되었는데, 일제는 이를 통해 조선 농촌에서 쌀, 잡곡 등의 식량류, 면·마 중심의 의료작물, 자급비료, 군수용 축산물 및 임산물, 마약류 등의 물적 자원과 군인이나 노무자 등 전쟁수행에 필요한 인적 자원을 조달하고, 동시에 정신적으로 천황에 충성하고 전쟁동원에 협력하도록 황국신민화를 강화하려 하였다. 일제는 조선 농촌에서 군수물자를 증산하고자 '조선증미계획'과 '식량전작물증산계획'을 실시하였다. 또한 국민총력연맹의 말단조직인 부락연맹이 주체가 되어 각종 증산계획에 따라 할당된 생산목표를 부락 전체의 연대책임으로 달성하는 '부락생산확충계획'도 실시하였다. 이와 결합해 군수물자의 동원을 극대화하고자 총독부가 정한 공판 가격으로 농산물 판매를 강요하는 공출제도를 확대하였다. 공출제도는 면화와 고치에서 시작되어 미곡으로, 나아가 보리·밀·쌀보리·귀리·조·수수·옥수수·기장·메밀·대마·밤 등 전작물 전반으로 확대되었다. 공출제도가 확대되면서 자유판매가 금지되었다.

이와 같은 전쟁동원정책은 농산물의 상품화를 극대화시켰다. 경상북도의 경우 1943년도의 쌀 공판량은 총생산량의 59퍼센트에 이르렀고, 1944년도의 고치 공판량은 총생산량의 65퍼센트에 이르렀다. 그러나 공출이 확대될수록 농가수입은 도리어 감소하였다. 일제는 이들 품목을 증산하고 공출을 늘리고자 생산장려금과 공출장려금을 지급하고, 공출가를 인상하는 등의 유인책을 썼지만, 다른 한편으로는 전시 인플레를 억제한다는 구실로 강제공제저축('天引貯蓄')

을 확대하고, 비행기 헌납금과 각종 수수료 등을 공출대금에서 공제하였던 까닭에 농가의 수입이 갈수록 줄어들었다. 이로 말미암아 농가경제는 더욱 빈궁해졌고, 그것은 급격한 자작지의 감소와 소작지의 증가로 나타났다. 경상북도의 농민 자작지는 1938년 이후 1944년까지 논에서 9천여 정보가 감소했고, 밭에서 3천 4백여 정보 감소하여 전체로는 1만 2천여 정보가 감소하였다. 농촌진흥운동이 벌어졌던 시기와 비교하면 전시 체제 아래에서 무려 2배 이상 자작지가 감소하였고, 그 대부분은 지주의 소유가 되어 논의 소작지는 이 기간에 1만 3천 7백여 정보 증가했다.

일제의 전시생산력확충정책은 1943년을 넘어서면서 파탄상태에 이른다. 민수산업 및 산업자재를 대거 군수산업으로 전용함에 따라 농업자재, 특히 화학비료의 공급이 급감하였고, 다른 한편 조선에서도 대규모 징용과 징병이 실시됨에 따라 농업노동력이 부족하게 되었기 때문이다. 1943년에 공급된 화학비료는 평소 공급량의 절반에도 못 미쳤고, 경상북도 전체 인구의 약 4할이, 그것도 농업노동력 가운데 가장 우수한 20~40세의 남자성인노동력이 전쟁에 동원되었다. 말하자면 일제하 조선 농업의 생산력은 '다로다비'농법이라 해도 지나친 말이 아니었는데, 그 양대 축인 화학비료와 노동력 모두가 부족한 치명적 사태가 발생한 것이다.

상황이 이렇게 악화되자 일제는 '부락생산확충계획'을 대신해 '조선농업계획'을 실시하였다. '조선농업계획'은 전쟁의 승리를 위해 온갖 희생을 감내할 것을 요구하는 '황국농민도'를 앞세웠다. '조선농업계획'은 부락연맹의 애국반을 기본 단위로 한 공동작업반을 편성해 노동력 부족문제를 해결하는 한편, 농업생산력 확충방안으로 지주들을 대거 동원하였다. 지주를 동원하는 방법은 소작지의 생산력 확충에 무관심한 '부재지주'를 생산력 향상에 기여하는 '동태적' 지주가 되도록 바꾸고, 그 정책에 협조하지 않는 지주의 소작지를 적당한 관리기관에 강제위탁시키는 것이었다. '조선농업계획'은 이를 '농업생산책임제'로 실시하였다. '농업생산책임제'는 지주에게 전시 생산력 확충에 참여할 것을 요구하였다. 곧 부락 주민 전체를 인솔 하여 '부락계획'의 생산목표와 공출목표를 책임지고 달성하도록 강 요하는 것으로, 일제 전쟁동원농정의 종착점이라 할 수 있었다.

그러나 '농업생산책임제'로 저하된 생산력을 회복하는 것은 처음 부터 불가능한 일이었다. 하지만 지주에게 공출책임을 지운 것은 일 정한 성과를 거두었다. '농업생산책임제'가 실시된 1944년의 미곡 작 황은 공출이 불가능할 정도로 대흉작이었지만, 총수확의 40퍼센트에 달하는 공출이 이루어졌다. 일제가 대흉작에도 '황국농민도'를 앞세 워 지주에게 부락농업생산책임자로 공출에 협조할 것을 압박하였고, 결국 지주들이 그 요구에 부응하기 위해 사재출연까지 감내하면서 협조한 결과였다.

이상에서 보는 바와 같이 일제강점하 농업변동은 식민농정이 종 속적인 상업적 농업을 확대 발전시키는 과정에서 일어나고 있었다. 일본 제국주의의 조선 농업에 대한 지배는 자국 자본주의의 자본축 적을 위해 생산비에 못 미치는 낮은 가격으로 쌀·면화·고치 등을 수탈하는 데 목적을 두었으며, 그리하여 식민농정은 애초부터 그러 한 수탈에 가장 적합한 지주적 상품생산을 확대시키고 아울러 양 잠·면작 등에서 상품생산을 강제 확대시키는 방향으로 추구되었다. 그로 말미암아 일본 제국주의의 농업지배가 확대될수록 반봉건적인 소작제도에 기반을 둔 지주적 토지소유·토지겸병이 더욱 확대되었 다. 그러나 이러한 상품생산구조는, 그것이 소작농에 대한 수탈에 기반을 둔 것이었기 때문에, 상품생산이 확대될수록 생산기반이 공동화되는 모순에 빠지지 않을 수 없었다. 그 모순은 정치사회적으로는 소작쟁의로, 나아가 반제반봉건계급혁명, 민족혁명운동으로 표출되면서 식민지 지배 체제를 위협하였다.

일제는 대공황을 계기로 이 모순에 대한 대처방안을 강구하기 시작하여 1932년 농촌진흥운동을 시작하였고, 1934년에는 '농지령'을 제정하였다. 이것은 소작쟁의를 체제내화하고 아울러 공동화의 위기를 맞고 있던 소작지의 생산력을 개선할 목적에서 입법되었다. 이 법령의 핵심은 지주제의 근간을 훼손하지 않으면서 소작농에게 3년 동안 소작권을 보장하는 것이었다. 지주의 고율소작료와 빈번한 소작권 이동이 소작쟁의를 야기하고 소작지를 황폐화시키는 원인이 되고 있었기 때문에, 일제는 이러한 조치로 지주적 상품생산 체제의 모순을 완화할 수 있을 것이라 판단하였다. 지주적 상품생산 체제에 대한 일제의 이러한 정책기조는 전시 체제기까지 근본적인 변화가 없었다. 전시 체제기에 시행된 지주정책도 '농지령'의 정책기조를 유지하면서 그 위에서 지주의 생산적 기능을 확대하도록 권장하는 정도였다. 비록 전쟁 말기인 1944년에 '조선농업계획'에 따라 지주경영의 '동태화'를 강요하는 정책이 실시되지만, 이때도 '동태적' 지주에 대해서는 소작료의 인상을 허용하였다. 말하자면 '동태적' 지주가 주체가 된 지주적 상품생산 체제로의 이행이 전시 지주정책의 종착점이었던 것이다.

일제강점기 식민지 농업개발은 그것이 농사개량이든 토지개량이든 기껏해야 '동태적' 지주경영의 한계 안에서 이루어지는 것이었다. '동태적' 지주는 노동자를 고용해 생산을 조직하고 영리를 추구하는 농업자본가라기보다, 소작료 수탈을 통해 영리를 추구하는 기생지주에 지나지 않았다. 이들은 농사개량에 소요되는 임금이나 농구·비료·경우耕牛 등 생산자재의 구입에 소요되는 비용은 물론이고, "경작상 필요한 관개수로의 준설 및 보수 기타의 수리비" 일체를 전부 소작농에게 부담시켰다. 또한 그들이 추진한 농사개량도 소농경영의 생산력을 향상시키는 수준을 결코 넘지 않았다. '동태적' 지주는 소작인을 비록 생산·유통과정에서는 노동자와 다를 바 없이 통제하였으나, 분배관계에서만은 생산비 일체를 책임지는 소경영의 주체로 남을 것을 강요하였으며, 스스로도 기생지주의 위치를 고수하였다. 농장회사의 지주경영은 금융착취와 결합한 봉건적 생산관계를 본질로 하였으며, 지주가 앞장서 농사개량을 추진한 것은 어디까지나 소작료 수탈을 극대화하는 방법 가운데 하나였을 뿐이었다.

식민지 농업개발은 지주적 상품생산 체제 안에서 이루어지는 것일 뿐이었다. 그 가장 선진적인 형태가 '동태적' 지주경영이 주체가된 상품생산 체제였지만, 그 방식 또한 결국 소작농경제를 더욱 빈궁하게 만들어 생산력의 발전을 정체시켰고, 소작관계를 둘러싼 계급갈등도 해결할 수 없었다. 그러나 그것마저도 일부 선진지역에서만 제한적으로 가능했을 뿐 나머지 대부분은 거기에도 못 미친 채 '정태적' 지주경영의 한계에 머물렀다.

지금까지 검토해 온 바를 종합하면 한국 근대의 상업적 농업은 크게 두 단계로 구분되는 발전과정을 밟아 왔다. 제1단계는 조선 후기에서 갑오농민전쟁에 이르는 시기로 근대적인 상업적 농업의 형성기이자 곧 농민적 상품생산의 발전기였다. 상업적 농업은 반봉건 투쟁을 바탕으로 발전하였고, 따라서 그것의 확대발전과정은 곧 근대적인 농업개혁·농민해방의 실현과정이었다. 제2단계는 갑오농민전쟁 패배 이후 1945년에 이르는 시기로 일본 제국주의가 침략하고 지배하는 가운데 지주층이 상품생산을 주도하는 종속적인 상업적 농업이 발전하였던 단계였다. 제국주의 독점자본의 지배가 상업적 농업을 발전시키는 계기가 되었고, 그것의 발전과정은 곧 농업약탈적인 지주제의 확대과정이 되면서 농민경제의 파탄과 농업생산의 정체 내지 쇠퇴로 귀결되고 있었다. 그로 말미암아 상품생산은 앞 단계에 견주면 비약적으로 확대되었지만, 정작 농업경영이나 농업생산에서는 도리어 근대성이 후퇴하는 모순을 불러왔다.

해방 후의 농업개혁은 이러한 역사적 경험에 근거해 그 방향성이 정립될 수 있었다. 당시의 농업개혁은 민족구성에서 농민이 차지하는 비중이나, 국민경제에 농업이 차지하는 비중에 비추어 자주적 민족국가 수립을 위한 정치적·경제적 개혁의 핵심적인 지위를 점했다. 자주적인 민주주의 국가의 건설도, 견실한 민족경제의 확립도 올바른 농업개혁에 바탕을 두었을 때만 가능한 것이었다. 농업개혁은 농업생산력을 발전시키는 것이자 동시에 농업생산의 주체가 되는 농민을 해방시키는 것이어야 했다. 역사적 맥락에서 보면 당시의 농업개혁은 일본 제국주의가 조선 농업과 농민을 지배하고 수탈하였던 종속적인 상업적 농업 체제로부터 농업을 해방시키는 데서, 따라서 그 체제에서 상품생산의 중심을 형성했던 지주적 토지소유를 철저히 해체하고 개혁하는 데서부터 출발할 필요가 있었다. 농업개혁은 이러한 토지개혁을 기반으로 농업의 발전이 곧 농민해방으로 전개되는 생산 체제 내지 경영 체제를 확립하는 데서 완수될 수 있는 것이었다. 역사적으로 보면 그러한 개혁의 내용은 근대적인 상업적 농업형성기에 변혁운동세력들이 추구하였던 농민적 농업근대개혁방안, 즉 농민적 토지소유와 협동조합적 공동경영을 결합시킨 갑오농민군의 농업개혁안을 계승 발전시키는 것이기도 하였다.

해방 후 이러한 내용을 포함한 토지개혁·농업개혁을 구체적으로 요구하고, 그 실현을 위해 분투하였던 것은 전국농민조합총연맹(전농)이었다. 일제 치하의 반제반봉건 농민혁명투쟁의 전통을 계승하였던 전농은 무상몰수·무상분배의 토지개혁과 근로농민적 농업해방을 저해하는 일체의 봉건적·자본제적 수탈기구의 개혁을 요구했다.

그러나 남한의 농지개혁은 이와는 다른 방향으로 실시되었다. 남한에서 자본주의 사회의 건설을 추구하였던 미군정과 그에 결탁한 극우 정치세력—한민당으로 결집한 지주·자본가 계급·친일세력—은 전농의 개혁에 반대하였다. 그들은 유상몰수·유상분배의 토지개혁안을 제기하였던 바, 그것은 자본주의·자본주의 농업화가 달성되고 지주계급의 이익이 최대한 적게 손상되는 토지개혁안이었다. 그로 말미암아 두 세력은 토지개혁과 건국의 방향을 둘러싸고 첨예하게 대립, 충돌하였고, 그 대립은 10월항쟁(1946)과 단정수립을 둘러싼 4·3항쟁(1948), 여순사건(1948) 등을 거쳐 끝내는 미군정을 중심으로 한 우익 세력의 승리로 마무리되었다. 그리하여 결국 토지문제의 평민적 해결은 좌절되었고, 대신 지주·자본가계급의 이해를 반영한 토지개혁이 실시되었다. 1949년 6월에 가서야 겨우 입법이 가능하였던 농지개혁법이 그것이었다. 농지개혁법은 정부가 지주의 토지를 유상으로 매수하여 자작자농의 원칙에 따라 경작농민에게 분배하고, 분배농민에게 그 가격을 장기연부로 상환하게 하였다. 이러한 방식의 건국과 농지개혁으로 지주적 토지소유는 철저하지는 못하나마 해체되어 갔지만, 독점자본과 제국주의는 새로운 방식으로 한국 농업을 지배할 수 있게 되어 전농이 추구했던 근로농민적 농업해방은 실현될 수 없었다.

참고문헌

1. 자료

申洬, 《農家集成》

《東國文獻備考》

禹夏永, 《千一錄》

李重煥, 《擇里誌》

丁若鏞, 《經世遺表》

李裕元, 《林下筆記》

《承政院日記》

《日省錄》

《備邊司謄錄》

《慶尙道邑誌》(1832)

丁志茂, 《文巖集》

李大奎, 《農圃問答》

李喬榮, 《龍宮縣三政策》

李彙濬, 《復齊集》

李源祚, 《凝窩集》

李震相, 《寒州先生文集》

都漢基, 《管軒集》, 《邑誌雜記》

鄭㘣昆, 《晩悟集》

國史編纂委員會, 《東學亂記錄》

吳知泳, 《東學史》

《司法稟報》, 《皇城新聞》, 《東亞日報》, 《朝鮮日報》, 《時代日報》, 《中外日報》, 《朝鮮中央日報》

松田行藏, 《朝鮮國慶尙忠淸江原道旅行紀事幷農商況調査》, 1887.

《通商報告》

《通商彙編》

《財務彙報》

《韓國土地農産調査報告-慶尙道 全羅道》, 1905.

近藤哲君, 《大邱地方經濟事情》, 1913.

大邱府編, 《大邱民團史》, 1915.

慶尙北道, 〈小作慣例に關する調査〉, 《朝鮮彙報》 7-7, 1918.

朝鮮民報社編輯局, 《慶北産業誌》, 1920.

河井朝雄, 《大邱物語》, 1930.

慶尙北道警察部, 《高等警察要史》, 1934.

慶尙北道農務課, 《小作慣行調査書》, 1931.

吉田正廣, 《朝鮮に於ける小作に關する基本法規の解說》, 朝鮮農政硏究同志會, 1934.

慶尙北道, 《農家更生計劃指導者指導要項》

慶尙北道, 《農村振興施設要項》, 1933.

達捨藏, 《慶北大鑑》, 1936.

大邱地方法院, 昭和 5年 豫裁 第5號 豫審終結決定.

大邱地方法院, 昭和 5年 刑公 第1323號.

大邱覆審法院, 昭和 5年 刑公 第579號.

大邱地方法院, 昭和 9年 刑公 第1370號.

慶尙北道農務課, 《慶北の農業》, 1929·1932·1934·1938.

慶尙北道農會, 《慶尙北道農會報》, 1936. 6-1937. 11.

慶尙北道編, 《慶尙北道 勸業統計書》, 1912.

慶尙北道編纂, 《道勢一斑》, 1929, 1930, 1932, 1940.

慶尙北道編, 《慶尙北道 統計年報-1919~1928-》, 1930.

慶尙北道編, 《慶尙北道 農務統計》, 1920, 1922, 1924, 1925, 1926, 1927, 1928, 1929, 1930, 1931, 1937, 1938.

《京城 仁川 商工業調査》

朝鮮總督府, 《朝鮮の小作慣習》, 1929.

朝鮮總督府, 《朝鮮の小作慣行》, 1932.

朝鮮總督府,《朝鮮に於ける小作に關する參考事項摘要》, 1934.

朝鮮興業株式會社,《朝鮮興業株式會社 30周年記念誌》, 1936.

朝鮮總督府農林局農村振興課,《農家經濟槪況調査 自作兼小作農家》, 1940.

朝鮮總督府農林局農村振興課,《農家經濟槪況調査 小作農家》, 1940.

小早川九郎,《朝鮮農業發達史》, 朝鮮農會, 1944.

農林新聞社編,《農業經濟年報》, 1949.

朝鮮總督府官房文書課 編,《諭告·訓示·演說總攬》, 1941.

朝鮮總督府,《施政に關する遺誥·訓示竝に演說集 1927.4~1937.3》

宇垣一成,《宇垣一成日記》, みずず書房, 1970.

朝鮮總督府農林局農村振興課,《朝鮮農村振興關係例規》, 1939.

朝鮮總督府農林局,《朝鮮米穀要覽》, 1937·1940.

朝鮮殖産銀行調査部,《殖銀調査月報》

朝鮮總督府,《朝鮮總督府調査月報》

朝鮮總督府高等法院檢事局思想部,《思想彙報》

姜德相, 梶村秀樹 編,《現代史資料》29, みすず書房, 1967·1972.

《每日新報》,《大衆新聞》,《京城日報》,《釜山日報》,《朝鮮民報》,《朝鮮新聞》,《大
邱日報》

2. 저서

강만길,《日帝時代 貧民生活史硏究》, 창비사, 1987.

경상북도사편찬위원회,《慶尙北道史》, 1983.

권병탁,《韓國經濟史 特殊硏究》, 영남대산업경제연구소, 1972.

권태억,《韓國近代棉業史硏究》, 일조각, 1989.

김영희,《일제시대 농촌통제정책 연구》, 경인문화사, 2003.

김용달,《일제의 농업정책과 조선농회》, 혜안, 2003.

김용섭,《朝鮮後期農業史硏究》1·2, 일조각, 1971.

_____,《韓國近代農業史硏究》增補版 上·下, 일조각, 1984.

_____,《韓國近現代農業史硏究》, 일조각, 1992.

김준보,《農業經濟學序說−韓國資本主義와 農業問題》, 일조각, 1966.

_____,《韓國資本主義史硏究(1)−3.1운동과 經濟史的 段階規定−》, 일조각, 1970.

_____,《韓國資本主義史硏究(2)−封建地代의 近代化機構分析−》, 일조각, 1974.

_____,《韓國資本主義史硏究(3)−인플레이션과 農業恐慌−》, 일조각, 1975.

김홍식 외,《대한제국기의 토지제도》, 민음사, 1990.

박문규,《朝鮮土地問題論考》, 1946.

박 섭,《한국근대의 농업변동—농민경영의 성장과 농업구조의 변동》, 일조각, 1997.

박찬승,《근대이행기 민중운동의 사회사》, 경인문화사, 2008.

방기중 편,《일제 파시즘 지배정책과 민중생활》, 혜안, 2004.

배영순,《韓末 日帝初期의 土地調査와 地稅改正에 관한 研究》, 서울대대학원, 1987.

신영우,《甲午農民戰爭과 嶺南保守勢力의 對應》, 연세대대학원, 1991.

신용하,《東學과 甲午農民戰爭研究》, 일조각, 1993.

_____,《朝鮮土地調査事業研究》, 한국연구원, 1979.

안병직·이대근·中村哲·梶村秀樹 편,《近代朝鮮의 經濟構造》, 비봉출판사, 1989.

_____·中村哲 공편,《近代朝鮮 工業化의 研究—1930~45—》, 일조각, 1993.

역사문제연구소 편,《한국의 '근대'와 '근대성'비판》, 역사비평사, 1996.

이경란,《일제하 금융조합과 농촌사회 변동》, 연세대대학원, 2000.

이송순,《일제하 전시 농업정책과 농촌경제》, 선인, 2008.

이영학,《韓國 近代 煙草業에 대한 研究》, 서울대대학원, 1990.

이영호,《1894~1910년 地稅制度 연구》, 서울대대학원, 1992.

이영훈·장시원·宮嶋博史·松本武祝 공저,《近代朝鮮의 水利組合研究》, 일조각, 1992.

이준식,《농촌 사회변동과 농민운동》, 민영사, 1990.

이헌창,《開港期 市場構造와 그 變化에 關한 研究》, 서울대대학원, 1990.

장시원,《日帝下 大地主의 存在形態에 관한 研究》, 서울대대학원, 1989.

전강수,《식민지 조선의 미곡정책에 관한 연구 1930~45년을 중심으로》, 서울대대학원, 1993.

정문종,《1930年代 朝鮮에서의 農業政策에 관한 研究—農家經濟安定化政策을 中心으로—》, 서울대대학원, 1993.

정연규,《朝鮮米의 資本主義生産對策》, 滿蒙時代社, 1936.

정연태,《일제의 한국 농지정책(1905~1945)》, 서울대대학원, 1994.

정창렬,《甲午農民戰爭研究》, 연세대대학원, 1991.

정태헌,《한국의 식민지적 근대 성찰》, 선인, 2007.

지수걸,《일제하 농민조합운동 연구》, 역사비평사, 1993.

최유리,《일제말기 식민지지배정책 연구》, 국학자료원, 1997.

한국역사연구회,《1894년 농민전쟁연구》 1-5, 역사비평사, 1991~2003.

한국역사연구회 토지대장연구반 편, 《대한제국의 토지조사사업》, 민음사, 1995.

한우근, 《東學과 農民蜂起》, 일조각, 1983.

_____, 《東學亂 起因에 관한 硏究》, 한국문화연구소, 1971.

_____, 《韓國開港期의 商業研究》, 일조각, 1970.

허수열, 《개발 없는 개발-일제하 조선경제 개발의 현상과 본질》, 은행나무, 2005.

홍성찬, 《韓國近代 農村社會의 變動과 地主層》, 지식산업사, 1992.

姜東鎭, 《日帝의 朝鮮支配侵略政策史研究-1920年代를 中心으로 하여》, 東京大學出版會, 1979.

高嶋雅明, 《朝鮮におけ植民地金融史の研究》, 大原新生社, 1978.

古川昭, 《大邱の日本人》, ふるかわ海事事務所, 2007.

久間健一, 《朝鮮農業經營地帶の研究》, 農業綜合研究所, 1950.

_____, 《朝鮮農業の近代的様相》, 西ケ原刊行會, 1931.

_____, 《朝鮮農政の課題》, 成美堂, 1943.

堀眞淸, 《宇垣一成とその時代》, 新評論, 1999.

宮嶋博史, 《朝鮮土地調査事業史の研究》, 東京大學東洋文化研究所, 1991.

宮田節子, 《朝鮮民衆と「皇民化」政策》, 未來社, 1985.

金翼漢, 《植民地期朝鮮におけ地方支配體制の構築過程と農村社會變動》, 東京大大學院, 1996.

菱本長次, 《朝鮮米の研究》, 千倉書房, 1938.

大石嘉一郎 編, 《日本帝國主義史》 3, 東京大學出版會, 1994.

東畑精一·大川一司, 《朝鮮米穀經濟論》, 日本學術振興會, 1935.

文定昌, 《朝鮮農村團體史》, 日本評論社, 1942.

朴宗根, 《日淸戰爭と朝鮮》, 靑木書店, 1982.

飯沼二郎, 《朝鮮總督府の米穀檢査制度》, 未來社, 1993.

山崎隆三 編, 《兩大戰間期の日本資本主義》, 大月書店, 1978.

小林英夫, 《「大東亞共榮圈」の形成と崩壞》, 御茶の水書房, 1975.

小野寺二郎, 《朝鮮の農業計劃と農産擴充問題》, 東都書籍, 1943.

松本武祝, 《植民地期朝鮮の水利組合事業》, 未來社, 1991.

鈴木武雄, 《朝鮮の經濟》, 日本評論社, 1942.

月田藤三朗, 《韓國に於ける棉作調査》, 農商務省農事試驗場, 1905.

印貞埴, 《朝鮮農村再編成の研究》, 人文社, 1943.

_____, 《朝鮮の農業機構》, 白揚社, 1940.

_____, 《朝鮮の農業地帶》, 生活社, 1940.

林炳潤, 《植民地に於ける商業的農業の展開》, 東京大學出版會, 1971.

趙景達, 《異端の民衆叛亂－東學と甲午農民戰爭》, 岩波書店, 1998.

中村政則, 《近代日本地主制史研究》, 東京大學出版會, 1979.

中塚明, 《日淸戰爭の硏究》, 靑木書店, 1968.

楫西光速 外, 《日本資本主義の沒落》, 東京大學出版會, 1963.

_____, 《日本資本主義の發展》, 東京大學出版會, 1959.

淺田喬二, 《日本帝國主義と舊植民地地主制》, 御茶の水書房, 1968.

_____, 小林英夫 編, 《日本帝國主義の滿洲支配》, 時潮社, 1985.

澤村東平, 《近代朝鮮の棉作綿業》, 未來社, 1984.

波形昭一, 《日本植民地金融政策史の研究》, 早稻田大學出版部, 1985.

河合和男, 《朝鮮における産米增殖計劃》, 未來社, 1986.

暉峻衆三, 《日本農業問題の展開》, 東京大出版會, 1969.

3. 논문

강경구, 〈전시하 일제의 농촌노동력 수탈정책〉, 《일제말기 파시즘과 한국사회》, 청아, 1987.

강정숙, 〈일제하 안동지방 농민운동에 관한 연구〉, 《한국 근대 농촌사회와 농민운동》, 열음사, 1988.

강태훈, 〈일제하 조선의 농민층 분해에 관한 연구〉, 《한국 근대 농촌사회와 농민운동》, 열음사, 1988.

金森襄作, 〈日帝下 朝鮮金融組合과 그 農村經濟에 미친 影響〉, 《史叢》 15·16, 1971.

김도형, 〈大韓帝國의 改革事業과 農民層 動向〉, 《韓國史研究》 41, 1983.

_____, 〈1920년대 경북지역의 농민운동〉, 《한국근현대지역운동사－영남편》, 여강, 1993.

김세규, 〈韓末 慶北地方의 義兵抗爭〉, 《慶州史學》 4, 1985.

김용덕, 〈大正期 小作調停法의 制定과 그 性格〉, 《亞細亞研究》 76, 1987.

김일수, 〈1930년대 경북지역의 혁명적 대중운동과 조공재건운동〉, 《한국근현대지역운동사－영남편》, 여강, 1993.

김현숙, 〈일제하 민간협동조합운동에 관한 연구〉, 《한국사회사연구회논문집》 9, 1987.

김혜수, 〈日帝下 製絲獨占資本의 養蠶農民 再編成 構造〉, 《經濟史學》 13, 1989.

박 섭, 〈식민지조선에 있어서 1930년대의 농업정책에 관한 연구-'農村振興運動'과 '朝鮮農地令'을 중심으로〉, 《한국근대농촌사회와 농민운동》, 열음사, 1988.

방기중, 〈1930년대 物産獎勵運動과 民族·資本主義 經濟思想〉, 《東方學志》 115, 2002.

배영순, 〈1920~30년대 慶北 永川郡의 小作制 研究-崔氏家의 小作地經營을 中心으로〉, 《嶠南史學》 2, 1986.

서중석, 〈日帝時期 美軍政期의 左右對立과 土地問題〉, 《韓國史研究》 67, 1989.

신용하, 〈甲午農民戰爭과 두레와 執綱所의 폐정개혁〉, 《韓國社會史研究會論文輯》 8, 1987.

_____, 〈甲午農民戰爭의 主體勢力과 社會身分〉, 《韓國史研究》 50·51, 1985.

오미일, 〈일제시기 사회주의자들의 농업문제 인식〉, 《역사비평》 7, 1989.

윤수종, 〈일제하 일본인 지주회사의 농장경영분석-조선흥업회사의 사례-〉, 《한국사회사연구회논문집》 12, 1988.

이세영, 〈18·19世紀 兩班土豪의 地主經營〉, 《韓國文化》 6, 1985.

이영호, 〈대한제국시기의 토지제도와 농민층 분화의 양상-京畿道 龍仁郡 二東面 光武量案과 土地調査簿의 비교분석-〉, 《韓國史研究》 69, 1990.

이영훈, 〈光武量案의 역사적 성격-忠淸南道 燕岐郡 光武量案에 관한 사례분석〉, 《근대조선의 경제구조》, 비봉출판사, 1989.

이윤갑, 〈19세기 후반 慶尙道 星州地方의 農民運動〉, 《孫寶基博士停年紀念韓國史學論叢》, 지식산업사, 1988.

_____, 〈우가키 가즈시게 충독의 시국인식과 농촌진흥운동의 변화〉, 《대구사학》 87, 2007.

_____, 〈《邑誌雜記》의 사회경제론 연구〉, 《대구사학》 36, 1989.

_____, 〈1894년의 경상도지역의 동학농민전쟁〉, 《동학농민혁명의 지역적 전개와 사회변동》, 새길, 1995.

장시원, 〈日帝下 '經營型 地主' 範疇設定을 위한 問題提起〉, 《한국방송통신대학논문집》 1, 1983.

_____, 〈日帝下 農民層 分解의 樣相과 그 性格〉, 《일제의 한국 식민통치》, 정음사, 1985.

정연태, 〈1930년대 '조선농지령'과 일제의 농촌통제〉, 《역사와 현실》 5, 1990.

_____, 〈1940년대 前半 日帝의 韓國農業再編策〉, 《國史館論叢》 38, 1992.

_____, 〈일제의 농업정책과 식민지 지주제〉,《한국사론》 20, 1988.

정태헌, 〈1910년대 식민농정과 금융수탈기구의 확립과정〉,《3.1민족해방운동연구》, 청년사, 1989.

_____, 〈1930년대 식민지 농업정책의 성격전환에 관한 연구〉,《일제말 조선사회와 민족해방운동》, 일송정, 1991.

주봉규, 〈日帝下 農村振興運動에 관한 硏究〉,《經濟論集》 18-4, 1979.

지수걸, 〈1932~1935년간의 朝鮮農村振興運動〉,《韓國史硏究》 46, 1984.

하원호, 〈1930년대 사회주의자들의 농업 농민론〉,《일제말 조선사회와 민족해방운동》, 일송정, 1991.

_____, 〈開港後 防穀令 實施의 原因에 관한 硏究〉,《韓國史硏究》 49·50·51, 1985.

姜德相, 〈李氏朝鮮 開港直後における朝日貿易の展開〉,《歷史學硏究》 266, 1962.

姜鋌澤, 〈朝鮮に於ける共同勞動の組織とその史的硏究〉,《農業經濟硏究》 17-4, 1941.

君島和彦, 〈朝鮮に於ける戰爭動員體制の展開過程〉,《日本ファシズムと東アジア》, 靑木書店, 1977.

堀和生, 〈日本帝國主義の朝鮮におけ農業政策-1920年代植民地地主制の形成-〉, 《日本史硏究》 171, 1976.

宮嶋博史, 〈植民地下朝鮮人大地主の存在形態に關する試論〉,《朝鮮史叢》 5·6 合倂號, 1982.

_____, 〈朝鮮甲午改革以後の商業的農業〉,《史林》 57-6, 1974.

_____, 〈土地調査事業の歷史的前提條件の形成〉, 《朝鮮史硏究會論文集》 12, 1975.

宮田節子, 〈1930年代の日帝下朝鮮に於ける農村振興運動の展開〉, 《歷史學硏究》 297, 1965.

吉野誠, 〈李朝末期に於ける綿製品輸入の展開〉,《朝鮮歷史論集》 下, 1979.

_____, 〈李朝末期に於ける穀物輸出の展開と防穀令〉,《朝鮮史硏究會論文集》 15, 1978.

_____, 〈朝鮮開國後の穀物輸出について〉,《朝鮮史硏究會論文集》 12, 1975.

馬淵貞利, 〈第一次大戰期韓國農業の特質と3.1運動〉,《朝鮮史硏究會論文集》 12, 1975.

木村光彦, 〈植民地下朝鮮の棉作に就いて〉,《アジア硏究》, 1983.

482

梶村秀樹, 〈李朝末期朝鮮の纖維製品の生産及び流通狀況-1876年開國直後の綿業の
　　データを中心に〉,《東洋文化研究所紀要朝》46, 東京大, 1968.

朴文奎, 〈農村社會の分化の起點として土地調査事業について〉,《朝鮮社會經濟史研
　　究》, 1933.

富田晶子, 〈農村振興運動下の中堅人物の養成-準戰時體制期を中心する〉,《朝鮮史
　　研究會論文集》18, 1981.

_____, 〈戰時下朝鮮の農村振興運動〉,《歷史評論》377, 1981.

小倉武一, 〈農業法(法體制再編期)〉,《講座日本近代法發達史》1, 勁草書房, 1974.

松田利彦, 〈總力戰期の植民地朝鮮における經濟統制法令の整備と經濟'犯罪'〉,《日
　　本統治下の朝鮮-研究の現狀と課題》, 國際日本文化研究センター, 2003.

趙景達, 〈東學農民運動と甲午農民戰爭の歷史的性格〉,《朝鮮史研究會論文集》 19,
　　1982.

川東竫弘, 〈昭和農業恐慌下の米價政策〉,《經濟學雜誌》78-2, 1978.

_____, 〈昭和農業恐慌下の米價政策の轉換〉,《經濟學雜誌》81-2, 1980.

_____, 〈昭和初期の米價政策論〉,《經濟學雜誌》76-2, 1977.

淺田喬二, 〈舊植民地に於ける日本人大地主の存在形態〉,《朝鮮歷史論集》, 龍溪書舍,
　　1979.

村上勝彦, 〈日本資本主義による朝鮮棉業の再編成〉,《日本帝國主義と東アジア》, ア
　　ジア經濟研究所, 1979.

_____, 〈植民地〉, 《日本産業革命の研究-確立期日本資本主義の再生産構造》,
　　1975.

秋定嘉和, 〈朝鮮金融組合の機能と構造-1930~40年代を中心する〉,《朝鮮史研究會
　　論文集》5, 1968.

찾아보기